김정은에게 북한의 미래를 묻다

김정은에게 북한의 미래를 묻다

초판 1쇄 발행   2014년 5월 14일
   2쇄 발행   2016년 9월 30일

엮은이 ㅣ 서보혁 · 김일한 · 이지순
발행인 ㅣ 윤관백
발행처 ㅣ 도서출판 선인

등록 ㅣ 제5-77호(1998.11.4)
주소 ㅣ 서울시 마포구 마포동 324-1 곳마루 B/D 1층
전화 ㅣ 02)718-6252 / 6257   팩스 ㅣ 02)718-6253
E-mail ㅣ sunin72@chol.com
Homepage ㅣ www.suninbook.com

정가   24,000원
ISBN   978-89-5933-725-5   93300

현대북한연구회 연구총서 ⑥

김정은에게 북한의 미래를 묻다

서보혁 · 김일한 · 이지순 엮음

 도서
출판 선인

책을 펴내며

나무를 모르고 숲을 설명할 수 없다. 여기 북한이라는 숲을 보여주기 위해 정성들여 가꾼 나무들을 모았다. 학제간 북한연구를 해오고 있는 현대북한연구회가 또다시 집단연구의 성과를 내놓았다. 연구자들 각자의 연구역량을 하나로 모아 북한 체제 전반에 대한 깊이 있는 분석을 시도하고 있다. 이런 종합적 북한연구에 현대북한연구회와 같은 연구 집단의 유용성을 재확인할 수 있어 기쁜 마음 금할 수 없다.

현대북한연구회는 지난 2000년 주체사상연구회로 창립해 북한의 정치이념을 연구하면서도 북한사회에 대한 종합적인 이해를 담은 『북한사회의 이해』(2002)를 출간했다. 이후 본격적인 학제간 연구단체로서의 위상을 정립하며 현대북한연구회로 확대 개편하여 오늘에 이르고 있다. 연구회는 그동안 『현대 북한연구의 쟁점1』(2005), 『현대 북한연구의 쟁점2』(2007), 『김정일의 북한, 어디로 가는가』(2009), 『기로에 선 북한, 김정일의 선택은』(2011), 『예술과 정치: 북한 문화예술에 대한 이해』(2013) 등 총 5권의 연구총서를 출간하며 학제간 북한·통일연구의 장을 넓혀왔다.

이번 연구총서 『김정은에게 북한의 미래를 묻다』는 '김정은 시대 북한의 지속성과 변화'에 맞춰져 있다. 정치, 경제, 사회, 외교·안보 등 북한의 각 분야가 과거 김정일 체제와 비교해서 얼마나 변화했으며,

어떤 부분이 지속되고 있는지를 평가하고 전망하는 것이다. 2012년 4월 공식 출범한 지 2년 남짓한 김정은 체제를 통해 북한사회를 평가하는 작업이 시기상조라는 지적도 일리가 있다. 그럼에도 최근 몇 년 사이 북한의 변화 양상은 주목할 만하다는 판단 아래 김정은 정권에 대한 일종의 첫 평가와 함께 북한의 미래에 대한 전망을 시도할 필요성은 충분하다고 보았다.

『김정은에게 북한의 미래를 묻다』는 기획에서 시작해 초고 발표, 최종 원고 집필, 편집 등을 하며 1년 6개월이 걸린 작업의 결과이다. 바쁜 연구 및 교수 일정에도 불구하고 훌륭한 논문을 써주신 12명의 선배 동료 연구자들과 애정 어린 토론을 해준 회원들께 감사드린다. 특히 이 작업의 실무를 진행해준 김일한 이사와 이지순 이사께 특별한 고마움을 전하고 싶다. 이제 내놓은 책이 북한의 오늘과 내일을 이해하는데 작은 보탬이 되길 바라며 독자 여러분들의 관심과 질정을 바라마지 않는다.

현대북한연구회는 지금 북한체제의 절정기라 할 1970년대를 재조명하는 『오래된 미래?: 1970년대 북한의 재조명』 출간을 위한 연구 활동을 진행하고 있다. 우리는 앞으로도 학제간 집단 연구를 통해 북한·통일연구를 선도하는 연구회의 역할을 다해나갈 것이다.

2014년 5월

현대북한연구회 회장 서보혁

목차

서론

김정은 시대에 읽는 북한 사회

김일한

　김정일 사망과 김정은 체제의 출범은 북한사회에 엄청난 충격과 변화를 몰고 왔다. 북한 내부의 권력교체 과정은 말할 것도 없고, 남북관계, 북핵문제, 대외관계를 비롯해 최근 발생한 장성택의 전격적인 숙청사건까지 북한 사회는 문자 그대로 다이나믹한 시기를 관통하고 있다. 김정은 체제의 공식적인 출범 이후 불과 2년 남짓의 시간이 흘렀지만, 그 변화의 내용과 깊이는 시간에 비례하지 않는다.

　2010년 9월 제3차, 2012년 4월 제4차 당대표자회를 통해 공식 출범한 김정은 정권은 짧은 기간 동안 많은 분야에서 기존의 노선이나 정책을 고수하고 있지만, 또한 적지 않은 변화와 그 가능성을 보여주고 있다. 2010년 이후 헌법과 노동당 규약 개정에 이어 유일사상 10대 원칙에서 추상적이고 이상적인 사회상인 '공산주의' 대신 '사회주의 강성국가 건설'을 국가의 당면의 목표로 재설정했다.

　이전 정권과의 차별성과 함께 지배이데올로기는 '김일성주의'에서 '김일성-김정일주의'로 확대·계승되었고, 그 과정에서 노동당이 전면에 등장하면서 조선노동당 중심의 국가운영방식이 자리를 잡았다. 김정일 사후 애도의 열기를 김정은에 대한 충성으로 전환하는 애도문학과 파격의 상징인 모란봉악단이 등장하기도 했다.

또한 경제-핵 병진노선을 국가 발전전략으로 채택하면서 대외적으로는 핵실험과 우주발사체의 실험이 지속되고 있고, 국내적으로는 인민생활향상이 강조되면서 새로운 경제관리개선조치가 실험중이다. 인민생활향상을 강조하면서 농업부문에 대한 투자가 증가했고, 2014년 현재 고난의 행군 이후 최고의 곡물생산량을 기록했다. 더불어 대외경제의 확대 특히 무역부문이 급신장하면서 최근 6년 동안의 무역총액이 해마다 기록을 갱신하고 있다.

『김정은에게 북한의 미래를 묻다』는 모두 4부로 구성되어 있다. 제1부는 국가전략·이념·권력구조, 2부는 경제와 노동, 3부는 사회와 문화, 마지막으로 4부는 핵문제과 대외정책을 다루고 있다.

제1부는 김정은 시대 북한의 국가전략과 지배이데올로기의 변화와 지속성, 그리고 장성택 숙청 이후 북한의 권력구조 변화와 안정성을 분석·평가한다. 곽승지는 「김정은 시대 국가전략」에서 김정은 시대 북한의 국가전략이 과거 김정일 체제하의 그것과는 다른 변화양상을 띠고 있다는 점을 다양한 근거를 통해 추적하고 있다. 이 글은 시대가 바뀌었음에도 불구하고 변화하지 않는 남한 사회의 북한 불변론에 대한 정면 비판이자 문제의식에서 비롯되었다고 볼 수 있다. 탈냉전 이후 북한의 국가목표와 전략을 추동하는 가장 중요한 요소를 '체제안보에 대한 위협 속 생존'에서 찾고 있고, 이러한 위협을 제거하기 위해서는 '사회주의강성국가' 건설이 필요하며, 인민생활향상(목표)을 위한 경제건설과 문화적 선진화(전략)가 핵안보(전략)와 병행 추진되고 있다는 것이다. 즉 경제-핵 병진노선은 '경제건설이 먼저이고 핵무기 건설은 경제건설을 뒷받침하기 위한 것'으로 이해해야 한다는 것이다.

김진환의 「김정은 시대 지배이데올로기의 특징과 전망: '김일성주의'에서 '김일성-김정일주의'로」는 김정은 집권 이후 북한의 지배이데올로기 변화를 분석·평가한 글이다. 김진환은 '수령이 창시한 혁명사상의 발전·풍부화'라는 이데올로기적 과제가 김정은에게도 부여되어 있다는 사실을 전제로, 김정은의 지배이데올로기 행보가 앞선 후계자였던 김정일과 어떻게 비슷하고 다른지를 비교하면서 '김정일애국주의', '자기 땅에 발을 붙일데 대한 사상' 등이 김정일주의의 진수로 규정될 가능성이 높다고 전망했다.

정성장의 글 「장성택 숙청 이후 북한 권력구도 변화」는 장성택 숙청사건과 관련해서 북한 지도부 내에서 장성택이 얼마나 큰 영향력을 가지고 있었고 그의 위상에는 부침이 없었는지, 파워 엘리트에 대한 김정은의 영향력과 통제 가능성을 분석하고 있다. 이를 위해 북한 파워 엘리트들을 감시하고 통제하는 기구들인 국가안전보위부와 당중앙위원회 조직지도부, 그리고 이 기구들의 핵심 엘리트 및 북한군을 정치적으로 통제하는 최룡해 총정치국장의 위상과 역할에 어떠한 변화가 발생하고 있는지가 또한 분석 대상이다.

제2부 경제와 노동 파트는 권영경, 김일한, 김화순의 글을 담고 있다. 김정일 시대에서 김정은 시대로 권력이 이양되면서 발생하는 경제상황, 정책, 시장, 노동의 문제를 다루고 있다. 권영경은 「김정은 시대 북한 경제정책의 변화와 전망」에서 김정은 정권은 김정일 시대의 국가발전 이중전략, 즉 선군경제건설노선과 7.1경제관리개선조치를 시행했던 것처럼, 경제-핵 병진노선과 새로운 경제관리개선조치라는 이름 하의 부분 시장 활용 정책을 병행시행하고 있다고 설명한다. 그러나 이중전략의 성격은 김정일 시대가 선군과 경제의 분리형 이중전략과 부분적 시장기능 허용과 묵인정책이었다면, 김정은 시대에는 핵무력(군수)과 경제건설의 혼합형 이중전략과 시장의 비가역적 존재를 인정하는 차이가 있다고 평가하고 있다.

김일한은 「북한 시장에도 인플레이션이 있을까: 김정은 시대 연구」
에서 북한 시장에서 발생하고 있는 인플레이션 현상에 주목하고 있다.
시장에서 발생하는 인플레이션이 외화, 즉 달러환율과 국제시장가격의
영향을 강하게 받고 있음을 전제로, 김정일 시대의 인플레이션 관리정
책이 유통화폐 관리 및 시장단속 등 국가통제형이었다면, 김정은 시대
에는, 정확하게는 2008년부터 미국발 금융위기와 달러증발에 따른 외
화부족현상에 비롯되었고, 따라서 대외무역 드라이브정책에 따른 공급
확대형으로 인플레이션 관리정책이 변화했다고 강조하고 있다. 경제제
재 상황에서 국제적 금융위기가 발생했고, 국제원자재가격이 급등하는
상황에서 만성적 외화부족에 시달리는 북한이 대외무역의 확대 외에
는 달리 선택의 여지가 없었다는 것이다.

김화순의 글 「김정은 시대 북한 주민의 일과 의식」은 지난 20여 년
간 북한사회는 계획경제의 와해와 장기간에 걸친 공장가동율 저하, 비
공식경제부문의 대두와 발전, 특히 배급제도의 유명무실화와 같은 조
건에서 주민들이 생계를 영위하는 노동행위를 탈북자 인터뷰를 통해
분석한 것이다. 북한 주민들의 일 유형(work type)을 ILO(국제노동기구,
International Labor Officer)의 일자리 개념 틀을 통해 공식과 비공식영
역을 망라해서 분석하고 있다.

제3부 사회문화 파트는 세 편의 글을 담고 있다. 먼저 이지순은 「김
정은 시대의 애도와 구원의 코드」를 통해 김정일 사후 북한 문학, 특
히 시(詩)에 나타난 김정은 시대의 애도와 구원의 형식을 다루고 있
다. 지도자의 죽음과 권력교체라는 역사적 사건이 진행되는 과정에서
북한의 추모문학이 갖는 특징과 권력과의 상관성을 분석하고 있다. 글
은 과거 김일성 사후 나타난 '수령영생문학'이 '민족의 태양'으로 '영생'
하는 김일성의 위대성과 '유훈'의 계승을 강조하면서, 수령의 부재가

야기할 수 있는 혼란을 잠재우고 후계체제를 공고히 하기 위한 것으로 해석하고 있다. 그리고 김일성과 김정일 사후에 나타난 추모문학의 미세하지만 차이점과 공통점을 〈위대한 령도자 김정일동지의 서거에 즈음하여〉라는 표제 하에 모두 여섯 권의 추모 문학집을 통해 분석하고 있다.

강동완·박정란의 「김정은의 '열린 음악정치': 모란봉악단 공연을 통해서 본 북한」은 김정은 등장이후 파격적으로 선보인 모란봉악단의 공연을 중심으로 김정은 시대 변화된 음악정치를 분석·평가하는 글이다. 김정은의 직접 지시에 의해 결성된 것으로 알려진 모란봉악단은 2012년 7월 등장이후 과거 김일성, 김정시대가 보여주지 않던 음악을 동원한 파격의 문화코드가 되었다. '원수의 나라' 미국의 영화장면을 무대배경을 삽입하는가 하면, 자본주의의 상징인 미키마우스를 등장시키기도 했다. 글은 2013년 7월까지 모두 12회에 걸친 모란봉악단의 공연 내용, 형식들에서 보이는 메시지를 분석함으로써 북한 정세 및 정책방향을 전망하는 단초로 활용하고 있다.

김종수의 글 「북한 김정은 시대 청년동맹 연구」는 김정은 시대의 사회단체 중 가장 주목받고 있는 청년동맹의 성격 변화와 지속성을 분석한 글이다. 글에서는 북한의 청년동맹이 새로운 것에 민감하고 열정적인 특성과 단련되지 못하고 다른 사상에 감염되기 쉬운 특성을 동시에 가지고 있으면서, 주체혁명위업의 계승자이자 강성국가 건설의 돌격대 역할을 주문받고 있다는 점을 지적하고 있다. 또한 청년동맹을 지도했던 최룡해 같은 인물이 당과 군의 핵심 지도부로 부상하면서 조직의 위상이 이전 시기보다는 비교적 높아진 점, 중동의 재스민 혁명 등 외부환경에 대응하기 위해 청년동맹, 나아가서 청년사업에 대한 국가적 차원의 대응을 전망하고 있다.

제4부 핵문제와 대외정책은 북한 핵문제와 국제정치를 다루는 송영훈과 서보혁의 글 2편을 담고 있다. 먼저 송영훈의 글 「오래된 위기, 새로운 근심: 북핵문제와 국제정치」는 북한 핵문제에 관한 친절한 안내서이다. 핵무기와 관련, 일반적이고 이론적이며 역사적인 사실과 함께 북한의 핵개발을 둘러싼 국제정치를 북한의 대외인식과 북한이 주장하는 핵개발의 정당성 평가를 통해 설명하고 있다. 더불어 김정은 시대 새롭게 주목해야 할 북핵문제의 이슈들이 무엇인지, 그리고 북핵문제와 동북아 질서의 안정과 평화의 관계에 대한 종합적 전망을 담고 있다.

서보혁은 「김정은 정권의 대외정책: 갈등과 협력의 조화 혹은 엇박자」에서 김정은 정권 출범이후 2013년 2월 3차 핵실험 전후 북한의 대외정책을 조망하고 그 특징과 과제를 다루고 있다. 주요 외교 상대국인 미국, 중국과의 관계를 중심으로 논의를 전개하고 관련해서 북한의 공세적 평화체제론과 자유주의적 국제레짐(regime)관을 다루고 있다. 저자는 이 글이 관련 주제의 향후 심화연구를 위한 기초연구의 성격을 갖고 있다고 평가하면서, 남한 등 서방측의 이차자료 인용을 삼가하고 대신 분석 자료를 북한의 관영언론인 「조선중앙통신」을 중심으로 논의를 전개하는 독특한 서술방식을 채택하고 있다.

비교적 짧은 기간 동안 국내 정치적인 부분에서 김정은 정권은 북한 체제를 안정시킨 것으로 보인다. 더불어 경제적인 성과 역시 이전 정권과는 차별화된 정책과 실적을 보여주고 있다. 그럼에도 불구하고 여전히 불안해 보이는 권력구조와 시장 인플레이션의 지속, 식량부족, 공장가동율 저하에 따른 실업문제 등 김정은 정권이 풀어야 할 과제는 산적해 있다.

김정은 정권 출범이후 북한의 변화와 지속성이라는 주제에 대한 연구회의 관심은 그 어느 때보다 높다. 현재의 연구 성과가 바탕이 된다면 향후 북한 체제의 안정성에 대한 평가와 그에 따른 변화 가능성을 분석하는 후속연구가 진행될 것이다.

제1부

국가전략과 이념 · 권력구조

제 1 장

김정은 시대 국가전략:

변화양상과 전략적 함의*

곽승지

Ⅰ. 머리말

북한은 김정은 국방위 제1위원장이 후계자로 내정된 2009년 이후 대내외 정책에서 적극적인 변화를 추동해 왔다. 그럼에도 불구하고 대남 및 대외 공세를 지속함에 따라 남한사회에서는 북한의 변화에 대한 적절한 평가가 이루어지지 않았다.[1] 근본 이유는 전통적 관점에서 북한의 국가전략이 변하지 않은 것으로 인식하는데 있다. 그러면 북한에서의 일련의 변화양상에도 불구하고 전통적인 해석을 쫓아 북한의 국가전략이 변하지 않았다고 평가해야 할 것인가?[2] 북한에서 나타나고 있는 일련의 변화양상을 김정은 시대의 새로운 국가전략을 반영한, 전략적 변화로 해석할 여지는 없는가?

북한은 국제정세의 급격한 변화 속에서 지도자 교체에 따른 전환기를 맞고 있다. 특히 김정은 체제로의 교체는 김정일 체제로의 교체 때와 많은 차이가 있다.[3] 여러 가지 점에서 변화의 필요성이 더 절실하다고 할 수 있다. 그런 점에서 지금 북한에서 나타나고 있는 변화양상에 대한 적극적인 해석이 필요하다. 결국은 해석의 문제이다. 즉, 나타나고 있는 변화양상 못지않게 그것을 어떻게 해석하느냐 하는 문제인 것이다. 북한은 냉전체제 붕괴 이후 국제정세의 급격한 변화 속에서 체제를 유지하기 위해 적지 않은 정책 변화를 꾀해 왔다. 중요한 것은 김정은 시대 이후 이런 현상이 보다 적극적이고 구체화되고 있다는 점이다. 따라서 일련의 변화양상들이 갖는 전략적 의미를 헤아리는 것은 곧 그것들을 어떻게 해석할 것이냐의 문제로 귀결된다.

그런 점에서 이 글은 북한의 국가전략[4]을 체제적 특성을 쫓는 전통적 방식에서 벗어나 국가목표와 국가전략의 상관성 속에서 북한의 국가목표가 무엇인지, 그에 따라 국가전략이 어떻게 변하고 있고 또 변할 것인지를 살펴볼 것이다. 기실 북한은 1990년대 들어 사회주의권의 붕괴로 인한 탈냉전적 상황을 맞아 중요한 변화들을 취해 왔다. 이후 여러 가지 곡절을 겪는 가운데 진퇴를 거듭하면서도 일정한 변화를 추구했다. 그럼에도 불구하고 우리사회에서는 변한 것보다는 변하지 않은 것에 더 많은 관심을 기울여 왔다. 이는 남북 분단으로 인한 대립관계로부터 초래된 숙명과 같은 것이다.

그 숙명에서 벗어나기 위해서는 변화양상에 대한 적극적 해석을 통해 북한의 국가전략을 새롭게 인식해야 한다. 북한의 국가전략에 아무런 변화가 없는데 변한 것으로 보자는 것이 아니다. 변화를 꾀하고 있는데 변하지 않은 것으로 평가하는 우를 범하지 말아야 한다는 것이다. 남조선혁명을 중심으로 하는 북한의 국가전략에 아무런 변화가 없다고 인식한다면 북한과 정상적인 관계를 유지하기 어렵다. 남북관계는 북한의 국가전략은 물론 남한의 북한 국가전략 인식으로부터 절대적인 영향을 받기 때문이다.

따라서 북한에서 나타나고 있는 변화양상에 대해 보다 깊이 들여다보며 새롭게 추론하고 해석함으로써 이를 헤아려야 한다. 어떤 변화들이 나타나고 있는지, 그런 변화들이 왜 가능한지, 그 변화들이 지향하는 것은 무엇인지, 그런 변화들을 통해 북한이 궁극적으로 얻고자 하는 것은 무엇인지 등등... 결국 이 과정을 통해 북한의 국가전략이 변했는지, 변했다면 왜 그리고 어떻게 변했는지, 또 그 의미는 무엇인지를 헤아릴 수 있을 것이다.

탈냉전 이후 북한은 체제안보에 대한 위협 속에서 생존을 걱정해왔다.[5] 이것이 북한의 국가 목표 및 전략에 가장 중요한 요소로 작용했다. 케네스 왈츠(Kenneth Walts)가 말하는 바처럼 다른 나라(남한과 미국)가 가지고 있을 수 있는 야심(?)에 대한 두려움 속에서 안보투쟁을 해온 것이다. 실제로 일부 북한전문가들도 북한이 핵무기를 포함한 비대칭무기 개발에 주력해온 것에 대해 체제안전을 위한 방어적 목적에 따른 것이라는데 동의한다. 북한이 최악의 상황에 직면한 경제난 해소에 주력한 것도 같은 맥락에서 이해할 수 있다. 북한은 김일성 사망 이후 김정일에 이어 김정은 체제에 이르는 동안 대내외로부터의 체제에 대한 도전에 응전하는데 주력해 왔다고 보아야 한다. 즉, 북한이 변화를 추구한 것은 대내요인과 대외요인 간의 상호작용에 따른 결과로 볼 수 있다는 것이다.

북한의 국가전략을 구체적으로 확인할 수 없는 상황에서 이를 헤아리기 위해서는 제한적으로나마 드러난 자료 및 현상들을 살펴 전체를 헤아리는 이른바 환원주의(reductionism)적 관점에서 접근할 수밖에 없다. 김정은 체제 출범 이후 나타나고 있는 일련의 변화양상들을 국제정세, 남북관계, 그리고 북한체제 내부에서 나타나고 있는 현상들과 결부시켜 이를 국가전략 차원에서 새롭게 해석하는 방법을 차용할 수 있을 것이다. 이 과정에서 과거의 사례나 중국의 경우와 비교하는 것도 필요할 것이다.

II. 김정은 시대[6] 북한의 변화양상에 대한 해석

1. 북한 변화에 대한 인식 기준

1990년대 이후 북한은 일정한 변화를 꾀해 왔음에도 불구하고 남한을 비롯한 국제사회에서는 북한에서의 변화를 의미 있는 것으로 인식하지는 않았다. 북한에서의 변화를 국가 목표 및 전략, 특히 혁명전략과 대남전략과 무관한 것으로 보았기 때문이다. 북한에서의 변화를 보는 시각은 주관적일 수밖에 없다. 당연히 사람마다 그에 대한 평가가 다를 것이다. 그렇다면 북한에서의 변화양상을 객관화하기 위해 어떤 수준의 변화여야 변화로 인정할 것인가에 대한 공감대를 만들어야 한다. 북한의 국가 목표 및 전략에서의 변화에 대한 논의를 의미 있게 하기 위해 주요 사안에 대한 객관적 기준을 설정하는 것은 중요하다.

첫째, 북한에서의 변화 방향과 관련해 남한사회 일각에서는 체제변화, 즉 사회주의체제의 포기를 염두에 두고 있는 듯하다.[7] 그러나 현실적으로 북한이 사회주의체제를 포기할 가능성은 거의 없다. 따라서 북한에서의 변화는 체제 내에서의 변화로 인식해야 한다.[8] 사회주의의 핵심은 정치적으로 1당 독재와 경제적으로 사적 소유를 인정하지 않는 것이다. 그런 점에서 현 시점에서 정치적으로 체제전환을 기대하기는 어렵다. 하지만 노동당의 위상과 역할을 강화하고 이를 통해 개혁개방을 추진하는 등 체제 내에서의 변화는 가능할 것이다. 중국의 경우 공산당이 행위의 주체로서 개혁개방을 선도해 온 것을 예로 들 수 있다.

둘째, 변화의 성격과 관련해 이념적 행태에서의 변화, 즉 사상해방의 여부이다. 북한은 사회주의체제를 지향하는 가운데 이념적으로 맑스-레닌주의와 주체사상을 통치이데올로기로 삼아왔다. 탈냉전시대가

도래한 1990년대 이후에도 사회주의체제 고수 입장을 견지하며 사회주의 및 주체사상에 대한 교양에 주력했다. 획일적 사상교양을 통해 북한주민들을 이른바 '공산주의적 인간'으로 주조해 온 것이다. 이에 따라 북한은 스스로 사상강국이 완성됐다고 주장하고 있다. 그러나 인간의 사고를 통제한 가운데 변화를 추구하는 것은 불가능하다. 중국이 개혁개방 정책을 추진하면서 먼저 사상해방의 기치를 내건 것 역시 이 때문이다.

셋째, 변화를 위한 법적 제도적 뒷받침이 이루어지고 있느냐 하는 점이다. 전체주의국가는 물리적 강제력을 동원하여 주민들을 억압함으로써 체제를 유지한다. 북한 역시 전형적인 전체주의국가로서 체제유지를 위한 중층적 억압구조를 유지하며 물리적 강제력을 통해 주민들을 통제해 왔다. 주민들을 국가가 원하는 방향으로 움직이도록 하기 위해 국가권력을 과도하게 사용해 온 것이다. 이 과정에서 법치가 아니라 수령의 교시나 권력기관의 판단이 중시되는 인치가 일반화됐다. 주민을 억압해온 비정상적인 이러한 통치수단들이 법적 제도적으로 정상화되느냐의 여부는 북한 변화를 가늠하는 중요한 기준이 될 것이다.

넷째, 정책적 측면에서의 변화내용 또한 주목해야 한다. 국가사회주의 논리에 따라 목적 지향적 정책을 추진해 온 북한은 정책 수립 및 수행에서 전통적으로 주민보다 체제를 앞세워 왔다. 따라서 북한주민들은 엄격한 통제 하에서 경직된 생활을 할 수밖에 없었다. 북한이 추구하는 정책이 주민생활을 향상시키기보다 체제를 유지·발전시키는 데 초점을 맞춤에 따라 엄격한 규율이 강조되고 노력경쟁이 일상화되었다. 이러한 행태는 2000년대 이후 비교적 적극적인 변화를 추구하면서도 크게 변하지 않았다. 따라서 북한에서의 변화는 일차적으로 경제적으로 자본주의 시장경제 요소를 얼마나 수용할 것인지에 모아지지만 이와 함께 주민들의 삶의 질과 관련된 부분에서의 변화도 함께 살펴보아야 한다.

　또한 북한에서의 변화를 이해하기 위해 나무를 볼 것이냐 아니면 숲을 중시할 것이냐의 문제도 중요하다. 즉 큰 틀에서 변화를 지향하고 있다고 하더라도 세세한 문제에서는 기존의 관행과 관성 때문에 변화의 면면을 제대로 보여주지 못하는 측면도 있을 수 있다. 북한이 대남 또는 대외 부문에서 과거와 같은 행태를 보인다고 해서 이를 근거로 성급한 판단을 해서는 안 된다. 국가전략에서의 변화 현상이 정책 전반에 투영되기까지는 상당한 시간이 걸릴 것이기 때문이다.

2. 유형별 변화양상에 대한 해석

1) 변화의 방향: 사회주의체제 안에서의 변화

　북한은 2010년 이후 헌법과 노동당규약에 이어 유일사상체계 10대 원칙에서조차 공산주의 용어를 삭제함으로써 공산주의 이념을 배제한 가운데 사회주의 고수 입장을 견지하고 있다. 북한은 탈냉전적 상황에서 사회주의권이 붕괴된 직후부터 사회주의 고수 입장을 분명히 해왔다는 점에서 이는 새삼스러운 것은 아니다. 주목되는 것은 당의 최종목적으로 명시해온 '공산주의사회 건설'마저 삭제한 상태에서 사회주의를 강조하고 있는 점이다.

　이는 북한이 추구하는 국가목표의 이념적 지표가 공산주의가 아니라 사회주의임을 분명히 하려는 것으로 이해된다. 이는 개정 노동당규약에서 당의 최종목적을 '인민대중의 완전한 자주성의 실현'이라는 추상적인 내용을 담고 있는 반면 당면목적을 '공화국 북반부에서 사회주의 완전 승리'에서 '사회주의 강성국가 건설'로 언급한데서 유추해 볼 수 있다. 즉 최종목적은 추상적인 이상사회를 그린 것이라면 당면목적은 현실적으로 추구하는 국가비전으로 볼 수 있는데 그 비전으로 사회주의를 명시했다는 것이다.

북한이 김정은 시대 들어 노동당의 위상과 역할을 강화하는 등 사회주의 통치기제를 정상화하는 가운데 변화를 추구하고 있는 것도 사회주의체제 안에서 변화를 꾀하려는 움직임으로 평가된다. 김정은 제1위원장은 2010년 9월 노동당 제3차 대표자회를 통해 후계자로 공식 데뷔했다. 노동당중앙군사위원회 부위원장 직함으로 지도자로서 대중 앞에 첫 모습을 드러낸 이래 노동당을 정치적 기반으로 삼았다. 1993년 12월 노동당 제6기 21차 전원회의 이후 17여 년 만에 처음으로 열린 노동당 행사에서 북한은 당 조직을 추슬렀다. 일련의 과정을 거치면서 이제는 노동당이 북한 권력의 중심으로 확고하게 자리를 잡은 것으로 평가된다.9)

북한이 노동당 중심으로 통치되고 있음은 권력내부의 역학관계 등 여러 측면에서 확인된다. 우선 군(軍)에 대한 당의 영도를 확고히 한 것이다. 김정일 시대에는 선군정치를 내세우며 군의 역할을 강조하며 군에 의존하는 정치행태를 보여 왔지만 김정은 시대가 시작된 후 북한은 분명하게 당 우위의 통치체제를 구축하고 있다. '유일사상체계 10대 원칙' 개정도 당의 영도를 반영하고 있다. 북한은 이 원칙을 발표 39년 만에 개정하면서 명칭을 '당의 유일적 영도체계 확립의 10대 원칙'으로 수정했다.

2) 변화의 성격: 사상해방의 한계

김정은 시대 들어 북한은 사회주의체제를 견지하는 가운데 상당한 정도의 변화를 추구하고 있지만 사상해방으로 해석할만한 움직임은 보이지 않고 있다. 그러나 북한에서도 일견 중국에서의 사상해방을 모방한 움직임이 시도(?)된 적은 있다. 역사적인 남북정상회담 직후인 2000년 7월 4일 노동당기관지인 「로동신문」과 「근로자」에 공동으로 실은 논설에서 북한은 과학중시사상을 제시하며 사상의 자유로움을 설파한 바 있다.[10] 주목을 끈 것은 과학중시사상이 체제고수 및 강화를 위한 이념이 아니라 개방을 통한 실리추구에 초점을 맞춘 전혀 새로운 이데올로기였다는 점이다. 즉, 이념 대신 실리를 강조하면서 북한이 안고 있는 문제를 적극적으로 해소하려는 의지를 담고 있다는 점에서 우(右) 편향적인 것이었다.

북한의 이러한 입장은 공동논설에 앞서 비공식 중국방문과 남북정상회담 시 김정일 국방위원장이 보여준 언행에서도 확인된다. 김 위원장은 특히 중국 측 지도자들을 만나 "등소평이 옳았다"면서 중국에서의 사회주의시장경제 체제에 대해 적극적인 지지를 보냈다. 그리고 2001년 들어 이른바 북한판 '신사고'를 제창하며 보다 적극적인 변화를 추동했다. 2001년 신년 공동사설은 21세기를 "거창한 전변의 세기, 창조의 세기"로 규정하고 김정일이 "먼 앞날을 내다보며 통이 크게 작전하고 대담하게 변혁을 이룩해 나가고 있다"고 주장했다.[11]

그러나 북한에서 제기된 신사고는 북한에서의 변화에 대한 기대감만 높여놓고 별다른 진전을 보이지 못한 채 수면 아래로 잠복했다. 과학기술 발전을 통한 '단번도약'을 추구하고 사업방식에서 혁신적인 안목과 기발한 착상을 하는 '실력가'를 강조하는 선에 머물렀다. 북한의 의지문제가 주된 이유지만 그 무렵 출범한 미국의 부시행정부가 대북 강경정책을 취하며 북한을 압박한 것도 북한판 신사고가 정책하지 못한 이유의 하나로 분석된다. 북한에서 사상해방이 추진되는 것은 지난한 일임을 시사하는 것이다.

그럼에도 불구하고 김정은 시대 들어 북한에서 주민들의 사고와 활동의 폭을 넓히고 있는 점은 주목할 만하다. 주민들에 대한 강압적 제도를 완화시키고 정책을 추진함에 있어서 주민들을 의식하고 있는 것은 분명 이전과 다른 모습이다. 최근 북한에서 김정일 위원장의 '친필명제'를 인용해 "자기 땅에 발을 붙이고 눈은 세계를 보라!"는 표현을 흔히 사용하는 것이나 신기술 등 새로운 것을 강조하는 용어가 자주 등장하는 것이 주목되는 이유이다.

3) 법적 제도적 조치들: 정상국가를 향한 움직임

북한의 통치체제를 가리켜 흔히 '비정상적'이라는 표현을 써왔다. 자유민주주의체제의 기준에 비추어 볼 때는 물론 사회주의체제의 속성을 감안하더라도 통치기제가 정상적으로 작동하지 않고 있음을 뜻하는 말이다. 지금까지의 북한은 실제 그러한 주장에서 크게 벗어나지 않았던 것 같다. 그 핵심은 규범과 제도에 의한 통치, 즉 법치가 아니라 수령 또는 최고지도자의 권능에 의한 인치가 일반화됐기 때문이다. 이와 함께 사회 작동시스템이 국제적 기준에서 벗어난 것도 중요한 이유이다. 그러나 김정은 체제가 자리를 잡아가면서 법치를 위한 규범과 제도를 손질하는가 하면 국제적 기준을 중시하려는 움직임이 두드러지게 나타나고 있다. 이러한 움직임이 북한의 통치체제에 어떻게 구체적으로 반영될지는 두고 보아야 하지만 적어도 이전에는 볼 수 없었던 새로운 현상인 것만은 분명하다.

김정은 체제 출범 이후 나타난 관련 움직임을 보면 다양하다. 주요 규범과 원칙을 개정해 현실에 부합시키는가 하면 주민들을 의식해 대주민관련 법규의 적용을 새롭게 하고 있다. 연좌제를 완화하고 정책을 준비하면서 주민들을 의식하는가 하면 국가중심의 일방적인 정책 추진 대신 주민들의 삶에 관심을 두려하고 있는 점은 이전과는 다른 양상이다. 물론 여전히 주민들의 감시체제가 엄격하게 작동하고 있고 공개 총살형이 이루어지는 등의 현실을 감안하면 몇몇 법규의 제정과 정책 변화만으로 북한이 달라졌다고 말하기는 성급한 면이 있다. 그럼에도 불구하고 이를 간과하는 것 역시 적절치 못하다.

최근 북한이 국제적 규격 및 기준을 준수하는데 많은 관심을 두고 있는 것도 관심사다. 국제적 규격 및 기준을 정확히 알고 이를 실천하는 것이 경제적 실리를 보장하는 것임을 인식한데 따른 것으로 보인다. 이러한 움직임은 김정은이 '세계적 추세'를 강조하며 개방적 면모를 과시하고 있는 것과 무관치 않아 보인다. 적극적으로 해석한다면 국제사회로 나아가기 위한 기반을 정비하려는 것으로도 해석할 수 있을 것이다.

4) 변화의 내용
가. 탈 이념화를 통한 우민화

김정은 체제 출범 이후 북한의 대주민 정책에서 두드러진 특징은 주민들을 대상으로 한 체육 문화 활동을 강화하는 가운데 내용적으로 이전과 다른 파격적인 양상을 보이고 있는 점이다. 북한의 이러한 움직임은 통제사회의 일반적 속성인 국가가 일방적으로 주민들을 몰아세우던 데서 벗어나 주민들의 욕구를 일정하게 수용함으로써 잠재적 불만을 해소하려는 조치로 보인다. 즉 강요가 아닌 자발적 참여를 유도함으로써 새로운 사회분위기를 만들려는 고육책이라고 할 수 있다.

주목되는 것은 대주민 친화적 정책을 추진하는 방식이 매우 파격적이라는 점이다. 예컨대 2012년 7월 모란봉악단 시범공연에서 보인 파격이나 주민 놀이시설의 대대적인 확충, 승마·스키장 등 일부 스포츠분야의 적극적인 도입 등이 그것이다. 모란봉악단은 시범공연 당시의 파격이 부담스러웠는지 이후 자제하는 분위기지만 이 악단은 군부대 위문공연까지 하는 등 전방위적으로 활동을 강화하고 있다. 북한 전역에 놀이시설을 확충하고 이를 통해 주민들의 여가활동을 장려하고 있기도 하다.

북한의 이러한 움직임은 북한이 최근 대주민교양에서 이념보다 주민들의 마음을 움직이는데 용이한 방식을 적극 활용하고 있는 것과 밀접히 연관되어 있어 보인다. 즉, 이념중심의 대주민교양의 한계를 인식하고 주민들에게 쉽게 다가설 수 있는 새로운 방법을 모색하고 있다는 것이다. 적극적으로 해석한다면 대주민 친화적 정책을 통해 주민과의 관계를 새롭게 정립하려 하고 있는 것으로 보인다. 2013년 9월 북한매체들이 새 노래 '조국찬가'를 대대적으로 소개하는 가운데 애국심 고취에 적극 활용하고 있지만 이전의 경우와 달리 가사에 최고지도자를 연상케 하는 표현이 나오지 않는다.

이런 점을 감안할 때 북한의 일련의 행태는 1980년대 초 남한에서 주민들의 정치적 무관심을 조장하기 위해 취한 이른바 '3S'정책을 연상시킨다. 즉 모란봉악단 단원들의 선정적인 옷차림이나 체육경기를 적극 개최하고 놀이시설을 확대하여 주민들의 여가활동을 장려함으로써 정치적 무관심을 조장하는 등 우민화를 노리고 있다는 것이다. 김정은 체제의 이러한 정책은 아직 초기단계이지만 어느 정도 성공을 거둔 것으로 평가할만하다.

나. 인민생활 향상을 위한 개혁개방의 지속

북한은 김정은 시대 들어 보다 적극적인 개혁개방의 의지를 보이고 있다. 용어에 대한 불편함 때문에 개혁개방이라는 표현을 사용하지 않지만 경제부문에서 북한이 추구하고 있는 변화는 곧 개혁개방이다. 현재까지는 개혁개방의 가시적 결과가 나오지 않았지만 알려진 바에 의하면 상당한 정도의 변화를 추진하고 있는 것으로 보인다. 최근의 개혁개방 움직임은 2002년의 7·1경제개선 조치와 비견될 만큼 획기적인 것으로 평가되기도 한다. 7·1경제개선 조치를 진두지휘했던 박봉주를 다시 내각 총리로 임명해 경제부문을 총괄 지휘하게 하는 가운데 잇따라 관련 조치들을 취하고 있다. 인민생활 향상을 핵심 슬로건으로 제시하며 경제건설의 지향점이 북한주민들의 생활을 개선하는데 있음을 분명히 한 것도 주목된다.

북한은 2013년 3월 31일 노동당 전원회의서 새로운 전략노선으로 경제-핵무기건설 병진 노선을 채택하며 경제건설을 중요한 전략 목표로 제시한 바 있다. 북한은 경제-핵무기건설 병진 노선을 통해 양자를 동시에 추진한다는 입장을 밝혔지만 내용적으로 보면 경제건설이 우선시되고 있다. 이를 적극적으로 해석하면 핵무기건설은 경제건설을 위해 수단인 셈이다. 핵무기 보유국임을 자처하고 있는 북한으로서는 핵무기건설을 강조함으로써 그 지위를 통해 당면한 경제문제를 풀어가려 하고 있다는 것이다.

김정은 시대 출범 후 북한이 경제건설을 위한 실험을 지속하는 가운데 특구지정 등 구체적인 개혁 방안들을 연이어 제시하고 있는 것은 앞으로 경제건설에 더욱 박차를 가할 것임을 예고한다. 따라서 지금 당장은 경제건설을 위한 개혁개방 조치가 불확실해 보이고 또 온전히 가늠하기 어렵지만 일부 언론이 보도한 바처럼 북한은 일련의 실험을 토대로 조만간 보다 구체적이고 적극적인 조치를 취할 것이며 그럴 경우 그 의미는 보다 분명해질 것이다.

다. 대남 및 대미 관계에서의 불확실성

김정은 체제 출범 이후에도 남북 및 북미관계는 여전히 살얼음판을 걷는 형국이다. 롤러코스트를 타듯 공세와 대화를 오가는 북한의 구태의연한 행태도 그대로고 이를 바라보는 남한과 미국의 시선도 변하지 않았다. 북한의 이러한 태도는 남한은 물론 국제사회로부터 북한의 혁명-대남전략이 바뀌지 않았다는 의심을 사기에 충분했으며 실제 남한에서도 공공연히 북한의 호전성을 거론했다. 더욱이 북한이 새롭게 제시한 경제-핵무기건설 병진 노선에 대해서는 경제보다 핵무기 개발에 무게를 두고 핵보유국 북한의 의도를 헤아리는데 주력했다.

북한의 공세적 태도에도 불구하고 몇몇 부문에서는 의미 있는 변화를 보이기도 했다. 개성공단 문제를 처리하는 과정에서 7차까지 가는 릴레이 회담에 참여하며 합의를 도출한 것, 개성공단을 국제화하고 국제규범을 적용하는데 합의한 것, 평양서 열린 국제 역도경기에서 남한의 태극기 게양 및 애국가 연주에 이어 북한 조선중앙TV가 이를 방영한 것, 남한인의 방북 시 휴대폰 휴대를 허용한 것, 미국과의 접촉의 빈도를 높여가고 있는 것, 그리고 2014년 들어 남북대화에 적극 나서고 있는 것 등이 구체적 사례이다.

이러한 일련의 변화는 본질적인 것이 아니라고 말할 수 있다. 그럼에도 불구하고 이는 결코 가볍게 생각할 것도 아니다. 북한 국방위 정책국 대변인이 담화를 통해 "여러 가지 건설적이며 과감한 평화적 조치들을 구상"하고 있다고 언급한 데서 보듯 북한의 변화양상이 이전과 다른 것으로 보아야할 개연성은 충분하다는 것이다. 이와 관련, 「조선신보」가 "그동안 평화 대화의 시작에 이러저러한 전제조건을 달면서 대결 노선에 집요하게 매달려온 미국과 남조선 당국이 더 이상 시비할 수 없는 대범한 행동 계획, 통이 큰 문제타결안이 구상됐을 수 있다"고 언급[12]한 것은 북한의 변화가 이전과 다른 것일 수 있음을 시사한다.

III. 김정은 시대 북한의 국가목표 및 국가전략

1. 북한의 국가목표: 사회주의 강성국가

1) 사회주의강성국가의 정립 과정

김정일 시대 북한의 국가목표는 강성대국이었다. 1998년 9월 이를 공식화한 북한은 2012년 4월 김일성 100회 생일을 강성대국 원년으로 맞겠다는 계획을 추진했다. 그러나 그 전도가 무망한 가운데 2011년 12월 김정일이 사망하자 이 주장은 슬그머니 자취를 감추었다. 지도자가 바뀐 현실과 강성대국이라는 용어 및 목표의 비현실성을 감안한 때문인 것으로 해석할 수 있다.

김정은 시대 북한은 대신 강성국가라는 용어를 사용했다. 김정은 시대 북한이 국가목표로 강성국가를 차용할 것임은 김정일 사망 직후인 2012년 신년공동사설에서 암시됐다. 김정일 사망 후 불과 보름도 지나지 않아 발표된 공동사설에서 북한은 강성대국이란 용어를 현저히 줄여서 사용하는 가운데 강성국가를 간간이 사용[13]함으로써 변화를 예고했다. 강성대국 표현은 대체로 2012년 하반기에 이르러 북한매체에서 거의 사라졌다.[14]

그리고 불과 4개월도 채 지나지 않은 2012년 4월 11일 개최된 노동당 제4차대표자회서 노동당규약을 개정하고 서문에 당의 당면목적으로 사회주의 강성국가 건설을 적시했다. 강성국가가 강성대국의 자리를 대체해 북한의 새로운 국가목표로 자리 잡은 것이다. 김정은은 2013년 첫 육성 신년사에서 북한의 국가목표(비전)로서 강성국가의 의미를 보다 분명히 했다. 그는 "새해 2013년은 김일성, 김정일 조선의 새로운 100년대의 진군길에서 '사회주의강성국가' 건설의 전환적 국면을 열어나갈 거창한 창조와 변혁의 해"라고 주장했다.

2) 사회주의 강성국가의 전략적 의미

김정일 시대의 북한은 강성대국을 국가목표로 내세우고 이것이 정치사상강국, 군사강국, 경제강국 등 세 부분으로 구성되어 있음을 밝혔다. 이중에서 정치사상강국과 군사강국은 이미 달성됐다며 경제강국 건설의 절박함을 강조했었다. 그러나 김정은 시대에 들어 새로운 국가목표로 사회주의 강성국가를 제시하였지만 강성대국의 경우처럼 아직 그 구성요소들을 구체적으로 적시하지는 않았다. 다만 경제강국, 체육강국 등을 언급하면서 이들이 강성국가의 주된 내용을 구성하고 있음을 시사했다.

전미영은 김정은 시대에 들어 북한이 국가목표에 대한 명칭을 바꾼 것과 관련해 강성국가가 강성대국에 비해 보다 구체적이고 실천성이 담겨있는 용어라는 점에 주목한다. 즉 단순히 대국이 못된 빈국의 겸연쩍음 때문이 아니라 정치언어의 전략적 힘을 활용하기 위한 것으로 보아야 한다는 것이다. 그리고 이러한 변화 속에 국가주의적 경향이 내포되어 있는 것으로 파악한다.[15] 실제로 강성대국과 강성국가란 용어가 노동당규약 내에서 그 위상과 의미는 차이가 없다. 다만 그 내용 면에서는 적지 않은 의미변화를 읽을 수 있다.

북한이 2010년 9월과 2012년 4월 노동당규약을 개정하면서 수정한 당의 당면목적을 살펴보면 북한의 의도를 엿볼 수 있다. 즉 2010년 이전의 노동당규약은 김일성시대의 국가목표를 담고 있다면 2010년에 수정된 노동당규약은, 비록 뒤늦게 반영했지만, 김정일 시대에 추구한 국가목표를 담고 있다고 볼 수 있다. 그리고 김정일이 사망한 직후 북한은 노동당규약을 개정해 김정은 시대의 국가목표를 제시했다. 결국 북한 최고지도자들이 추구했던 당면 국가목표는 사회주의 완전승리 (김일성) → 사회주의 강성대국(김정일) → 사회주의 강성국가(김정은) 로 변해왔다. 각 시대별 목표는 형식상 큰 차이가 없어 보이지만 내용 면에서 적지 않은 차이가 있다.

김일성시대의 국가목표로서 사회주의 완전승리는 사회주의 발전단계 속에서 하나의 단계를 설정한 것이었다. 이른바 중과도기론을 견지했던 북한이 과도적 단계에 초점을 맞춰 국가목표를 설정한 것이다. 따라서 사회주의 완전승리라는 표현 자체는 북한이 추구하는 구체적

목표라기보다 사회주의 발전 도정에서의 위치를 지칭한 셈이다. 김일
성이 1986년 말 시정연설에서 북한이 곧 사회주의 완전승리 단계에
도달하게 되는 점을 강조한 것에서도 유추할 수 있다. 다만 북한이
"이밥에 고깃국 먹고 기와집에 사는" 지상낙원 건설을 말하며 주민들
의 노력을 부추겨온 점에 비추어 보면 그 목표가 지향하는 모습은 미
루어 짐작할 수 있다.

김정일 시대의 국가목표로서 강성대국은 북한이 건설하고자 했던
이상적인 국가의 모습을 그리고 있다. 정치사상강국 및 군사강국을 이
미 달성했다고 언급한 것에서 보듯, 경제강국 건설을 통해 강성대국을
완성하자고 말해온 점으로 미루어 볼 때, 말 그대로 모든 면에서 완전
한 형태의 국가상을 그리고 있다는 것이다. 즉, 국가목표로서 강성대
국의 의미는 정치사상, 군사, 경제 부문에서 충분히 성공한 상태의 국
가를 의미한다. 강성대국이라는 국가목표는 비록 추상적이고 비현실적
이지만 김일성시대와 달리 역사발전단계에서의 위치를 설정하고 있지
않다.

김정일 시대의 국가목표인 강성대국이 목적지향적인 의미를 내포하
고 있었던 데 비해 김정은 시대의 국가목표로서 강성국가는 북한이
추구하고자 하는 국가의 이미지에 초점을 맞춘 보다 유연한 의미를
담고 있는 것으로 해석할 수 있다. 즉, 구체적으로 어떤 국가를 건설
하겠다고 말하기보다 이러이러한 국가를 향해 나아가자는 추동의 의
미가 담겨있다. 강성국가 역시 강성대국과 마찬가지로 역사발전단계에
서 북한이 처한 위치를 나타내지는 않고 있다.

따라서 사회주의 강성국가에 내포되어 있는 의미는 대략 다음과 같
은 세 가지로 정리할 수 있다. 첫째, 사회주의체제 견지의 의미이다.
사회주의라는 표현을 구체적으로 명시함으로써 김정은 체제 하에서도
기본적으로 사회주의체제를 견지해 나갈 것임을 분명히 했다. 이는 북

한에서의 변화방향을 가늠하는 핵심 사안이라고 할 수 있다. 둘째, 과
도기론의 수정이다. 중국은 기존의 과도기론을 과감하게 수정함으로써
개혁개방의 근거를 마련했다. 그러나 북한은 과도기론의 한계를 인식
하면서도 중국과 같이 명료하게 과도기론을 수정하지 않았다. 그러나
김정일 시대 이후 새롭게 정립한 국가목표에는 북한이 처한 현실을
인정하는 가운데 변화를 모색했다. 따라서 북한은 향후 사회주의를 견
지하는데 따른 문제를 개선하기 위해 어떤 형태로든 과도기문제를 재
정립할 것으로 보인다. 셋째, 국가주의를 지향하는 가운데 현실을 직
시하고 있다는 점이다. 사회주의 강성국가를 주장하면서 무엇보다 인
민생활의 향상을 강조하고 있으며 이를 위해 경제강국, 문명(강)국 등
을 제시하고 있다.

3) 사회주의 강성국가 논리 체계

사회주의 강성국가라는 용어가 김정일 사망 직후인 2012년 1월 1일
공동사설에서 처음으로 제기되고 곧 이어 노동당의 당면목적으로 언
급되는 등 김정은 시대의 국가목표(비전)로 자리 잡았음에도 불구하고
이에 대한 체계적이고 구체적인 설명은 없다. 따라서 북한의 새로운
국가목표로서 사회주의 강성국가의 논리 체계를 살펴보기 위해서는
그동안 북한에서 제기된 여러 가지 주장들을 종합하여 정리할 수밖에
없다. 북한의 주장은 때로는 모호하고 중첩된 표현도 있어 주관적 해
석을 더했다.

북한의 국가목표로서 사회주의 강성국가는 경제강국과 문명(강)국
건설을 핵심 내용으로 하고 있다.[16] 양자 관계는 경제강국을 상위에
둔 것으로 보인다. 주 대상이 경제강국이고 문명(강)국이 이를 보완하
는 형식을 취하고 있다는 것이다. 북한이 강성국가 또는 경제강국 건
설을 강조하면서 인민생활 향상을 등치시키고 있는 데서 추론할 수

있다. 즉, 북한은 인민생활 향상을 강성국가가 궁극적으로 지향하는 목표로 설정하고 강성국가 및 경제강국 건설에 모두 적용하고 있다. 따라서 강성국가 건설은 경제강국 건설을 토대로 하여 문명(강)국 건설을 도모하고자 하며 이는 곧 인민생활 향상을 목적으로 하고 있다는 추론이 가능하다.

경제강국과 문명(강)국은 각각 지식경제강국과 체육강국을 중점부문으로 설정하고 있다. 경제강국 건설을 위한 과제로는 경제발전을, 문명(강)국 건설을 위한 과제로는 문화적 선진화를 각각 제시했다. 즉 인민생활 향상을 위한 조건으로 경제적 측면뿐 아니라 문화적 측면을 함께 고려하고 있다.

북한이 경제강국 건설을 위한 중점부문으로 지식경제강국 건설을 설정한 것은 낙후된 경제를 일거에 발전시키기 위해 지식·정보를 토대로 한 첨단 과학기술 개발에 주력할 계획임을 시사한다. 즉 육체노동이 아니라 지식·정보를 토대로 한 첨단 과학기술을 개발하여 이를 경제에 접목시켜 새로운 산업혁명을 일으킴으로써 지식경제강국을 건설해야만 경제강국에 이를 수 있다는 것이다. 북한이 2000년대 초 개혁개방을 추진하면서 이른바 '단번도약'을 통해 낙후된 경제를 일거에 발전시키려는 계획을 추진한 것의 변형인 셈이다. 이를 위해 북한은 과학·기술자들을 우대하는 정책을 과감하게 추진하는 가운데 공장의 자동화 및 무인화를 독려하고 있다. 또 체신·통신 분야에서의 개발에 대해서도 많은 관심을 쏟고 있다.

북한은 경제강국 건설을 위한 당면과제인 경제건설을 강조하면서 인민생활 향상과 직접적인 관계가 있는 농업과 경공업에 관심을 집중시키고 있다. 경제건설에서 특히 농업과 경공업 발전을 통해 주민생활 향상을 꾀하겠다는 의지를 담은 것으로 보인다. 이는 앞서 북한이 강성대국을 위한 군사강국 건설을 위해 국방공업을 중시했던 것과 비교된다. 김정은은 2013년 신년사에서 "경제건설의 성과는 인민생활에서 나타나야 한다"며 농업과 경공업을 2013년 경제건설의 주공 전선으로 제시했다. 3월 18일 평양서 개최된 전국 경공업대회에 참석한 김정은은 다시 "경공업전선은 농업전선과 함께 현 시기 경제강국 건설과 인민생활 향상을 위한 투쟁에서 화력을 집중해야 할 주 타격 방향"이라고 말했다.

〈그림 1〉 사회주의 강성국가 체계도

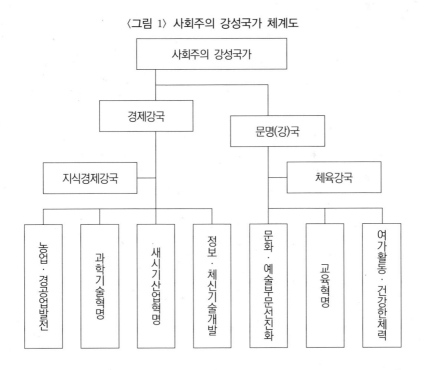

북한이 문명(강)국 건설을 사회주의 강성국가의 주된 목표의 하나로 내세운 것은 주목된다.17) 이러한 목표설정은 저발전된 북한사회와 낙후된 주민생활에 대한 현실을 인정하는 데서 출발한 것으로 보이기 때문이다. 실제 이를 주요 목표로 내세운 이후 북한은 북한사회의 후진적 제도를 개선하고 주민들의 삶의 질을 향상시키려는 일련의 조치

를 취하고 있다.[18]

북한이 문명(강)국 건설의 중점부문으로 체육강국 건설을 제시한 것은 일부 종목의 경우 국제무대에서 통할 수 있고 북한주민들로부터도 관심을 끌 수 있는 유용한 수단이라는 점이 작용한 것 같다. 즉, 북한으로서는 체육입국을 통해 국내외에서 북한사회의 변화를 드러냄으로써 이미지 쇄신을 꾀하는 한편 북한주민들의 관심을 비정치분야로 돌려 현실적 불만을 잠재울 수 있다는 계산을 한 것으로 추론된다. 북한은 최근 국제경기에 선수들을 적극 파견하는 가운데 북한 내에서도 대내경기는 물론 국제경기를 빈번하게 개최하고 있다. 또 체육인들의 사기진작을 위해 포상과 함께 수시로 연회를 개최하고 있으며 전용아파트를 건설해 체육인들에게 제공하고 있다. 또 별다른 오락거리가 없는 주민들을 위해 TV방송시간을 늘리고 주요 경기를 중계하고 있다.

북한이 문명(강)국 건설을 당면과제로 내세운 것은 문화부문에서의 선진화를 통해 비정상국가로 낙인찍혀 있는 북한의 국가품격을 높이고 나아가서 주민들의 생활의 질을 높이겠다는 이중 포석으로 보인다. 두 가지 모두를 해결해야 하는 북한으로서는 이를 위해 최근 무모하리만큼 과감한 정책을 추진하고 있다. 이러한 움직임은 향후 북한주민들의 의식변화에도 지대한 영향을 미치게 될 것이다.

2. 김정은 시대 북한의 국가전략: 변화를 위한 새 판짜기

1) 북한의 국가전략 틀

북한이 2010년 9월 노동당규약을 개정하며 최종목적에서 '공산주의 사회 건설' 부분을 삭제한 것은 북한의 국가전략에서 중요한 변화이다. 당면목적에 사회주의 강성국가 건설과 함께 "전국적 범위에서 민족해방 민주주의혁명의 과업을 수행"한다는 구절이 들어 있지만 이 역시 앞서 "전국적 범위에서 민족해방과 인민민주주의 혁명과업을 완수"
한다고 표현했던 것에 비해 크게 완화됐으며 무게중심도 바뀌었다. 일
부 논자들은 동의하지 않을지 모르지만 노동당규약에서 국가목표가
바뀐 것은 북한에서의 일련의 변화양상과 밀접히 연계되어 있는 것으
로 보아야 한다. 이는 곧 북한의 국가전략을 과거와 다르게 해석해야
할 당위성을 제공한다.

앞서 살펴본 바와 같이 북한의 국가목표인 사회주의 강성국가를 토
대로 할 경우 북한의 국가전략은 발전전략에 초점이 맞추어져 있으며
그런 점에서 해석 또한 이 방향에서 이루어져야 한다. 그러나 북한이
당의 최종목적에서 공산주의사회 건설을 삭제한 것을 미루어 두고 전
국적 범위에서의 민족해방 문제를 거론하고 있는 것을 중시한다면 여
전히 혁명전략 또는 대남전략에 관심을 둘 수 있을 것이다. 역시 북한
을 어떻게 인식할 것이냐 하는 문제와 함께 드러난 상황을 어떻게 해
석할 것이냐의 문제인 것이다.

현실적으로 남북한이 대치되어 있고 군사적 충돌의 가능성이 상존
한 상황에서 북한의 국가전략을 발전전략 차원에서만 말하는 데는 한
계가 있다. 그러나 중요한 것은 북한이 보이는 호전적 공세적 태도가
남조선혁명을 위한 혁명-대남 전략이냐 아니면 체제안전에 대한 두려
움에서 비롯된 안보전략이냐에 대해 신중하게 살펴야 한다는 점이다.

남한사회에는 여전히 북한의 태도에 대해 혁명-대남전략 차원에서
바라보는 시각이 적지 않은 것 같다. 남한 내 종북세력이나 간첩의 존
재 및 활동에 대해 민감해 하는 것이나 롤러코스트를 타듯 주기적으
로 되풀이되는 북한의 호전적 언동에 관심을 기울이는 것은 그러한
시각을 반영한 것으로 보인다.[19] 또한 북한이 핵무기를 개발하고 있
는 것을 공세적 혁명-대남전략과 연결 짓는 경우도 흔하다. 그러나 호
전적 언동이나 불확실성에도 불구하고 북한이 변화를 준비하고 있고

이를 구체화하기 위해 나름 다양한 노력을 하고 있는 것 또한 객관적 사실이라는 점을 고려해 북한의 국가전략을 살펴보아야 한다.

중국의 경우 발전지향적인 새로운 국가목표를 세운 후 이를 위해 발전전략 차원의 국가전략을 수립해 추진해 온 것을 눈여겨보아야 한다.[20] 이렇게 볼 때 북한의 국가전략에서 발전전략을 핵심적인 것으로, 혁명-대남전략을 부수적인 것으로 해석하는 것이 가능할 것이다. 북한은 최근 군 병력을 경제건설에 돌리기 위해 병력감축을 추진 중인 것으로 알려졌으며[21] 서해 NLL과 인접한 황해남도 강령군일대를 경제특구로 개발하기 위한 계획을 수립했다.[22] 이 같은 동향은 앞서 호전성을 드러내던 북한의 모습과는 분명히 다른 것이다.

김정은 시대 들어 북한이 제시한 핵심 전략인 경제-핵무기건설 병진 노선도 핵무기 건설을 언급함에 따라 공세적인 것으로 보이지만 방점이 경제건설에 두어져 있다는 점에서 달리 해석할 필요가 있다. 즉, 경제건설과 핵무기건설을 병진하겠다고 했지만 경제건설이 먼저이고 핵무기 건설은 경제건설을 뒷받침하기 위한 것으로 해석해야 한다. 실제 북한은 2013년 3월 병진노선을 제시하면서 핵보유국 지위를 재차 천명하며 핵보유국으로서 체제안전을 보장받게 됐음을 강조했다. 체제안전이 확보됨에 따라 경제건설에 매진하겠다는 것이다.

국가전략은 국가목표에 수렴한다. 이렇게 보면 북한의 핵심 국가전략은 경제강국 및 문명(강)국 건설을 겨냥한 발전전략에 있다. 그리고 핵 보유 및 핵 동력 개발을 통해 체제안전을 확보하려는 것은 안보전략으로서 하위 국가전략으로 해석할 수 있다. 북한 핵을 남조선혁명을 위한 혁명-대남전략 차원의 움직임과 구별해야 한다. 김정은 시대 출범이후 북한이 선군에서 선경으로 무게중심을 이동하고 있는 것 역시 같은 맥락에서 이해할 수 있을 것이다.

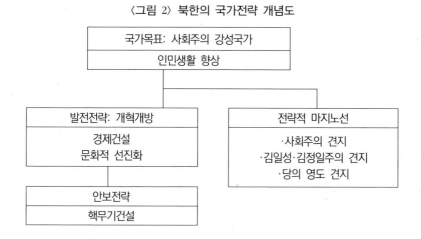

〈그림 2〉 북한의 국가전략 개념도

2) 국가전략을 위한 논리 변화

중국은 개혁개방 정책을 추진하며 이를 정당화하기 위해 '하나의 중심, 두 개의 기본점'을 제시하고 이를 지속적으로 견지해 왔다. 아울러 이론적으로 이를 뒷받침하기 위해 모택동시기의 대과도기론을 소과도기론으로 수정하고 이른바 초급단계론을 제시했다. 이어 상품경제론 등 자본주의 시장경제를 수용하기 위한 일련의 조치를 취했다. 여기서 주목되는 것은 중국이 이른바 중국적 사회주의 건설을 위해 자본주의 시장경제를 받아들이면서 취한 전략으로서 "하나의 중심과 두 개의 기본점"이다. 하나의 중심은 "경제건설"이고 두 개의 기본점은 개혁개방과 체제유지를 위해 견지할 가치를 지칭하는 "4항 견지노선"을 말한다.[23] 하나의 중심인 경제건설은 국가전략의 핵심적 가치를 말하는 것이라면 두 개의 기본점인 개혁개방과 4항 견지노선은 이를 추동하기 위한 구체적인 방법이라고 할 수 있다. 또 개혁개방은 경제건설을 추진하기 위한 실천적 지침인 핵심 국가전략을 반영한 것이라면 4항 견지노선은 변화에 대한 저항세력을 다독이고 사회주의체제를 유지하기 위해 설정한 전략적 마지노선이라고 할 수 있다.

그러면 북한은 어떨까? 북한은 아직 이를 명시적으로 밝히지 않고 있다. 따라서 단언하기에는 변수가 많지만 해석 여하에 따라서는 중국의 경우와 비교할만하다. 북한을 중국의 경우에 대입하면 하나의 중심에 해당하는 것은 사회주의 강성국가의 모토로 제시한 인민생활 향상을 들 수 있다. 두 개의 기본점과 관련, 우선 강성국가의 주된 목표인 경제강국 건설을 위한 경제건설 및 문명(강)국 건설을 위한 문화적 선진화를 들 수 있다. 그런데 경제강국과 문명(강)국 건설의 성패는 북한이 얼마나 적극적인 변화를 추진하느냐에 달려있다는 점에서 개혁개방으로 치환할 수 있을 것이다. 현실적으로 북한이 개혁개방을 하지 않고는 경제발전과 문화적 선진화를 이룰 수 없기 때문이다. 북한은 개혁개방이라는 표현을 사용하지는 않지만 경제관리 개선 등의 표현을 통해 사실상 개혁개방을 추진하고 있다.

사회주의체제를 견지하며 변화에 대한 저항을 다독이기 위한 전략적 마지노선과 관련, 북한은 변화의 입장을 적극적으로 추동했던 중국의 경우와 달리 선대의 노선을 이어가는 가운데 소극적으로 변화를 추진함에 따라 고도의 수사적 표현을 사용해 왔다. 따라서 상당한 모호성을 보여 분명하게 정리하기 어렵다. 그동안 발표된 김정은 국방위 제1위원장의 담화 등을 중국의 4항 견지노선에 견주어 보면 북한의 전략적 마지노선은 사회주의 견지,24) 김일성-김정일주의 견지, 당의 유일적 영도 견지 등을 생각할 수 있다.

사회주의 견지와 관련해서는 북한이 헌법에 이어 당 규약에서 최고의 이념적 가치를 공산주의가 아니라 사회주의임을 천명함으로써 분명히 했다. 김정은 제1위원장은 선대 수령인 김일성과 김정일의 사상을 핵심적 이데올로기로 제시하고 있다. 즉 북한이 견지하려고 하는 중요한 가치의 하나가 이제는 주체사상이 아닌 김일성-김정일주의라는 것이다. 김정은 시대 들어 북한이 당의 위상을 정상화하는 가운데 당

을 중심으로 변화를 추구하고 있다는 점에서 변화의 주체로서 당의
영도 또한 핵심적 가치라고 할 수 있다.

IV. 맺음말

김정은 시대가 시작된 이후 북한이 보인 변화양상은 변화의 범위는
물론 내용에 있어서도 이전과 비교할 수 없을 만큼 전향적이다. 이러
한 움직임으로 인해 세인들은 북한의 변화 가능성에 주목해 왔다. 실
제로 이에 대한 다양한 형태의 보도가 뒤따르며 성급한 관측이 쏟아
지고 있다. 하지만 다른 측면에서는 북한의 변화 움직임 보다 기존의
공세적 태도를 들추어내며 본질적으로 변하지 않았음을 강조하기도
한다. 특히 2013년 말 장성택 숙청 사건이 발생하면서 이런 분위기는
보다 팽배하다.

그러나 북한은 냉전체제가 해체된 이후 체제안보를 위한 안보전략
을 강화해왔으며 김정은 시대 들어서는 적극적인 변화를 추구해 왔다.
비록 변화의 몸짓을 하는 한편으론 핵무장을 다그치며 전쟁 불사 발
언을 내뱉지만 일정한 범위에서 변화를 추구했다. 따라서 북한의 변화
양상에 대한 상반된 평가는 불가피한 측면이 있지만 국가목표와 국가
전략의 상호연관성에 주목하면 앞에서 살펴본 바와 같이 북한의 국가
전략에서도 변화가 있음을 헤아릴 수 있다.

북한의 국가목표로서 사회주의 강성국가 건설은 주민들의 삶의 질
을 향상시키는데 중점을 두고 경제강국 및 문명(강)국 건설을 위한 경
제건설과 문화적 선진화를 추진하는데 초점을 맞추고 있다. 경제발전
뿐 아니라 문화부문에서의 발전을 동시에 추진함으로써 인민생활 향
상이 단순히 경제적 문제를 해결하는데 국한하는 것이 아님을 천명한

것이다. 이는 기존의 관행과 접근방식을 뛰어 넘는 새로운 형태의 발전전략을 통해서만 가능하다.

그런 점에서 북한의 새로운 국가전략은 사실상 개혁개방을 핵심적 내용으로 하는 발전전략을 상위전략으로 하고 있는 것으로 해석할 수 있다. 북한이 용어사용을 달리하고 있지만 그 내용은 곧 개혁개방을 의미한다는 것이다. 이러한 변화 속에서 북한은 변화를 추동하는데 따른 부작용을 최소화하고 변화에 대한 저항을 차단하기 위한 전략적 마지노선으로 사회주의, 김일성-김정일주의, 노동당 영도 등을 견지할 것으로 관측된다. 이는 내용적으로 중국이 경제발전을 꾀하기 위해 '한 개의 중심 두 개의 기본점'을 제시한 것과 비교된다.

김정은 시대 북한의 변화양상을 이와 같이 전략적 변화의 측면에서 해석하고 이해하는 것은 최근의 움직임이 이전과 확연히 다른 특징을 보이고 있기 때문이다. 첫째, 김정은이 최고지도자로 등장하면서 진두에서 변화를 이끌고 있다는 점이다(변화주체). 둘째, 북한이 처한 현실을 인정하는 바탕위에서 변화를 추진하고 있는 점이다.(변화배경) 셋째, 민심을 의식하며 주민들의 마음을 사는데 관심을 기울이고 있는 점이다.(변화내용) 주민친화적인 정책을 추진하려 하는 것이나 주민위무정책을 펴는 것은 다분히 주민들의 의식변화를 염두에 둔 새로운 접근으로 보인다. 넷째, 경제개혁과 함께 규범적 제도적 측면을 포함한 여러 부문에서 새로운 조치들이 제시되고 있는 점이다.(변화내용)

북한은 그동안 명분과 현실/ 통일과 평화/ 민족과 국제의 갈래에서 명분 통일 민족을 전면에 내세우며 그들의 전략목표를 세워왔다. 즉, 맑스-레닌주의 또는 주체사상이라는 이념을 쫓아 현실보다 명분을 앞세우고, 하나의 조선임을 주장하며 무력에 의한 통일마저 불사하겠다고 나섰으며, 우리민족끼리를 외치며 국제사회의 일반논리보다 민족의 가치를 크게 평가했다. 그러나 국제정세의 변화 속에서 북한은 생존을 위협받는 상황을 맞게 되었고 이에 따라 인식이 바뀌었다.[25] 이는 1990년대 이후 국제환경의 변화 속에서 북한의 태도변화를 통해 가늠할 수 있다. 즉 현실을 직시하면서 생존을 위해 혁명이라는 명분보다 평화를, 통일을 미래의 문제로 제쳐 놓고 공존을, 민족 대신 국제사회로부터 체제를 보장받고자 노력해 왔다. 이렇게 보면, 북한 핵은 생존을 위협받는 상황에서 평화를 담보로 국제사회에 말을 걸기 위한 수단으로 평가할 수 있다. 또 여전히 민족과 통일을 강조하고 있는 것은 북한체제의 기존 논리를 정당화하기 위한 필요를 반영한 것으로 해석할 수 있다.

[제2장]

김정은 시대 지배이데올로기의 특징과 전망:

'김일성주의'에서 '김일성-김정일주의'로*

김진환

I. 머리말

2012년 4월 김정은이 조선노동당 중앙위원회 제1비서와 국방위원회 제1위원장에 취임하면서 '김정은 시대'가 공식적으로 시작된 지 2년 넘게 지났다. 이 글에서는 김정은 시대에 대한 이해를 높이는 작업의 일환으로 김정은 시대의 지배이데올로기가 김정일 시대의 지배이데올로기와 비교할 때 어떠한 특징을 보여주고 있는지를 밝히고자 한다.

북한체제의 지배집단인 조선노동당은 권력과 지배이데올로기의 관계를 정교하게 이론화해왔다. 구체적으로 조선노동당은 수령의 첫 번째 사명을 '혁명의 지도사상, 지도이론의 창시'로 명시하고,[1] 수령의 후계자가 풀어야 할 첫 번째 과제를 '수령 혁명사상의 고수관철, 발전풍부화(심화)'로 규정하고 있다.[2] 곧 수령의 후계자는 "무엇보다도 수령이 창시한 혁명사상을 전면적으로 계승·발전"시켜야 한다는 것이다.[3] 바로 이러한 내재적 논리 탓에 후계자 김정은에게도 수령 혁명사상의 심화발전은 필수적 과제로 부여되어 있다고 말할 수 있다.

그렇다면 현재 김정은은 수령 혁명사상의 심화발전이라는 과제를 어떻게 풀어나가고 있을까? 좀 더 폭넓게 질문하면 김정은은 북한의

최고 권력자로서 어떠한 지배이데올로기 행보[4]를 하고 있을까? 아래
에서는 이 질문에 대한 해답을 찾기 위해 먼저 김정일이 김일성의 혁
명사상을 '김일성주의'로 정식화·체계화하고 심화시켜 온 과정을 정리
해볼 것이다. 이어서 김정은의 지배이데올로기 행보를 김정일의 그것
과 비교해 살펴보고, 앞으로 김정은이 어떠한 지배이데올로기 행보를
할 것인지도 간략하게 전망해볼 것이다.

II. 김정일 시대 : '김일성주의' 정식화·체계화와 심화

김정일의 지배이데올로기 행보는 크게 두 단계로 구분해 볼 수 있
다. 첫 번째 단계라고 할 수 있는 1970년대 초반~1980년대 중반까지는
'주체사상'을 포함한 김일성의 사상·이론·방법을 이른바 '김일성주의'
로 정식화·체계화했고, 두 번째 단계인 1990년대 초반부터 사망하기
전까지는 '선군사상'의 정식화·체계화를 중심으로 김일성주의를 심화
시켰다.

1. '김일성주의' 정식화·체계화

수령의 혁명사상을 발전적으로 심화시키기 위해서는 일단 수령의
혁명사상이 어떠한 내용으로 이루어져 있고, 기존 혁명사상과 비교할
때 어떠한 특징을 갖고 있는지 등을 명확히 밝혀야만 한다. 따라서 후
계자의 사상이론적 활동은 수령 혁명사상의 정식화·체계화로부터 출
발할 수밖에 없으며 김정일 역시 김일성의 혁명사상을 정식화·체계
화하는 것으로부터 후계자로서의 행보를 시작했다.
김정일이 1974년 2월 13일 조선노동당 중앙위원회 5기 8차 회의에서

정치위원에 선임되면서 김일성의 후계자로 정식 등극할[5] 때까지만 해도 북한에서 대표적 지배이데올로기로 기능하던 '주체사상'의 내용은 빈약했고, 기존 혁명사상과 비교할 때 구별되는 특징 역시 뚜렷하지 않았다. 사대주의, 대국주의, 교조주의 등을 반대하고 '사상에서의 주체, 정치에서의 자주, 경제에서의 자립, 국방에서의 자위'를 추구한다는 정도가 1960년대까지 주체사상의 정의였다. 이러한 지배이데올로기는 내용의 단순함 때문에 대중적 전파에는 유리하지만, 문제는 이 정도 정의만으로는 그동안 사대와 교조의 대상이 되어 온 맑스-레닌주의와 주체사상은 어떻게 다른지, 주체사상의 독창성은 무엇인지 등을 당원, 인민대중, 외국 등에게 구체적으로 교양·설명하기 어려웠다.[6]

조선노동당의 주장에 따르면 주체사상의 정식화·체계화는 김정일에 의해 비로소 이루어졌다. 조선노동당은 김정일이 이미 1966~1969년 사이에 사회과학자들과 함께 맑스-레닌주의 고전 30여 편을 선정해 읽으며 '선행한 로동계급의 혁명사상사'를 총화했다고 주장한다. 김정일이 내린 결론은 맑스-레닌주의가 "오늘에 와서는 인민대중의 혁명투쟁과 사회주의, 공산주의 건설에서 나서는 리론실천적 문제들에 해답을 줄 수 없게 되었다"는 것이었고, 오직 수령(김일성)의 혁명사상만이 혁명과 건설을 올바로 이끌 수 있다는 것이었다.[7] 김정일은 후계자로 결정된 직후 바로 위와 같은 작업을 기반으로 해서 '온 사회의 김일성주의화'를 조선노동당 사상사업의 기본임무로 천명했다(2·19문헌).[8]

김정일에 따르면 '김일성주의'는 주체사상을 포괄한다. "김일성주의는 주체시대의 요구를 반영하여 나온 새롭고 독창적인 위대한 혁명사상"으로서 "주체사상과 그에 의하여 밝혀진 혁명과 건설에 관한 리론과 방법의 전일적인 체계"라는 것이다. 김정일은 이처럼 주체사상을 "진수"(眞髓)로 하여 사상, 이론, 방법이 전일적으로 체계화된 점이 바로 "김일성주의가 선행한 로동계급의 혁명리론과 구별되는 특징"이라

고 강조했다.[9]

  '온 사회의 김일성주의화' 주창 이후 김정일은 자신이 김일성주의의 진수로 규정한 주체사상의 정식화·체계화에 집중해[10] 마침내 1982년 3월 김일성 탄생 70돌 기념 '전국주체사상토론회'에서 10년 넘게 진행해 온 주체사상 연구를 총결산하는 논문 「주체사상에 대하여」[11]를 발표했다.[12] 곧이어 김정일은 주체의 혁명이론, 주체의 영도방법을 정식화·체계화하는데 주력했고, 그와 북한 사상이론가들의 노력은 조선노동당 창건 40돌을 기념해 1985년 7월에 나온 『위대한 주체사상 총서』(총 10권)로 결실을 맺었다.[13] 이 총서를 논문 「주체사상에 대하여」와 더불어 김정일의 1단계 지배이데올로기 행보의 중요한 결과물 중 하나로 평가할 수 있는 이유는 김정일이 2·19문헌에서 규정한 김일성주의의 3대 요소(사상, 이론, 방법)를 포괄적으로 정식화함으로써, 김일성주의의 정식화·체계화를 일단락 지었기 때문이다.

2. '김일성주의' 심화 : '선군사상'의 정식화·체계화를 중심으로

  김정일 사후에 북한 외국문출판사에서 발간한 김정일 전기는 "새로운 혁명사상의 창시가 위대한것처럼 시대와 혁명발전의 요구에 맞게 그 사상을 심화발전시키는것도 창시에 못지않게 위대한 사업"이라면서[14] 김정일이 사회주의권 붕괴, 북한체제 위기[15] 등에 대응해 김일성주의를 어떻게 심화시켰는지 상세히 소개하고 있다.

  사상과 리론은 세상에 나올 때부터 과학적인것이여야 하지만 시대의 변천에 맞게 끊임없이 심화되여야 과학적진리로서의 생명력을 가지고 실천에서 자기 위력을 계속 발휘해나갈수 있다. (…) 이외에도 위대한 장군님께서 어버이수령님의 혁명사상에 기초하여 밝히신 20세기말 일부 나라들에서 발생된 사회주의붕괴의 교훈과 원인, 사

회주의의 과학성과 그 사상적기초에 관한 사상, 혁명적 당건설의 근
본문제에 관한 사상, 선군시대 혁명운동의 본성적요구를 집대성한
총대철학과 총대에 의한 혁명운동발생발전의 합법칙성에 관한 리론,
사회주의강성국가건설리론과 선군정치리론, 선군시대 혁명의 주력
군에 관한 사상리론과 경제건설의 기본로선에 관한 독창적인 사상리
론들에 의해 주체사상의 시대성은 더욱 철저히 보장되게 되었으며
그 생명력은 비상히 강화되었다.[16]

위 인용문에 언급된 김정일의 '김일성주의 심화발전 업적' 중에서
오늘날 조선노동당이 가장 앞에 내세워 자랑하는 것이 바로 '선군사상'
의 정식화·체계화다.[17] 잘 알려져 있듯이 김정일은 체제위기를 극복
하기 위해 선군정치(先軍政治)를 실행했고, 바로 이 선군정치 '경험'을
'이론화'하는[18] 과정에서 김일성이 1930년대에 주체사상과 함께 창시했
다는[19] 선군사상(先軍思想)을 1970~80년대에 주체사상을 그렇게 했던
것처럼 주도적으로 정식화·체계화했다.

선군사상이라는 단어는 2001년 4월 25일 『로동신문』 사설에 처음으
로 등장했다. 하지만 이 사설에는 선군사상이라는 단어가 등장할 뿐
선군사상의 내용이 무엇인지에 대한 설명은 없었다.[20] 선군사상은 그
로부터 조금 더 시간이 흐른 2002년 가을부터 본격적으로 정식화된
것으로 보인다. 2002년 10월 5일 『로동신문』은 "선군사상은 주체사상
의 근본원리에 기초한 사상이며 주체사상을 구현하기 위한 실천투쟁
속에서 나온 혁명사상"이라는 표현으로[21] 선군사상과 주체사상의 관
계를 언급했다. 곧이어 조선노동당은 2003년 신년공동사설에서 "주체
사상에 기초한 우리 당의 선군사상은 사회주의위업수행의 확고한 지
도적지침이며 공화국의 륭성번영을 위한 백전백승의 기치"라며 선군사
상의 실천적 의의를 정리했다. 이어서 김정일이 2003년 1월 29일 조선
노동당 중앙위원회 책임일군들과 한 담화(이하 '1·29담화')에서 선군

사상을 "선군후로의 사상", 곧 노동계급이 아닌 군대를 혁명의 주력군으로 규정한 사상으로 좀 더 구체적으로 정의했고,[22] 두 달여 뒤인 2003년 3월 21일 『로동신문』 편집국논설에서 선군사상을 "군사를 모든 것에 앞세울데 대한 군사선행의 사상이며 군대를 혁명의 기둥, 주력군으로 내세우고 그에 의거할데 대한 선군후로의 노선과 전략전술"로 정의함으로써[23] 선군사상 정식화 작업은 일단락됐다.[24]

특히 김정일은 선군사상을 정식화하면서 무엇보다 주체사상과 선군사상·선군정치의 관계를 해명하고 설명하는데 주의를 기울였는데,[25] 이와 관련해 조선노동당은 2004년판 당사에서 인민대중의 자주성 옹호·실현이라는 주체사상의 요구는 "인민대중의 자주적지향의 유린자이며 교살자인 제국주의가 남아있는 한" "오직 선군사상과 그 구현인 선군정치에 의해서만 확고히 실현될 수 있다"고 최종적으로 정리했다.[26]

한편 김정일은 선군사상 체계화로 나아가는 초석도 제시했다. 그는 1995년 1월 1일 조선인민군 다박솔 중대 현지지도 때 훗날 자신이 '총대철학'으로 이름 붙인 혁명원리를 처음 언급했고,[27] 몇 년 뒤 1·29담화에서는 "혁명의 총대우에 혁명위업의 승리가 있고 나라와 민족의 자주독립과 번영도 있습니다. 이것은 위대한 수령님께서 밝히시고 력사에 의하여 그 진리성이 확증된 주체의 혁명원리이며 혁명의 법칙"이라며 총대철학이 김일성주의의 일부, 총대철학의 창시자는 김일성이라는 점을 분명히 했다.[28]

이러한 김정일의 연설, 담화 등을 토대로 훗날 북한 사상이론가들은 총대철학을 선군사상의 '기초원리'로 규정했다.[29] 현재까지 정식화된 내용을 보면 총대철학은 크게 두 가지 원리, 곧 "혁명은 총대에 의하여 개척되고 전진하며 완성된다는 원리"와 "군대이자 곧 당이고 국가이며 인민이라는 원리"를 담고 있다. 요컨대 혁명은 군대에 의하여 개척되고 전진하며 완성되고, 군대가 있어야 당, 국가, 인민도 있다는 원리

(총대철학)[30]가 군대를 혁명의 주력군으로 내세우고, 모든 국사(國事) 중에 군사(軍事)를 앞세우는 사상(선군사상)을 밑받침하고 정당화하는 구조가 현재 선군사상의 체계다. 그리고 선군정치는 이러한 선군사상을 실제 정치방식으로 구현한 것이라는 게 조선노동당의 주장이다.

Ⅲ. 김정은 시대 : '김일성-김정일주의' 제창(提唱)

김정은 역시 통치 전면에 나서면서 수령 혁명사상의 정식화·체계화, 심화발전이라는 후계자의 사상이론적 역할을 본격적으로 수행하기 시작했다. 김정은의 지배이데올로기 행보도 김정일의 그것과 겉보기에는 비슷하다는 얘기다. 그러나 속을 들여다보면 현재 김정은의 관심은 김정일이 정식화·체계화하고 심화시켰던 김일성주의가 아니라, 사망할 때까지 혁명에서 차지하는 자신의 지위를 수령 김일성의 '충실한 후계자'로만 규정했던 김정일의 혁명사상에 집중되어 있다는 점이 다르다.

물론 김일성주의가 이미 김정일에 의해 정립·심화됐기 때문에 김정은이 김일성주의의 심화발전에 관심을 덜 기울이고 있다고 볼 수도 있다. 하지만 김정은이 2012년 봄 '김일성-김정일주의'를 공식적으로 제창하고 '김정일주의'의 정식화·체계화에 나서겠다고 선언한 것은 김정일의 생전 입장을 고려하면 결코 예사롭게 넘길 수 없는 사건이었다. 아래에서는 김정은이 '김일성-김정일주의'를 공식적으로 제창한 의미를 먼저 짚어 본 뒤, 김정은과 북한 사상이론가들이 현재 '김정일주의'를 어떻게 정식화·체계화하고 있는지에 대해 살펴보겠다.

1. '김일성-김정일주의' 제창의 의미: 혁명에서 차지했던 김정일 의 지위 격상

김정일은 생전에 김일성의 혁명사상과 구별되는 자기 사상의 '독자 성'보다는 김일성 혁명사상의 '계승과 심화'를 강조하는 방향으로 조선 노동당의 사상이론사업을 이끌었다. 김정일의 이러한 입장은 그의 사 후에 나온 김정은의 증언으로 확인됐지만,[31] 2000년대 초반 이른바 '선군사상 창시자 논란'을 통해서도 이미 간접적으로 알 수 있었다.

조선노동당은 2003년 12월 10일 발간한 단행본까지 일관되게 선군 혁명사상 또는 선군사상의 창시자를 김일성으로 소개해왔다. 그러다 2003년 12월 22일 『로동신문』 1면 편집국 논설에서 김정일이 "선군사 상의 창시자"라는 표현을 처음 쓴 뒤, 2004년 발간한 단행본에서 김정 일 창시론을 반복하다가 2004년 12월 22일 『로동신문』 2면 사설에서 "어버이수령님은 선군사상의 창시자"라는 표현을 쓰며 김일성 창시론 으로 복귀했다. 조선노동당의 2004년판 당사 역시 "김정일의 선군혁명 사상"이라는 표현으로 김정일 창시론을 고수하다가, 2006년판 당사에 서 "위대한 수령 김일성동지의 총대중시사상, 선군사상"이라는 표현을 쓰며 김일성 창시론으로 명백히 돌아갔다.[32]

이러한 김정일의 생전 입장, 곧 북한의 유일한 또는 영원한 수령은 김일성이고, 따라서 독자적인 혁명사상을 '창시'할 수 있는 이도 김일 성뿐이라는 입장을 존중할 경우 후계자 김정은이 관심을 가지고 새롭 게 정식화ㆍ체계화하거나 심화시켜야 하는 혁명사상은 김일성주의다.

그런데 김정은은 조선노동당 중앙위원회 제1비서 취임(2012년 4월 11일 조선노동당 4차 대표자회)을 직전에 둔 시점에 김정일 혁명사상 의 '독자성'을 강조하면서 당의 지도사상으로 '김일성-김정일주의'를 제 창했다. 김정은은 2012년 4월 6일 당 중앙위원회 책임일군들과 한 담

화(이하 '4·6담화')에서 김정일을 "조선로동당의 영원한 총비서", "공화
국의 영원한 국방위원회 위원장"으로 "높이 모시는 문제"를 당 대표자
회와 최고인민회의(4월 13일)에서 토론하자고 제안한 뒤, "조선로동당
의 지도사상은 위대한 김일성-김정일주의"33)라며 '김일성-김정일주의'라
는 단어를 처음으로 사용했다.

김정은이 4·6담화에서 밝힌 데 따르면 이전부터 당원들과 인민들
은 "수령님의 혁명사상과 장군님의 혁명사상을 결부시켜 김일성-김정
일주의로 불러왔으며 김일성-김정일주의를 우리 당의 지도사상으로 인
정"해왔지만, 김정일이 "김정일주의는 아무리 파고들어야 김일성주의
밖에 없다고 하시면서 우리 당의 지도사상을 자신의 존함과 결부시키
는것을 극력 만류"했다고 한다.34) 하지만 이제는 "위대한 장군님의 현
명한 령도밑에 온 사회의 김일성주의화를 당의 최고강령으로 내세우
고 줄기차게 투쟁하여온것처럼 앞으로도 온 사회를 김일성-김정일주의
화하기 위한 투쟁을 더욱 힘차게 벌려나가야" 한다는 게 김정은의 주
장이다.35)

그런데 이처럼 김일성주의와 구분되는 김정일주의를 정식화·체계
화해나갈 경우 이론적으로는 기존 후계자론과 충돌할 수도 있다. 1장
에서 서술했듯이 북한의 후계자론은 수령의 첫 번째 사명을 혁명사상
의 '창시'로, 후계자의 첫 번째 과제를 수령이 창시한 혁명사상의 '발전
풍부화(심화)'로 규정하고 있기 때문이다. 그렇다면 김정은은 어떠한
방법으로 이러한 충돌을 방지했을까? 논리적으로 따져보면 김정은에
게는 두 가지 선택지가 존재했다. 하나는 김정일에게 '수령'이라는 호
칭을 공식적으로 부여하면서 혁명에서 차지했던 김정일의 지위를 사
후적으로 격상시키는 것이다. 이럴 경우 수령만이 혁명사상의 창시자
가 될 수 있다는 기존 후계자론과 충돌하지 않는다. 다른 하나는 기존
후계자론을 후계자도 새로운 혁명사상을 창시할 수 있다는 식으로 수

정하는 것이다. 그런데 아래 인용한 4·6담화 내용, 현재까지 북한 문헌에서 후계자론의 뚜렷한 변화가 확인되지 않는 점 등으로 미루어보면 김정은은 두 가지 중 전자를 선택했다고 평가할 수 있다.

> 우리는 이번 당대표자회가 위대한 수령님과 함께 장군님을 우리 당의 **영원한 수령**으로 높이 모시고 수령님과 장군님의 사상과 위업을 빛나게 실현해나가는데서 중요한 리정표를 마련하는 전환적계기로 되게 하여야 합니다. (…) 자기를 키워주고 내세워주신 장군님을 **영원한 수령**으로, 위대한 스승으로 받들어모시는 것은 우리들의 응당한 본분이고 도리입니다. (…) 조선노동당 총비서의 직함은 세대가 아무리 바뀌여도 오직 장군님께서만 지니셔야 합니다. 그래서 우리는 당대표자회에서 위대한 장군님을 우리 당의 영원한 총비서로, 우리 당과 인민의 **영원한 수령**으로 높이 모실데 대한 력사적인 결정을 채택하고 그것을 당규약에 명문화하려고 합니다. (…) 조선로동당은 위대한 수령님과 장군님을 **영원한 수령**으로 높이 모신 김일성, 김정일동지의 당입니다(강조는 글쓴이).[36]

요컨대 김정은은 4·6담화를 통해 혁명에서 차지했던 김정일의 지위를 수령으로 격상시키면서 김정일의 독자적인 혁명사상을 '김정일주의'라는 이름 아래 정식화·체계화하겠다고 선언한 것이다. 이런 맥락에서 김정은의 4·6담화는 북한 역사에서 김정일의 2·19문헌과 거의 같은 의의를 갖는다고 평가할 수 있다. 김정일과 김정은 모두 두 담화를 통해 '수령'의 혁명사상을 정식화·체계화하는 작업에 본격적으로 나서겠다는 뜻을 밝혔기 때문이다.[37]

2. '김정일주의' 정식화·체계화 시작: '김정일애국주의'와 '자기 땅에 발을 붙일데 대한 사상'의 정립

김정은은 과거 김정일이 2·19문헌에서 했던 것과 비슷하게 4·6담화에서 "김일성-김정일주의는 주체의 사상, 리론, 방법의 전일적인 체계이며 주체시대를 대표하는 위대한 혁명사상"이라고 규정했다.[38] 따라서 김정은이 이미 후계자론에 따라 부여받았고, 또한 자신의 발언을 통해 스스로 부여한 1차적 과제는 김정일이 2·19문헌 이후 11년 여 만에 10권으로 이루어진 『위대한 주체사상 총서』를 발간하며 '김일성주의'를 정식화하고 전일적으로 체계화했듯이, '김정일주의', 곧 "김정일동지께서 내놓으신 독창적인 사상과 리론들"[39]을 정식화하고 전일적으로 체계화하는 것이다. 이러한 과제 수행과 관련해 김정은은 현재 첫 발을 막 뗀 상태라고 평가할 수 있다. 김정일 사상·이론·방법의 정식화·체계화라는 과제를 '김정일애국주의'와 '자기 땅에 발을 붙일데 대한 사상'을 정립하면서 풀어가기 시작했기 때문이다.

1) '김정일애국주의' 정립

북한 『조선중앙통신』에 따르면 '김정일애국주의' 정립은 김정은으로부터 출발했다. 2012년 3월 2일 조선인민군 전략로켓사령부를 시찰한 김정은이 "조국 산천의 나무 한 그루, 풀 한 포기도 사랑하신 어버이 장군님의 모범을 따라 배워 김정일식 애국주의를 높이 발휘하는 데서 인민군대가 앞장서야 한다"고 강조했다는 것이다. '김정일애국주의'라는 단어는 두 달 뒤인 5월 11일 『조선중앙통신』 기사에서 처음 등장했고,[40] 이후 『로동신문』, 『조선중앙방송』 등 북한 관영매체를 통해 대중적으로 전파됐다. 특히 『조선중앙방송』은 2012년 5월 14일 사설에서 '김정일애국주의'를 "수령에 대한 절대불변의 충실성을 핵으로 하여

한평생을 애국으로 수놓아오신 장군님의 업적과 위대성을 특징짓는 사상'으로 정의하기도 했다.[41]

김정은은 2012년 7월 26일 당 중앙위원회 책임일군들과의 담화에서 3월 이후 북한 관영매체에서 단편적으로 소개하고 있던 김정일애국주의의 본질, 기초, 특징 등을 종합적으로 정식화하고, 김정일애국주의 교양사업을 강화하기 위한 원칙과 방도 등을 제시했다.[42]

김정은은 이 담화에서 "이미 여러 기회에 김정일애국주의에 대하여 강조"했는데도 "우리 일군들이 아직 김정일애국주의에 대하여 깊이있게 리해하지 못하고" 있다고 질책한 뒤[43] 김정일애국주의를 "그 본질적내용으로 보나 커다란 생활력으로 보나 오직 김정일동지의 존함과만 결부시켜 부를수 있는 가장 숭고한 애국주의", "사회주의적 애국주의의 최고정화" 등으로 정의했다. 또한 김정일애국주의는 김정일이 지닌 "숭고한 조국관"을 기초로 하고, "인민을 하늘처럼 여기는 숭고한 인민관"에 바탕을 두고 있으며, "숭고한 후대관"으로 인해 더욱 절실하게 다가온다고 정리했다.[44] 김정일애국주의의 3대 요소를 조국관, 인민관, 후대관으로 체계화한 셈이다.

현재 북한 사상이론가들은 김정은의 위 담화 내용을 토대로 김정일애국주의가 1950년대 중반 김일성이 정식화했던 '사회주의적 애국주의'와 어떻게 다른지를 해명하는데, 곧 김정일 혁명사상의 독자성을 확립하는데 특별히 주력하고 있다. 김일성은 1950년대 중반부터 혁명과 건설에서 민족적 특수성과 국제적 보편성의 조화를 강조하는 과정에서 부르조아 민족주의·배타주의와 대비되는 사회주의적 애국주의[45]를 아래와 같이 정식화했다.

　'우리의 애국주의는 사회주의적애국주의입니다. 우리는 온갖 부르죠아민족주의와 배타주의를 배격합니다. 민족주의는 인민들간의

친선관계를 파괴할뿐아니라 자기 나라자체의 민족적리익과 근로대
중의 계급적리익에도 배치됩니다. 부르죠아민족주의와 배타주의는
프로레타리아국제주의와 사회주의적애국주의에 적대되며 대중속에
서 진정한 애국주의의 발현을 방해합니다. (…) 우리는 우리 나라의
과거와 현재의 모든 진보적인것을 귀중히 여기고 사랑하며 우리 나
라의 아름답고 훌륭한 모든것이 인민의 소유물로 되고 인민의 행복
한 생활에 복무하도록 하기 위하여 투쟁합니다. 우리는 형제국가 인
민들과의 국제주의적친선단결을 강화하면서 로동자, 농민을 비롯한
근로인민이 주인으로 되고있는 번영하는 자기의 조국을 사랑합니다.
바로 이것이 우리의 사회주의적애국주의입니다.[46]

그런데 오늘날 북한 사상이론가들은 '사회주의 조국에 대한 사랑'
정도로 정의됐던 기존의 사회주의적 애국주의가 조국과 수령의 관계,
애국심과 수령에 대한 충성의 관계 등을 제대로 해명하지 못했기 때
문에 시대적 제한성이 있다고 평가한다.[47] 이와 달리 김정일애국주의
는 김정일이 처음으로 내놓았다는 "수령중심의 조국관",[48] "조국은 곧
수령이며 조국의 품은 수령의 품이라는 심오한 사상"[49]에 기초해서
수령에 대한 충성이 곧 애국심의 발현, 최고의 애국이라는 점을 밝혀
낸 "사회주의적애국주의의 최고정화"라는 게 북한의 주장이다.[50]

이렇게 김정은이 주도적으로 정식화한 김정일애국주의는 현재 북한
체제에서 조선노동당에 대한 인민의 지지를 이끌어내고, 사회주의강성
국가 건설의 추진력을 확보하기 위한 지배이데올로기로서 기능하고
있다.[51] 김정은은 조선노동당이 인민을 위해 진심으로 복무할 때 비
로소 인민이 조선노동당을 진심으로 지지할 것이고, 이러한 '당과 인
민의 단결'이 이룩돼야만 사회주의강성국가 건설도 가능하다며 간부들
의 솔선수범을 강한 목소리로 촉구하고 있는데,[52] 최근 북한에서 고위
층의 비리를 엄단하는 일이 잦아진 것도 바로 이러한 최고 권력자의
의지와 관계가 깊을 것이다.

2) '자기 땅에 발을 붙일데 대한 사상' 정립

최근 북한에서는 김정일애국주의와 더불어 김정일이 생전에 김일성
이 창시한 것으로 정리했던 '혁명과 건설에서 주체성과 민족성을 고수
할데 대한 사상'을 '자기 땅에 발을 붙일데 대한 사상'이라는 이름 아
래 김정일의 독창적인 혁명사상으로 다시 정식화·체계화하고 있다.

김정일은 생전에 '혁명과 건설에서 주체성과 민족성을 고수할데 대
한 사상'의 창시자를 아래 인용문처럼 김일성으로 명백히 규정한 뒤
이 사상과 주체사상의 관계, 의의, 실천방도 등을 상세히 정리했다.
수령의 혁명사상 발전이라는 후계자로서의 역할에 충실했던 것이다.

> 혁명위업수행에서 주체성과 민족성을 고수하여야 나라와 민족의
> 자주적발전을 보장할수 있고 인민대중의 자주성을 성과적으로 실현
> 해나갈수 있다. (…) 경애하는 수령 긴일성동지는 력사상 처음으로
> 주체성과 민족성을 고수할데 대한 사상을 내놓으시고 빛나게 구현하
> 시여 혁명과 건설을 승리에로 이끄신 위대한 사상리론가, 위대한 정
> 치가이시다. 주체성과 민족성을 지키고 구현하는 것은 위대한 수령
> 김일성동지께서 창시하신 주체사상이 밝힌 혁명과 건설의 원칙적요
> 구이다.53)

그런데 김정일 사후 두 달 뒤 발간된 김정일 전기에서는 이 사상의
'창시자'가 아래처럼 김정일로 소개되어 있다.

> 주체성과 민족성을 고수할데 대한 사상은 경애하는 김정일동지께
> 서 여러 나라에서의 사회주의붕괴과정을 통하여 뚜렷이 확증하고 천
> 명하신 독창적인 사상이다.54)

이 사상은 곧이어 김정은이 "자기 땅에 발을 붙이고 눈은 세계를
보라!"는 김정일의 명제55)를 인용해 "자기 땅에 발을 붙이고 눈은 세

계를 볼데 대한 장군님의 뜻"이라는 표현을[56] 4·6담화에서 사용한 것
을 계기로 '자기 땅에 발을 붙일데 대한 사상'으로 불리고 있다. 최근
까지 북한이 정식화한 내용에 따르면 '자기 땅에 발을 붙일데 대한 사
상'에는 "사회의 모든 성원들이 사회주의강성국가건설대전에서 주체성
을 철저히 고수해나가야 한다는 귀중한 진리"와 "사회의 모든 성원들
이 사회주의강성국가건설에서 나서는 모든 문제들을 우리 인민의 우
수한 민족성을 고수하고 그것을 높이 발양시키는 원칙에서 풀어나가
야 한다는 고귀한 진리"가 담겨 있다고 한다.[57]

　요컨대 김정일애국주의가 당원·인민대중을 사회주의강성국가 건설
로 이끌어내기 위해 조선노동당이 새롭게 만들어낸 지배이데올로기라
면, '자기 땅에 발을 붙일데 대한 사상'은 사회주의강성국가 건설 과정
에서 견지해야 할 원칙(주체성 고수와 민족성 발휘)을 당원·인민대중
에게 주입하기 위해[58] 조선노동당이 김일성의 혁명사상에서 김정일의
혁명사상으로 다시 정식화해 내놓은 지배이데올로기다.

Ⅳ. 맺음말

　김정은은 김정일과 마찬가지로 '수령 혁명사상의 심화발전'이라는 후
계자의 역할을 충실히 수행하는 것으로 지배이데올로기 행보를 시작했
다. 차이가 있다면 김정은이 정립·심화하고 있는 것은 김정일 생전에
북한체제의 '유일한' 혁명사상으로 규정됐던 '김일성의 혁명사상'(김일성
주의)이 아니라 '김정일의 혁명사상'(김정일주의)이라는 점이다. 김정은
은 김정일도 혁명사상을 창시했다고 정리해 갈 경우 발생할 수 있는
기존 후계자론과의 충돌을 김일성과 김정일을 함께 수령의 반열에 올
려놓는 방식으로 방지했다.

현재까지 드러난 사실만 놓고 판단해보면 김정은이 김정일주의의 사상·이론·방법을 전일적으로 체계화할 경우 과거 김정일이 주체사상을 김일성주의의 진수로 규정했듯이 '김정일애국주의', '자기 땅에 발을 붙일데 대한 사상' 등을 김정일주의의 진수로 규정할 가능성이 높다. 다음으로 김정일의 혁명이론은 김정일이 김일성주의를 심화발전시키는 과정에서 창시·제시했다는 선군정치이론, 사회주의강성국가건설이론59) 등에 더해 김정일이 이끈 경제개혁·개방 경험을 새롭게 반영한 '사회주의경제개선이론', 김대중·노무현과 함께 6·15남북공동선언, 10·4선언을 만들어낸 김정일의 '조국통일이론' 등으로 구성될 것으로 전망된다. 끝으로 선군정치 시대 국방위원장·국방위원회 중심의 국가기구체계를 중심으로 김정일의 독창적인 영도방법을60) 정리할 수도 있다.

물론 김정은이 북한체제의 최고 권력자로서 '김일성주의'라는 이미 풍부한 지배이데올로기를 김일성·김정일로부터 물려받았고, 주체사상, 선군사상 같은 김일성주의의 진수가 이미 수십 년 넘게 인민들에게 주입되어 왔기 때문에 굳이 '김정일주의'를 정식화·체계화하고 심화발전시키지 않더라도 통치에 큰 무리는 없을 것이다. 하지만 후계자의 사상이론 능력과 업적을 후계자 평가의 중요 기준으로 삼고 있는 북한체제의 내재적 특성 또는 북한의 '후계자론' 때문에 김정은은 김일성·김정일이 물려준 유산에 만족하고 있을 수만은 없다. 김정은의 지배이데올로기 행보는 이러한 내재적·구조적 압박 속에서 이제 막 시작되고 있다.

[제3장]

장성택 숙청 이후 북한 권력구도 변화*

정성장

Ⅰ. 머리말

지난 2013년 12월 8일 북한은 노동당 중앙위원회 정치국 확대회의
를 개최해 장성택 국방위원회 부위원장의 '반당·반혁명적 종파행위와
관련한 문제'를 토의한 후 그를 모든 직무에서 해임하고 출당, 제명을
결정했다.[1] 그리고 4일 후인 동년 12월 12일 국가안전보위부 특별군
사재판소에서 장성택에게 '국가전복음모행위' 혐의로 사형 판결을 내
리고 이를 곧바로 집행했다.[2] 그동안 한국의 다수의 전문가들과 언론
이 '북한의 명실상부한 제2인자'로 간주해온 장성택이 하루아침에 형장
의 이슬로 사라진 것이다.

장성택 숙청과 관련 다수의 전문가들은 장성택 숙청이 김정은 체제
의 '불안정성'을 보여주는 것이라고 평가했고, 일부 전문가들은 이를
심지어 '급변사태의 신호탄'으로까지 해석했다.[3] 예를 들어 한 전문가
는 "겉으로는 장성택 제거는 김정은 1인체제를 강화시켜준 것으로 보
이지만 큰 우산이 사라져 김정은은 온갖 비바람을 혼자 막아내야 하
는 처지"가 되었고, 북한체제의 "불안정성은 증대되고 북한의 붕괴 가
능성은 더욱 커지고 있다"고 주장했다.[4] 또 다른 전문가는 "김정은 정
권이 단기적으로 안정되더라도 중·장기적으로 계획경제와 시장화로
인한 체제불안, 김정은의 무능, 엘리트 간 권력갈등, 대북 경제제재 등

으로 인해 불안정성이 심화될 것”이라고 전망했다.[5]

   이 같은 평가는 장성택이 북한 지도부에서 차지하고 있던 위상에 대한 과대평가 및 김정은의 권력 장악력에 대한 과소평가와 밀접히 관련되어 있다. 예를 들어 한 전문가는 장성택이 “40여 년간 북한 정권에서 2인자로 권력을 행사”해왔고, “김정일 국방위원장 와병 이후 김정은 후계체제 구축 과정과 김정은 정권 공식 출범까지 전 과정에서 사실상 북한을 실질적으로 통치하는 1인자나 다름없이 권력을 행사”해 왔다고 주장했다.[6] 그런데 만약 이 같은 주장이 사실과 괴리되어 있고 장성택의 영향력이 제한적이었다면 장성택 숙청이 북한 체제의 안정성에 미칠 영향도 제한적이라고 평가할 수 있을 것이다. 그래서 본고의 제2절은 북한 지도부 내에서 장성택이 얼마나 큰 영향력을 가지고 있었고 그의 위상에는 부침이 없었는지, 또한 파워 엘리트에 대한 김정은의 영향력은 어떠한지 구체적으로 검토할 것이다.

   그리고 장성택 숙청 이후 북한 체제의 안정성을 평가하기 위해서는 파워 엘리트 그룹 내의 동요 가능성을 김정은이 얼마나 효과적으로 통제할 수 있는지 분석해야 할 것이다. 따라서 제3절에서는 북한 파워 엘리트들을 감시하고 통제하는 기구들인 국가안전보위부와 당중앙위원회 조직지도부 그리고 이 기구들의 핵심 엘리트 및 북한군을 정치적으로 통제하는 최룡해 총정치국장의 위상과 역할에 어떠한 변화가 발생하고 있는지 분석할 것이다. 또한 장성택 숙청이 북한 경제에 부정적인 영향을 미쳐 김정은 체제의 불안정성을 초래할 가능성이 높은지를 검토하기 위해 장성택 숙청 이후 현재 북한 경제를 이끌고 있는 내각과 박봉주 총리의 위상 변화도 분석할 것이다.

   제4절에서는 장성택 숙청 이후 김정은의 유일영도체계 강화 경향을 분석하고, 제5절 결론 부분에서는 김정은 체제의 안정성에 대한 종합적인 평가를 내릴 것이다.

II. 장성택의 실제 영향력과 숙청 배경

북한이 2013년 12월 8일 당중앙위원회 정치국 확대회의에서 지적한 장성택의 죄명과 12월 12일 국가안전보위부 특별군사재판소가 내린 죄명 간에는 매우 큰 차이가 있다. 당중앙위원회 정치국 확대회의에서는 장성택의 '반당·반혁명적 종파행위'에 대해서만 지적했는데, 4일 만에 갑자기 죄명이 '국가전복음모행위'로까지 확대된다. 이는 북한이 장성택의 '반당·반혁명적 종파행위' 혐의만 가지고 사형 판결을 내리는 것을 대외적으로 정당화하는데 한계가 있다고 판단해 장성택에게 '국가전복음모행위'라는 용납하기 어려운 죄명을 뒤집어씌운 것이라고 볼 수 있다.

북한 국가안전보위부가 장성택에게서 '국가전복음모행위'를 했다는 '자백'을 이끌어내기 위해 그를 고문하고 구타했다는 것은 북한이 공개한 사진을 통해서도 간접적으로 확인된다. 그러므로 북한이 2013년 12월 8일 당중앙위원회 정치국 확대회의를 통해 지적한 죄명이 장성택의 진짜 숙청 이유에 가깝다고 볼 수 있을 것이다.

북한은 당중앙위원회 정치국 확대회의에서 장성택의 해임 사유와 관련, 그가 "앞에서는 당과 수령을 받드는 척하고 뒤에 돌아앉아서는 동상이몽, 양봉음위[7]하는 종파적 행위를 일삼았다"고 밝혔다. 장성택이 "정치적 야심으로부터 출발하여 지난 시기 엄중한 과오를 범하여 처벌을 받은 자들을 당중앙위원회 부서와 산하 단위 간부대열에 박아넣으면서 세력을 넓히고 지반을 꾸리려고 획책"했다는 것이다.[8]

장성택이 스탈린주의체제에서는 용납이 되지 않는 '종파행위'를 했다는 것은 그의 과거 경험에 비추어볼 때 충분히 있을 법한 일이다. 이미 김일성 시대에 장성택은 김정일의 '피로회복관' 건설, 1989년 제13차 평양 세계청년학생축전 준비, 1990년대 초 평양의 '통일거리 건설'

등 김정일의 특별지시를 집행하면서 장성택의 말은 곧 김정일의 말로 인식되었고, 장성택은 김일성·김정일 다음 가는 위상과 영향력을 가지게 되었다. 북한에서 1호 행사(김일성 부자가 참석하는 회의)가 진행되는 경우 모든 간부들은 직급에 관계없이 최소한 30분전에 대기실에서 기다리고 있어야 하지만 장성택만은 예외였다. 그는 김일성 부자가 나오기 10분전에 나왔고 먼저 나온 모든 간부들은 그에게 90도로 정중히 인사를 올리는 것이 '관례'가 되었다. 그리고 북한 간부들은 장성택을 '장 부장 동지'라고 부르면서 '친애하는 지도자 동지'(김정일)를 부를 때만큼이나 존경과 아부의 정을 담아 불렀다. 장성택은 그야말로 김정일의 '분신(分身)'과 같은 대우를 받은 것이다. 이처럼 장성택이 막강한 영향력을 행사하게 되자 장성택 측근들의 영향력도 커지게 되었고, 장성택에게 줄을 서려는 간부들이 늘어나게 되었다.9)

이처럼 '김정일의 분신' 행세를 하던 장성택에게도 시련의 시기가 있었다. 장성택 당중앙위원회 조직지도부 제1부부장은 2003년 7월 초 김정일의 자강도 강계시내 산업시설 및 교육기관 시찰 수행 이후 공식 석상에서 사라졌다. 흥미롭게도 장성택이 공식 석상에서 사라진 시점은 황장엽 전 조선로동당 중앙위원회 비서가 한국 국회 의원회관에서 열린 '탈북자·북한인권 문제 토론회'에 참석해 "김정일 체제가 무너질 경우, 그래도 다음을 이을 사람들이 있는데, 지금으로서는 장성택이 제일 가깝다"고 지적하고, 장성택이 "노동당 조직지도부 제1부부장으로 사방에 자기 사람을 박아놓았다"10)고 말한 2003년 7월 4일 직후이다.11)

장성택은 당중앙위원회 조직지도부의 다른 제1부부장들과 함께 김정일 다음으로 영향력 있는 직책에 있었고, 공안기관 및 사법·검찰기관에 대한 당 생활 및 정책적 지도를 담당했다.12) 또한 당시 장성택의 큰형 장성우가 평양 방어를 책임진 차수 계급의 3군단장이고, 둘째

형 장성길도 인민군 중장으로 군단 정치위원이었기 때문에 장성택은
김정일의 갑작스러운 유고시 정권을 장악하기에 가장 유리한 위치에
놓여 있는 인물로 외부 세계에서 주목받아왔다. 그런데 김정일이 장성
택에게 크게 의존하기는 했지만 그를 자신의 후계자로 내세울 생각은
전혀 없었을 것이다. 따라서 황장엽의 발언 이후 김정일과 고용희[13]
는 그들 사이에서 태어난 김정철이나 김정은을 후계자로 내세우는데
장애가 될 수 있는 장성택의 영향력을 서둘러 축소시킬 필요성을 느
끼게 된 것으로 보인다.[14]

　장성택은 공식석상에서 사라진 후 '종파(파벌)행위'와 '권력남용' 등
으로 당으로부터 집중 검열을 받았다. 북한은 '수령'과 '수령의 후계자'
이외의 당 간부 주위에 사람이 모이는 것을 '종파행위'로 간주해왔기
때문에 그들의 입장에서는 주변에 다수 측근세력을 형성한 장성택이
'종파행위'를 해왔다고 볼 수 있다. 과거에는 그가 김정일의 여동생 김
경희의 남편이고 김정일이 그에게 크게 의존했기 때문에 그러한 행위
가 크게 문제되지 않았다. 그러나 김정일이 환갑이 지남에 따라 후계
자 문제에 대해 진지하게 고려하게 되고, 그의 부인 고용희가 유선암
으로 사망하기 전에 그녀의 두 아들 중 하나를 후계자로 지명하기 위
해 서두르게 됨에 따라 장성택의 '종파행위'는 김 총비서에게 더 이상
용납될 수 없는 것으로 받아들여졌다.[15]

　장성택의 직무정지는 그의 측근들의 해임 또는 좌천으로 연결되었
다. 장성택의 측근 중 최춘황 당중앙위원회 선전선동부 제1부부장, 리
광근 무역상, 박명철 체육지도위원장 등은 해임되어 김일성고급당학교
에서 재교육을 받거나 농촌으로 추방된 것으로 알려졌다. 그리고 2003년
7월에 임명된 최룡수 인민보안상은 만 1년 만에 해임되었으며, 지재룡
당중앙위원회 국제부 부부장도 지방의 노동자로 좌천된 것으로 파악
되었다. 장성택 파벌이던 군 장성급 7~8명도 지휘관 등의 자리에서 물

러난 것으로 알려졌다. 또한 약 80여 명의 장성택 계열 고위 간부들을 대상으로 집중 조사가 진행되었다는 보도도 나왔다.[16] 장성택의 형 장성우는 2004년 상반기에 평양 방어를 책임진 3군단장직에서 물러나 민간무력을 관장하는 당중앙위원회 민방위부장을 맡게 되었는데, 이는 유사시 장성우가 장성택의 권력 장악을 돕기 위해 군대를 동원할 가능성을 원천적으로 차단하기 위한 인사 조치로 해석된다.[17]

장성택은 고용희가 유선암으로 사망한 후인 2006년 1월 28일 국방위원회가 주최한 설 연회에 김정일 총비서와 함께 참석, 정치무대에 복귀하였으며 '당중앙위원회 근로단체 및 수도건설부 제1부부장'을 맡게 되었다. 그리고 2007년 10월경 장성택은 당중앙위원회 행정부장으로 승진하면서 2004년 직무정지 당하기 전 조직지도부의 행정 담당 제1부부장으로서 맡았던 업무를 다시 관장하게 되었다.[18] 이처럼 장성택은 외형적으로는 과거의 지위를 되찾게 되었지만, '종파행위'로 인해 다시 낙마하지 않도록 보다 신중하게 처신해야 하는 상황에 놓이게 되었다.

2008년 8월 김정일의 뇌혈관계 이상은 장성택에게 김정은의 후계체계 구축을 지원해야 하는 새로운 과제를 안겨주면서 장성택의 영향력도 다시 커지게 되었다. 그러나 장성택이 "김정일 국방위원장 와병 이후 김정은 후계체제 구축 과정과 김정은 정권 공식 출범까지 전 과정에서 사실상 북한을 실질적으로 통치하는 1인자나 다름없이 권력을 행사"해왔다는 일부 전문가의 주장[19]은 명백히 사실과 다르다. 2009년부터 2011년 김정일 사망 시까지 김정은의 군부 장악을 지원했던 엘리트들은 당시 김정각 군 총정치국 제1부국장, 김원홍 총정치국 조직부국장, 리영호 총참모장 등으로 장성택은 김정은의 군부 장악과 관련해서는 거의 기여하지 못했다.[20] 그리고 김정은이 2009년 4월경부터 국가안전보위부장 직을 맡아 북한의 모든 파워 엘리트들을 감시 통제

하는 위치에 놓이게 되었으므로 장성택의 직접 휘하에 있는 인사들이
나 경제적 이권과 관련된 인물들을 제외하고는 장성택의 '측근'이 되
어 그에게 '줄을 섰던' 최고위급 인사들은 드물었을 것이다.

　김정은은 2012년 10월 29일 김일성군사종합대학에서 열린 김일성·
김정일 동상 제막식에서 한 연설에서 "당과 수령에게 충실하지 못한
사람은 아무리 군사가 다운 기질이 있고 작전전술에 능하다고 해도
우리에겐 필요 없다"[21]고 강조하면서 과거 김정은의 군사명령지휘체
계 수립을 보좌했던 리영호 총참모장의 해임을 정당화한 바 있다. 이
같은 논리를 장성택에게 적용한다면, 장 부위원장이 김정은의 고모부
이고 과거 김정은의 후계체계 구축과 김정일 사후 김정은의 국정 장
악에 큰 기여를 했다고 하더라도 그와 그의 측근이 '당과 수령'에게
충실하지 못하면 필요 없다는 결론이 나오게 된다.

　2013년 6월 19일 김정은은 당, 국가, 군대 등의 핵심 간부들에게 한
연설을 통해 1974년에 김정일이 발표했던 '당의 유일사상체계확립의
10대 원칙'을 대체하는 '당의 유일적 령도체계 확립의 10대 원칙'을 제
시함으로써 자신의 유일영도체계 강화를 본격적으로 추진했다. 김정은
은 이 연설에서 "당과 수령에 대한 충실성을 척도로 하여 모든 사람들
을 평가하고 원칙적으로 대하며 당에 불충실하고 당의 유일적령도체
계와 어긋나게 행동하는 사람에 대해서는 직위와 공로에 관계없이 날
카롭게 투쟁을 벌려야 한다."고 주장했다. 그리고 "당의 통일단결을 파
괴하고 좀먹는 종파주의, 지방주의, 가족주의를 비롯한 온갖 반당적
요소와 동상이몽, **양봉음위**하는 현상을 반대하여 견결히 투쟁하여야
한다"(강조는 필자)고 강조했다.[22] 이 같은 새로운 '10대 원칙'의 제시
를 통해 김정은의 유일적 영도체계 수립이 본격적으로 추진되면서 과
거에 크게 문제되지 않았던 장성택의 '종파행위'가 심각한 문제로 부
각되었을 가능성이 높다.

북한은 2013년 12월 8일 당중앙위원회 정치국 확대회의 보도를 통해 "당에서는 장성택 일당의 반당반혁명적 종파행위에 대하여 오래전부터 알고 주시해오면서 여러 차례 경고도 하고 타격도 주었지만 응하지 않고 도수를 넘었기 때문에 더 이상 수수방관할 수 없어 장성택을 제거하고 그 일당을 숙청함으로써 당 안에 새로 싹트는 위험천만한 분파적 행동에 결정적인 타격을 안기였다"고 주장했다.[23] 북한이 "장성택을 제거하고 그 일당을 숙청함으로써 당 안에 새로 싹트는 위험천만한 분파적 행동에 결정적인 타격을 안기였다"라고 분파적 행동 제거를 과거형으로 묘사하고 있는 점에 비추어볼 때 장성택과 그의 측근 세력의 제거가 이미 어느 정도 완료되었고, 후속 숙청은 크지 않을 것으로 예상해볼 수 있다.

2013년 12월 8일 당중앙위원회 정치국 확대회의 보도는 또한 장성택이 "권력을 남용하여 부정부패 행위를 일삼고 여러 여성들과 부당한 관계를 가지였으며 고급식당의 뒷골방들에서 술놀이와 먹자판을 벌렸다"[24]고 공격함으로써 그를 정치적으로 뿐만 아니라 인간적으로도 완전히 매장시키겠다는 의도를 노골적으로 드러냈다. 북한이 당중앙위원회 정치국 확대회의를 개최하고 장성택 숙청을 대내외에 공개한 것은 차제에 이 문제를 '비상사건화' 함으로써 유사한 권력누수 현상이 발생할 가능성을 원천적으로 차단하겠다는 의지를 보인 것으로 해석할 수 있다.

III. 주요 권력기구와 파워 엘리트의 위상 변화

1. 김원홍 국가안전보위부장의 역할과 위상 강화

장성택의 처형은 갑자기 결정된 것이 아니고 오래 전부터 준비된

것이었다. 국정원은 2013년 12월 3일 "금년 들어 보위부(국가안전보위
부)에서 장성택 심복에 대한 비리혐의를 포착하고 내사에 들어가는
등 일부에서 견제 분위기가 나타나면서 장성택은 공개활동을 자제"해
왔다고 밝혔다.[25]

　북한은 먼저 장성택의 핵심 측근부터 공개처형하고, 그 다음에 장성
택을 처형하는 순서를 택했다. 국정원 발표에 의하면, 장성택 국방위
원회 부위원장의 핵심 측근들인 리룡하 당중앙위원회 행정부 제1부부
장과 장수길 행정부 부부장은 2013년 11월 하순 공개 처형되었다. 국
정원에 의하면, 북한은 내부적으로 장성택 측근들을 비리 등 '반당' 혐
의로 공개처형한 사실을 전파하고, 김정은에 대한 절대충성을 강조하
는 사상교육을 실시하는 등 내부 동요 차단을 위해 노력했다.[26]

　리룡하와 장수길의 죄명은 '월권'과 '분파행위', '당의 유일적 영도체
계 거부' 등이다.[27] 리룡하와 장수길 모두 당중앙위원회의 간부들이고
이들의 혐의가 '반당종파행위'이므로 군부가 아니라 국가안전보위부에
의해 재판이 이루어진 것으로 판단된다.

　리룡하와 장수길이 처형된 2013년 11월 하순에 있었던 김정은의 주
요 활동으로는 11월 20일 인민군 제2차 보위일군대회 지도, 26일 평양
건축종합대학 현지지도, 29일 삼지연군 사업 지도 및 인민군 항공 및
반항공군 제991군부대 방문 등이 있다.[28] 11월 20일 개최된 보위일군
대회의 주석단에는 최룡해(총정치국장), 김원홍(국가안전보위부장), 김
수길(총정치국 조직부국장), 렴철성(총정치국 선전부국장), 조경철(보위
총국장 또는 보위사령관)이 참석했다. 김정은이 보위일군대회 참가자
들과 함께 공훈국가합창단 공연을 관람할 때에는 이들 외에도 황병서
(당중앙위원회 조직지도부 부부장)가 동석했다.[29]

　2013년 11월 29일 김정은의 삼지연학생소년궁전과 백두산지구 체육
촌 등 방문에는 김원홍, 김양건(당중앙위원회 통일전선부장), 한광상

(당중앙위원회 재정경리부장), 박태성(당중앙위원회 부부장), 황병서(당
중앙위원회 조직지도부 부부장), 김병호(당중앙위원회 선전선동부 부
부장), 홍영칠(당중앙위원회 기계공업부 부부장), 마원춘(당중앙위원회
재정경리부 부부장)이 동행했다. 이 때 김원홍 국가안전보위부장의 이
름이 제일 먼저 호명되고, 동행 인물 중에는 황병서 조직지도부 부부
장도 포함되었다. 김정은 동행 인물 중 김원홍을 제외하면 모두 당중
앙위원회의 부장 또는 부부장들이었다. 동일 김정은의 인민군 항공 및
반항공군 제991군부대 방문에는 최룡해 총정치국장, 김영철 정찰총국
장, 황병서 조직지도부 부부장이 동행했다.30)

리룡하와 장수길의 공개처형은 11월 29일 김정은의 삼지연군 방문
이전에 이루어진 것으로 판단된다. 김정은은 리룡하와 장수길의 공개
처형 후 핵심 측근들과 함께 삼지연을 방문해 장성택의 실각으로 인
한 업무 공백을 메우고, 장성택이 담당해온 외자유치, 체육지도 등의
권한을 누구에게 맡기며, 향후 장성택 숙청을 어떻게 공개할 것인지
등을 논의했을 것으로 추정된다.

장성택 측근의 공개처형과 장성택의 실각은 북한의 엘리트들에게
불안감을 주어 김정은에 대한 충성경쟁을 유발하고 그로 인해 김정은
의 권력이 더욱 공고화될 것으로 예상된다. 다만 장성택의 실각으로
급격히 커진 최룡해의 영향력을 김정은이 제대로 통제하지 못한다면
그것이 정권 불안정을 유발하는 요인이 될 수도 있을 것이다.

최룡해의 영향력을 견제할 수 있는 간부들로는 김원홍 국가안전보
위부장과 김경옥 당중앙위원회 조직지도부 군사 담당 제1부부장을 들
수 있다. 특히 장성택 측근의 반당 혐의 적발에 주도적인 역할을 한
김원홍 국가안전보위부장의 영향력이 이번 사태를 계기로 한층 커질
것으로 예상된다. 김원홍은 2009년 2월 보위사령관에서 총정치국 조직
부국장으로 승진해 김정은의 군부 엘리트 장악에 큰 기여를 한 인물

로서 2010년 9월 당대표자회에서 바로 김정은의 오른편에 앉아 그의 핵심 측근임을 과시했다.[31] 김원홍은 현재 당중앙위원회 정치국 위원직을 맡고 있어 정치국 후보위원직도 가지고 있지 않은 리영길 총참모장이나 장정남 인민무력부장보다 당내에서 더욱 높은 위상을 차지하고 있다.[32]

2. 당중앙위원회 조직지도부의 위상 강화

장성택의 처형 이전에 당중앙위원회 행정부의 리룡하 제1부부장과 장수길 부부장이 먼저 처형됨으로써 당중앙위원회 행정부는 사실상 해체 수순에 들어갔다.[33] 당중앙위원회 행정부가 과거에 관장했던 업무 중 내각과 공안기관들에 대한 지도는 당중앙위원회 조직지도부에 의해 흡수 통합되었을 가능성이 높다.

1980년대에도 당중앙위원회 행정부가 막강한 영향력을 가지게 되면서 조직지도부의 요구를 수용하지 않다가 해체된 적이 있었다. 당시 김정일은 당중앙위원회 행정부가 '당 위의 당'이냐고 비판하면서 행정부를 해체하여 조직지도부에 통합시켰다.[34]

당중앙위원회 조직지도부의 한 부문이었다가 2007년 장성택의 행정부장 임명과 함께 독립된 부서가 된 당중앙위원회 행정부는 (1) 국가안전보위부, 인민보안부, 중앙검찰소, 중앙재판소에 대한 행정지도, (2) 내각과 도인민위원회 등 행정기관의 검열감독기관에 대한 지도, (3) '비서국 합의대상 간부' 이상의 외교관을 비롯한 해외근무자와 모든 해외출장자, 3대혁명소조 책임자, 국내 타기관내의 파견근무자에 대한 '행정사업' 등 3개의 큰 기능을 여러 명의 부부장들이 분담해 맡고 있던 것으로 보인다(〈그림 2〉 참조).[35] 여기서 '행정사업'이란 '정치사업'이나 '경제사업'과 구별되는 것으로 해당 국가기관들의 정치사업

을 제외한 대내외 행사·일반 행정업무 등에 대한 '행정지도'와 이에
따른 정기·부정기 총화를 말한다. '행정지도'는 해당 기관의 행정에
관한 모든 사항을 지시하거나 보고받고 이를 사안에 따라 행정부장과
공안부서, 김정일 또는 김정은에게 차등 보고한 뒤 이들의 지시사항을
다시 해당 기관에 명령하는 일련의 과정으로 이루어진다.

〈그림 1〉 중앙당 조직지도부의 당·국가·군대·공안기관에 대한 지도체계
(2007년 행정 부문의 분리 이전)

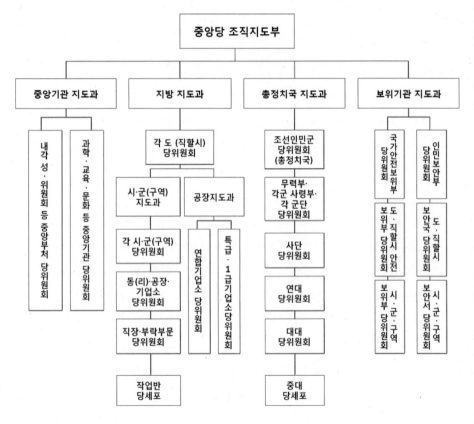

출처: 김성윤·조민호, "조선노동당," 채경석·김성윤·강신창 외,『북한학개론 [증보판]』
(서울: 법문사, 1996), p. 101;『조선중앙통신』, 2013/12/13을 토대로 작성.

〈그림 2〉 당중앙위원회 행정부의 조직체계 (추정)

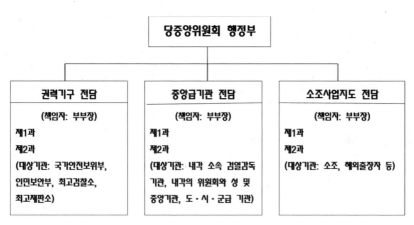

당중앙위원회 행정부

권력기구 전담	중앙급기관 전담	소조사업지도 전담
(책임자: 부부장)	(책임자: 부부장)	(책임자: 부부장)
제1과	제1과	제1과
제2과	제2과	제2과
(대상기관: 국가안전보위부, 인민보안부, 최고검찰소, 최고재판소)	(대상기관: 내각 소속 검열감독 기관, 내각의 위원회와 성 및 중앙기관, 도·시·군급 기관)	(대상기관: 소조, 해외출장자 등)

출처: 김성윤·조민호, "조선노동당," 채경석·김성윤·강신창 외,『북한학개론 [증보판]』
(서울: 법문사, 1996), p. 101;『조선중앙통신』, 2013/12/13을 토대로 작성.

　　당중앙위원회 행정부는 이처럼 행정사업을 담당하면서 국가안전보
위부 등 권력기관에 대한 '안테나' 역할도 병행하기 때문에 조직지도
부의 분신(分身)으로 간주되기도 하고, 조직지도부와 선전선동부를 제
외한 전문부서 가운데 으뜸으로 꼽혔다. 그런데 북한에서는 '정치사업'
을 '행정사업'보다 더 중시하고 있고, 권력기관 중에서도 인민무력부와
호위사령부(또는 호위총국)에 대한 행정사업은 기밀 문제로 인해 조직
지도부가 각각 조직사업과 함께 맡고 있으며, 조직지도부 내의 행정사
업 역시 조직지도부가 맡고 있기 때문에 행정부의 권한은 조직지도부
에 훨씬 못 미친다.[36] 그러나 김정일이 2008년 8월의 건강이상 이후
매제인 장성택 당중앙위원회 행정부장에게 크게 의존했고, 장성택이
김정은의 후계체계 구축과 관련하여 중심적 역할을 수행하면서 장성
택은 행정부장의 권한을 넘어서는 더 큰 영향력을 보유하게 되었던
것으로 판단된다.
　　2014년 상반기에 당중앙위원회 행정부가 해체되어 조직지도부에 통

합됨으로써 '당중앙위원회의 참모부서'로 간주되어온 조직지도부[37)의 영향력은 더욱 확대되고, 당 간부들과 당원들에 대한 통제도 더욱 강화된 것으로 보인다. 특히 조직지도부의 조연준, 김경옥, 황병서 제1부부장 등의 파워가 더욱 커지게 된 것으로 판단된다.

북한 내부 상황에 정통한 소식통에 의하면, 김경희 당중앙위원회 조직 비서의 건강이 계속 악화됨으로써 인사 관련 그의 권한이 상당 부분 조연준, 김경옥 조직지도부 제1부부장에게 이양된 것으로 알려지고 있다. 그리고 〈표 1〉을 보면 확인할 수 있듯이 황병서 부부장은 2013년에 김정은의 공개 활동에 두 번째로 가장 많이 수행했는데, 2014년 3월경 조직지도부 제1부부장으로 승진함으로써 그 위상이 더욱 높아졌다.

〈표 1〉 2012년과 2013년 김정은 공개활동 동행 인물

순위	2012년		순위	2013년	
	성명	횟수		성명	횟수
1	장성택	106	1	최룡해	153
2	최룡해	85	2	황병서	59
3	김기남	60	3	장성택	52
4	박도춘	50		박태성	52
5	현철해	48	5	마원춘	47
6	김정각	45		장정남	47
	김양건	45	7	리영길	43
8	문경덕	42	8	김격식	41
9	김원홍	41	9	박정천	37
	김경희	41		김기남	37

출처: 「연합뉴스」, 2014.01.14; 「통일뉴스」, 2014.01.14 참조.

3. 최룡해 총정치국장의 역할과 위상 강화[38)

2012년에 북한의 파워 엘리트 중 김정은의 공개 활동에 장성택의 뒤를 이어 두 번째로 가장 많이 수행했고, 2013년에는 가장 많이 수행

한 최룡해 총정치국장은 장성택의 실각으로 김정은 다음으로 가장 영
향력 있는 엘리트 지위를 차지하게 되었다. 일부 전문가들은 "장성택
이 최룡해 총정치국장 등 군부세력과의 파워게임에 밀려 실각"했다고
주장하는데, 이 같은 주장은 설득력이 부족하다. 최룡해가 관장하는
인민군 총정치국이 당중앙위원회 행정부에 대해 조사할 권한이 없는
점을 고려할 때 최룡해나 군부가 장성택 측근의 숙청에 관여했을 가
능성은 낮다.

최룡해 총정치국장은 전형적인 당 엘리트로서 총정치국장 직책을
가지고 군대에 대한 당의 통제를 보장하고 있다. 그러므로 최룡해는
단순히 '군부세력'이 될 수 없으며 '반당반군(半黨半軍)' 엘리트라고 보
아야 한다. 전통적인 군부 엘리트인 총참모장과 인민무력부장의 위상
은 김정은 시대에 들어와 계속 하락해 2014년 3월 현재까지 총참모장
(리영길)과 인민무력부장(장정남)은 당중앙위원회에서 정치국 후보위
원직도 가지고 있지 않다. 따라서 장성택이 군부 세력과의 파워게임에
밀려 실각했다는 주장은 설득력이 약하다.

장성택 실각 전 우리 사회의 다수 언론들은 최룡해가 "사회주의노
동청년동맹(현재의 김일성사회주의청년동맹)에 들어가 위원장에 오르
기까지 오랜 세월 동안 장성택 밑에서 일했다"고 주장했다. 일각에서
는 최룡해를 장성택의 '아바타(분신)'로 묘사하기도 하고, "장성택이 최
룡해 총정치국장을 통해 당·정·군을 장악했다"고까지 주장했다. 결
론적으로 상당수의 언론들이 최룡해를 '장성택의 사람' 또는 '장성택의
최측근'으로 묘사했는데, 이 같은 주장은 역사적 사실과 명백히 배치
되는 것이다.

최룡해가 '당중앙위원회 위원'이라는 당내 중요 지위를 가지게 된
것은 1986년 12월이었다. 그런데 최룡해보다 4살이 더 많은 장성택은
1989년 6월에 가서야 당중앙위원회 후보위원직에 선출되었고, 당중앙

위원회 위원직에는 1992년 12월에 가서야 선출되었다. 탈북자 중 최고
위 엘리트인 황장엽 전 조선로동당 중앙위원회 비서는 과거 "김정일이
사망하더라도 북한에는 김정일을 대신할 인물이 100명도 넘는다."고
주장한 바 있는데 '100명이 넘는 사람'이라는 표현은 바로 당중앙위원
회 위원들을 염두에 둔 것이었다. 이처럼 중요한 '당중앙위원회 위원'
직책에 최룡해가 장성택보다 6년 먼저 진출했으므로 장성택이 최룡해
를 키웠다는 주장은 설득력이 없다.

　1996년과 1997년 김정일의 공개활동 수행 인물 관련 북한 보도를
보면 당시까지도 최룡해가 장성택보다 먼저 호명되었다. 예를 들어 김
정일의 1996년 10월 강원도월비산발전소 시찰, 동년 12월 조선인민군
협주단공훈합창단 공연 관람, 1997년 3월 인민무력부 혁명사적관 방문
등에 장성택과 최룡해 등이 동행했는데, 최룡해의 이름이 장성택보다
항상 먼저 호명되었다. 이는 최룡해와 장성택 모두 당중앙위원회 위원
직에 선출된 이후에도 최룡해가 장성택보다 공식 서열에서 우위에 있
었음을 보여주는 것이다. 우리 사회의 지배적인 선입견과는 다르게 최
룡해가 장성택 휘하의 인물은 아니었던 것이다.

　장성택은 2007년 12월에 당중앙위원회 행정부장 직에 임명되었는데,
2009년에만 해도 김정일의 공개활동 수행 인물 호명 순서에서 최룡해
가 장성택보다 여전히 앞서 최룡해의 '특별한 지위'가 재확인되었다.
2010년에 들어와서는 때로는 최룡해가 장성택보다 먼저, 때로는 장성
택이 최룡해보다 먼저 호명되는 등 둘의 공식 서열에 일정한 혼란이
나타났다. 이는 김정일이 건강이상으로 장성택에 대한 의존도가 커지
면서 나타난 현상이었다.

　2010년 9월에 개최된 제3차 당대표자회는 최룡해에 대한 김정일의
특별한 신임이 재확인되는 기회였다. 당대표자회 개최 전날인 9월 27일
김정일은 김경희, 김정은, 최룡해, 현영철, 최부일, 김경옥에게 대장 칭

호를 수여했다. 최룡해의 이름은 김정은 바로 다음에 호명되었다. 우리 사회에서 흔히 북한의 '제2인자'로 간주되어 온 장성택은 이 때 대장 칭호를 받지 못했다. 이는 장성택이 대장 계급을 받음으로써 군부에 대해 영향력을 가지게 되는 것을 김정일이 경계했기 때문인 것으로 판단된다.

9월 28일 개최된 제3차 당대표자회에서 최룡해는 김정일을 제외하고는 유일하게 당중앙위원회 정치국과 비서국, 당중앙군사위원회에 소속되었다. 김정일이 후계자로서 대외적으로 모습을 처음으로 드러낸 1980년 제6차 당대회에서 당중앙위원회 정치국과 비서국 그리고 군사위원회에 모두 이름이 들어간 인물은 김일성과 김정일뿐이었다. 이 같은 점을 고려하면 최룡해가 3대 주요 권력기구에 모두 들어간 것은 그에 대한 김정일의 신임이 매우 특별함을 보여주는 것이었다. 당시 최룡해는 당중앙위원회 정치국과 당중앙군사위원회 모두에서 장성택 바로 앞에 호명되었다. 이 같은 사실은 김정일이 2008년 8월 뇌혈관계 이상 이후 장성택에게 더욱 의존하면서도 장성택의 영향력이 지나치게 확대되지 않도록 최룡해를 통해 장성택을 견제하고자 하는 의도를 가지고 있었음을 시사하는 것이다.

현재 최룡해는 과거 자신의 부친 최현과 조명록 전 총정치국장처럼 김정은과 노동당에 대한 군부의 충성을 이끌어내는데 적극적인 역할을 하고 있다. 그리고 '현지요해'라는 특권적 권한을 가지고 군인건설자들이 동원되는 각종 기념관과 아파트, 공원, 체육시설 건설 및 대규모 축산단지 개간 현장 등을 빈번하게 방문해 감독함으로써 과거 김정일 시대에 장성택이 수도건설과 관련해 맡았던 것 이상의 역할을 수행하고 있다. 2013년 5월에는 김정은의 특사 자격으로 베이징을 방문해 시진핑 중국공산당 중앙위 총서기 등 중국의 최고위급 인사들을 만나 북한의 장거리로켓 발사와 핵실험으로 악화된 북·중 관계의 회복을 모색했다.

최룡해는 과거 조선축구협회 위원장, 조선청소년태권도협회 위원장, 국가체육위원회 부위원장 직을 맡은 바 있다. 그의 이 같은 경력은 그가 체육 분야에서도 장성택이 과거 국가체육지도위원장으로서 맡았던 역할의 상당 부분을 감당할 수 있음을 보여주는 것이다.

군부의 제2인자였던 리영호가 2012년에 갑자기 총참모장직에서 해임되었고, 핵심 실세 중 한 명이었던 장성택이 2013년에 처형된 것처럼 북한이라는 군주제적 스탈린주의 체제에서 최룡해도 하루아침에 해임되거나 숙청될 수 있는 '수령의 제자 및 전사'에 불과하다. 그러나 현재 김정은이 어느 파워 엘리트보다 최룡해에게 크게 의존하고 있어 최룡해는 과거 김정일 시대에 장성택이 누렸던 것 이상으로 김정은의 특별한 신임을 받고 있는 것으로 보인다.

4. 내각과 박봉주 총리의 위상 강화

장성택이 내각책임제와 내각중심제를 위반했다고 비판받은 점에 비추어볼 때 과거 장성택과 그의 측근들이 관장해왔던 외국인 투자 유치 및 경협 관련 업무는 향후 내각으로 이전될 가능성이 높다. 장성택의 실각으로 그가 관장해온 라선경제무역지대와 황금평, 위화도경제지대의 북·중 공동개발과 외자유치에 단기적으로는 차질이 불가피할 것이다. 그런데 장성택의 2012년 방중 시 라선특구와 황금평, 위화도특구 관련 북·중 간 주요 현안이 타결되었으므로[39] 장성택의 실각이 이들 특구 사업에 미칠 부정적 영향은 제한적일 수 있다.

장성택이 당중앙위원회 정치국 확대회의에서 모든 직무에서 해임되고 공개적으로 체포된 2013년 12월 8일 북한과 중국은 신의주~평양~개성 380㎞ 구간에 고속철도와 왕복 8차선 고속도로의 건설을 함께 추진하기로 합의했다.[40] 이 같은 사실은 장성택의 관여와 관계없이 북·중 간의 경제협력이 확대 발전될 수 있음을 시사하는 것이다.

북한 조선경제개발협회 윤영석 국장은 장성택 처형 후인 2013년 12월 15일 평양에서 가진 AP통신과의 인터뷰에서 장성택 처형이 북한의 경제정책 변화로 이어지지는 않을 것이라며 북한은 외국의 투자를 유치하기 위한 경제개발구 관련 계획을 계속 추진할 것이라고 밝혔다. 윤 국장은 장성택의 처형이 북한이 경제정책의 방향이나 외자를 유치하려는 노력에 변화를 가할 것이라는 징후로 받아들여져서는 안 된다고 강조했다. 윤 국장은 또한 장성택이 국가의 일치단결에 위협이 되는 존재였기 때문에, 그를 제거한 것은 오히려 경제 일선의 발전 속도를 높일 것이라고 강조했다.[41] 장성택 처형 사건은 북한의 국가 이미지를 악화시켜 적어도 단기적으로는 외국인 투자 유치에 부정적으로 작용할 가능성이 높지만, 라선특구와 황금평, 위화도 특구 개발과 외자유치 사업이 내각으로 이관되면 중장기적으로 박봉주 총리의 경제개혁과 개방정책은 더욱 탄력을 받게 될 것으로 예상해볼 수 있다.

박봉주 총리는 1939년생으로 함경북도 김책시에서 출생해 평안남도 덕천공업대학을 졸업한 후 기계제작기사의 자격을 획득한 전형적인 기술관료이다. 그는 1962년 만 23세의 나이에 평안북도 룡천식료공장 지배인을 맡았고, 1980년 제6차 당대회에서 만 41세의 젊은 나이에 당 중앙위원회 후보위원에 선출[42]되어 북한을 움직이는 약 200명 내외의 핵심 엘리트 그룹에 들어가게 되었다. 북한 내각에는 김일성종합대학과 김책공업대학 등을 졸업한 엘리트들이 많지만, 박봉주는 오직 실력 하나로 통치 엘리트 그룹에 올라간 그야말로 입지전적인 인물인 것이다.

박봉주는 1983년에 평안북도 박천군의 종합화학공장인 남흥청년화학연합기업소 당 책임비서에 임명되어 약 10년 동안 일하는 동안 다

시 확실하게 능력을 드러냈다. 1987년 조선예술영화촬영소가 제작한
'보증'라는 영화가 주민들 사이에서 인기가 있었는데, 이 영화는 바로
남흥청년화학연합기업소 당 책임비서 시절 박봉주의 활동을 소재로
한 것이었다.[43]

박봉주는 1993년에 당중앙위원회 경공업부 부부장, 1994년에 당중앙
위원회 경제정책검열부 부부장, 그리고 1998년에는 장관급인 화학공업
상에 임명되었다. 박봉주는 화학공업상 시절인 2002년 10월 하순 북한
경제시찰단의 일원으로 한국을 방문해 8박9일간 삼성전자, LG전자, 포
스코 포항제철소, 현대중공업과 현대자동차 등을 참관한 바 있다. 그
리고 한국 방문 후에는 곧바로 싱가포르, 인도네시아, 말레이시아 등
동남아시아의 역동적인 산업지대를 시찰했다.[44]

2003년 9월 박봉주는 마침내 경제 관료로서는 최고위직인 내각 총
리에 임명되었는데, 그것은 당시 김정일의 경제개혁 구상을 실행에 옮
기기 위한 것이었다. 김정일은 2000년 5월 베이징 방문과 2001년 1월
상하이 방문을 통해 개혁개방의 결과 발전된 중국의 모습에 충격을
받았다. 그래서 2000년부터 내각을 중심으로 하는 경제관리방식 개선
지시를 내렸고, 2002년에는 '7·1경제관리개선조치'로 알려진 경제개혁
을 단행했다. 그리고 2003년에 개혁 성향의 박봉주를 총리직에 임명해
노동당과 내각의 조직 및 인력 구조조정, 당과 군대의 경제사업 축소,
내각의 전문화 및 연소화, 내각 인사권 및 경제관리 재량권의 총리 위
임 등의 조치를 취해 내각이 주도적으로 국가경제를 관리할 수 있도
록 지원했다.[45]

박봉주는 이 같은 김정일의 신임을 바탕으로 2004년에 가족영농제,
기업경영 자율화, 노동행정체계 개혁 조치를 단행했고, 경제관리구조
는 물론 상품유통관리, 가격관리, 금융구조, 곡물가격 관리에 이르기까
지 광범위하게 시장경제 도입을 시도했다.[46] 박봉주가 총리를 맡고 있

던 2005년에 농업 부문 예산은 전년도에 비해 29.1%, 2006년에는 12.2% 증가했다. 반면 총리가 상대적으로 보수적인 김영일로 바뀐 후 농업 부문 예산은 전년도에 비해 8.5%(2007년), 5.5%(2008년), 6.9%(2009년) 증가하는데 그쳤다. 이 같은 사실은 북한 총리의 성향에 따라 인민생활과 관련된 예산 배정에 있어서 중요한 차이가 발생할 수 있음을 보여주는 것이다.[47]

박봉주는 또한 과거 총리 시절에 "사회주의경제관리를 개선 완성하는 것은 나라의 경제를 활성화하는데서 더는 미룰 수 없는 절실한 문제"라고 지적하면서 경제관리의 '개선'을 매우 적극적으로 강조한 바 있다.[48] 그러나 박봉주의 개혁 조치에 의해 조직과 영향력이 축소된 당과 군부의 반발을 김정일이 수용하면서 2005년부터 개혁이 후퇴의 길에 들어서게 되었고, 마침내 2007년 4월 박봉주는 총리직에서 해임되어 순천비날론연합기업소의 지배인으로 좌천되었다.[49]

이처럼 당과 군부의 보수파의 반격으로 지방으로 밀려났던 박봉주는 김정은이 후계자로 결정된 이후인 2010년 8월 당중앙위원회 경공업부 제1부부장직에 임명되어 중앙당으로 다시 복귀했다. 그리고 김정일 사망 후인 2012년 4월에는 당중앙위원회 경공업부장으로 승진했고, 2013년 3월 당중앙위원회 전원회의에서 당의 가장 권위 있는 기구인 정치국의 위원직에 선출되어 당내에서 확고한 지위를 가지게 되었다. 그리고 동년 4월 내각 총리에 다시 임명되어 북한의 경제사령탑을 지휘하게 되었다.[50]

김정은 제1비서는 2013년 3월 31일 개최된 당중앙위원회 전원회의에서 경제건설 노선과 관련 농업과 경공업 발전, 지식경제로의 전환, 과학기술과 경제의 유기적 결합, 경제지도와 관리의 개선, 대외무역의 다각화 및 다양화, 관광지구 개발 및 '경제개발구' 창설 등을 제시했다. 박봉주 총리는 바로 이 같은 김정은의 경제 개혁·개방 구상을 실행에 옮기는 역할을 맡게 된 것이다.

박봉주가 총리에 임명된 후인 2013년 5월 29일 북한은 중국의 경제
개발구를 모방한 경제개발구법을 채택해 경제특구를 북한 전역으로
확대하겠다는 의지를 보여주었다.51) 2000년대 중반에 비해 박봉주 총
리의 당내 지위가 확고해지고 군부의 영향력도 현저하게 축소되어 현
재는 박봉주가 과거보다 더욱 과감하게 경제개혁개방을 추진할 수 있
는 여건이 형성되어 있다고 볼 수 있다.

Ⅳ. 장성택 숙청 이후 김정은의 유일적 영도체계 강화

장성택 숙청 이후 북한은 김정은의 유일영도체계를 더욱 강화하는
방향으로 나아가고 있다. 2013년 12월 14일자 로동신문은 정론을 통해
"나는 김정은 동지밖에 모른다, 나는 김정은 동지만을 위해 숨 쉬고
피가 뛰며 김정은 동지만을 위하여 싸우는 전사다. 누구나, 언제 어디
서나 이렇게 소리높이 웨치며[외치며] 나서야 한다."고 강조했다.52)

동년 12월 16일에는 김정은을 '단결과 영도의 유일중심으로 높이 받
들어 모시고 결사옹위할 것을 다짐하는 조선인민군 장병들의 맹세모
임'이 금수산태양궁전광장에서 진행되었다. 이 모임에서 참가자들은
"위대한 김정은 동지밖에는 누구도 모른다는 신념의 노래를 심장으로
부르며 천만이 총폭탄되어 김일성결사옹위로 시작되고 김정일결사옹
위로 이어온 조선혁명무력의 자랑스러운 전통을 김정은결사옹위로 더
욱 빛내여나갈 것을 엄숙히 맹세"했다고 북한 조선중앙통신이 보도했
다.53) 또한 2013년 12월 17일자 로동신문 사설은 "오늘의 현실은 경애
하는 원수님을 유일중심으로 하는 당과 혁명대오의 일심단결을 반석
같이 다지고 전당과 온 사회에 당의 유일적 영도체계를 더욱 철저히

확립해나갈 것을 요구하고 있다"고 주장했다.[54]

이처럼 장성택 숙청 이후 북한 지도부는 김정은의 유일적 영도체계 확립을 전례 없이 강조하고 있어 향후 김정은으로의 권력 집중이 심화될 것으로 예상된다. 이 같은 김정은 1인으로의 권력 집중은 북한 체제의 경직성을 더욱 심화시킬 것이 분명하다.

2013년 12월 8일의 당중앙위원회 정치국 확대회의 개최 이후 북한은 김정은에 대해 과거 김정일에게 사용했던 '위대한 영도자'라는 표현을 사용하고 있다. 이 같은 호칭의 변화는 김정은에 대한 개인숭배 수준이 과거 김정일에 대해 이루어졌던 것과 같은 수준으로까지 높아졌음을 보여주는 것이다.

2013년 12월 9일 북한은 당중앙위원회 정치국 확대회의에서의 장성택 해임 사실을 보도하면서 같은 날 로동신문 지면에 김정은이 건설부문일군대강습회 참가자들에게 보낸 서한을 공개하고, 건설부문일군대강습회를 예정대로 진행했다.[55] 그리고 장성택 처형 직후 김정은은 인민군 설계연구소를 방문해 현지지도하고 마식령스키장도 시찰했다.[56] 이 같은 사실은 장성택 숙청으로 인해 김정은의 공개 활동이 전혀 위축되지 않고 있음을 보여주는 것이다.

장성택 숙청으로 인해 피해자를 보는 인물과 조직이 있는가 하면 그것으로 인해 오히려 혜택을 보는 인물들과 조직도 있다는 점에 주목할 필요가 있다. 당중앙위원회 행정부의 해체는 당중앙위원회 조직지도부와 내각의 영향력 확대로 이어질 가능성이 높고, 장성택 숙청으로 최룡해 총정치국장과 김원홍 국가안전보위부장의 위상은 상대적으로 더욱 높아졌다.

종합하면 당에서는 조연준, 김경옥, 황병서 당중앙위원회 조직지도부 제1부부장들[57], 군대에서는 최룡해 총정치국장, 공안기관에서는 김원홍 국가안전보위부장, 내각에서는 박봉주 총리의 위상이 더욱 높아졌고, 향후 김정은은 이들 6인의 파워 엘리트들에게 크게 의존할 것으로 판단된다. 김정은에게 그를 보좌하는 핵심 엘리트 그룹이 있으므로 장성택이 사라졌다고 해서 일부 전문가들이 주장하는 것처럼 '홀로서기'를 할 필요는 없는 것이다.

V. 맺음말: 김정은 체제의 안정성 평가

김정은이 2012년 7월에 군부의 핵심 실세였던 리영호 총참모장을 전격적으로 해임한데 이어 2013년 12월 8일 당중앙위원회 정치국 확대회의를 개최해 장성택을 모든 직무에서 해임시키고 출당 및 제명시킨데 이어 사형까지 시킨 것은 김정은이 그만큼 절대적인 권력을 가지고 있음을 보여주는 것이다. 김정은이 2009년 2월경부터 당시 김정각 인민군 총정치국 제1부국장과 김원홍 총정치국 조직부국장을 통해 군부 엘리트들을 장악해왔고, 동년 4월부터는 국가안전보위부장을 맡아 당과 국가의 파워 엘리트들도 감시 통제해왔기 때문에 북한의 최고위층에 장성택과 친한 인사들은 많겠지만 장성택을 추종하는 '측근들'은 드문 것으로 판단된다.

2014년 3월 9일 실시된 최고인민회의 대의원 선거에서 당중앙위원회 정치국 위원과 후보위원 중 장성택 숙청과 관련해 대의원 명단에서 탈락한 것으로 추정되는 인물들은 문경덕(당중앙위원회 비서 겸 평양시당 책임비서)과 리병삼(전 인민내무군 정치국장) 정도이다. 이같은 사실은 장성택이 관장했던 당중앙위원회 행정부에는 당연히 그를 따랐던 '측근들'이 많겠지만, 북한 핵심 엘리트 중에는 '장성택 측근'이 외부에서 막연하게 추정하는 것처럼 결코 엄청나게 많지 않음을 시사하는 것이다.

따라서 장성택과 그의 측근들에 대한 숙청이 김정은 체제에 불안정을 가져오거나 일부 전문가들의 주장처럼 '대량 탈북사태'를 불러올 가능성은 낮다. 1956년 8월 종파사건 이후 연안파와 소련파 숙청 그리고 1967년의 갑산파 숙청 이후 김일성 체제가 더욱 공고화된 데서 추론할 수 있는 것처럼 장성택파에 대한 숙청은 김정은 체제에 불안정을 가져오기보다 오히려 안정성을 가져올 가능성이 높다.

2013년 8월 서울대 통일평화연구원의 북한이탈주민에 대한 설문조사 결과 발표에 따르면, 2012년 이후 북한을 탈출한 주민들을 대상으로 한 조사에서 김정은에 대한 북한 주민의 지지율이 50% 이상이라고 답한 사람은 61.7%에 달했다. 통일평화연구원이 2011년에 실시한 조사에서 김정일의 지지율이 50% 이상이라고 답한 비율이 55.7%였던 점에 비추어볼 때, 김정은에 대한 지지도가 김정일에 대한 지지도보다 높게 나온 것이다.[58] 김정일 사망 직후 국내외 다수의 전문가들은 김정은 체제가 오래 가지 못할 것이라고 전망했지만, 이 같은 예상과는 반대로 김정은은 대내적으로 최고지도자로서의 권위를 확고하게 확립하는 데 성공했다. 장성택 숙청은 김정일 사망보다는 훨씬 국내정치적 영향이 적은 사건이기 때문에 그로인해 김정은의 개인절대독재권력에 곧 큰 변화가 발생할 가능성은 매우 낮은 것으로 판단된다.

김정은 체제가 불안정해진다면 내부 결속을 위해 대외적으로 도발할 가능성이 커질 수 있겠지만, 적어도 단기적으로 김정은 체제가 불안정해질 가능성은 낮다. 만약 김정은 체제가 안정적이라면 한국 정부는 한편으로는 북한의 도발 가능성에 대해 철저히 대비하면서도 다른 한편으로는 김정은 정권과의 고위급 대화를 통해 한반도 평화를 관리하고 남북한 간의 협력을 확대할 필요가 있을 것이다.

제2부

경제와 노동

[제 4 장]

김정은 시대 북한 경제정책의 변화와 전망*

권영경

I. 머리말

2012년 4월 공식 출범한 김정은정권은 예상과 달리 빠르게 후견인 체제를 종식하고 '김정은의 유일영도체제'를 구축하고 있는 중이다. 김정은 제1위원장의 후계자수업이 속도전으로 진행된 것만큼이나, 유일영도체제의 구축도 리영호·장성택 등 지배엘리트들의 강도 높은 숙청과 세력교체를 통해 속도전으로 진행하고 있는 중이다. 동시에 김정은 정권은 2012년 4월 '4.6 담화문'에서 김정은 제1위원장이 "자주의 길, 선군의 길, 주체 사회주의 길을 걸어가겠다"라고 선포하며 김정일 시대를 계승할 것을 분명히 하면서도, 빠르게 김정은 시대의 특성을 나타내는 정책의 변화도 진행하고 있는 중이다.

김정은 정권은 스스로 김일성 주석이 북한식 사회주의 국가를 건국하고, 김정일 국방위원장이 대내외적 위기상황에서 북한식 사회주의체제를 수성하였으므로, 북한을 번영시켜야 할 과제를 안고 있다는 인식을 갖고 있는 것 같다. 김정은 정권은 이른바 '김일성민족', '선군조선'을 잇는 백두혈통의 계승이므로 '북한식' 체제를 강성 부흥시킬 시대적 미션을 갖고 있다는 것이다. 김정은 제1위원장이 2012년 4월 15일

열병식 연설문에서 "인민들의 허리띠를 더 이상 졸라매지 않겠다"라고
언급한 것은 바로 이러한 인식의 반증이었던 것으로 생각된다. 따라서
김정은 정권은 북한체제 유지의 전제조건이 되어버린 핵능력 강화 지
속을 위해 과거 수령들의 경제-군사 병진노선을 분명히 계승하면서도,
개발의 개념이 내포된 이중전략을 추구할 것을 이미 예고하였다고 할
수 있다. 김정일 정권이 실패한 소위 '사회주의 강성국가' 건설전략을
새로운 버전으로 추진하고자 하는 욕망을 정권의 출범 초기부터 드러
냈었다고 할 수 있다.

그러면 김정은 정권은 어떠한 방법론으로 이 미션을 추진해나가려
하는 것일까. 김정은 정권이 김정일 시대를 계승하면서도 변화를 모색
한다는 경제정책의 내용은 무엇이며, 이것은 어떠한 성격으로 평가할
수 있는 것인가? 그리고 그것은 성공 가능한 것인가? 본 장에서는 주
로 이러한 문제들에 집중해, 우선 김정일 정권의 경제발전을 위한 이
중전략을 고찰해 본 후, 그것이 어떤 결과를 초래함으로써 김정은 정
권으로 하여금 다시 이중전략의 재시동을 압박하고 있는지, 그리고 김
정은 정권의 이중전략은 김정일 정권의 그것과 어떠한 차별성을 지니
고 있는지 등을 구체적으로 분석해보고자 한다. 이러한 분석은 김정은
정권하의 북한 경제정책의 성격을 판단하는데 도움이 될 것으로 생각
된다. 그리고 1980년대 중국의 개혁·개방 정책과 비교해 그 미래전망
을 진단하는데도 역할을 하고, 나아가서는 3대 세습체제의 연착륙 가
능성에 대한 간접적 판단 자료도 제공하지 않을까 기대되기도 한다.

II. 김정은 시대 경제발전전략: 새로운 이중전략의 재시동

김정은 정권은 2005년 하반기 이후 중단한 이중전략을 다시 시도하

려 하고 있다. 김정일 정권이 선군경제건설노선과 7.1경제관리개선조
치를 시행했던 것처럼, 경제-핵 병진노선과 새로운 경제관리개선조치
라는 이름하의 부분 시장 활용 정책을 동시적으로 시행하려 하고 있
다. 이는 3대 세습정권인 김정은 정권은 김정일 시대처럼 더 이상 위
기관리체제로 존속되기 어렵고, 주민들에게 3대 세습의 정당성 부여를
위해 경제개발을 국가적 아젠다로 삼아야만 하는 과제를 안고 있기
때문이다. 또한 시장이 비가역적 존재로서 북한 경제내에 구조화되어
있기 때문이다.

1. 김정은 정권의 이중전략 재시동의 배경

가. 자력에 의한 산업연관관계의 전반적 회복 불가능성

1990년대 북한의 산업파괴는 전시가 아닌 상황에서 빠르게 전개되
었다는 면에서 전례가 없을 정도라 할 수 있다. 북한 산업연관관계의
붕괴는 1990년 사회주의경제권의 붕괴로 원유, 코크스 등 필수 원자재
수입이 급락하는 1992년경부터 본격화되기 시작해, 기근이 도래하는
1990년대 중반 경에 전반화 되었다. 원유·코크스 등 핵심 기초에너지
수입의 급락이, 수송 및 화학부문에의 충격 → 광업, 금속, 기계 등 중
화학공업 부문에의 충격 → 경공업, 농업부문에의 충격 등으로 확산되
어 나갔고, 이 과정에서 석탄·철광석 등 채취산업의 생산력 파괴 →
전력산업 및 석탄화학산업의 생산력 파괴 → 산업생산력 전반의 위기
등이 피드백 됨으로써 급격하게 진전되었다.

이런 현실에서 김정일 정권은 산업연관관계의 회복에 노력을 기울
였지만, 선군경제발전전략의 귀결로 인해 군(軍)경제 부문을 중심으로
한 산업연관관계의 부분 회복에만 그치고 말았다. 김정일 정권은 과학
기술이 사상, 총대와 더불어 강성대국 건설의 3대 기둥이라고 하며

1998년부터 '과학기술 5개년 계획'을 수립해 과학기술 분야에 예산을
집중 배분하였다.1) 이는 인민경제의 개건·현대화를 위한 것이라는
북한 자신의 주장보다는 장거리 미사일 개발, 핵능력 강화와 더불어
군경제 부문의 기술생산력 유지 및 개발에 집중 투자 배분한 정책이
었던 것으로 판단되고 있다. 물론 김정일 정권은 2001년부터 산업생산
의 정상화를 위해 전체 산업생산 현장의 생산설비들을 그대로 활용,
완전 설비개건, 부분 설비개건, 부분 생산 공정 개건 등으로 상세히
분류하여 기술개건을 해나가는 일명 '현대화 전략'을 다음 〈표 1〉과
같이 수립한 것으로 알려져 있다.2) 이를 통해 4,700여개 중·소규모의
공장·기업소 가운데 설비가 노후화되었거나 중복 투자된 1,800여개의
공장·기업소를 정리했다고 한다.3)

〈표 1〉 2000년대 초 북한의 기술개건 대상의 분류4)

구 분	대상 부문
완전기술개건	지방공업·경공업부문, 닭공장 같은 식품가공부문
부분기술개건	지방공업·경공업부문, 중공업부문
부분 생산공정 기술개건	국방공업·기간산업과 연관된 핵심 산업부문
폐기처분	완전 노후화된 에너지다소비형 공장

그렇지만, 김정일 정권의 이러한 기술개건전략, 즉 북한이 표현하는
일명 현대화전략은 '과학기술중시노선'의 주 관점에서 실행됨으로써
국방공업과 연관된 산업연관관계의 회복으로만 한정되고 말았다. 즉
산업생산 설비의 기술개건이 국방공업과 연관된 핵심 산업부문〉선행
산업부문 〉인민경제 부문 순서로 선택과 집중전략에 따라 진행되었
고5), 대부분의 인민경제 부문은 기업소·공장내지 지방행정당국 자체
의 노력으로 기술개건 작업을 하도록 한 것이다. 2009년 2차 핵실험
이후 화학공업 복원 → 비료산업 및 경공업, 농업의 생산력 회복, 그

리고 철강산업의 복원 → 중간재 및 최종 소비재의 복원이라는 계획
하에 이른바 주체공업 분야에 대한 투자를 행하였지만, 이는 실패로
판명되고 있다. 주체공업 분야란 무연탄을 활용한 철강, 비료, 비날론
등을 생산하는 분야를 말하는데, 북한은 이들 분야에 무연탄을 활용한
기술공법을 도입하는 대규모 플랜트 투자를 시행했었다. 그러나 이들
기술공법은 전력 에너지 소모가 상당하고 경제적 효율성이 담보되지
않은 기술들로서 김정은 정권 등장 이후 사실상 폐기되고 있는 것으
로 전해지고 있다.[6] 북한의 자력에 의한 산업연관관계 복구 시도는
자원의 낭비만 가져올 뿐 성공하기 어려운 프로젝트들이었던 것이다.

〈표 2〉 2012년 강성대국 진입 목표지표와 김정은정권의 실제 지표

	김정일 시대 2012년 달성 목표(1987년 생산력수준)	비 고	김정은 정권 출범시 실제 생산량(2011년)
전력생산능력	776만kw	지영일교수 550억kwh 생산 언급('89년)	생산능력 692만kw 실제생산량 209억kwh
석탄생산량	3,600만 톤		2,500만 톤
비료생산량	100만 톤		47.1만 톤
철강생산량	740만 톤	지영일교수 언급	122.5만 톤
시멘트생산량	1,350만 톤	지영일교수 언급	645.2만 톤
식량생산량	600만 톤	지영일교수 560만톤 언급('89년)	445만 톤
승리자동차 생산대수	1만 대		4천대
철도·화물 수송능력	7,320만 톤		-
1인당 GNI	2,000$		북한원화 133만원 *남한평균 환율기준으로 1,200$

자료: 1) 김정일 시대 2012년 달성 거시목표들과 지영일교수의 언급은 조선신보 2009.10.7
　　　　　일자 참조.
　　　2) 실제 생산량 통계는 한국은행, 『북한의 경제성장율 추정결과』(2012) 참조.

김정일의 '2012년 강성대국 진입 전략'은 1980년대 후반 수준의 생산력을 복원하는 것에 불과함에도 불구하고, 결국 이는 다음 〈표 2〉에서 보듯이 실패로 끝나고 김정은 정권이 성취해야 할 유산으로 남고 말았다.

나. 계획·비계획적 경제활동 병행 현상의 비가역성

북한의 계획경제시스템 복원이 불가능해지게 되면서 북한 경제 단위들의 시장활동 영역은 처음에는 계획경제 바깥의 합법적 비공식경제 부문에서 출발하였지만, 점차 계획경제 바깥의 비합법적 비공식경제 부문 → 계획경제 내 합법적 비공식경제·비합법적 비공식경제 영역으로까지 확산되어 나갔다. 이 과정에서 북한 시장의 주요 참여자는 처음에는 일반 주민이었지만, 군·당 등 특권기관 및 지배세력들이 시장의 지배자로 등장하면서 계획부문과 비공식경제 부문의 상호 의존성이 구조화되기 시작했다. 즉 2000년대 이후부터 북한경제 내에 시장이 계획경제와의 공존을 뛰어넘어, 경제현실에서는 사실상 계획경제부문이 시장에 의존하여 재생산의 물적 토대를 마련하고, 반대로 시장공간은 계획경제가 법·제도적으로 보유하고 있는 합법성을 활용해 자신의 잉여창출 공간을 확대해 나가는 현상이 나타난 것이다.

이러한 현상에 직면해 김정일 정권은 2002년 '7.1 경제관리개선조치'를 통해 '국가에 의해 관리되는 비공식경제'를 의도하는 개혁조치를 취했었지만, 7.1조치는 '분리형 이중전략'하에 추진되는 부분 개혁조치였기 때문에 현실적으로 광범위하게 확산되어 있는 시장현상을 포괄하는 깊이로 추진되지 못했다. 오히려 제도 공급을 통한 '그림자 경제'(shadow economy)의 규모를 키우는 효과를 가져왔을 뿐이었고, 이마저도 불과 3년만의 실험 후 중단되고 시장통제 정책이 시행됨으로써 경제의 이중구조화 확대와 더불어 계획경제와 시장공간이 상호 결합되는 현상이 더욱 심화되고 말았다. 그리고 경제 단위들이 이중 경제활동을 하고 있는 현상이 구조화·고착되어 있는 상황에서 개혁의 중단 및 화폐개혁과 같은 역개혁(counter-reform) 정책들은 국가 경제 전체의 마비를 가져올 수밖에 없었다. 따라서 북한당국은 용수철처럼 다시 시장적 조절을 묵인하는 상황으로 돌아오게 되었는데(2010년 2월 이후), 이는 결국 김정은 정권으로 하여금 비가역적 존재로 고착되어 버린 시장공간을 제도화하지 않으면 안 되는 과제를 안겨 주게 되었다. 김정은 정권의 북한경제는 시장 메커니즘이 비가역적으로 작동하고 있기 때문에 시장 현상의 부작용을 관리하는 거시경제적 수단이 필수적으로 도입되지 않으면 안 되는 상황이다. 예컨대 물가변동이 이제 북한경제에서 항상적 현상으로 운동하고 있는데 어떤 정책수단으로 이를 관리할 것인가? 시장화개혁이 수반되지 않는 한 김정은 정권은 물가를 관리하는 통화정책이나 재정정책, 환율정책도 시행할 수 없다. 거시경제 운용체계가 화폐개혁과 같은 이데올로기적이며 폭력적인 정책수단들을 종종 활용할 수밖에 없는 것이다.

2. 김정은시대 경제발전전략과 이중전략의 내용

1) 경제발전전략의 기조: 경제-핵 병진노선

김정은 정권은 김일성시대의 '자주'와 김정일 시대의 '선군'을 계승하고 미완성의 강성국가 건설을 완수해야 하는 목표에 따라 경제발전전략으로서 새로운 병진노선을 내세우고 있다. 즉 2013년 3월 31일 노동당 중앙위원회 전원회의를 통해 경제-핵 병진노선을 김정은 시대의 전략적 경제발전노선으로 제기하고 있는 것이다. 이는 경제건설과 핵무력 건설을 병행 전개해 나가겠다는 것으로서 김정은 정권은 '조성된 정세의 요구'와 '혁명발전의 합법칙적 요구'에 따른 것이라고 주장하고 있다. 여기서 북한이 말하는 '조성된 정세'란 2012년 12월 장거리 미사일 발사, 2013년 2월 3차 핵실험 이후 유엔제재가 강화되고 북미·남북관계 사이에 지속적으로 치킨게임 국면이 전개되고 있는 주변 환경을 의미한다. '혁명발전의 합법칙적 요구'란 북한의 표현에 따르면, "경제발전과 인민생활을 높이기 위한 투쟁이 선군의 위력을 더욱 강화해 나가 강력한 군사력, 핵무력에 의해 담보되어야 한다"는 논리이다.

이와 같은 김정은 정권이 내세우고 있는 병진노선은 김일성시대의 경제·국방 병진노선, 김정일 시대의 선군경제건설노선과 논리적 구조가 매우 유사한 것처럼 보이고 있는데, 김정은 정권은 새로운 병진노선이 과거 병진노선의 "계승이면서도 새로운 높은 단계에로의 심화발전"이라고 주장하고 있다. 김정은 시대의 병진노선이 어떤 면에서 "새로운 높은 단계에서의 심화발전"이라는 뜻일까? 김일성 시대에 북한은 경제건설과 국방건설에 대등한 힘을 넣어 둘 다 발전시켜 나간다고 하면서도, 국방건설의 주요 인프라 토대인 군산복합형 중공업의 우선 발전이 경제발전을 추동한다고 주장하며 이 부문에 자원을 우선 투입했다.[7] 김정일 시대에서는 아예 노골적으로 국방공업 우선 발전이 전반적 공업발전과 수요의 진작을 가져온다고 하며, 자원배분의 군사부문 우선 배분을 정당화했었다.[8] 김정은 정권은 이와 달리 핵무력 증강이 전반적 경제발전을 추동한다고 주장하면서도, "국방비를 늘이지 않고도 적은 비용으로 나라의 방위력을 더욱 강화하면서 경제건설과 인민생활 향상에 큰 힘을 돌릴 수 있게 된 데에는 새로운 병진노선의 참다운 우월성이 있다"[9]라고 하며 자원배분 순위의 변경을 시사하고 있다. 그리고 3대에 이르기까지 북한식 사회주의체제 유지의 핵심 경제정책 기조였던 병진노선이 사실상 불균형 발전 논리로서 국방부문과 경제발전 사이에 자원배분의 상충성(trade-off)이 있음을 인정하며, 향후 핵무력 병행 발전 노력이 인민경제의 구축효과(crowding-out effect)

를 가져오지 않을 것임도 시사하고 있다.

> 강위력한 전쟁억제력이 마련된 지금 우리 당은...사회주의 부귀영
> 화를 마음껏 누리게 할 데 대한 과업을 전면에 내세우고 있다...핵강국
> 이 되면 강력한 전쟁 억제력에 기초하여 경제건설에 자금과 노력을 총
> 집중함으로써 비약적인 발전을 이룩할 수 있다.[10]

김정은 정권은 정말로 군사부문으로 자원을 이전하는 추가적 국방
비 지출을 행하지 않고, 경제의 축적분을 경제발전에 투입할 것인가?
아니면 전쟁 억지력을 핵능력의 질량적 확대 강화로 담보하고, 재래식
국방력 부문에 대한 추가 지출을 억제한 몫을 경제발전으로 이전할
것인가? 김정은 제1위원장이 "선군시대 경제건설노선의 요구대로 국방
공업 발전에 선차적인 힘을 넣어 나라의 군사력을 백방으로 강화해야
합니다"[11], "군수공업 부문은 천하무적의 핵강국으로 빛내이기 위한
투쟁에서 다시 한번 큰 걸음을 내디뎌야 합니다"[12]라는 언급을 볼 때,
군사부문에서 경제분야로의 자원 재배분의 변경은 세습체제의 계승적
성격상 가능성이 희박하지 않을까 판단된다. 김정은 시대에서도 북한
은 여전히 국가의 역량 투입 우선순위로 핵능력 및 군사부문 강화에
둘 것으로 판단되고 있는 것이다.[13] 실제로 김정은 정권은 2014년 신
년사설에서 과학기술을 농업·건설과 함께 3대 경제건설 사업으로 규
정해놓고 있는데, 김정일 시대 이후 북한의 과학기술의 강조는 산업복
구를 위한 응용기술의 개발 외에 전략무기 개발의 역점도 함축되어
있었다. 그렇지만 김정은 정권의 병진노선이 김정일 시대보다 확장된
이중전략을 시행할 가능성을 부인해서는 안 될 것 같다. 김정은 정권
의 입장에서 핵능력 강화에 토대를 둔 국방 억지력의 제고가 이제까
지 소극적으로 임해 왔던 부분 시장화 개혁과 대외개방을 적극화할
수 있는 여건들을 조성해주고 있다고 판단될 수 있기 때문이다.

아무튼, 김정은 정권이 전통적 정책 기조를 유지하든, 경제발전에 보다 역점을 두었든 간에 새로운 병진노선의 추진은 새로운 이중전략 추진의 불가피성을 내포하고 있음에 주목할 필요가 있다. 전통적 정책 기조를 유지하더라도 핵무력 건설과 전반적 경제건설 사이에는 투자 승수적 연관성이 군산복합형 중공업 우선 발전의 경우보다 매우 제한 적이기 때문에 부분 개혁·개방의 플랜이 재시동 되어야 한다.[14] 병진 노선은 경제학적 논리로 볼 때 근본적으로, 자원배분에 우선순위를 규 정하는 차별화된 '불균형 발전전략'이다. 그리고 계획경제시스템의 위 기 상황에서 병진노선은 비군사경제 부문을 계획적 관리부문에서 배 제하는 '배제전략'을 함의하고 있다. 또한 군사경제 부문 자체가 잉여 가치를 산출하는 부문이 아니기 때문에 잉여를 이전해 주는 비군사 경제부문의 '활성화 전략'이 요구된다. 김정일 정권하에서 선군경제건 설노선과 실리사회주의노선(7·1경제관리개선조치), 점(點)식 제한적 특구전략이 동시에 병행된 데는 이런 이유에서였다고 할 수 있다. 이 제 김정은 정권하에서도 마찬가지라고 볼 수 있다. 김정은 정권 역시 병진노선 실현의 방도로 "실리를 중시하고 모든 사업을 실리주의 원칙 에서 조직하고 전개할 것"을 주문하고[15] '우리식의 우월한 경제관리방 법의 완성'과 대외무역의 다각화·다양화를 강조하며, 새로운 이중전 략을 내세우고 있는 것이다.

그렇지만, 김정은 시대의 이중전략은 김정일 시대의 이중전략을 계 승하면서도 북한경제 구조의 변화를 반영하는 업그레이드된 이중전략 으로 제기될 수밖에 없다. 앞의 절에서 살펴보았듯이, 김정은 정권은 수성된 '북한식' 사회주의체제를 번영시켜야 할 책무를 갖고 있을 뿐 만 아니라 비가역적으로 구조화되어 있는 시장화 현상을 제도적으로 수용, 경제체제의 모순을 해결하고 경제개발에 본격적으로 나서지 않 으면 안 되는 과제에 직면해 있기 때문이다. 따라서 김정은 정권하에서 실리 추구는, 김정일 시대보다 경제작동 메커니즘의 시장지향적 성격과 경제의 개방성이 보다 더 확대된 정책들로 제기될 수밖에 없는데, 이에 대한 구체적인 내용들은 다음 절들에서 살펴보기로 한다.

〈표 3〉 김정일 정권과 김정은 정권의 이중전략 비교

구 분	김정일 정권의 이중전략	김정은 정권의 이중전략
경제정책 기조	선군경제건설노선	경제-핵 병진노선
경제정책 목표	사회주의 강성대국 건설	사회주의 부강조국 건설
실행전략	① 국방공업 우선 발전 ② 선택과 집중에 의거 4대 선행부문(국방공업 연관부문) 정상화전략 ③ 실리사회주의전략 - 7·1경제관리개선조치 - 점(點)식 제한적 4대(중앙급) 특구 정책	① 핵무력 강화 병행 ② 인민경제 선행부문, 기초공업부문 정상화 - 농업, 경공업 주타격 ③ '우리식 변화'전략 - 새로운 경제관리방법 - 경제개발구정책(중앙급, 지방급 경제특구 동시 개설: 線개방)
이중전략의 성격	·'분리형 이중전략' - 시장기능 부분허용·묵인 반복	·'혼합형 이중전략'(?) - 시장의 비가역적 존재 인정

2) 이중전략의 내용 및 분석

가. 새로운 경제관리방법

김정일 시대에 북한은 이중전략 시행의 불가피성을 인식하고 계획기능과 시장기능의 병행 사용을 의도하는 7.1조치를 시행하였지만, 계획공간과 시장공간간의 관계 설정에 자신감을 갖지 못했었다. 북한경제가 처한 현실이 '사회주의 과도적 단계'이므로 본질적 경제범주외에 과도적 경제범주의 활용 불가피성이 있다고 인정하면서도,[16] 시장기능이 계획기능의 보충적·종속적 역할에서 벗어날까 두려워했었다. 시장기능이 실제로 계획기능과 상호 결합되고, 일정 경제영역에서 대체 가능성이 엿보이게 되자 시장과 계획의 병존 실험을 중단하고 말았다.

그러나 북한경제 내부적으로는 시장화 공간이 법·제도적 지위를 확보하지 못했지만, 사실상(de facto)의 경제적 지위를 지속적으로 확대해나가는 현상이 발생함으로써 계획과 시장 간의 관계 설정의 불가피성에 대한 고민은 지속되고 있었다고 한다.

따라서 김정은 정권이 2012년 공식 출범하자마자 일부 경제단위에서 시범 실시하고 있는 '6.28 새로운 경제관리체계' 혹은 '새로운 경제관리방법', '우리식의 경제관리방법의 완성'은 이러한 지난 10년간의 논쟁과 경험을 결산하고 시행되는 것으로서,[17] 이미 그 자체 나선형적으로 전개되어나갈 전망성을 갖고 있다고 할 수 있다. 김정은 정권은 7.1조치처럼 아직 대외적으로 '새로운 경제관리방법'의 전모를 공표하고 있지 않다. 7.1조치의 실험과 그 후유증의 경험으로 인해 점진적·단계적으로 실험하며 전면화하려는 의도를 갖고 있기 때문이다. 특히 2009년 11월 전격 단행한 화폐개혁을 통해 시장화 현상의 비가역성과 북한경제 전반에 걸친 영향력을 심각하게 경험한 바 있기 때문에, 시장화 수준을 어느 정도 수준까지 제도화할지도 고민되는 문제일 것으로 여겨진다.

그러나 '새로운 경제관리방법'은 말할 나위 없이 7.1조치를 기준으로 출발하고 있다고 할 수 있다. 무엇보다 '새로운 경제관리방법'을 시행하기 위한 상무조(TF팀)가 '경제관리방식 개선을 준비하는 소조(일명 개선조)'라는 이름으로 2012년 초 결성되고, 여기에 참여하는 멤버들이 박봉주, 로두철, 곽범기 등 이른바 '2004.6 내각 상무조 개혁안'을 만든 사람들을 기본으로 해서 30~40대의 젊은 관료들이 참여하고 있기 때문이다. 당시 김정일 정권은 2002년 7.1조치를 시행하였지만, 2003년 하반기가 되도록 "경제관리개선조치가 짜임새 없이 겉돌기만 하고 정착하고 있지 못하다"는 인식에 따라 중국의 1980년대 초반 쌍궤제(雙軌制, Dual Track System) 개혁 내용에 좀 더 접근하는 추가개혁 조치

를 마련했었다. 그러나 당시 지배엘리트 집단 간의 역학관계로 인해
중단되고 말았다.[18] 따라서 김정일 시대에 마련된 7·1조치, '2004.6
내각 상무조 개혁안'과 현재 진행되고 있는 김정은 시대의 '새로운 경
제관리방법'의 내용들을 비교 분석해 보면 다음 〈표 4〉와 같다.

〈표 4〉 김정일·김정은 시대의 경제관리개선조치 비교

구분	김정일시대 경제관리개선조치 내용		김정은 시대 새로운 경제관리방법
	2002년 7·1조치	2004년 6월 내각 상무조 개혁안	
계획 측면	• 당 역할 축소, 내각 권한 확대 • 세부계획 하부 경제단위 위임	• 현물지표 축소, 금액지표 확대, 기업 자체 계획지표 확대	• 내각, 경제사령부로서 정책 주도 • 당의 내각 간섭 배제
기업 관리	• 기업경영지표 : 생산량→번수입으로 전환 • 번 수입의 자체 사용 허용 • 독립채산제 전기업으로 확대 • 계획외 생산품 30% 시장판매 허용 • 물자교류시장을 통한 원자재 거래 허용 • 가격결정권한 일부 이양 • 유일임금제도 폐지	• 번 수입 사용권한 확대 • 임금 상한선 폐지: 상금, 장려금 지불승인제 폐지 • 국가납부금 정액제로 전환 • 현금보유 한도 확대 • 가격결정 자율권 확대 • 원자재 현금거래 허용 • 인력운용 권한 부여	• 기업소 자체 계획에 의한 경영활동 허용 - 당지도하의 '지배인책임제' 도입 - 국가계획, 자체 계획 병행 - 중소 지방공장 아예 자체계획에 따라 활동 - 설비,자재, 전력 등 기업간 자유거래 허용, 판매수입 재투자권, 가격결정권 부여 - 생산물의 시장판매 허용, 생산품목 결정권 부여: 업종 전환도 가능 • 독립채산제기업 확대 • 국가와 기업소 수익 7:3제로 분배 • 인력관리 자율화, 임금현실화: 생산성에 따른 차별임금 허용(특급기업까지 확대) • 내화 및 외화계좌 개설 허용: 국가 납부금 외화로 납부 • 지방공장 한정 개인투자 허용: 단 간부 당이 임명, 투자자 소속 기관에 입직 - 개인의 공장 신설은 불허

재정 금융	• 거래수입금 폐지, 국가기업이득 　금신설 • 토지사용료 신설 • 사회적 공짜 대거 축소, 식량배 　급제→구입제로 전환	• 국가재산판매납부금, 부동산이용 　료(토지사용료 확대개편), 종합 　시장 시장이용료 등 신설 　·집금소, 외화환전소설치(2003) 　·중앙은행법제정(2004), 상업은 　행법제정(2006)	• 기존 조치 시행 • 협동화폐제 실시 - 외화거래소에서 시장환율대로 교환 　허용 • 평양위주 시범단위에 전자결제시 　스템 도입
농업 관리	• 분조관리제 전면 확대: 분조 규 　모 축소, 책임영농제 도입 • 초과생산물 자율처분 허용 • 작물선택권 확대, 세부계획지표 　권한 부여	• 포전담당제 시범실시: 분조를 　2~5가구로 편성 • 협동농장에 분조규모 축소 권한 　부여 • 개인경작지 30평 → 400평 확대 • 국가납부량 축소 • 분조단위 분배권한 확대 • 현물분배→현금분배로 전환 • 6개월 농사(부업밭) 허용	• 분조단위 3~5명로 축소 • 작업분조에 유휴 토지임대: 초기 　생산비용 국가지불 • 생산비, 수매가격 시장가격 준해 　계산 • 국가, 작업분조간 7:3 비율로 생 　산물 분배 - 초과생산물 작업분조 처분권 부여
유통 부문	• 물자교류시장(원자재거래 시장) 　개설 • 국영상점 임대 허용	• 종합시장(소비재거래시장) 개설 　(2003) • 물자교류시장내 현금거래 허용 • 수입물자교류시장 개설(2005년)	• 개인투자 부분합법화 - 개인노동력 고용 허용 - 단, 개인투자자, 개별고용노동력 　소속 상급기관에 입직 • 상업·유통기관의 자체 경영활동, 　재량권 확대 - 도매기업소 계획상품 외 비계획 　상품 취급 허용 - 소비자 주문제 허용 • 이윤의 10~20% 국가납부
가격 부문	• 국정가격의 현실화, 변동 국정가 　격제 도입	• 시장가격, 국가지도가격, 합의제 　가격 등 다양화	• 국가배급제 사실상 폐지 - 국가예산제기업만 배급제 유지, 　독립채산제기업 전면 월급제 - 시장가격 존재 인정

김정은 정권이 추진하고 있는 '새로운 경제관리방법'의 핵심을, 김정
일 시대의 경제관리개선조치와 차별성 있는 내용 위주로 정리해 보면
다음과 같다.

첫째, "경영권한을 현장에 보다 많이 부여"했다는[19] 점이다. 김정일
시대와 달리 공장·기업소에 경영전략이라는 이름하에 기업 자체의
계획에 따른 원자재 거래, 생산품목·가격·임금결정, 수익금의 사용권
한, 생산물의 자율판매 권한을 적극 부여·확대해주고, 기업소 자체의
현금계좌 및 외화계좌 개설도 허용하고 있다. 즉 기업소·공장의 국가
계획 외에 기업 자체 계획의 수행 및 업종전환도 허용해 줌으로써 이
미 관행화되어 있는 기업소·공장들의 계획지표의 자체 수립, 시장지
향 경영활동을 수용한 것이다. 심지어 지방의 중소 규모의 공장·기업
소의 경우 개인 투자자가 상급 소속기관에 입직하고 간부들은 당이
임명하는 조건으로 개인투자도 허용하고 있다. 이러한 권한 부여에 대
한 조건으로 국가와 기업소·공장은 판매 수익금을 7:3으로 분할하여
나누어 갖도록 하고 있다. 또한 상업기관에 한정해 노동자들이 상급
혹은 소속 기관에 입직하는 조건으로 개별 노동력의 고용도 허용하고
있다. 이는 1980년대 초반 중국이 국영기업 부문에 쌍궤제 개혁을 하
면서 도입한 '방권양리'(放權讓利), 즉 기업의 자율성과 권한을 늘려주
고 국가납부금을 제외한 사내 유보 몫을 늘려 인센티브를 제고하는
개혁조치와 상당히 유사하다.[20]

둘째, 생산성을 높이기 위해 사회주의 분배원칙에 따라 노동자들이
노동 성과만큼, 생산한 것만큼 받아가도록 임금을 현실화하여 사실상
유일임금제를 폐지하고 있다는 점이다. 북한의 보도에 따르면 무산
철광, 김책제철소 같은 특급기업소까지 생산성에 따라 기존 임금의
10~100배 올려 지급하는 것을 허용하고 있다고 한다.[21] 본래 북한의
임금(생활비)는 기본급 + 수당으로서 수당이 기본급의 100% 이상 넘어

서는 안 되었다. 그러나 새로운 경제관리방법에서는 수당을 각 기업의 생산실적에 따라 기본급의 10배 이상 100배까지도 지급하는 것을 허용해, 근로자들의 임금이 시장물가 상승에 조응하도록 하고 있다고 한다.[22] 한 마디로, 김정은 정권은 "사회주의분배원칙을 실시하는 데서 평균주의를 없애고, 일을 많이 한 사람에게 물질적으로 많은 몫이 차려져야 한다"는 이른바 '북한판 선부론'을 수용하고 있는 것으로 보여진다. 이에 따라 독립채산제 기업의 경우 아예 국가배급제를 폐지하고 화폐임금제를 도입하고 있다. 사실 북한은 이미 7·1조치 이후 2000년대 중반 경부터 독립채산제에 따른 임금 지불을 허용해 왔었다. 그리고 시장화 현상의 확산으로 시장지향 경제활동을 행하는 경제단위에서는 천차만별의 임금지불이 관행적으로 이루어져 왔다. 천차만별의 임금 지불 허용은 국가배급제가 사실상 폐지되고 있음을 사후적으로 인정한 것이라고 할 수 있다. 유일임금제 실시는 국정가격에 기초한 배급제 유지가 이루어질 때나 가능한 것이다.

셋째, 김정일 시대에 잠시 시범적으로 시행해 보았던 포전담당책임제를(작업분조 3~5명으로 축소) 대부분 협동농장에서의 실시를 목표로 시범 시행하며, 국영기업소와 마찬가지로 대폭 확대된 '방권양리' 방식의 경영자율권을 부여하고자 한다는 점이다. 국가가 선지불해준 비료, 농약, 종자, 농지사용료 등 대가를 납부하고 난 나머지의 생산물을 국가와 작업분조가 7:3비율로 분할하는 인센티브제를 도입하고 있다. 물론 이 실험은 인민무력부 산하 집단농장들, 호위총국 산하 국영농장들, 중앙당 간부들의 식량을 생산하는 8호 농장들을 제외한 노동자·농민의 배급을 생산하는 협동농장 위주로 진행되고 있다고 한다.[23] 김정은 정권은 중국이 초기 농업개혁 당시 시행했던 국가와 작업분조 간의 생산청부제와 유사한 실험을 시도하고 있는 것이다.

넷째, 상업·유통기관 그리고 공장가동이 안 되고 있는 중소 규모의 지방공장들에 한정해서 개인 투자와 개인 노동력 고용을 허용하여 민간부문의 투자를 유도하고 있다는 점이다. 물론 김정은 정권은 초기 중국의 개혁조치처럼 개인 기업을 허용하고 있지 않다. 개인투자자나 개인 고용 노동자는 소속 기관에 입직(入職)해 당이 임명한 것과 같은 절차를 밟아야 하고, 그 기업은 제도적으로 국가소유로 존속해야 한다. 그러나 이는 자율 경영권 부여와 함께 향후 재산권 인정으로 연결될 여지를 열어놓고 있다고 할 수 있다.

다섯째, 김정일 시대의 7·1조치 당시에는 국정가격을 현실화하고 시장가격에 상한제를 두어 시장가격의 국정가격으로의 접근을 의도했다면, 김정은 정권은 시장 활동에 의해 자유롭게 형성된 시장가격을 기준으로 경제단위의 자율권을 허용하고 있다는 점이다. 이는 이중 가격제를 인정하면서 사실상 시장가격의 자원배분 기능을 승인하고 있는 것이라 할 수 있다. 물론 북한은 극단적인 가격변동은 여전히 국가권력을 수단으로 통제하는 정책을 시행하고 있다.

김정은 시대의 이와 같은 경제관리개선조치의 차별성은 김정일 시대보다 개혁적인 내용들로서 계획경제의 복원을 염두에 두는 부분 개혁이 아니라, 사회주의 계획경제에서 "계획 없는 사회주의 경제"[24], 혹은 사회주의 상품경제에서 사회주의 시장경제로의 진전을 의도하는 개혁으로 대체로 평가받고 있다. 그러나 김정은 시대의 경제관리개선조치는 7·1조치보다 진일보하고 있음에도 불구하고, 아직 몇 가지 측면에서 1980년대 중국의 개혁조치보다 제한적인 것으로 평가될 수밖에 없다.

그 이유는 우선 첫째, 중국은 소유제 측면에서 초보 수준의 개혁을 도입해 8명 미만의 사영기업 개설 허용, 농가생산책임제 등을 시행했지만, 북한은 축소된 분조가 가족단위 분조가 되지 않도록 하고[25] 소규모의 개인 기업조차 허용하고 있지 않다는 점이다. 김정은 제1위원장은 2013년 3월 31일 당중앙위 전원회의 보고에서 "생산수단에 대한 사회주의적 소유를 확고히 고수하면서 국가의 통일적 지도 밑에 모든 기업체들이 경영활동을 독자적, 창발적으로 해나감으로써... 주인으로서의 책임과 역할을 다하도록 하는 사회주의적 기업관리방법으로 되어야 할 것입니다"라고 하며 사실상 소유제의 부분 개혁조차 부인하고 있다.

둘째, 대안의 사업체계를 아직 유지하고 있다는 점이다. 중국은 초기에 국영기업 개혁을 시행함에 있어서 경영조직과 당 조직의 분리도 시행하여 지배인에 의한 경영책임이 실질화 되도록 했다. 그런데 북한은 내각의 경제 사업에 지장을 주어서는 안 된다고 하며 내각책임제를 강조하면서도, 중앙당과 각 시·도·군당위원회에 경제부를 신설해 경제부문에 대한 당적 지도를 강화하고 있는 것으로 알려져 있다.[26] 경제부문에 대한 당적 지도 기능 약화에 대한 우려는, 새로운 분조관리제를 2013년도에 시행함에 있어서 협동농장 현장의 정치적 저항으로 표출되기도 했다고 한다.[27]

셋째, 여전히 상업금융제도를 적극 도입하지 않고 실물경제와 화폐경제의 동반 성장이라는 마인드를 갖고 있지 못하다는 점이다. 북한이 아직 이를 시행하지 못하고 있는 것은 각 특권기관들이 점유하고 있는 분할경제의 이해관계가 맞물려 있기 때문이 아닌가 여겨진다. 실물경제부문 개혁과 재정·금융개혁이 동반 수행되어야 하는 이유는 시장의 제도 공급으로 인해 산출되는 부가가치들을 산업생산력 복원으로 연계하는 메커니즘을 조성하기 위해서이다. 금융경제의 부재는 암시장(Black Maket)의 규모를 키우고 경제활동의 부가가치들을 화폐자본으로만 축적시키거나 비생산적으로 소모되도록 만든다.

그러나 중국 사례 대비 이러한 제한점에도 불구하고 김정은 정권의 '새로운 경제관리방법'은 시장의 비가역성을 정책공급자가 인식한 조치로서, 시장기능의 제도 공급 → 시장화 현상의 구조화·질적 진전 → 계획과 시장의 상호 결합성 증대 식으로 전개되는 전망성을 보여주는 '혼합형' 이중전략으로 평가해 볼 수 있다.

2) 경제개발구정책

김정일 시대의 대외개방정책은 북한 내륙지역과 분리된 국경의 동서남북 4개 꼭지점에 특구를 설치하는 점(點)식 개방전략이었다.[28] 이는 대내 경제개혁과 상관없이 '90년대의 모기장식 개방전략을 단지 확장하는 수준의 개방정책이었다. 김정일 정권은 외자도입의 불가피성을 인식하면서도 "제국주의세력들이 자립경제를 붕괴시키려는 사탕발림"이라고 인식했었다. 개방형 자립경제 발전노선을 강조하면서도[29] 특구를 통한 외자유입이 체제에 영향을 미치는 문제를 항상 우선시했었다. 이 때문에 김정일 시대의 경제특구들은 중앙정부에 필요한 외화유입의 창구로 활용될 뿐, 국내산업의 정상화 및 경제개발에 적극 연계되는 정책들이 모색되지 못했다. 경제특구들은 내부 계획경제시스템의 종속변수로서 독립된 지역경제 공간에 지나지 않았다.

그러나 김정은 정권은 김정일 정권이 수성한 '북한식' 사회주의체제의 부강번영을 위해 경제 활성화 개념에 경제개발(Economic Development) 개념의 고려가 요구되고 있다. 경제개발을 위한 내부저축이 고갈되어 있으므로 외부저축을 적극 활용, 장기간 정체되어 있는 빈곤의 늪으로부터 경제발전으로의 도약(take-off)단계로 전환하는 계기를 마련해야 한다. 즉 사회주의 최빈국으로부터 사회주의 개발도상국으로의 전환을 모색해야만 하는 것이다. 김정은 정권이 경제 활성화 전략을 수립함에 있어서 경제개발의 관점에서 접근하고 있음은, 김정은 제1위원장의 후계자 시절인 2011년부터라고 볼 수 있다. 이 당시 북한은 내각 산하에 국가경제개발총국, 합영투자위원회, 조선대풍국제투자그룹, 국가개발은

행 등을 설립하고 경제난 도래 이후 최초로 '국가경제개발 10개년 계획'[30]을 발표하는가 하면, 중국과 공동으로 나선, 황금평·위화도 특구 공동개발에 착수(2011년 6월)했었다. 그리고 과거 점 개방 수준의 외자관련법들을 국제규범들을 반영한 수준으로 제·개정해 김정은 시대 대외개방전략을 준비했다.

김정은 정권은 현재 김정일 시대와 차별화되는 개방전략을 나타내고 있는데, 그것은 크게 세 가지 측면에서 고찰할 수 있다. 첫째, 대내 부분 경제개혁과 동시 추진되며 개방이 향후 대내 부분 경제개혁에 영향을 미칠 가능성을 나타내고 있다는 점이다.[31] 앞의 절에서 살펴보았듯이, 김정은 정권의 '새로운 경제관리방법' 개혁조치는 7.1조치 이후 확장된 시장화 현상을 포섭하고 북한 경제 구조내 시장의 비가역성을 인정하고 있다. 김정은 정권이 2013년 5월 29일 발표한 「경제개발구법」은 북한 국내기업소의 경제개발구 참여를 허용하고 있으므로(제20조), 이는 기업소 경영자율권 부여조치에 자극을 줄 것으로 판단된다. 북한의 기업소·기관들이 지방정부와 함께 외국투자가를 유치하여 합영 혹은 합작방식으로 기업 활동을 할 수 있는 길을 열어놓음으로써(제26조), '새로운 경제관리방법'에서의 기업소 경영자율권 부여조치가 실질화 될 수 있도록 하고 있는 것이다.

그 다음 둘째, 경제특구가 선(線)개방으로 확대되는 개발구정책을 도입하고 있다는 점이다. 이제까지 북한의 경제특구는 변방의 한정된 지역을 대상으로 한 것이었다. 그러나 김정은 시대 「경제개발구법」에서는 경제특구를 지역을 특정하지 않고 "관리소속에 따라 지방급 경제개발구와 중앙급 경제개발구로 구분하여 관리하도록 한다"(제3조)의 규정에 따라, 사실상 중앙 혹은 지방정부의 필요에 의거 지역을 설정해 경제특구를 창설할 수 있도록 하고 있다. 김정은 제1위원장이 2013년 3월 당중앙 전원회의에서 "무역의 다각화·다양화를 실현하고...각 도

들에 자체의 실정에 맞는 경제개발구들을 내오고 특색있게 발전시켜
야 한다"라고 보고한 바 있는데, 이는 북한의 경제특구 정책이 북한
전 지역에 외자가 투자될 수 있는 제2단계로 진입하는 의미라고 평가
할 수 있다.[32]

셋째, 중국의 경제개발구 모델을 벤치마킹하여 특화된 단일 유형의
경제특구 개발방식을 도입, 북한이 처한 대내외적 여건에 맞는 실용
적·현실적 외자유치 방식을 모색하고 있다는 점이다. 북한은 인프라
가 열악하고 시장경제시스템 도입이 전면화되고 있지 않기 때문에 외
자기업이 진출하기 어려운 조건인데, 기존에 북한이 제시한 경제특구
들은 규모가 큰 종합형 특구로서 사실상 진출기업들이 인프라를 조성
하는 역할까지 해야 했다. 게다가 핵문제로 인한 국제사회의 경제제재
라는 대외환경 여건 때문에 대규모 투자 자체도 시행할 수 없다. 이에
김정은 정권은 이를 감안해 복합형 경제개발구외에 수출가공구, 공업
개발구, 관광개발구, 농업개발구, 첨단기술개발구 식으로 특화된 단일
형 경제개발구 방식의 소규모 경제특구들을 개발하려 하고 있다. 경제
개발구들의 규모는 평균 3.4㎢에 지나지 않은 소규모로서 북한은 각
개발구마다 대체로 평균 1억 달러 내외의 투자유치를 의도하고 있다.
또한 외국기업들의 단독투자도 가능케 하고 있다.

현재 김정은 정권은 지방급 개발구 13개, 중앙급 1개 등을 개설할
것을 최고인민회의 상임위원회 정령으로 발표(2013년 11월)하고 있는
데, 그 내용은 다음 〈표 5〉와 같다. 북한은 향후 중앙급 특구를 기존
4개를 포함해 총 14개로 확대할 것이라고 알려져 있는데, 이렇게 되면
북한의 경제특구는 총27개로 사실상 북한이 전 지역을 외국기업들에
개방하는 셈이 된다. 물론 북한이 중앙급 경제특구들을 이 숫자대로
개발할 수 있을지는 향후 북한의 법제도화 내용을 보며 판단할 필요
가 있을 것이다.[33]

〈표 5〉 김정은 정권의 경제개발구 종류 및 배치

구분	경제개발구 (4개)	공업개발구 (3개)	수출가공구 (2개)	농업개발구 (2개)	관광개발구 (2개)	첨단기술개발구 (1개)
지역	압록강(평북) •농업, 관광, 무역 •6.6㎢ •2억4천$	위원(자강도) •광물가공, 기계제작 •3㎢, 1.5억$	송림(황북) •수출가공업, 창고보관업 •2㎢, 8천만$	북청(함남) •과일종합가공업, 축산업 •3㎢, 1억$	신평(황북) •관광휴양, 체육 •1.7㎢ •9천만$	개성(황남) •중앙급특구 •고도과학기술개발구
	만포(자강도) •광물자원가공, 기계제작 •3㎢, 1.5억$	흥남(함남) •화학제품, 기계설비제작 •2㎢, 1억$	와우도(남포시) •수출 가공조립 •2㎢, 1억$	어랑(함북) •농축산, 연구개발기지 •4㎢, 7천만$	온성섬(함북) •골프장, 경마장, 휴양 •1.7㎢,9천만$	
	청진(함북) •금속가공, 기계제작 •5.4㎢, 2억$	현동(강원도) •정보산업, 경공업 •2㎢, 1억$				
	혜산(양강도) •수출가공, 관광, 무역 •2㎢, 1억$					

이러한 김정은 정권의 대외개방정책은 중국이 상하이 등 4대 특구를 넘어, 1984년 동부 연안 14개 도시로 경제기술개발구를 설치하는 선(線)개방으로 확장하고, 곧이어 1985년 주강·민강·장강 삼각주, 요동·산동반도 등 연해경제개방구 설치를 통해 면(面)개방을 해나간 과정과 유사한 것으로 평가해 볼 수 있다. 즉 만일 북한이 중앙급 경제특구를 14개로까지 확대해 나간다면, 중국의 1980년대 후반 경 면 개방 단계도 일부 벤치마킹한 것으로 볼 수 있는 것으로서, 김정일 정권의 이중전략이 이제야 1980년대 중국의 개혁·개방 단계에 어느 정도 접근하는 것으로 볼 수도 있을 것이다.

그러나 다음 〈표 6〉에서 보듯이 김정은 정권의 개방전략이 김정일 시대의 모기장식 개방전략을 탈피하고 있는 것은 맞지만, 실제로는 여전히 1980년대 중국의 선개방 단계와 비교해서 일정한 제약점이 있으며 현실 추진에 있어서 많은 문제점들이 있음을 주목해야 한다.

〈표 6〉 김정일과 김정은정권의 개방전략 비교

구 분	김정일시대 개방전략	김정은시대 개방전략
내부개혁조치	7·1경제관리개선조치	새로운 경제관리방법
개방 방식	점 개방	선 개방
대내경제와의 관계	국내산업, 기업과 분리 운영	국내기업 진출 허용 국내산업과 연계 가능
특구형태	종합형 특구(중앙급) *남한자본이 단독 투자하는 개성공업지구, 금강산관광특구는 단독형 특구	중앙급/지방급 특구로 이원화 특구의 다양화 -종합형특구, 복합형특구, 특화된 단일형 특구 등
특구개설기관	중앙지도기관	중앙지도기관, 도(직할시)인민위원회
특구개설지역	동서남북 변방	각 도·시, 내륙
특구의 지위	경제분야에서 특혜정책이 실시되는 특수경제지대(나선법)	경제활동에 특혜가 보장되는 특수경제지대(개발구법)
특구개발목적	한정지역의 경제개발과 외화획득	외화획득과 지방경제 개발 및 국내산업 회생

그것은 첫째, 김정은 정권이 외자유입의 대외적 환경조건을 고려하지 않은 채 동시 다발적으로 경제개발구 개설을 공표하고 있다는 점이다. 중국의 외자도입이 성공적일 수 있었던 것은 중국이 서방국가들과 관계개선을 하고 세계은행, IMF 등 국제금융기구부터 가입하여 외자의 투자 리스크를 제거해주었기 때문이다. 북한은 현재 국제사회의 금융제재로 외화결제조차 자유롭지 못한 현실이다. 북한은 외자가 BOT[34] 방식에 의한 경제개발을 해줄 것을 원하고 있지만, 이 또한 금융경제의 뒷받침이 있어야 가능한 개발방식이다. 물론 북한은 이러한 대외적 환경 제약조건 때문에 선택된 그리고 자본소요가 크지 않은 극히 일부 지역의 개발부터 추진하고 외자기업에 다양한 혜택을 제공

하려 하고 있어, 소수의 개발구가 추진되어 나갈 가능성은 있다고 할 수 있다.

둘째, 중국의 경제개발구정책이 성공할 수 있었던 것은 대만, 홍콩, 싱가포르 등 동남아 화교자본의 선도적 투자활동이 외자의 리스크를 감소시켜주었기 때문인데, 북한은 남한과의 벼랑 끝 대결관계를 우선 청산하지 못하고 있다는 점이다. 화교자본은 1990년대 중반 경에 이르기까지 중국 외자도입의 80% 내외 비중을 차지함으로써 서방자본들이 유입될 수 있는 투자환경을 조성해주었다. 북한이 남한 및 해외자본이 유입될 수 있는 환경을 조성하지 못하는 한, 김정은 정권의 경제개발구 정책은 대중국 경제협력에 초점을 맞춘 정책으로 될 수밖에 없다고 할 수 있다.35) 김정은 정권이 병진노선을 고수하여 대북제재가 유지되는 한, 북한의 외자유치정책은 국제자본을 활용하는 개발정책이라기보다는 중국 지방정부나 민간자본을 겨냥한 정책으로 한정될 수밖에 없다.36) 한편 이런 조건하에서 중국의 대북투자는 중국이 전략적으로 필요로 하는 일부 접경지역 인프라 연결 분야와 물류·관광·자원개발 등 수익성이 보장되는 분야·지역 위주로 소규모로 전개될 가능성이 높다.

따라서 이런 면에서 본다면, 중국의 경제개발구를 모방한 김정은 정권의 경제개발구 개설이 중국처럼 선 개방을 통한 경제개발의 본격화로 연결되어 나갈지는 예단하기 어렵다고 할 수 있다. 그러나 그렇다고 해서 김정은 정권의 개방정책을 지나치게 저평가해서도 안 된다고 본다. 김정은 정권의 이중전략은 김정은 정권의 그것을 계승하면서도 북한 경제체제 모순만큼의 변화의 확장성을 내포하고 있기 때문이다.

III. 맺음말

북한은 모든 사회주의국가들이 체제전환의 길로 가고 전 세계가 자본주의세계시장으로 단일화된 현실에서 북한체제가 유지되려면 개혁개방을 해야 하지만, 개혁개방의 도입은 체제미래에 불확실성을 초래할지도 모르는 패러독스에 갇혀 있다. 그 뿐만 아니라, 체제고립의 피포위 의식으로 인해 핵 및 대량살상무기 개발을 '북한식' 체제유지의 전제 조건으로 삼고 있다. 이 때문에 북한은 김일성시대 이래 북한 경제정책의 기조인 경제·군사 병진노선을 김정일 시대에는 '선군경제건설노선'으로, 김정은 시대에는 '경제-핵 병진노선'으로 계승해오고 있다. 그러나 계획경제시스템이 마비된 상황에서 병진노선은 부분 개혁과 개방으로 이어질 수밖에 없었다. 계획경제시스템의 작동에 애로가 있는 경제상황에서 병진노선은 비군사경제 부문에 대한 '배제전략'을 내포하고 있고, 비군사경제 부문의 자력갱생 논리에 의거한 '활성화전략'이 요구되므로 이중전략으로 전개될 수밖에 없다고 할 수 있다.

본 연구의 결과 김정은 정권은 김정일 시대를 계승하면서도 변화된 상황을 수용해 한층 업그레이드된 '혼합형' 이중전략을 추구하고 있음을 살펴볼 수 있었다. 그 이유는 김정일 정권이 추진한 이중정책의 한계 속에서 김정은 정권이 출범하였기 때문이다. 김정일 시대에 북한은 '북한식' 체제의 수성이 우선 목표였기 때문에, 국방공업 우선 발전정책을 내세우는 '선군경제발전노선'과 체제내적 개혁조치인 '7·1경제관리개선조치', 점(點)식 4대 특구정책 등 '분리형' 이중정책을 추구했었다. 그러나 이러한 '분리형' 이중전략은 당국으로 하여금 다시 전통적 경제정책으로 후퇴시키고, 경제제도와 경제현실간의 갭이 더욱 확대되는 북한경제체제의 모순만 강화시켰다. 김정일 정권이 목표로 삼았던 소위 '사회주의 강성대국" 건설전략이 절반의 실패로 끝나게 하고 말았다.

김정은 정권은 김정일 정권이 미완성으로 남긴 '북한식 사회주의'의 번영을 도모해야만 했다. 3대 세습체제의 정당성을 위해 더 이상 주민들에게 '자력갱생 간고분투'를 강조할 수도 없었다. 이에 김정은 정권은 핵능력 강화를 지향하는 '경제-핵 병진노선'이라는 새로운 병진노선을 내세우면서도, 한층 심화된 이중전략을 도모할 필요가 있었다. 김정일 시대보다 개혁성과 개방성이 보강된 이중전략을 추진해야만 북한경제체제의 모순이 해결되고, 경제개발이 가능함을 인식하고 있음을 살펴볼 수 있었다. 우선 김정은 정권은 2005년 중단 이후 다시 '우리식 경제관리방법의 완성'이라는 구호아래 농업·국영기업 부문 등에서 '새로운 경제관리방법'을 실험하고 있는데, 그 내용들을 분석한 결과 이미 북한 경제 내에 비가역적으로 존재하고 있는 시장의 존재를 부분 수용, 경제 단위들에 대한 자율성 부여와 인센티브 제고가 김정일 시대보다 강화되었음을 고찰할 수 있었다. 또한 김정은 정권은 2년차인 2013년 경제개발구법을 제정하고 총 14개의 경제개발구 개설을 선포하고 있는데, 이는 중국이 1980년대 중반 점에서 선(線)으로 연결되는 개방을 확대했던 조치와 유사한 내용임을 살펴볼 수 있었다. 한 마디로 김정은 정권은 이제야 1980년대 중반 경 중국이 취했던 쌍궤제 개혁과 유사한 이중전략을 시도하려 하고 있음을 고찰할 수 있었다.

그러나 김정은 정권에 있어서도 '북한식' 체제의 딜레마라는 패러독스가 여전히 상수적 변수이기 때문에, 중국과 비교해 볼 때 김정은 정권의 이중전략은 아직 일정한 제약점을 갖고 있음을 볼 수 있었다. 무엇보다 소유제의 다양성을 인정하였던 중국과 달리 김정은 정권은 여전히 사회주의 소유제도의 원칙 고수를 강조하고 있으며, 외자유입을 위한 대외환경 조성에 적극 나서고 있지 않다는 것이다. 따라서 김정은 정권이 추구하고 있는 이중전략은 자칫 이행기경제라는 북한경제의 성격을 더욱 강화함으로써 김정은 정권의 불확실성을 확대시킬 수

도 있을 것이다. 그렇지만, 다른 한편 북한이 의도하는 '북한식 변화'
의 길을 열어놓고 있음도 인식할 필요가 있다. 우리는 두 가지 방향성
모두에 대한 분석의 시각을 갖고 김정은 시대를 진단해야 하지 않나
생각된다. 어떠한 방향성이든 김정은 시대의 북한은 이미 탈냉전 이후
지난 20여 년간 부분개혁·개방의 나선형적 계단위에 서 있다고 할 수
있다.

제 5 장

북한 시장에도 인플레이션이 있을까:

김정은 시대 연구

김일한

Ⅰ. 머리말

사회주의 북한에 공식적인 시장이 등장한지 10년이 지났다. 1990년
대 고난의 행군을 거치고 허약해진 체력을 시장을 통해 회복하고자
했던 북한 당국의 의도는 성공을 거두었을까? 결론은 아직도 '성공 여
부를 판단하기 어렵다'가 될 것이다.

고난의 행군이후 북한 시장은 인플레이션이 지속되고 있고, 그 원인
을 추적하는 다양한 시각들이 제시되었다. 가장 근본적인 문제인 공급
부족이 근원임에 틀림이 없지만, 제도나 정책에 큰 변화가 없는 북한
경제시스템에서 2009년 이후 나타난 새로운 유형의 인플레이션을 설
명하기에는 여전히 근거가 부족해 보인다.

이 글은 북한 시장의 인플레이션 대응정책을 2009년 이전과 이후로
구분해 원인과 정책대안을 분석하고자 한다. 2009년 이전의 연구를 바
탕으로,[1] 이 글의 새로운 시사점은 2009년 이후 새롭게 등장한 북한
시장의 인플레이션을 설명하고, 그 원인을 국내뿐만 아니라 국제변수
에서 찾는 것이다. 여기서 주목할 부분은 2009년 단행된 화폐개혁인
데, 북한의 화폐개혁은 국내적 요인과 함께, 국제적 요인이 중요한 계

기가 되었다는 점이다. 대표적인 국제적 요인은 단연 2008년 발생한 미국발 국제금융위기였다. 금융위기와 그 해결책으로 제시된 양적완화 정책과 달러 인플레이션[2]은 단기간에 대규모 외화(Bulk Cash)를 확보 하기 어려운 국가들에게는 치명적인 영향을 미쳤다. 경제제재를 받고 있는 북한은 가장 대표적인 국가 중의 하나였다. 북한 시장이 국제 원 자재 시장의 영향을 강하게 받고 있다는 사실은 이미 새로운 사실이 아니다. 따라서 국제 금융위기에 따른 외환시장의 교란현상은 북한경 제 전반에 심각한 영향을 미칠 수밖에 없었고, 시장 역시 외화부족이 라는 직격탄을 맞았다. 북한 당국의 외화확보정책과 맞물린 민간의 외 화 사용금지정책과 화폐개혁이 단행된 것이다.[3]

2009년 이후 외화부족 문제를 해결하기 위한 북한 당국의 정책은 적극적인 대외무역을 통한 상품수지 개선과 함께 서비스수지 및 소득 수지 등 외화수입을 극대화할 수 있는 외화수입확대정책이었다.

이 글의 구성은 북한의 2009년 화폐개혁 이전과 이후의 시장과 가 격정책의 변화를 살펴본다. 또한 화폐개혁 이후 즉, 2009년 이후 새로 운 양상을 보이고 있는 시장의 인플레이션 현상의 원인과 북한 당국 의 대응방식을 분석 평가하는 방식으로 짜여져 있다.

II. 화폐개혁 이전 북한의 가격과 시장안정화정책

1. 화폐개혁 이전 북한의 가격정책

화폐개혁 이전 시기 북한의 시장가격정책은 드라마틱한 과정을 거 치면서 실패와 성공을 거듭했다. 종합시장이 도입되었으며, 그 시장에 적합한 가격제정원리가 새롭게 마련되었고, 시장에서 거래되는 상품의 가격결정에 대한 기준이 설정되었다.

2002년 7·1조치 전후 북한 당국은 시장가격을 결정하는 데 3가지 사항을 고려했음을 공개적으로 밝히고 있다. 원가를 반영하고, 시장의 수요와 공급을 고려하며, 국제시장가격과 환율시세를 반영하는 것이었다.[4]

이중에서 가장 인상적인 가격정책은 변동가격제도에 기초한 '한도가격'[5] 제도일 것이다. 국제 시장가격과 북한 시장가격과는 매우 강한 상관관계를 보이는데, 이는 국가 배급체계 내의 전략물자에 대해 설정되는 국정(계획)가격, 시장의 주체들이 자율적으로 설정하는 시장과의 사이에 '한도가격'이 존재하기 때문이다.

〈표 1〉 북한의 가격형태와 가격관리체계

가격형태	가격최종결정권	가격동향	제정원리	계획화 정도
국정가격	국가가격제정국	고정가격	원가	계획가격
한도(최고)가격	가격제정국+ 관할 인민위원회	변동가격	원가+수요·공급 (+환율변화)	행정지도가격
시장가격	시장	자유가격	수요·공급	합의·경쟁가격

출처: 김일한, 2011, p. 80.

북한 당국은 한도(최고)가격에 대해 "시장에서 상품은 판매자와 구매자 사이에 합의하여 팔고 사며 중요지표의 상품[6]들은 한도가격을 정하고 그 범위 안에서 팔고 사야한다. 한도가격은 국제 시장가격과 환율시세를 고려하며 시장에서 가격조절의 기초로 되고 있는 쌀, 먹는 기름, 사탕가루, 맛내기 등 중요지표에 대해서만 해당 시, 군 인민위원회가 책임지고 자체 실정에 맞게 수시로 정한다"고 규정한다.[7] 한도가격은 기존의 국정(계획)가격과 시장가격의 역할을 보완하기 위해 도입된 행정지도하의 변동가격인 것이다.

변동가격제도의 도입과 함께 시장의 가격안정화를 위한 당국 차원의 조치들이 뒤를 이었다. 고정가격제도에 익숙한 사회에서 시장이 도입되었고, 더불어 초과수요가 상존하는 상황에서 가격을 시장에만 맡겨 둘 수는 없었기 때문이다.

2. 화폐개혁 이전 북한의 시장안정화정책

〈그림 1〉 북한의 시장안정화 조치 및 정책수단

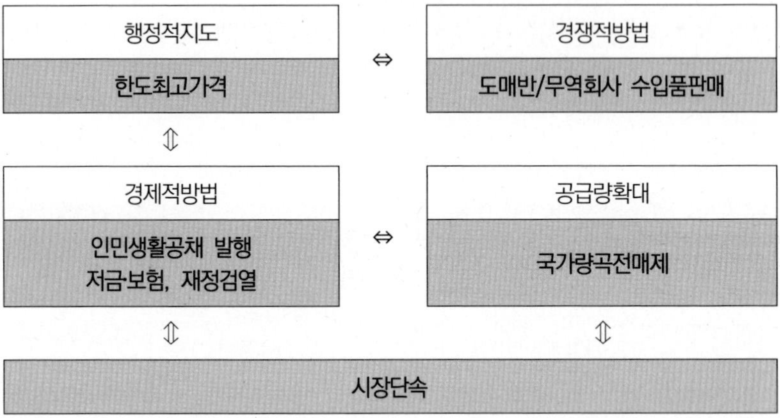

행정적지도		경쟁적방법
한도최고가격	⇔	도매반/무역회사 수입품판매

경제적방법		공급량확대
인민생활공채 발행 저금보험, 재정검열	⇔	국가량곡전매제

시장단속

자료: 김일한, 2011, p. 88.

화폐개혁 이전 북한 당국은 새로운 가격정책과 함께 시장 가격을 안정시키기 위해 다섯 가지 정책을 도입했다. 첫째, 가장 대표적인 정책으로 북한 당국의 행정지도를 통해 상품가격의 폭등을 제한하는 '한도(최고)가격' 제도의 활용이었다. 둘째, 소위 '경제적 방법'으로 중앙은행이나 재정기관을 통해 화폐유통량을 조절하기 위해 '저축·보험'의 유도와 국가기관 및 공장·기업소에 대해 '재정검열'을 강화하는 방법이 동원되었다. 셋째, 상품공급량을 늘이고 시장과 가격경쟁을 유도하기 위해 국영 도매반(소)을 설치하고 무역회사의 수입상품 판매와 국영상점운영을 허용했다. 넷째, 국가배급체계를 통해 곡물공급량을 늘일 목적으로 양곡전매제를 시도했다. 시장 안정화를 위해 행정적, 경쟁적 정책수단의 기능과 함께 마지막으로, 시장의 무질서와 맹목성이 국가의 허용범위를 넘을 경우 직접 시장을 단속했다.

북한의 대표적인 시장안정화정책은 한도(최고)가격이라고 할 수 있다. 북한 시장에서 상품 가격은 수요와 공급에 의해 결정되지만 또 한편으로는 가격에 대해 일정한 통제(가격의 상한선 설정)가 이루어졌다. 한도가격의 작동 메커니즘을 살펴보자. 가격제정 당국이 시장의 수급상태를 고려해서 가격을 제정·고시, 시장에 가격정보를 전달한다. 시장 수급상황이 맞지 않으면 국제시장의 가격 변동정보가 시장과 가격결정 당국에 영향을 미친다. 당국은 다시 변동된 한도가격을 시장에 전달한다.

시장에서 한도가격을 어겼을 경우 시장에서 장사자격을 박탈하거나, 물가가 급격하게 상승할 경우 시장을 단속하는 등 다양한 행정제재가 가해졌다.[8] 제재와 더불어 시장의 수급상황과 국가의 정책적 가격수준을 고려해 한도가격을 주기적 혹은 비주기적으로 변경[9]했다. 가격의 개정과 관련해서 북한 당국은 "가격을 개정해야할 현실적요구가 제기되였음에도 불구하고 시간을 끌면서 제때에 개정하지 않으면 가격의 현실성이 상실될뿐아니라 가격차이를 리용하는 여러 가지 비사회주의적현상이 조장되여 경제관리를 개선하고 인민생활을 향상시키는데 부정적영향"[10]을 줄 수 있음을 인식하고 있었던 것이다.[11]

경제적 방법, 즉 저금, 보험, 공채, 재정검열 등의 정책은 한도가격과 함께 대표적인 인플레이션 억제정책이라고 할 수 있다. 중앙은행 및 재정기관이 직접 나서서 '원의 구매력'을 높이고 지역시장의 '현금량 침전'[12]을 막기 위한 정책이었다.

〈그림 2〉 북한 시장의 한도가격 제정 체계

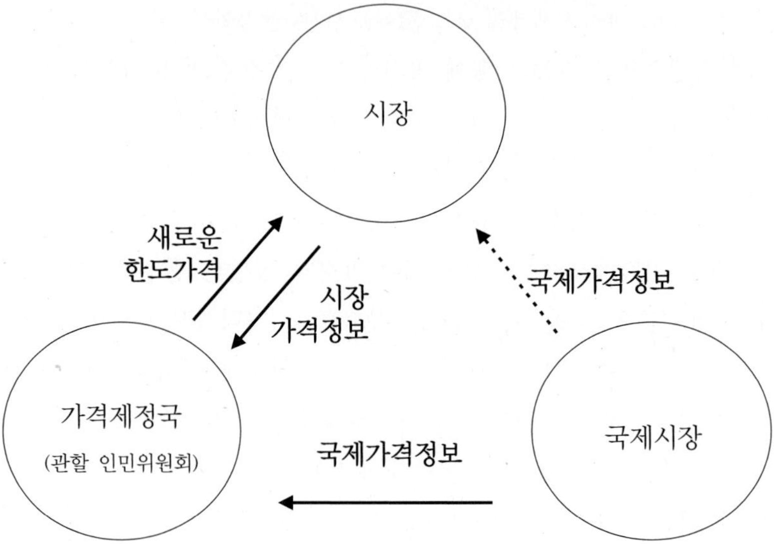

자료: 김일한, 2011, p. 92.

중앙은행기관들은 재정기관, 시장관리기관들과 합심하여 경제적
방법으로 시장가격에 대한 직접적 작용을 가하여야 한다… 여러 가
지 수단과 방법을 다 동원해서 지역시장 상태에 대한 일상적인 작용
을 강화해나가는 것은 화폐류통의 안정성을 보장하는데… 현시기 절
박한 과제로 나선다.13)

상품공급을 위한 정책으로 도매반(소) 설치와 무역회사의 수입상품
판매 허가를 들 수 있다. 2004년 북한 당국은 시장내에 국영 도매반을
설치했다. 생산과 유통, 판매를 일체화시켜 국영 도매반이 직접 상품을
판매할 경우 유통비용, 시장사용료 등을 절감하고, 시장에서 한도가격
범위내에서 상품을 판매함으로써 소매상인들과의 경쟁을 통한 가격인
하 효과를 목적으로 추진되었다. 「조선신보」는 이를 '통제'가 아니라 '선
택'으로 가격을 조정하는 방법이라고 부른다.14) 즉 행정적 통제방식이

아니라 경쟁적 방식으로 가격을 잡겠다는 의도가 담겨 있다는 것이다.

상품공급을 늘이는 또 다른 정책으로 무역회사가 수입상품을 판매[15]는 방식을 도입했다. 내각지시 24호(2003.5.5)는 "무역성, 상업성, 도 인민위원회와 해당기관들은 지금 운영을 제대로 못하고 있는 국영상점들을 임시로 상품보장을 담보할 수 있는 무역회사들에 넘겨주어 운영"할 것을 지시했다. 물론 7·1 조치 이전에도 무역회사가 수입상품을 국내시장에 판매하는 경우가 있었지만 당시는 불법이었다. '시장의 상점화[16]를 실현하고 '시장가격안정을 보장하기 위한 적극적인 조치'[17]가 필요했기 때문이다. 수입품의 판매가 가능한 무역회사들은 국내상점을 운영하기도 하고, 시장이나 도매상에 수입품을 판매하는 과정에서 가격은 가격제정위원회의 관리, 감독을 받았다.

북한 당국은 2005년 10월 '국가량곡전매제'를 통해 곡물의 시장 반출 가능성을 없앰으로써 물가상승을 억제하고 배급을 정상화하기 위한 조치를 취했다. 내각결정 "조선로동당 창건 60돐을 맞으며 인민들에게 식량공급을 정상화할데 대하여"(2005.8.20)의 핵심내용은 2002년 책정된 40원/kg의 수매가격을 180원/kg으로 인상한 것으로, 협동농장은 물론 텃밭 등 개인 경작지나 공장·기업소의 부업지에서 생산된 곡물 전량을 국가가 전매하는 방식이었다.[18]

가격안정을 위해 수요·공급측면의 다양한 정책수단을 동원했음에도 불구하고 시장가격의 불안정성은 계속되었다. 북한 당국이 행정적, 경쟁적 정책과 함께 사용한 방법은 2007년 하반기부터 전면적으로 시작된 시장단속이었다.[19] 2006~2007년 2년 연속 홍수 발생, 핵실험에 따른 국제사회의 지원축소 등이 이어지면서 북한 시장에서 쌀 가격을 중심으로 상품가격이 급등하기 시작했다. 더불어 2007년 하반기부터 국제시장에서 곡물가격이 급등하면서 시장가격에 심각한 영향을 미쳤다. 정부 당국의 한도가격이 시장에 전달되었지만 쌀 가격은 전 고점을 넘나들며 사회적 위기를 조장했다. 시장단속은 2007년 이전에도 불규칙적으로 진행된 현상이지만, 2007년 말부터 진행된 시장단속은 매우 전면적이고 과격한 수준으로 진행되었다. 북한 당국은 물가상승의 주범으로 시장에서 발생하는 '폭리현상'을 지목하고 대대적인 단속을 시작했다. 2007년 10월 중앙당 차원에서 주민들을 대상으로 종합시장의 문제점과 앞으로의 통제방향에 대한 사상 교양사업이 전개되었다. 당시 군중강연자료에 따르면 "국가규정에 따라 시장에서는 한도가격대로만 팔게 되어있고 … 군품, 전략물자, 생산수단 등 60여종의 상품들은 팔지 못하게 되어있"는데 '수단과 방법을 가리지 않고 폭리'를 취하려는 상행위가 나타났다는 것이다.[20]

이상 다섯 가지의 시장안정화 조치는 공급부족과 초과수요가 상존하는 북한 경제상황에도 불구하고 일정한 성공을 거둔 것으로 평가할 수 있다. 2007년 하반기부터 시작된 국제시장의 기록적인 곡물가격 상승에도 불구하고 국제시장 수준을 넘어서지 않는 관리와 통제가 가능했던 것이다.

〈그림 3〉 국제 쌀 가격과 북한 시장 쌀 가격의 상관관계(2002~2009)[21]

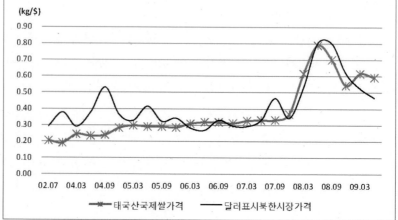

태국산국제쌀가격   달러표시북한시장가격

III. 화폐개혁 이후 북한의 시장가격정책

1. 인플레이션에 대처하는 북한의 가격정책

그 깊이와 양상이 지속적으로 심화되고 있는 북한시장의 인플레이션 현상은 어제 오늘의 일이 아니다. 그동안 북한 당국은 시장가격을 통제하기 위해 다양한 조치들을 동원했지만, 그 결과는 '제한적 성공'과 '근본적 실패'에 봉착했다. 2009년 화폐개혁이 인플레이션을 통제하기 위한 정책이라면, 그 결과 역시 실패로 규정지어야 할 것이다.

이러한 상황에서 화폐개혁 이후 북한의 가격정책 기조는 매우 제한적이지만 변화조짐을 드러내고 있다. 먼저 눈에 띄는 정책은 '가격조절자금'이다. 두광익은 "소비품의 가격은 수요와 공급의 영향을 많이 받는만큼 수요공급관계의 변동에 따라 하나하나 가격조절을 해나가는 것이 합리적"이라는 전제하에서 가격개정이 필요한 경우, "개정된 상품가격으로 모든 근로자들이 소비품을 공급받을수 있는 상품적담보를 마련하여야 하며 생활비와 화폐유통, 국가예산과의 호상관계 등을 충분히 타산한 기초위에서 진행"할 것을 강조하고 있다. 여기서 "상품적담보"란 화폐를 의미한다. 가격이 개정되면 그만큼의 화폐가 필요하고, 생활비를 인상하거나, 화폐유통량을 늘이거나, 국가예산을 동원할 수 있음을 밝히고 있는 것이다. '가격조절자금'은 "상품적담보"를 마련하는 구체적인 방법인 셈이다.

> **가격조절자금**(강조, 필자)을 마련하는것은 가격조절을 현실성있게 할수 있는 중요한 조건이다. 가격조절자금을 조성하여야 인민생활의 안정을 보장할수 있는 필수소비품의 가격수준을 안정시킬수 있고 국가에서 상품가격공간을 통하여 가격의 심한 파동을 막을수 있으며 시장에서 자연발생적으로 형성되는 가격을 의식적으로 조정해 나갈

수 있다. 가격조절자금은 국가예산에서 지출되는 자금의 일부를 조절자금으로 리용하도록 할수 있지만 수요와 공급에 따라 가격을 능동적으로 조절하여야 할 현실적조건에서는 수요와 공급에 따르는 **가격편차수입**(강조, 필자)으로 조성할수 있다.

여기서 '가격편차수입'은 "필수소비품가격을 제외하고 사치품이나 기호품, 일부 공급량이 제한된 고급양복천 같은것은 수요를 조절하기 위하여 값을 높이 정할수 있으며 이와 관련하여 일정한 가격편차수입이 생기게 된다. 이러한 가격편차수입을 원천으로 하여 가격조절자금으로 쓸 수 있다"는 것이다.[22] 즉, 가격조절자금은 사치품이나 기호품을 비싼 가격에 판매해서 민간에 풀린 화폐를 거둬들이는 통화조절효과, 가격편차수입으로 상품의 공급량을 늘려 가격을 조절하는 보조금효과, 생활비를 직접 인상하는 재정확대효과 등 경제적 효과를 유인할 수 있는 수단이 될 수 있다.

그러나 가격조절자금의 역할과 효율성에도 불구하고 동원할 수 있는 규모가 제한적이라는 문제가 있다. 따라서 보다 근원적인 처방에 주목할 필요가 있다. 즉 상품공급량의 확대를 위한 재원의 확보이다.

따라서 인민생활향상을 위해 국가 재정의 확대를 주문하는 강철수의 글은 주목할 만하다.[23] 강철수는 인민생활향상을 위해 농업부문에 대한 우선적인 투자와 투자재원의 확보 방법을 '자원개발'에서 찾고 있다.

만일 자금적담보가 없이 인민생활향상과 관련된 경제부문들에 대한 국가적투자를 일면적으로 늘이는 경우에는 나라의 전반적인 화폐류통에 부정적인 영향을 미칠뿐아니라 근로자들의 화폐수입과 실질소득과의 불일치를 조성하여 오히려 인민생활에 저해를 주는 엄중한 후과를 초래하게 된다.

따라서 인민생활향상에 필요한 자금을 충분히 마련하기 위해서는 "무

진장한 지하자원을 적극 개발하여 긴장한 자금수요를 보장"해야 한다
는 것이다.

무엇보다도 뚜렷한 변화는 '시장단속'이다. 화폐개혁 직후 잠시 시장
을 폐쇄한 이후 북한 당국이 공식적으로 시장을 단속했다는 정보는
찾아볼 수 없다. 상품가격이 수입가격에 의존하는 상황에서 시장단속
은 무의미하고, 시장을 단속했을 경우 시장의 순기능인 상품공급기능
만 위축시키는 결과를 가져올 가능성이 높기 때문이다.

시장단속 정책과는 달리 한도가격은 화폐개혁 이전과 다름없이 지
속적으로 시행되고 있는 것으로 보인다. 북한 당국은 2010년 2월 각지
의 시장입구에 포고문을 붙여 100가지 상품에 대해 국정가격(한도가
격)보다 비싸게 판매할 경우 국가가 물건을 모두 몰수한다고 경고한
것으로 알려진다.[24]

2. 화폐개혁 이후 인플레이션 심화현상과 원인

〈그림 4〉 국제 쌀 가격과 북한 시장 쌀 가격의 상관관계(2010~2013.04)

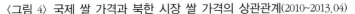
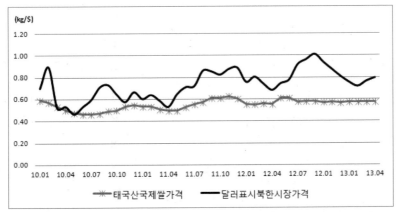

출처: 국제가격(태국산): www.fao.or.kr; 북한시장 쌀 가격·북한 원/달러 환율: 좋
   은벗들, 데일리NK 등

〈그림 5〉과 〈그림 6〉는 화폐개혁 이전과 이후의 북한 시장가격 변화를 보여주고 있다. 화폐개혁이전 북한시장가격은 비교적 안정적으로 국제시장가격과의 동반현상을 보이고 있지만, 화폐개혁 이후에는 뚜렷한 괴리현상을 나타내고 있다.

〈그림 5〉 화폐개혁 이전과 이후 쌀 가격 괴리 양상

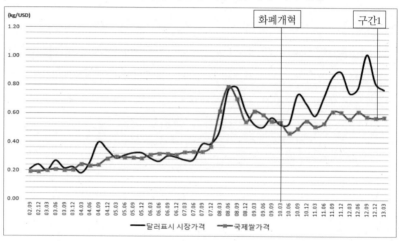

〈그림 6〉 원/달러 환율과 시장 가격 추이

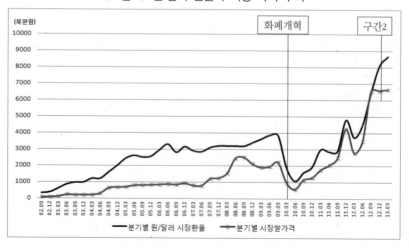

화폐개혁 이후 북한의 시장가격은 환율과의 상관관계가 더욱 강해졌고, 시장가격과 국제시장가격과의 괴리현상은 더욱 심화되었다. 화폐개혁 이후 환율과 가격의 동조현상이 강화되면서 〈그림 6〉의 '구간2' 지점은 환율과 가격이 일치하는 현상을 보여주고 있다. 화폐개혁 이전 시기의 환율이 일정한 거리를 두고 가격을 견인하던 양상과는 확연히 다른 모습을 보여주고 있는 것이다.

환율과 가격이 동조화 현상을 보이면서, 시장가격이 국제시장가격을 웃도는 급격한 물가상승으로 이어지고 있다. 원/달러 환율이 급격히 상승하면서 물가상승을 이끌고 있는 것이다. 환율이 상승하면 수입물가가 올라가고, 물가상승으로 이어지는 현상은 자연스럽다. 그럼에도 불구하고 화폐개혁 이전과 이후의 양상이 확연히 구분되는 상황을 설명하기에는 역부족이다.

> 화폐류통의 공고성은 … 류통계에서 류통되는 상품량이 늘어나지 않고서는 원의 구매력을 해당한 수준에서 유지할수 없다. 류통계에 공급되는 상품총량은 그 가격수준에 변동이 없는 한 원의 구매력수준을 보장하는 물질적기초로 된다.[25]

북한 당국의 인플레이션에 대한 인식은 상품의 공급에서 시작된다. 일반적인 논의이기는 하지만 북한 당국도 인플레이션에 대해 적지 않은 관심을 두고 있는 것이다. 달러가 화폐이기도 하지만, 시장에서 거래되는 상품이기도 하다는 점을 염두에 두고 북한 시장의 인플레이션에 대한 논의를 따라가 볼 필요가 있다.

화폐개혁[26] 이후 북한의 환율·물가가 상승하는 요인에 대해서는 크게 환율불안설과 공급부족설, 통화공급확대설로 나뉘어 있다. 먼저 환율불안설에 따른 논의는 ① 북한 원화가치에 대한 불신 → 외화수요 급증 → 환율 상승 → 물가상승, ② 다양한 정치적 요인(강성대국

건설자금 등)에 의한 외화수요 급증 → 환율상승 → 물가상승 등으로 설명하고 있다.[27] 반면 공급부족설들은, ③ 김정은 정권 구축을 위한 사회기강 강화, 검열바람, 시장통제, 무역검열 및 무역일꾼들의 교체 등의 영향 → 공급부족 → 물가상승, ④ 시장정보가 주어지지 않는 상황에서 국가의 시도 때도 없는 각종의 조치들에 민감하게 반응하는 북한 시장내 투기세력들의 '사재기' 및 '투기' 현상의 만연 → 공급부족 → 물가상승으로 이어진다는 것이다.[28] 더불어 통화공급확대설은 재정지출 수요 증대 → 통화공급 확대 → 물가상승으로 설명하고 있다. 환율과 물가상승의 주요원인으로 통화증발, 즉 원화의 통화량 증대에서 원인을 찾는 것이다.[29]

인플레이션이 발생하는 단순 원리는 초과수요에 있다. 화폐개혁이후의 지속적인 환율 상승 즉, 외화에 대한 초과수요는 화폐개혁 이전보다 시장에서 외화를 구하기 어려워졌기 때문이다. 물론 초과수요 이외에 다른 외부 변수들이 없을 경우 말이다. 여기서 외부 변수라 함은 ① 북한 경제가 전반적으로 급격히 나빠지거나, ② 이전시기에 비해 시장에 상품공급이 줄어들거나, ③ 시장에 유입되는 상품의 가격이 급격히 상승하거나, ④ 외화사용을 금지하는 등의 요인에 의한 외화공급량이 축소되는 경우가 해당될 것이다.

환율불안설과 공급부족설, 또는 통화공급확대설로 설명되지 않는 부분은 없을까? 주목할 부분은 2007년부터 지속되고 있는 국제곡물가격상승과 2008년 국제 금융위기에 따른 수입물가 상승효과이다. 수입물가(곡물)상승 → 물가(시장곡물가격)상승 → 환율상승에 따른 수입량축소로 이어지는 순환고리이다. 수입물가 상승을 주목해야 하는 이유는 2007년 에그플레이션에 이어 2008년 미국발 금융위기와 달러의 양적완화에 따른 달러 인플레이션 효과가 심각하게 나타났기 때문이다. 특히 2008년 미국의 달러증발에 따른 국제 원자재 가격상승, 즉 국제곡물·금·원유가격의 폭등은 달러 보유량이 적은 국가에는 매우 심각한 양상으로 나타날 수밖에 없다. 국가차원의 외화가 부족한 상황에서 국내시장에서 유통되는 외화량은 더욱 감소할 수밖에 없기 때문이다.

〈그림 7〉 국제 원자재 가격지수

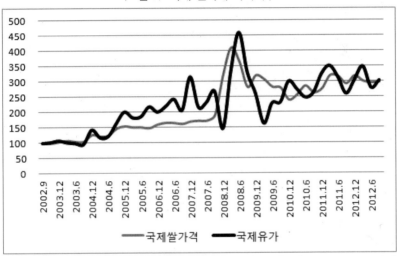

출처: 국제 쌀 가격 www.fao.or.kr 태국시장 수출가격; 국제유가 www.itstat.go.kr 미국 서부 텍사스산 중질유(WTI)
주: 2002년 9월 가격 100 기준

북한 시장의 인플레이션 현상은 환율불안설과 공급부족설, 또는 통화공급확대설의 복합적 결과임을 부인할 증거는 없지만, 2009년 이후 북한의 환율연동 인플레이션 현상은 외부적 요인도 중요한 원인을 제공한 것으로 평가할 수 있다. 즉 달러유동성 확대[30)]에 따른 국제 원자재 가격 상승 → 수입물가 압력이 북한과 같은 외화보유 능력이 취약한 국가에는 더욱 심각한 영향을 끼친 것이다. 북한 당국 역시 국제적 원자재 가격 상승에서 비롯된 물가상승 효과를 지적하고 있다.

원유가격상승에 의한 인플레의 강화는 또한 사회경제생활을 무질
서와 혼란에 빠뜨리게 하고있다. 인플레가 강화되고 화폐가치가 끊
임없이 떨어지고 있는 조건에서 투기와 매점행위가 퍼지게 된다.[31]

북한 시장에서 거래되는 가장 주요한 품목인 곡물의 경우, 시장가격
이 수입가격을 기준으로 설정됨으로써 수입가격이 상승하면 시장가격
은 당연히 영향을 받을 수밖에 없다. 국제시장가격이 고공행진을 거듭
하고 있는 상황에서 국제곡물 시장가격 인상 → 수입 곡물가격 인상
→ 시장 곡물가격 상승 고리가 형성된 것이다. 거기에 더해 북한 당국
차원의 외화수급정책이 맞물리면서 시장에서 외화유통량이 감소했기
때문이다.[32]

<그림 8> 북한의 중국 쌀(HS코드: 1006) 연평균 수입가격

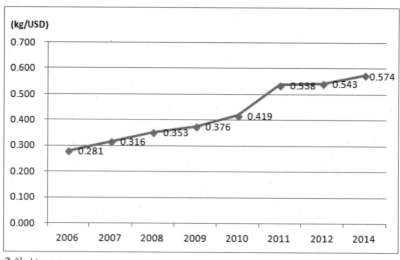

출처: kita.net

수입물가 상승에 따른 국내 시장 인플레이션 효과를 보여주는 사례는
북중무역에서도 나타난다. 북한이 중국에서 수입하던 연평균 쌀(HS코드:

1006) 가격이 2000~2005년 kg당 평균 0.216달러에서 2007년 0.3달러를 넘어서 최근 0.6달러에 육박하고 있는 상황이다. 2007년에 비해 약 2.5 배가 상승한 가격으로 쌀을 수입하고 있는 것이다.

3. 외화획득정책

2008년 이후 급격하게 확대된 달러 인플레이션 현상은 북한 경제에 심각한 영향을 미쳤을 가능성이 높다. 기존의 외화수급 시스템을 통해 획득할 수 있는 상황을 넘어서는 국제적인 달러 인플레이션에 대처하기 위한 새로운 대응방법이 필요했다.

> 경제강국건설의 현실적 요구에 맞게 나라의 대외경제사업을 더욱 확대 발전시켜 나가는 것은 올해 내각 앞에 나서는 중요한 과업의 하나 … 무역활동을 다양화 다각화하며 경제합영합작과 경제기술협조사업을 확대 발전시켜 나가도록 할 것. (최고인민회의 제11기 제6차, 2008.4.9. 김영일 내각총리)

달러 획득을 위해 국가차원에서 가장 먼저 접근할 수 있는 방법은 무역수지를 개선하는 것이다. 즉 상품수지를 개선함으로써 외화유출을 막는 것이다. 상품수지의 개선과 더불어 서비스수지(관광수입 등), 소득수지(노동력 수출 등) 등 기존의 외화 수입원을 강화하거나 새로운 수입원을 개발하는 것이다. 2007년 이전까지 북한의 무역 및 외화정책이 상품수입을 위한 외화획득이라는 보수적인 기조를 유지했다면,[33] 2008년 이후에는 무역확대를 통한 무역수지 개선 및 공급확대라는 적극적인 방향으로 선회한 것이다.

2008년 이후 북한은 전례 없이 급속하게 무역규모를 늘여왔고, 최근 6년 동안 무역총액은 약 2배 가까이 증가했다. 2008년부터 2013년까지

6년 동안 북한의 대외무역에서 나타난 특징은 크게 두 가지로 요약할 수 있다.

첫째, 북한은 국가차원의 외화 획득이 어느 때보다도 절실한 시기였다. 국제 금융위기의 여파로 발생한 원자재 가격상승 압박은 수입물가 상승압력으로 이어졌다. 만성적 외화부족에 시달리는 북한으로서는 '제2의 고난의 행군'시기를 맞을 지도 모른다는 위기의식이 작동했을 가능성이 매우 높다. 북한 당국이 직면한 최대의 경제위기 앞에서 돌파구는 역시 무역을 확대함으로써 부족한 외화를 획득하는 것이었다. 1994년 고난의 행군기를 돌파하기 위한 '혁명적 경제전략'이 '수출 증가'를 통해 '더 많은 외화' 즉 '뭉테기외화'[34]를 벌기 위한 무역제일주의였다면, 2008년 국제금융위기라는 대외경제 환경의 거친 파도를 헤쳐갈 방법 또한 '수출액을 결정적으로 장성'시키는 무역확대정책이었던 것이다.

"미제의 봉쇄책동"이라는 "불리한 조건을 뚫고" "무역기관들의 활동을 적극화하여 나라의 대외교역량을 결정적으로 늘임"[35]으로써 "긴장한 외화문제"를 풀고 "소비품생산에 필요한 원료, 자재들과 다른 나라에서 사다" 씀으로써 "인민생활향상에서 최대한으로 실리를 보장"[36]할 수 있고, "외화관리사업을 개선"[37]할 수 있다는 것이다. 결국 "경제강국을 건설하는데 필요한 물자와 자금을 제때에 정확히 보장하는것은 그 성과를 좌우하는 문제"이며, '여기서 중요한 역할을 하는것이 바로 대외무역'이라는 것이다.[38]

2013년 4월 1일 개최된 북한 최고인민회의 제12기 제7차 회의에서는 "수출 증대를 통한 인민생활향상에 필요자금 보장"을 주문함으로써 대외무역 확대가 인민생활향상, 즉 상품공급확대 뿐만 아니라 시장의 물가불안을 잡으려는 의도를 확실히 하고 있다.

〈표 2〉 최고인민회의 보고문 내용

2008	대외경제사업을 더욱 확대·발전시켜 … 무역활동을 다양화·다각화하며 경제 합영·합작과 경제기술협조사업을 확대·발전시켜 나가도록 할 것.	제11기 제6차, 2008.4.9
2009	무역확대를 적극 확대·발전시키고 다른 나라들과의 경제 및 과학기술 교류를 폭넓게 전개.	제12기 제1차, 2009.4.9
2010	2차, 3차 가공품과 완제품 수출 비중을 높이는 원칙에서 무역을 확대·발전시키며 대외경제기술협조사업을 대담하고 통이 크게 벌여 나갈 것.	제12기 제2차, 2010.4.9
2011	내각은 무역을 다양화·다각화하여 수출액을 결정적으로 장성시킬 것	제12기 제4차, 2011.4.7
2012	수출품 생산기지를 전망성 있게 꾸리고 경제무역지대개발과 합영·합작을 활발히 전개하여 다른 나라들과의 경제·기술협조사업을 더욱 강화해 나갈 것.	제12기 제5차, 2012.4.13
2013	2차, 3차가공품, 완제품 생산 수출기지 조성. 수출품의 품종과 질을 높이고 무역활동의 다양화, 다각화 실현. 합영, 합작을 적극 장려하고 경제개발구 창설사업 추진.	제12기 제7차, 2013.4.1

둘째, '2012년 강성대국의 대문'을 열어야 한다는 강박과 함께 새로운 지도부의 능력을 또한 인민들에게 보여줘야 하는 절박함 때문이었다. 강성대국 선언과는 달리 인민생활향상이라는 절박한 과제가 새로운 지도부의 발목을 잡아 왔다. 또한 최근 발생한 장성택 숙청사건이후 김정은 정권의 최우선 과제가 인민의 먹거리와 살림살이 개선으로 모아지는 것은 당연한 결과로 평가할 수 있다.

북한의 대외무역은 2008년부터 2012년까지 무역총액이 38억 달러에서 68억 달러로 증가했다. 5년 동안 무려 79%가 증가한 것이다. 여기서 주목할 부분은 무역총액에서 차지하는 무역수지 실제 개선효과이다. 연도별 무역수지 개선효과는 기준년도 대비 증감률로 단순 비교할 수 있지만, 중요한 것은 기준년도 대비 늘어나는 무역총액 대비 수지개선 효과에 주목할 필요가 있다. 다시 말해서 무역총액이 늘어나는데

무역수지가 개선되는 시너지효과가 발생했는가 하는 점이다. 무역총액
은 줄어들면서 수지만 개선된다면 무역을 통해서 기대할 수 있는 국
내 경제성장효과는 매우 제한적이기 때문이다.[39]

〈표 3〉 북한의 대외무역 추이

(단위: 백만 USD)

	2002	2003	2004	2005	2006	2007	2008	2009	2010	2011	2012
수출	735	777	1,020	998	947	918	1,130	1,063	1,513	2,789	2,880
수입	1,525	1,614	1,837	2,003	2,049	2,022	2,686	2,351	2,660	3,567	3,931
총액	2,260	2,391	2,857	3,002	2,996	2,941	3,816	2,314	4,174	6,357	6,811
수지	-790	-837	-817	-1,005	-1,102	-1,104	-1,556	-1,288	-1,147	-778	-1,051

자료: KOTRA; 남북교역액은 제외.

무역(상품)수지는 총액기준으로 2008년 -15억 5천만 달러에서 2012년
-10억 5천만 달러로 32.5% 개선되었다. 그 과정에서 2008년 40.8%,
2009년 55.7%[40]의 기록적인 무역적자를 기록했지만, 2010년 이후 적자
폭을 줄여, 2011년에는 12.2%로 최저점을 경신했다. 더욱 주목할 부분
은 무역총액이 2008년 38억 달러에서 2012년 68억 달러로 1.79배 증가
했음에도 불구하고 연도별 무역수지는 오히려 2008년 40.8%에서 2012
년에는 15.4%로 적자폭을 25.3%로 대폭 개선했다는 점이다.[41] 또한
2013년 북중 교역액은 65억 4천만 달러로 전년대비 17.2% 증가했고,
무역수지는 25% 개선된 7억 2천만 달러로 집계되었다.[42] 결론적으로
북한의 무역확대정책은 외화수급 효과 및 상당한 수준의 상품수지 개
선효과를 거두고 있는 것으로 보인다.

상품수지 개선과 함께 북한 당국이 주목하고 있는 부분은 서비스
수지와 소득수지 개선으로 보인다. 서비스수지는 주로 관광문화상품을
통해, 소득수지는 주로 노동력 수출을 통해 거둬들이는 외화획득 통로
이다.[43]

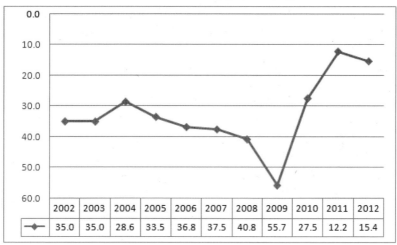

〈그림 9〉 북한의 무역(상품)수지 개선율

	2002	2003	2004	2005	2006	2007	2008	2009	2010	2011	2012
	35.0	35.0	28.6	33.5	36.8	37.5	40.8	55.7	27.5	12.2	15.4

자료: KOTRA; 남북교역액은 제외.

북한 당국은 기존의 평양, 묘향산, 백두산을 포함해 금강산, 라선 등 지역관광과 함께 아리랑공연 등 문화상품이 새로운 관광 상품으로 등장했다. 북한이 자랑하는 관광 상품에 대한 외국 관광객의 접근성을 높이기 위한 조치 중에서 대표적인 사례는 직항노선을 신설하는 것이었다. 2008년 9월 중국 정부가 북한을 해외 여행지로 공식 지정하면서 2011년 7월 평양-시안, 평양-상하이 직항노선 개설 및 평양-선양 고려항공 직항노선 증편, 2012년에도 하얼빈과 다롄에서 금강산을 연결하는 직항로, 2013년 4월 평양-난징 직항노선이 임시 개설되었고, 평양-연길 사이 관광 전세기 운항이 재개된 것으로 알려진다. 2008년 이전까지 북한과 중국을 잇는 공식항로는 북경과 선양 단 두 곳 뿐 이었다. 또한 2011년 8월부터 평양-쿠알라룸푸르 직항 전세기 노선이 개설되었고, 2013년 2월 금강산 크루즈 관광을 위해 싱가포르 유람선인 황성호가 도입되었다. 또한 창춘-블라디보스톡 라선 및 금강산입국 관광객에게는 무비자입국을 허용하기도 했다.[44]

관광 상품도 다양해졌다. 중국 요녕성은 1988년 북한 관광을 시작한 이래로 단동에서 기차나 버스를 이용해 신의주, 평양, 금강산을 왕래하는 관광코스를 운영하고 있고, 길림성에서는 2011년 중국, 러시아, 북한 3국을 연결하는 북한 변경여행 노선이 10여 개에 달하는 것으로 알려지고 있다. 또한 북한 당국은 2011년 이래 여러 차례 여행 노선을 비준하면서 교통편을 개선한 것으로 알려진다. 2011년 10월 도문-칠보산 전용열차 개통, 2012년 10월 단동의 기차, 대련의 항공노선을 증편했고, 지난 60년 동안 주4회 격일로 단동-평양간 기차가 2013년 1월 1일부터 증편되어 매일 왕복 1회 운영을 시작했다. 그 결과, 신의주를 방문한 중국 관광객은 2010년 2만여 명에서 2011년에는 3만 5천명으로 증가했다. 2012년에는 북한을 방문한 중국 관광객이 6~7만 명으로 알려지고 있다.[45]

북한 노동력 수출을 통한 소득수지 개선 효과 역시 외화획득 창구로 주목할 만하다. 북중 접경지역인 도문, 훈춘 등 의류 임가공 공장, 건설현장 등에 북한 노동자들이 조직적으로 파견되고 있다는 사실은 이미 알려진 사실이다. 통계마다 차이는 있지만, 2012년 현재 해외에서 일하는 북한 노동자 규모는 최저 4만 여명[46]에서 최고 8만 여명[47]으로 알려지고 있다.

중국 국가여행국의 통계를 보면 2009년 상반기와 2010년 상반기에는 5만 명 수준이던 중국 방문 북한 주민이 2011년 상반기에는 6만 7,900여 명, 2012년 상반기에는 8만 8,800여 명으로 급증했고, 개성공단이 중단된 2013년 상반기에는 중국을 찾는 북한 주민이 10만여 명에 육박하는 것으로 나타났다.[48] 주목할 부분은 주로 중국을 중심으로 노동력이 파견되고 있으며, 최근 들어 북한 노동자 파견규모 및 속도가 매우 가파르게 상승하고 있다는 점이다. 2012년 9월 북한 량강도 김정숙군과 길림성 장백현 사이에 자매우호결연을 체결하고 변경무역,

관광자원 개발, 노동자 파견 등 합작사업에 합의[49]한 것으로 알려지고 있다. 북중 접경지 지방정부간의 경제협력사업이 본격화되고 있는 것이다. 이러한 추세는 북한 접경지역인 동북3성, 요녕성, 길림성, 흑룡강성의 경제성장 속도와 함께 저임금 고숙련 노동력의 부족에 따른 북한 노동력 흡수현상에서 비롯된 것으로 보인다. 또한 임가공 노동자 파견과 함께 컴퓨터 프로그래머와 같은 기술인력 파견에 따른 외화수입도 지속적으로 늘어날 가능성이 높다.

Ⅳ. 맺음말

화폐개혁 이전과 이후의 인플레이션 양상은 매우 다르다. 화폐개혁 이전의 인플레이션은 부족한 상품공급량에도 불구하고 국가정책을 통해 일정한 수준의 관리가 가능했다면, 화폐개혁 이후에는 오히려 관리수준을 넘어서는 불안정성을 나타내고 있다.

이 글은 2009년 이후 김정은 정권의 출범과 함께 북한의 시장에서 발생한 새로운 유형의 인플레이션 현상이 기존 학계의 논의 구조인 환율불안설과 공급부족설, 또는 통화공급확대설에 더해 2008년 미국발 금융위기 이후 달러의 양적완화정책에 따른 달러 인플레이션이 중요한 역할을 하고 있음을 증명하고자 했다. 다시 말해서 국제시장에서 곡물, 원유, 금 등 원자재 가격이 폭등했고, 그 원인중의 하나로 지목된 달러 인플레이션은 개발도상국이나 경제적 약소국들에는 심각한 경제문제를 발생시켰다. 특히 경제제재를 받고 있는 북한의 경우 2008년 금융위기 이전시기에 비해 '상대적'으로 외화부족에 시달릴 수밖에 없으며, 외화부족 현상은 북한 시장에서는 과거와는 다른 양상의 인플레이션 현상을 발생시킨 것이다.

2008년 미국발 금융위기는 북한의 대외경제정책에 많은 변화를 몰고 왔다. 2009년 이전에는 외화를 기본적인 무역수단으로서의 역할과 함께 시장에서 교환의 매개수단으로 활용하는 제한적인 외화정책이었다면, 2009년 이후에는 달러 인플레이션에 따라 급등하고 있는 원자재의 수급을 위해 경화확보에 사활을 걸고 있는 것이다. 이러한 외화 부족현상을 타개하기 위해 북한 당국은 적극적인 무역확대정책으로 맞대응하고 있다. 직접적으로 외화수입 확대와 간접적으로 무역수지 개선을 통한 상품공급의 확대를 꾀하고 있는 것이다. 무역확대정책의 결과 2008년 대비 2012년의 무역액은 38억 달러에서 68억 달러로 79% 급증했고, 무역수지는 2008년 40.7%에서 2012년에는 15.4%로 적자폭을 25.3% 개선했다. 또한 관광 및 문화상품 개발을 통한 서비스수지 개선, 노동력 수출을 통한 소득수지 개선 노력이 눈에 띄게 강화되었다.

또한 인플레이션 관리를 위해 기존의 정책수단과 함께 '가격조절자금'이라는 새로운 제도가 등장했다. 2013년 12월 현재 북한의 무역액은 기존의 기록을 경신하고 있고, '고난의 행군' 이후 처음으로 곡물생산량이 500만 톤을 넘어섰다. 또한 2013년 하반기에 접어들면서 시장 곡물가격에서 비롯된 인플레이션 현상도 현저히 개선되었다.[50]

그럼에도 불구하고 이 글은 많은 한계를 내포하고 있다. 먼저, 북한 시장에서 외화의 역할을 평가하기 위해서는 그 규모와 수급 동향을 통계와 자료에 기초해서 정량 분석이 이루어져야 하지만, 통계자료 부족의 취약성을 넘지 못하고 있다. 둘째, 국가차원에서 관리되는 외화와 민간이 보유하고 있는 외화의 규모나 상호관계를 명확하게 설명하지 못하고 있다. 또한 국가의 통제를 벗어난 주목할 만한 수준의 외화(Bulk Cash)를 민간이 보유하고 있다면 그것이 국가경제 및 시장에 미치는 영향의 정도에 대한 궁금증 역시 해소하지 못하고 있다. 이러한 한계들은 후속 연구과제의 중요한 부분이 될 것이다.

제 6 장

김정은 시대 북한 주민의 일과 의식*

김화순

I. 김정은 시대 북한 주민들은 배급 없이 어떻게 살고 있나

생계(生計)를 유지하기 위하여 보수를 받으면서 일정 기간 동안 계속하여 종사하는 것을 가리켜 일반적으로 직업(vocation, occupation, job)이라고 한다. 직업이 '직업'으로 성립하기 위해서는 '노동의 대가성(compensation, 代價性)'이 따라야 한다. 노동자가 일터에 나가서 일을 하면 그 대가로 보수를 받게 된다는 뜻이다. 그런데, 오늘날 북한사회에서는 1990년대의 경제위기 이후 현재에 이르기까지 이러한 상식을 뒤엎는 상황이 연출되고 있다.[1] 북한의 일터에서 일하는 노동자와 농민 등 권력을 갖지 못한 거의 모든 사람들이 생계유지에 필요한 배급을 받지 못하지만 그들은 일터에 계속 출근하고 있다. 어떻게 이런 일이 일어날 수 있을까?

지난 20여 년간 북한사회는 계획경제의 와해와 장기간에 걸친 공장 가동율 저하, 비공식경제부문의 대두와 발전, 특히 배급제도의 유명무실화와 같은 여러 가지 가시적인 변화를 겪어왔다.[2] 1990년대를 기점으로 북한사회는 국가가 운영하는 경제부문의 공장가동률이 30% 미만으로 떨어졌으며 시장을 중심으로 하는 경제활동이 활성화되었으며,[3] 2000년대 이후에는 조중 접경지역을 중심으로 북한주민의 입출입량이 늘어나고 변방무역이 성행하는 등 변화가 뚜렷하다.[4] 북한의 경제위기 이후 비공식부문이 대두하면서[5], 인맥과 연줄 등을 매개로 한 북한사회의 계층분화 현상이 더욱 뚜렷해지고 있다.

그럼에도 불구하고 북한사회의 공식직장들은 외견상 평온한 일상적 질서를 유지하는 것처럼 보인다. 국가는 인민에게 일자리를 제공하는 척하고 인민은 일하는 척하며, 노동의 대가인 배급은 간헐적으로 주어지는 가운데, 북한주민 각자의 생계를 비공식경제부문에의 참여를 통해 해결하는 북한 직업세계의 기형적 구조는 근 20여년 동안 놀라운 생존력을 가지고 지속되어왔다. 무엇보다 북한의 직업세계를 들여다 볼 때 가장 기이(奇異)하게 생각되는 일은 노동의 대가없이 근 이십년째 출근을 하고 있는 무급노동자들의 존재일 것이다. 배급제도가 와해된 상황 속에서도 공적영역에서 북한주민의 직업생활이 나름대로의 질서를 유지되고 있는 이유는 무엇인가? 최근 북한의 시장연구 [6]가 활발하게 이루어졌지만, 북한의 직업생활이 어떻게 이루어지고 있는지에 대해 직업생활의 메카니즘은 분명하게 밝혀지지 않았다.

우리의 시각에서 북한사회를 바라볼 때, 제일 먼저 떠오르는 상상은 공장이 멈추고 국가가 배급을 주지 않는다면 당연히 북한의 노동자들은 출근하지 않고 먹을 것을 구해 동분서주(東奔西走)할 것이라는 생각이다. 20여 년 동안 배급을 주지 않는데 누가 그 일터에서 남아 일할 수 있을 것인가? 아마도 공장에는 한 명의 노동자도 남아 있지 않을 것이고, 거의 모든 사람들은 일거리를 구해 장마당에서 일하거나 일거리가 있는 중국 등 국외로 나갈 것이라고 누구나 쉽게 예상할 수 있다. 물론 북한에서도 공장에서 노동자들이 직장을 이탈하여 식량을 구하러 다니는 상황이 연출되지 않았던 바는 아니다. 특히 90년대 중반의 식량난 사태 때 이와 같은 상황이 곳곳에서 속출했다. 교사나 의사 같은 전문직을 비롯하여 모든 종류의 노동자들이 먹을 것을 구해 자신의 직장을 비우고 식량을 구하러 시골로 가는 일들이 속출하였다. 그런 과정에서 탈북자들이 발생하여 한 때 탈북자 수가 10만에 달하였고 2014년 현재까지 누적인원 2만 6천명이 한국으로 오게 되었다.

북한의 노동 상황과 직업세계는 상당한 타격을 받았음에도 불구하고 지금 대다수의 북한주민들은 직장을 중심으로 직업생활을 그런대로 유지하고 있는 것으로 보인다. 북한의 주민들은 배급 없이 어떻게 살아가며, 왜 출근하는 것일까? 얼마나 되는 사람들이 계속 출근하고 있으며, 그들을 그렇게 하도록 만드는 동인은 무엇이며 어떤 구조 하에서 북한의 노동체제는 돌아가고 있는 것일까?

본 글은 이러한 질문들을 가지고 김정은 시대의 북한 직업세계가 어떻게 작동하고 있으며 사람들은 어떤 방법으로 소득을 얻고 무슨 생각을 하는지 기술하고자 한다. 공식과 비공식부문이 묘한 균형과 긴장 속에서 나름대로의 질서를 유지하면서 작동되고 있으며, 북한의 노동 상황은 경제위기 이후 공식부문과 비공식부문이 중첩된 가운데 공식/비공식 일(formal/informal work)이 종횡으로 어지럽게 얽혀 있다.[7] 이 글에서는 우선 김정은 시대를 살아가는 북한주민들이 체험하고 있는 직업세계의 현황과 실태를 살펴보고 난 후에 북한주민들이 종사하는 일들을 유형화하고,[8] 각 일자리유형이 각각 어떻게 생계를 유지하고 있는지를 독자들에게 설명하고자 한다. 이를 통해 북한 직업사회가 어떻게 유지될 수 있었으며 왜 주민들의 무대가성(無代價性) 출근이 계속되었는지 그 이유가 설명될 것이다.

이 글은 2010-2011년 사이에 북한을 탈북한 탈북주민 35명을 대상으로 인터뷰한 결과를 분석하여 쓰여졌다.

II. 북한의 직업세계와 일 유형(work type)

1. 공식/비공식 일자리의 개념

비공식부문의 대두와 그 속에서 생겨나는 다양한 공식/비공식일자리가 병존(竝存)하는 현상은 비단 북한사회만의 전유물(專有物)만은 아니다. 세계 각국에서는 다양한 형태의 비공식일자리가 생겨나고 있는데 '비공식일자리(Informal employment)'란 개념은 제도의 보호를 받지 못하는 광범위한 노동시장의 사각 지대를 분석하기 위해 최근에 논의되기 시작한 개념이다.

이 글에서는 공식부문과 비공식부문이 혼재한 북한의 직업세계를 분석하기 위해 ILO에서 정의한 공식/비공식 일자리 개념의 틀을 사용한다(〈그림 1〉 참조).

〈그림 1〉 ILO에서 정한 공식/비공식 일자리의 개념적 틀9)

생산단위에 의한 유형	고용의 지위에 의한 직업								
	자영주 own-account worker		고용주 employer		가족근로 종사자	고용인 employee		생산조합의 구성원들	
	비공식	공식	비공식	공식	비공식	비공식	공식	비공식	공식
공식 영역 기업			15	14	1	2	13		
비공식 영역 기업	3	11	4	12	5	6	7	8	
가족	9					10			

* 비공식일자리(Informal employment): 셀 1, 2, 3, 4, 5, 6 그리고 8, 9, 10까지(하얀색)
* 비공식 기업부문에서의 고용(employment in the informal sector): 셀 3,4,5,6,7,8
* 비공식 영역 밖에 존재하는 비공식일자리(informal employment outside the informal sector): 셀 1, 2, 9, 10
출처: International Labor Officer(2003), Seventeenth International Conference of Labor Statisticians Report of the Conference (Geneva, 11. 24)

2. 북한의 일 유형(work type)

식량난 이후 북한에서는 비공식부문(informal sector)이 대두하기 시작하였는데, 시장화시기 국가 정책에 따라 북한의 '시장활동 영역'은 좁아지기도 하고 넓어지기도 하였다. 이제까지 국가가 공식적으로 제공한 일자리에서 일하는 일자리 13유형만이 있었는데, 다른 유형의 일자리들이 생겨나게 된다.

원래 북한사회는 국가가 모든 주민들을 고용하는 형태이다. 그러나 시장이 확대되면서 국가는 공식부문 뿐 아니라 비공식부문에서도 인민들에게 공식일자리를 제공하게 된 것이다. 이를테면 군 외화벌이처럼 국가기관들이 주는 공식일 직함을 가지고 비공식부문에서 해외무역이나 시장활동을 통해 돈벌이를 하는 직업인들이다. 국가 공식부문에서 일하는 직업인이 일자리 13유형에 속한다면, 국가의 비공식부문에서 일하는 직업인들은 일자리 7유형에 속한다(〈그림 2〉 참조). 그 외에도 북한 주민들은 국가 공식부문 외에 새로이 생겨난 시장활동 영역의 합법적 불법적 공간을 중심으로 경제활동을 하면서 비공식 자영주(일자리 3), 비공식 고용주(일자리 4), 비공식 가족근로자(일자리 5), 비공식 고용인(일자리 6)으로 일하는 사람들이 생기게 되었다. 또, 국가가 제공하는 공식직업에 속하지만 실제 생계는 비공식영역에서 일하는 수입으로 살아가는 다수의 이중일 종사자들(both formal and informal workers)이 생겨나게 된다(일자리 13+3, 13+4, 13+5, 13+6).

〈그림 2〉 북한주민의 공식/비공식 일자리 유형의 틀

생산단위에 의한 유형	고용의 지위에 의한 직업				
	민간= 고용인 / 시장활동영역				국가=고용인
	자영주 own-account worker	고용주 (employer)	가족근로 종사자 contributing family workers	고용인 employee	고용인 employee
공식부문					13
비공식부문	33	4	5	6	7
공식+비공식부문	13+3	13+4	13+5	13+6	

셀 13: 공식부문 국가기업에 취업한 공식일자리 고용인→ 일자리유형 13
셀 7: 비공식부문 국가기업에 취업한 공식일자리 고용인→ 일자리유형 7
셀 3: 비공식부문 민간기업에 종사하는 비공식일자리 자영주→일자리유형 3
셀 4: 비공식부문 민간기업에 종사하는 비공식일자리 고용주→일자리유형 4
셀 5: 비공식부문 기업에 종사하는 가족근로 종사자→일자리유형 5
셀 6: 비공식부문 기업에 종사하는 비공식일자리 고용인→일자리유형 6

　　김정은 시대가 개막한 2010년 이후 탈북한 북한주민의 사례분석결과도 이러한 추론을 뒷받침하고 있다(아래 〈표 1〉 참조). 비공식부문에서 민간 사업자들이 음성적으로 존재하는데, 이들은 비공식 자영주(일자리 3유형, own-account worker) 혹은 고용주(employer)나 가족근로종사자(일자리 5유형, contributing family workers), 일당노동자 형태의고용인(employee)로 일하고 있었다. 무엇보다 특이한 현상은 공식부문과 비공식부문 양쪽에서 일하는 이중직업자들이 다수 발견되었다는점이다. 이들은 공식적인 직업을 가지고 있지만 실제의 소득은 비공식일을 통해 벌어들인다.

〈표 1〉 2010년 이후 탈북한 북한주민의 사례분석결과

고용	경제부문			
	공식부문	비공식부문		
공식일유형 /11명	일자리 13유형, 9명	일자리 7유형, 2명		
	교사, 특수기관 직원 호위총국출신 군인 직맹위원장, 제대군인 기업소 소방대원 간호사 ,행정일꾼	외화벌이, 편의사업소 이발사		
비공식일유형 /9명		비공식일 유형(3, 4, 5, 6)		
		자영주(3유형)	고용주 4유형	가족근로자 5유형	고용인 6유형
		되거리 상인 음식매대상인, 미싱사중국 밀무역자, 장마당 상인, 휘발유장사, 중기장사	없음	중기장사	없음
이중일유형 /15명	공식직업을 가진 자영주(13+3 유형)			
	교사+사진사, 교사+과외, 공장 8.3 노동자+마약상, 노동자+장사, 인민위직원+되거리꾼, 여맹위원장+장사, 재제사업소+소토지경작, 인민위+사냥꾼. 공장 노동자+소토지경작, 노동자+장사, 노동자+고기장사			
	공식직업을 가진 고용주(13+4 유형)			
	없음			
	공장간부+음식점, 연구소+장사			
	공식직업을 가진 가족근로자(13+5 유형)			
	공장노동자+송금브로커, 간호사+장사			
	공식직업을 가진 고용인			
	없음			

물론 북한 뿐 아니라 다른 나라들도 공식과 비공식부문이 병존하고 있다. 그러나 북한 직업세계의 특수성을 이해하기 위해서는 이중직업자들 즉 공식부문과 비공식부문에서 두 가지 일을 병행하거나 혹은 공식직업의 외피 속에 숨은 채 비공식일을 통해 음성적 수입을 벌고 있

는 북한주민들의 특수한 상황에 대해 보다 세심한 주의를 기울이는 것
이 필요하다. 공식부문과 비공식부문에 양다리를 걸친 채 존재하는 이
중일 종사자들은 현재 북한이 처한 현재 상황의 딜레마를 보여준다.

이중일 유형 종사자들을 고용지위에 따라 세분화하면, 공식부문 국가
기업체의 고용인(employee)이자 비공식부문의 자영주(own-account worker)
로서 두 가지 일을 병행하는 사람(일자리 13+3유형). 공식부문 국가기
업체의 고용인(employee)이자 비공식부문의 고용주(employer)로서 두
가지 일을 병행하는 사람(imformal sector/employer, 일자리 13+4유형),
공식부문 국가기업체의 고용인이자 비공식부문의 가족근로자(imformal
sector/contributing family worker, 일자리 13+5유형)인 사람, 공식부문 국
가기업체의 고용인이자 때로 비공식부문에서 일당노동자로 남에게 고
용되어 일하는 사람(imformal sector/employee, 일자리 13+6유형)으로 나
뉘어질 것으로 예상되었다. 그러나 35명의 사례를 분석한 결과, 공식일
자리에 적을 둔 채 비공식부문에서 고용주로 일하는 일자리 4유형(비
공식부문 고용주, employer)와 일자리 6유형(비공식부문 고용인, employee)
으로 일하는 사례는 발견되지 않았다.

비공식부문에는 고용주가 왜 없는 것일까? 그것은 북한사회가 비공
식부문에서 다른 사람을 고용하여 사업을 벌이는 사업을 하려면 외적
으로는 다른 공식직업 직함을 가질 때 가능하기 때문일 것이다. 예를 들
어 어떤 30대 남성이 시내에서 큰 음식점을 경영하였다고 하자. 음식
점 경영이 실질적인 직업이지만, 그의 공식직함은 공장 간부이다. 그는
자신이 소속했던 공장에 매달 3만원의 돈을 납부하는 8.3 노동자이기
도 하다. 그는 많은 돈을 버는 식당을 경영했는데 정기적으로 공장의
간부들이나 당간부들에게 음식을 무료로 접대하여 뒷탈을 예방하였다.

또, 본 조사에서 비공식부문에서 남에게 고용되어 일하는 일당노동
자 사례가 발견되지 않은 이유는 그 같은 사례가 흔치 않기 때문일

것이다. 비록 35명의 사례 중에는 없었지만 일당노동자들이 많다는 여러 자료들이 있고, 다른 연구결과들을 볼 때 이번 사례 연구에서 없다고 해서, 이들의 존재가 북한사회에 없다고 단정지을 수는 없을 것이다.

Ⅲ. 북한 주민들의 생계유지 전략: 각 일 유형 종사자들은 어떻게 소득을 얻고 있는가?

북한주민들이 개인별로 생계유지를 하는 방식이 모두 다르지만, 각 일유형들이 소득을 얻는 방식에는 어느 정도의 공통성이 있다. 이 절에서는 북한주민들의 소득을 얻는 방식을 생계유지 전략을 중심으로 살펴보기로 한다.

1. 13유형 종사자가 사는 법: 행정일꾼

공식부문(formal sector)에서 일하는 공식일(formal employment)에 종사하는 사람들의 구체적인 직업은 무엇인가? 교사, 안보관련 직원, 자재관리지도원, 직맹위원장, 군인, 소방대, 행정일꾼 등이다. 이들의 주소득원은 "직업직위를 활용한 대가성 부수입"(부패형 뇌물, 생계형 뇌물, 직위를 이용한 부수입)이 가장 많았으며, 타가구원 수입의존) 월급여 등 다양한 방법으로 소득을 얻고 있었다. 그런데 흥미로운 사실은 13유형 내에서 소득 편차가 크다는 사실이다. 즉, 뇌물이 들어오는 직업은 소득이 높았다. 예컨대 당간부, 법간부는 소득이 높아 북한주민들은 이들 직업들을 최고의 직업으로 여기고 있었다.

<표 2> 공식일자리 13유형 사례분석

분류	사례조사 결과		학력	탈북동기
전체	사례	직업		
공식부문 공식일 종사자 일자리 13유형 (9명)	2(20대, 여)	교사	대졸	직장 내 문제
	12(50대, 남)	안보관련기관 직원	고등중졸	더 나은 기회
	21(60대, 남)	장교출신 자재관리 지도원	고등중졸	탄압
	23(40대, 남)	직맹위원장	고등중졸	가족
	28(20대, 남)	제대군인	고등중졸	-
	29(30대, 남)	소방대	고등중졸	경제적 어려움
	34(40대, 여)	교사	대졸	더 나은 기회
	35(40대, 남)	행정일꾼	대졸	체제불만
비공식부문 공식일 종사자 일자리 7유형 (2명)	15(50대, 남)	외화벌이	대졸	탄압
	24(40대, 여)	이발사	고등중졸	경제적 어려움
합계 11명	11			

<표 3> 공식일자리 13유형의 소득원

사례	월급여	본인의 시장활동	소토지 경작 현물	친척	직위를 활용한 부수입	가구원 소득
2(고등중학교 교사)						●
12(안보관련 기관)	●					○
21(자재관리)					●	
23(직맹위원장)					○	●
28(군인)	●					
29(소방대)					●	
33(간호사)						●
34(교사)					●	
35(행정일꾼)					●	
계 9명						

공식 직장에 하루종일 메여 시장활동에 종사할 시간이 없고 돈벌기에 힘든 직업은 인기가 없다. 예를 들어 교사직은 애들 교육에 하루종일 메이기에 돈벌이 할 시간이 적다. 그래서 교사직의 인기는 갈수록 하락하고 있으며, 심지어는 일반노동자보다 못한 직업이 되었다.[10] 공식 직업을 가진 사례 9명 중 두 명의 여교사(사례 2, 사례 34)를 제외하고는 전부 남성들이다.

공식부문에서 일하는 이들 직업인들의 주 소득원[11]은 세 가지였다. 배급을 주 소득원으로 하는 사람들이고, 뇌물을 주 소득원으로 하는 사람들, 세 번째는 다른 가구원의 수입에 의존하는 사람들이 있었다.

첫 번째 유형은 배급을 통해 생계를 해결하는 사람들이다. 사례 12 (안보 관련기관 직원)와 사례 29(군인)이다. 안보와 관련된 특수직업 종사자는 직장에서 현물을 지속적으로 받거나, 소속 직장에서 식사를 해서 생계를 해결하였다. 안보관련 기관에서 직원으로 근무한 사례 12의 말에 의하면 고난의 행군 시에도 그 기관 직원들은 하루도 빠짐없이 배급을 받았다고 한다. 안보기관종사자들에게는 시장가격이 아니라 국정가격으로 식품이나 물건을 구입할 수 있도록 국가에서 보장해주었기 때문에 이처럼 배급만으로 먹고 사는 것이 가능하다.

> 사례 14: 국정가격이라는 게 시장가격의 수 십분의 일에 불과하니까. 그러니까 월급을 한 3,000원 받아도 그걸로 먹고 사는 데에는 지장이 없죠. 예를 들어 계란을 하나 산다고 하자. 계란 하나를 15전에 살 수 있어요.

두 번째 유형은 직업직위를 이용하여 소득을 얻는 유형이다. 이른바 권력형 뇌물형이다. 권력 있는 부서의 당 간부였던 사례 35는 비법(非法)적인 일을 해결해주는 대가로 평균 1년에 1만 5,000달러에서 2만달러 사이의 소득을 올렸다고 한다. 예를 들어 4인 가족이 평양에 거

주할 수 있도록 일처리를 해주면, 뇌물로 통상 8,000달러 정도를 받는
다. 물론 뇌물로 받은 돈이 전부 사례 35의 수입이 되는 것은 아니다.
본인이 챙기는 돈은 8,000달러 중 3,000달러 정도이며 나머지 5,000달
러는 위로 상납하게 된다. 이와 같이 뇌물은 권력 있는 관료들의 고정
적인 주 소득원이 되며, 평양의 간부들 사이에서는 자식교육과 노후
대비를 위해서는 좋은 자리에 있을 때, 30만 달러 정도는 마련해야 한
다는 말이 있을 정도이다(사례 35).

그러나 이처럼 '직위를 활용하여 부수입을 챙기는 뇌물현상'은 비단
고위관직들의 권력형 뇌물형에 국한되는 것은 아니며, '생계형 뇌물'은
북한사회 어디나 실핏줄처럼 퍼져있는 일상이다. 조그마한 권한이더라
도 생계를 유지하는데 매우 유용하다. 사례 29는 보안서 소속으로 1급
기업소의 화재를 진압하는 소방대원으로 근무했다. 사례 29는 2010년
을 기준으로 옥수수를 한 달에 5일분 혹은 10일분, 15일 정도를 기업
소에서 받았는데, 이는 소속기업소의 노동자들이 받는 배급량보다 적
은 량이었다. 소방대원들은 화재진압이 주된 업무였지만 야간에 순찰
을 돌면서 회사의 오일을 외부로 빼돌리는 비법 활동을 단속할 수 있
는 권한도 있었다. 사례 29는 노동자들이 공장의 오일을 외부로 빼돌
리는 현장을 단속하여 눈감아주고 오일 값의 30-50%를 자신이 떼는
방식으로 수입을 얻었다. 이와 같은 '장물을 단속한 후 눈감아주는 대
가로 나누어 먹는' 행위는 소방대원들에게 보편화된 생계유지방식이지
만, 가끔씩 신소(伸訴)가 제기되는 경우도 없지 않다.

> 사례 29: '비법 해라'라는 말은 노골적으로 말 못해요. 우리 소방대
> 총화시간이라던가 누가 제기되면 터놓고 말하거든요. "해먹으려면
> 똑바로 해먹어라." 왜 제기되냐고. 제기되지 말고, 해먹을 건 하고.

심지어 교사나 공장의 노동자들까지 자신의 직업 직위를 활용해서

소득을 올리고 있었다. 사례 34(교사)의 주 소득원은 학부모들의 후원
금이었다. 학생 25명을 맡아 소조활동을 지도하고, 학생 일인당 2-3kg
의 옥수수를 학부모로부터 받았다. 자재관리 지도원의 경우, 자재를
구입하면서 일부를 자신의 소득으로 하였다(사례 23).[12] 인민위원회의
경우에도, 간부대열에 서면 부수입이 생길 가능성이 생기지만 모든 간
부들에게 부수입이 보장되는 것은 아니다.[13] 거꾸로 간부들에게는 8.3
노동자로 일하는 것이 허용되지 않기에 간부직으로 인해 생계의 어려
움이 더욱 커지기도 한다. 그래서 인민위원회에서는 이들 간부들의 생
계유지를 위해 간부 부인에게는 장터에서 좋은 자리를 얻도록 힘을
써주기도 하고, 그래도 생활이 어려운 간부는 농촌지도단으로 검열을
보내 별도의 부수입을 올릴 기회를 마련해 준다(사례 14).

 셋째, 13유형이라고 다 부수입이 생기는 권한을 갖는 것이 아니다.
권력이나 작은 직업권한마저도 없는 이들은 타 가구원의 수입을 주
소득원으로 한다. 사례 2(교원)와 사례 23(직맹위원장), 사례 33(간호
원)이 이들이다. 전문학교 교원인 20대 초반의 사례 2와 20대초반의
사례 33(간호원)은 부모에게 생계를 의존하였는데, 사례 2의 부모 역
시 부부교사로서 소토지를 경작하여 생계를 꾸려갔다. 사례 23은 직맹
위원장으로 산하에 75명의 직맹원이 있었는데, 자신의 휘하에 있는
8.3 노동자들에게 매달 1만원-1만 5천원을 받아 그중 일부를 떼어 자
신의 수입으로 하였다. 그러나, 직맹위원장은 그렇게 권력이 강한 자
리는 아니어서 이러한 수입은 자신의 용돈 정도에 그치지 생계유지에
도움이 될 정도의 큰 수입은 못 된다. 그러다보니, 사례 23 직맹위원
장의 경우, 생활비는 배우자가 버는 수입에 전적으로 의존하였다. 부
인은 편의사업소를 경영하며 이발사로 일하였는데, 가족의 식량과 자
녀교육비 등을 전적으로 책임졌다.

 그러면 이번에는 공식 직업인이지만 비공식부문에서 시장활동을 통

해 돈을 버는 7유형이 사는 법을 좀 더 자세하게 들여다보기로 하자. 이들이 13유형과 다른 점은 뇌물을 받는 쪽이 아니라 주는 쪽이라는 점이다.

2. 7유형 종사자가 사는 법: 이발사와 외화벌이

일자리 7유형은 비공식부문에서 일하는 공식일 종사자들이다. 본 연구참가자 35사례 중 단 두 사례만이 발견되었다. 사례 15(군소속 외화벌이)와 사례 24(편의봉사사업소 이발사)가 바로 그들이다. 일자리 7유형들은 공식 직업지위를 가지고 비공식부문인 시장을 무대로 일하며, 시장활동을 통해 소득을 얻는다. 가장 많은 소득을 올리는 직업이지만 여러 가지로 나가는 돈이 많아 실제 소득이 보기만큼 높지는 않다. 예컨대, 수입의 절반이상을 뇌물과 벌금으로 납부해야 하며, 준조세 격인 사회적 과제비 등으로 나가는 돈의 비중이 크다. 앞으로 벌고 뒤로 밑지는 셈이다.

가. 이발사의 일상: "수시검열과 사회적 과제비로 남는 것 없어"

사례 24는 많은 단골고객을 가진 이발사이며 시내 중심가에 자신의 가게를 가진 능력 있는 중년여성이다. 이른바 북한의 평 백성들은 이발 후에 꼬박꼬박 돈을 내지만, 보안원이나 보위부 등 권력이 있는 사람들은 이발을 하고 나서 돈을 내지 않는 경우가 많다. 아니 거의 전부가 그러하다. 속으로는 마음이 언짢지만 후일을 생각해서 권력 있는 사람들 앞에서 기분 나쁜 내색을 절대로 하지 않는다. 보위부나 보안원은 각종 검열을 하는 사람들이고 벌금을 정하는 사람들이니, 그들이 자신의 가게에서 이발료를 국정가격대로 받지 않는다고 벌금을 내라고 하면 안 걸릴 수가 없기 때문이다. 그러니 그들에게 잘 보이려면 그들에게 이발비를 내라고 할 수는 없는 일이다. 문제는 권력을 가진 사람들이 너무나 많다는 점이다. 공짜 이발을 해주어야 하는 사람의 수가 정말 많다.

사업경비 중 가장 많은 비중을 차지하는 것은 공짜 이발이나 벌금이나 염색비, 파마약 등 재료비는 아니다. 가장 큰 비용은 인민군대를 위한 석탄이나 식품비 등의 갖가지 명목으로 쉴 사이 없이 몰아닥치는 국가에 내야 하는 '사회적 과제비'이다. 사례 24는 사회적 과제비로 매월 6만 원 가량의 돈을 납부하여 왔다. 그 다음으로는 도 사업부, 도 위생관리소, 인민위원회 도시경영과 등에 검열시 내야 하는 사전 뇌물이나 벌금 등과 같은 비용이 뒤따른다. 검열할 때마다 구역별로 상시적으로 돈을 걷는데, 사례 24는 해당구역의 조장으로서 3개의 편의사업소를 대표하여 고양이 담배 3보루(한 보루당 23,000원 상당)를 사전에 준비해서 담당자에게 건네곤 하였다. 그런 저런 명목으로 돈을 내고 나면, 그녀가 1년 365일 동안 361일 동안 일하고도 남은 수입은 한 달에 10만 원 정도에 불과하다. 이 돈으로 한 달에 쌀 20kg, 잡곡 20kg를 먹는 식생활을 유지하는 정도이며, 가계는 식구들과 고기를 사 먹을 여유조차 없이 빠듯하게 돌아간다.

그래서 사례 24는 국가에서 내라는 돈을 줄이기 위한 방법으로 이중 장부를 기재해서 자신의 수입액을 낮추고 있다. 남편이 버는 돈은 전액 남편의 용돈으로 사용되고 가계의 수입으로 한 푼도 들어오지 않아 교육비나 식량 등 각종 가계관련 지출은 전적으로 사례 24의 몫이다. 그러므로 이렇게 해서 수입을 조금 더 챙기지 않는다면 그들 가족은 생계를 유지하기 어렵다.

사례 24의 예에서 보는 바와 같이 편의봉사사업소에서 일하는 사람들은 편의봉사사업소 입금/1만 5천 원, 사회적과제/약 6만 원, 국정가격 위반 벌금, 위생불량 벌금 등 워낙 준조세 성격의 나가는 돈이 많다.

편의봉사사업소에서 일하려면 손님을 끌만한 남다른 기술이나 역량 없이는 생계유지하기가 어렵기 때문에 편의사업소로 새로 들어오려는 사람들이 적은 편이다. 예를 들어 사례 24가 있던 00시내의 편의봉사사업소에서 일하는 사람들은 한 200여 명 정도인데, 그 중 50명 정도가 8.3 노동자로 다른 곳에서 일했고, 150명 정도가 편의봉사 사업소를 일터로 해서 살아간다. 안경점, 전당포 같은 업종이 비교적 장사가 잘 되는 업종이며, 이발업종의 수익성은 이와 비교하면 낮은 편이다. 사례 24 는 자신이 버는 월 10만원 소득수준은 생계유지하기에 적은 돈이지만, 그래도 편의봉사사업소 노동자 중에서 수위(首位)를 차지한다고 스스로 평가한다. 사례 24는 스스로 머리를 잘 깎는 기술자라고 자부하고 있었지만, 손님이 많더라도 돈을 잘 벌린다고 내색하지 않도록 매우 조심한다. 또, 자신은 북한사회에서 하층에 속한다고 생각하고 있다.

　이 같은 외화벌이나 이발사와 같은 7유형 종사자들은 비공식부문 (시장경제)에서 일하면서도 공식일자리 지위를 가진다는 점에서 특수하다. 사진, 전당포, 이발, 미용 등 대부분 서비스 직종이 전부 7유형에 속한다. 7유형들은 공식 직업을 가지고 내놓고 시장경제활동을 한다는 점이 좋지만, 그 대가로 기관이나 관리에게 수시로 검열을 받으며 잠시도 쉴새없이 뇌물과 여러 종류의 준조세나 벌금을 납부해야 간신히 그 일자리를 유지할 수 있다. 7유형의 직업적인 가장 큰 애로는 각종 준조세나 뇌물로 상납해야 하는 돈이 벌어들이는 수입에 비해 너무 많다는 점이다.

〈표 4〉 비공식부문 공식일자리 7유형의 소득원

사례	월급여	본인의 시장활동	현물	해외 친척	부수입	타 가구원 소득
사례 24	×	●	×	×	×	×
사례 35	×	●	×	○	×	×

나. 외화벌이 기지장 : "외화벌이는 교화벌이이다"

"외화벌이 기지장"이라는 직업을 두고 북한주민들의 평가는 엇갈린다. 외화벌이는 가장 돈 많이 버는 직업이며 북한사람들이 선망하는 직업이다. 그러나 외화벌이란 직업은 마치 '총구 앞에 서는 것과 같이' 위험한 직업이다.

> 사례 14: 기지장 같은 사람들은 순간에 돈 좀 벌 수 있어도, 당장 내일은 없애뻐려라 하면 그저 없애뻐리면서...중략... 그저 있었다, 생겼다, 없어지고, 생겼다, 없어지고, 그저 이건 비조직이나 같애요. 생겼다가 또 없어지고. 이런 사람들은 수명이 없지요. 권력을 가진 사람들은 수명이 긴데.

사례 15는 외화벌이 기지장으로 일하다 탈북한 사람이다. 그가 어떤 경로를 거쳐 외화벌이 기지장으로 입직하게 되었는지 궁금하였다. 그는 외화벌이가 된 것은 자발적인 선택이 아니라 '불가피한 선택의 결과'였다고 술회하고 있다. 한 정치적 사건이 그를 안정된 기업간부에서 외화벌이 기지장의 자리로 몰고 간 것이다. 사례 15는 대학을 졸업한 후 큰 기업소에 배치되어 일을 해왔다. 그러나 어느 날 뜻하지 않은 사건으로 하루아침에 교화소에 들어가는 처지로 몰락하게 된다. 그가 1년간의 교화소 생활을 거치고 사회에 나온 후에는 그를 어디서도 받아주지 않았다. 결국 사례 15가 이러한 상황을 벗어나기 위해 찾은 진로는 군부대였다. 군부대를 통해 이른 바 '와크(일종의 수입/수출허가권)'을 받아 군소속 외화벌이가 되는 길을 개척한 것이다. 사례 15는 중국과의 외화벌이 무역에 전력투구하였으나 정부당국의 군 외화벌이 정리사업과 함께 이 일자리도 결국 끝나고 만다. 군부대의 외화벌이 사업이 너무 많아진 탓이었다. 이 같은 외화벌이 직업의 과도한 뇌물상납으로 인한 어려움과 직업적 불안정성은 그들의 진술에서 확인된

다(사례 14).[14]

> 사례 15: 만약 내가 욕심 나가지고 절반 이상을 내가 다 거저 먹는
> 다 하면 벌써 그 다음엔 사건이 발생되길 잘합니다. 그 다음엔 아, 이
> 놈이 우리한테 제일로 잘 안하네, 그렇게 되면.. 너무도 많습니다. 보
> 위부도 해야 되고, 보안은 경제 감찰해야 되고, 그 다음엔 경비대들
> 또 줘야 되고, 담당 보위원만 하는 건 아닙니다 이제. 보위원, 보위부,
> 보위부만 잘 해주면 좋겠는데 보위부 말고 또 국경차...중략.. 더 중
> 요한 건 뭐냐면요, 주기적으로 이제 검열 구루빠라고 하는 검열..

외화벌이 종사자는 겉보기에는 화려하나 보안부, 경비, 검열구루빠
등 여러 곳에 자신이 번 돈의 절반이상을 뇌물을 주어야만 근근히 유
지해나갈 수 있는 아슬아슬한 자리이다. 외화벌이 종사자들의 가장 큰
직업적 애로는 '외화벌이는 곧 노동 교화벌이다'라는 말에서 읽히듯
줄타기를 하듯 살아가는 단명(短命)의 직업이라는 점에 있다.

3. 비공식 일유형 종사자가 사는 법: 시장 상인

비공식일을 대표하는 가장 전형적인 종사자들은 주로 도소매 장사
일을 해온 자영주들이라고 할 수 있다. 남을 고용하여 일하는 고용주
(4유형)나 고용인(6유형)이 없지 않으리라 생각되지만, 이번 연구에서
는 발견하지 못하였다.[15] 도소매업이 주를 이루는데, 도매업분야에서
사례 5(되거리 상인, 여), 사례 27(휘발유 장사, 여), 사례 20(중국 밀무
역)이 종사하였고, 소매업 분야에서 사례 26(장사), 사례 27(휘발유장
사), 사례 20(가전제품 장사), 사례 31(가전제품 장사)이 종사하는 등
주로 장마당을 무대로 활동하는 여성들이 대부분인데, 연령대는 20-60
대까지로 다양하다.

사례 5(되거리 상인, 여), 사례 27(휘발류 장사, 여), 사례 20(중국 밀무역)은 도매업분야에 종사하였고, 소매업 분야에서는 사례 26(장사), 사례 27(휘발유장사), 사례 20(가전제품 장사), 사례 31(가전제품 장사)이 일하였다. 가족노동 종사자는 35개 사례 중 가전제품 장사에 종사하는 사례 31이 유일한데, 이 20대의 여성은 어머니를 도와 가족노동에 종사하였으며 10대 초반부터 일을 시작하였다.

비공식부문의 비공식일자리 종사자 9명 전원이 여성이기에 미혼인 사례 18과 31을 제외하고 모두 기혼여성으로 결혼 후 여맹에 속해 있었다. 미혼인 사례 18은 학교를 졸업한 후 바로 미싱사로 하청을 받아 일하였다.

〈표 5〉 비공식일자리 종사자의 학력과 계층

부문	일자리 유형		최근 탈북자 사례	전직	학력	계층
비공식 부문	비공식일자리 3 자영주	도매	5(되거리 상인, 여)	노동자	전졸	중→하
			27(휘발류 장사, 여)	선전원	고졸	중→하
			20(중국밀무역,여)	유치원교사	전졸	중상
		소매	7(음식 매대상인, 여)	채산소 직원	고졸	중상
			19(음료수매대상인, 여)	유치원교사	양성소졸	중
			26(장사, 여)	–	고졸	중
			30(가전제품 장사, 여).	창고관리	전졸	중→하
		제조	18(옷제조 미싱사, 여)	미싱사	대졸	중
	합계	8				
	비공식일자리 4 고용주	–				
	비공식일자리 5 가족노동종사자	1	31(가전제품장사, 여)	–	고등 중퇴	하
		9				

놀라운 것은 학교다. 20대 여성인 사례 31은 의무교육과정인 고등중학교에 돈을 내어 학교에 가는 것을 면제받았다. 일종의 8.3 학생인 셈이다. 그녀는 학교 갈 시간에 어머니를 도와 가전제품 장사를 해왔다고 한다. 비공식 일 종사자들의 학력을 보면 9명 중 대졸자 1명(18, 미싱사), 전문대학교 졸업자 4명(사례 5, 20, 19, 30)외 4명이 고등중학교 졸업자이다. 비공식일자리 종사자들은 자신들이 북한사회에서 경제적으로 중층이상이라는 생각을 갖고 있다.

〈표 6〉 비공식일자리 자영주의 소득원

지위	업종	사례	월급여	본인의 시장활동	현물	해외 친척	부수입	타 가구원 소득
자영주	도매	5(되거리 상인, 여)		●				
		20(중국밀무역, 여)		●				
		27(휘발류 장사, 여)		●				
	소매	7(음식 매대상인, 여)		○		●		
		19(음료수 매대상인, 여)		●		○		
		26(장사, 여)		●				
		30(가전제품 장사, 여)		●				
		18(옷제조 미싱사/장사, 여)		●				
		31(가전제품 장사, 여)		●				

이처럼 비공식일 종사자들은 주로 시장활동을 통해 돈을 벌지만 해외 친척들의 도움을 받는 경우도 있다. 두 명의 매대상인(사례 7, 19)는 해외 친척으로부터 재정적 지원을 받았다. 사례 7(40대 여성)은 미국으로 탈북한 남편으로부터 1년에 약 3-4천 달러의 재정적 지원을 받았다고 하며, 이는 본인의 시장활동을 통해 얻는 수익보다 훨씬 큰 것으로 북한에서 남 부러울 것 없이 풍족한 생활을 누리었다고 말하였다. 사례 9도 본인의 시장활동으로 수입을 벌었지만, 한국에 있는 언니로부터 연 300달러 정도의 재정지원을 받았다.

4. 이중일 종사자가 사는 법

가. 이중일유형들이 하는 일

직장에 다니면서 그 외 별도의 돈벌이를 해온 이중일 종사자들은 해외무역, 도소매, 제조업, 서비스, 환전, 농업, 광업, 물류 운송 등 상당히 다양한 일을 하고 있었다.

〈표 7〉 이중일유형 종사자들의 비공식 일 종류

종류		세부항목
무역업		밀수, 장사브로커, 등짐장사, 중국무역, 중국물품 도매
도소매업/ 취급품목	공산품	공업품, 의류, 석유장사, 녹화기, TV,중고가전제품, 벨트, 원단장사, 잡화, 담배, 자전거
	농수산물 외 식품	쌀, 수산물, 빵 판매, 농산물 두부, 쌀, 해산물, 계란장사, 음식장사(반찬), 양봉
	기타	비료, 금, 술, 소금 등 잡화, 비누, 약초, 약 판매, 레저, 누에고치, 외화벌이, 석유
		책, 비디오 장사, 골동품
제조업		옷 디자인 및 봉제, 신발제조 및 판매, 술 제조 및 판매, 콩기름으로 인조고기 생산
의류관련 서비스업		옷수선, 코바느질
환전 서비스		달러, 중국돈 환전
농업		소토지 농사, 가축 기르기
광업		사금채취 및 금 가공, 희귀금속, 금속류
운송업		오토바이, 승용차 등 차량을 통한 운송

이중일 종사자들이 하는 장사의 업종은 다양하고, 활동반경도 넓어 중국과의 무역 등 원거리까지 포괄한다. 밀수, 장사브로커, 등짐장사, 중국무역, 중국물품 도매 등 여러 가지 형태의 해외무역을 벌이며, 도소매 장사 품목은 공산품, 농수산물, 기타 등으로 나뉘는데, 책이나 비디오, 골동품 장사와 같은 것이 포함되어 있다.

제조업은 옷 디자인 및 봉제, 신발제조 및 판매, 술 제조 및 판매, 콩기름으로 인조고기 생산 등과 같이 주로 생활필수품 위주로 생산이 이루어지고 있었다. 서비스업관련 돈벌이는 옷수선, 코바느질 같은 의

류관련 일이 대부분이다. 외환관련 돈벌이로는 달러나 중국 돈의 환전
으로 나누어지며, 농업은 다시 소토지 농사, 가축 기르기, 광업은 사금
채취 및 금 가공, 희귀금속, 금속류관련 일이 있고, 물류운송 사업은
오토바이, 승용차 등 차량을 통한 운송 등이 있다(〈표 7〉 참조).

나. 이중일유형의 소득원

이중일 유형 종사자들의 가장 큰 소득원은 '본인의 시장활동'이다.
그러나, 본인의 시장활동 외에도 직장에서 주는 현물소득과 소토지 경
작, 해외친척의 지원, 타가구원 소득 등 그 외의 다양한 소득원을 가
진다. 자영주(1) 집단 중 일부는 시장활동과 소토지 농사가 주소득원
이며, 직위로 인한 부수입, 해외 친척 등에도 의지하기도 한다. 8.3 노
동자인 자영주(2) 집단은 시장활동이 주소득원이지만, 해외친척의 지
원을 받기도 한다(사례 8, 사례 25).

〈표 8〉 이중일 종사자들의 소득원

	사례	직업	월급여	본인의 시장활동	현물 소토지농사	해외 친척	부수입	타 가구원 소득
자영주(1)	1	교사		●	○		○	
	3	교사		●	○		○	
	9	여맹위원장		●			○	
	13	연구원		●		○		
	10	재제소 노동자			●			
	14	인민위			●			
	16	노동자			●			
자영주(2) 8.3 노동자	25	노동자		●		○		
	4	약초회사		●				
	6	노동자		●				
	8	인민위		●		○		
고용주 8.3 노동자	11	음식점		●				
가족노동종 사자	22	송금브로커		●	○			○
	32	간호사		○				●

다. 이중일 종사자들의 출근율

그런데, 이중일 유형 종사자들은 공식 직장에 얼마나 자주 출근하고 있을까? 이중일 유형을 구성하는 자영주(1)집단, 자영주(2): 8.3 노동자, 고용주, 가족근로종사자의 네 집단의 직장출근률을 비교해보았다. 자영주 집단의 출근률은 60-100%로 가장 높다. 반면 8.3 노동자인 자영주(2) 집단은 출근률이 0%-20%에 머물러 최하위를 기록했고, 고용주(사례11, 공장 간부, 음식점주)로 일했던 음식점주는 공장에 전혀 출근하지 않았다. 가족노동종사자의 출근률은 50%와 90%로 비교적 높은 편이다(〈표 9〉).

〈표 9〉 이중일 종사자들의 인적 특징과 직장출근률

고용상 지위	사례	성	직업	학력	직장 출근율(%)
자영주(1)	1	남성	(교사+사진사)	대졸	90%
	3	여성	(교사+과외)	대졸	90%
	9	여성	(여맹위원장+장사)	고등중졸	100%
	10	남성	(재제소+소토지)		
	14	남성	(인민위+사냥)		
	13	남성	(연구원+장사)	대졸	60%
	16	남성	(노동자+소토지)		
자영주(2) 8.3 노동자	25	남성	(노동자+고기장사)	고등중졸	10%
	4	남성	(8.3+마약상, 남)	고등중졸	10%
	6	남성	(노동자+마약장사)		10%
	8	남성	(인민위+되거리꾼, 남)	대졸	20%
고용주 8.3 노동자	11	남성	(공장 책임비서+음식점주)	대졸	0%
가족노동종사자	22	여성	(피복공장 노동자+송금브로커)	고등중졸	50%
	32	여성	(간호사+장사)	전졸	90%
합계	14				

○ 자영주(1) 집단의 직장출근율

자영주(1) 집단은 전문직종(사례1,교사, 사례 13, 연구원)으로 당 기간조직(사례 9, 여맹위원장, 사례 14, 인민위원회) 종사자들인데, 직장출근률이 높다(60-100%). 이들은 이중의 업무를 수행하면서도 자신이 속한 공식일자리 직장의 규율을 지키려고 노력하며, 매일 직장에 출근하여 업무를 수행한다. 공식직장이 지닌 네트워크나 권위가 비공식일의 수입을 올리는데 도움이 된다. 제사보다는 젯밥이다. 예를 들어 사례 1(교사)의 경우는 학기 중에는 학교행사 때마다 사진을 찍어 수입을 올리고, 방학 중에는 금제련을 하여 2010년 1년간 400만원의 수입을 올렸다. 사례 3(교사)은 방과후 저녁에 학생들을 대상으로 과외를 하여 매월 3만 5천원 정도의 수입을 올렸다. 여맹위원장(사례 9) 역시 여맹원들로부터 생기는 부수입이 있다.

이와는 달리 소토지 경작이나 가축기르기 등을 주소득원으로 하는 사람들도 있다. 이들은 공식직업의 직위 때문에 생기는 부수입이 별로 없는 사람들이다. 사례10(재재소 노동자), 사례 14(인민위원회), 사례 16(노동자)의 경우이다. 이들은 8시에 직장에 출근하여 '출근확보'를 한 후 10시경에 소토지로 빠져나가 작물을 경작하고 가축사료를 해온 후, 저녁에는 다시 총화를 하러 직장으로 돌아가는 이중생활을 한다.[16]

○ 8.3 노동자의 출근

자영주(2) 집단은 8.3 노동자로 시장활동을 본격적으로 하였다. 그들은 소속직장에 돈을 납부하기에 직장에 출근하지 않고, 공식 직장의 총화 등 직장생활에 거의 참여하지 않는다. 마약상을 하던 사례 4(남, 40)는 1년치 8.3 비를 한꺼번에 납부했고, 일체의 조직활동에 참여하지 않았다고 한다. 사례 8(남, 50)은 인민위원회에 재직하는 기간 동안 약 2년 동안 8.3 노동자로 월비를 납부하고 해산물, 철, 쌀장사 등을 하였다. 사례 25(건설노동자, 21세)도 2008년부터 2009년까지 집 짓는 일에 배치되었으나 이를 하지 않고 8.3 노동자로 매월 1만원의 돈을 납부하고 집에서 농사를 짓거나 토끼, 꿩 등 사냥을 했다. 이들 8.3 노동자들은 장사가 잘 될 때는 8.3 경비를 납부하다가 장사가 잘 되지 않아 돈벌이가 시원치 않으면 8.3 노동자를 그만두고 다시 조직으로 복귀한다.

○ 고용주인 음식점 주인의 이중 직업 생활

본 연구 참가자 중 자기사업을 하는 고용주로 이중 직업을 가진 이는 사례 11(음식점 점주)이 유일하다. 그는 십 수 명의 직원을 상시적으로 고용하는 큰 음식점을 운영하였는데, 국경지대인 00지역의 중심가에서 협동식당을 만들어 7년간 큰 돈을 벌었다.[17]

이 사례에서 주목해야 할 점은 사례 11은 자본을 투자하고, 음식점을 7년간 날마다 출근하여 실질적으로 경영했지만, 공식적으로 음식점의 주인은 될 수 없었다는 사실이다. 사례 11의 공식 직함은 "00 공장 간부"이다. 음식점의 공식적 운영자는 사례 11의 부인이다. 명목적으로는 그녀가 "00식당 책임자"이다. 이 사례는 북한사회에서 "직업이 있어야 할 남자"가 민간영역에서 고용주가 될 수 없는 사실을 시사한다. 사례 11은 공식적으로 속한 직장에 출근을 하지 않는 대신 자신이 간부로 있는 공장에 8.3 비로 3만원씩 매달 납부하고 그 외에 공장간부나 당간부에게 음식을 접대하는 방법으로 소속 공장에 대가를 지불하였다.

　사례 11: 공장에서는 한 2만-3만정도만 내고, 위에서 간부들 오면한 번에 한 10만원씩이나 먹거든요. 그렇게 초대해주고 뭐 그렇게 했죠. 그런 식으로 하면서 식당을 운영한 거에요. 식당을 운영하는데식당을 운영하자면 제가 운영하면 저는 남자이기 때문에 직업 있기때문에 안 되잖아요. 내 직업은 분명히 지금 00시 000 공장 간부로

되어 있는데, 안 되니까 와이프를 책임자로 만들어놓는 거에요. 식당
책임자로. 그러니까 식당 책임자는 와이프 이름으로 돼 있고, 식당관
리는 제가 하는 거죠.

그 외, 직장을 다니면서 틈틈이 부모나 친척이 하는 장사를 돕는 가
족노동종사자들은 주로 젊은 여성이다. 사례 22(공장노동자/송금브로
커)와 사례 32(간호사/장사)는 20대 초반의 미혼 여성들이다. 이들은
직장을 다니지만, 각각 삼촌과 장사를 하는 어머니를 돕고 있었으며
이같은 비공식일이 가계수입의 주된 원천이 되었다.

V. 김정은 시대 직업세계를 움직이는 세 가지 힘

1. 북한의 직업세계와 직업분화

북한 김정은 시대를 살아가는 북한주민들은 크게 세 가지 직업군으
로 구성된다. 공식일과 비공식일 종사자. 이중일 종사자.

북한사회의 주류 직업이라고 할 수 있는 공식일 종사자인 13유형들
은 직위를 활용한 부수입이나 뇌물을 주 소득원으로 하고 있다. 반면
에 13유형을 제외한 나머지 유형들은 본인들의 시장활동이나 해외 친
척의 지원, 소토지 경작 등을 통해 소득을 얻고 있었다. 북한주민들은
공식일자리 13유형 중에서도 권력을 가진 직업 뇌물을 받을 수 있는
직업인 당간부나 법간부 등을 가장 최고의 직업으로 여기고 선호하고
있었다.

공식부문/공식일자리 13유형의 소득원을 좀더 자세히 들여다보면,
'직위를 활용한 부수입"이 가장 많았으며 타가구원 소득, 월급여에 의
존하는 경우도 있다. 비공식부문에서 활동하면서 공식일자리를 가진

7유형종사자들의 주 소득원은 본인의 시장활동이었으나 일부는 해외
친척의 도움도 받기도 하였다.

　비공식부문에서 일하는 비공식일 종사자들의 주소득원은 본인의 시
장활동이었고 해외친척의 지원도 받았다. 한편, 공식/비공식부문을 병
행하는 이중일 종사자들은 시장활동을 활발하게 하는 한편, 현물과 소
토지활동, 해외친척지원, 타가구원 소득 등 여러 소득원을 다양하게
활용하고 있었다.

　비공식부문에서 공식직업을 가진 외화벌이와 같은 7유형들은 일시
적으로 큰 돈을 벌지만 직업 수명이 짧고, 위험을 감수해야 하는 직업
이다. 한편, 편의사업소를 기반으로 일하는 사람들은 시장활동을 통해
버는 돈의 대부분을 뇌물이나 사회적 과제비로 빼앗겨 실소득은 적다.
그렇게 따지면 결국 뇌물을 받는 직업이 최고인 셈이다.

　시장에서 일하는 비공식일 종사자(자영주, 가족근로종사자)들은 시
장의 높은 자릿세, 일 자체의 비법성과 불안정성, 잦은 비사회주의 검
열, 화폐개혁의 타격 등 단속과 통제, 감시, 투옥, 벌금, 자산몰수 등
경제적, 정치적으로 어려움을 겪었는데, 이 점이 북한을 떠나게 된 계
기로 작용하였다.

　한편, 공식직장에서 일하면서 틈틈이 시장일에 종사해서 간신히 생
계를 유지하는 이중일 종사자들은 그 수가 가장 많은 편이다. 직업의
종류도 다양하여 전문직(교사, 연구원), 기술직, 공장 책임비서, 당간부
(여맹위원장) 등에 이르기까지 북한사회의 기간(基幹)을 이루는 직업
을 포괄하고 있다. 이들의 주된 소득은 시장활동이다. 타부문 종사자
들보다 이들의 소득원이 복잡하고 다양하며 이들의 소득 벌이 행위는
자신이 속한 직장이나 직위와 연계되어 이루어지는데, 이 점이 비공식
일 종사자나 8.3 노동자들과 구분되는 특징이라고 할 수 있다.

　이처럼 북한의 주민들은 각기 능력에 따라 공식일, 비공식일, 이중

일을 하면서 일터와 시장을 중심으로 거미줄같이 얽히면서 나름대로 하나의 직업적 질서를 이루어나가고 있었다.

2. 직업세계의 메카니즘: 권력과 뇌물, 일유형의 맞물림

이 글은 최근 북한의 시장연구가 많이 이루어졌지만, 북한의 직업생활이 어떻게 이루어지고 있는지 직업생활의 메카니즘은 분명하게 밝혀지지 않았다는 문제의식에서 출발한다. 북한주민을 한 덩어리로 보는 기존의 시각에서 벗어나 집단을 일유형별로 세분화하여 김정은 시대를 살아가는 북한주민의 직업생활을 일과 의식의 측면에서 그 메카니즘을 살펴보았다.

배급제도가 와해된 상황 속에서도 공적영역에서 북한주민의 직업생활이 나름대로의 질서를 유지하면서 지속되고 있는 이유는 무엇인가? 사례 분석 결과에 의거하여 그 이유를 김정은 시대에 북한의 직업세계를 작동하게 만드는 세 가지 요인을 지적하고자 하였다. 이 세 가지 힘은 전부 권력과 깊이 연계되어 있었다.

첫째, 일유형의 분화이다. 비공식부문의 대두 이후 권력에 의해 결정되는 새로운 일유형의 분화가 일어났다.

둘째, 뇌물이다. 그냥 부패형 뇌물이 아니라 '주는 자와 받는 자가 함께 뇌물을 중심으로 공범의식을 형성'한 점에 북한 직업세계의 특징이 있다.

세 번째, 권력 있는 직업에 대한 갈망이 대중의 건강한 노동의식을 해체시키고 있다.

첫째, 북한의 주민들은 각기 공식일, 비공식일, 이중일을 하는 집단으로 분화되었으며, 이러한 분화의 메카니즘은 북한 주민들을 규율하

고, 이들을 일정하게 움직여나가는 힘이 되고 있다는 점이다. 김화순
(2013b)의 2010년 이후 탈북한 북한주민에 대한 실증연구에 의하면, 이
러한 새로운 일유형의 분화를 결정하는 요인은 권력의 힘이 절대적이다.
    북한주민들의 출근율을 보면, 기업소 가동율보다 높았으며, 상당히
안정적으로 유지되고 있었다. 그 내부를 자세하게 들여다보면 출근율
은 공식일/비공식일, 8.3 노동자/이중일 집단별로 나뉘어져 차별적으로
작동되는데, 이들 그룹별로 나름대로 질서와 규율 속에서 출근을 지속
하고 있다.

    둘째, 뇌물은 현재 북한의 직업세계를 움직이는 가장 중요한 힘이
다. 북한주민들의 뇌물에 대한 인식은 주는 사람이나 받는 사람이나
뇌물을 원한다는 점에서 묘한 접점을 이루며 이는 공범의식으로 발전
한다. 뇌물은 나쁜 것인가? 당장 생계를 유지해야 하는 북한주민의 입
장에서 본다면, 북한의 시장불법화와 시장 비제도화에 대처하기 위한
생존방식의 하나이며 뇌물을 주는 사람이라 할지라도 뇌물이 나쁘다
고 생각하지 않게 된다.
    많은 공식직업 종사자들(일유형 13)에게 뇌물은 생계를 유지하기 위
한 수단이 된다. 이들에게 뇌물은 소득원이자, 생계를 유지하는 유일
한 방편이다. 그렇다면, 뇌물을 주는 자들에게 뇌물은 무엇인가? 뇌물
은 시장을 돌아가게 만드는 힘이다. 그래서 뇌물을 쓸 여유가 있는 상
인들은 뇌물에 대해 긍정적이다.

    면295: 뇌물에 대해 이렇게 나쁘다 뭐 이렇게 생각은 하셨어요? 북
    한에서?
    피295: 아뇨, 나는 뇌물이 있어서 편하다고 생각했어요. 왜냐하면
    그 사람들도 아무것도 못하고 일하는데, 나는 또 장사를 해서 맨 미
    수거하는 것만큼 국가가 뭐 내래도 주고(내라고 해도 낼 수 있고) 우

리도 내 일 해주는데 아주 그 뇌물이 통하면 편하다고 생각했어요.
사람들은 그걸 나쁘다고 생각하는데, 내가 내 한도에서 내 능력만큼
벌고, 내 한도에서 벌고, 사람이 국가일 하는데 내가 뭐 고만큼 먹어
야 하지 않아요? 그래 난 그거 편하다고 했어요. 그저 유통하기 좋고,
(사례 7, 40대 여, 도매상인)

시장에서 장사를 해온 한 40대 여성은 뇌물에 대해 당당하게 자신
의 긍정적인 견해를 피력했다. 이미 북한 주민들은 북한사회에서 뇌물
은 불가피하며, 이미 북한사회에서 없앨 수 없는 것, 정권 자체가 뇌
물을 원하며 정권의 대리인들이 백성을 압박하여 살기 위한 수단이라
고 체념적으로 받아들이는 것으로 보인다. 이 같은 북한주민들의 뇌물
에 대한 왜곡된 인식은 다른 연구의 양적 조사 결과를 보면, 더욱 자
명하게 드러난다(김화순, 2013a). 뇌물을 주는 비공식직업에 속한 사람
들이 뇌물을 받는 공식직업인보다 뇌물을 더욱 강하게 긍정하는 도치
(倒置)된 의식상태가 나타난다.

셋째, 이처럼 북한 직업세계에서 권력은 절대적으로 군림한다. 북한
주민들은 자연히 권력있는 직업을 선망을 넘어서 갈망한다. 시장에서
일을 잘 하는 것이 중요한 것이 아니라, 권력을 가지는 것. 권력 있는
사람에게 잘 보이는 것이 곧 이 세상을 잘 살아가는 방법이다. 그러니
최고의 직업은 권력을 가진 직업이다.

면119 : 가장 하고 싶은 직업은 뭘까요?
피119 : 법 간뷥니다. 보위부, 안전부, 재판부 세 개다 공통하게 다
하고 싶은 직업입니다. 남자들이라면은 그래두 제일 먼저 법간부 하
고 싶어 하는데, 거기는 보위부, 안전부, 다 같구 같은 겁니다. 다 정
복 입구서 권세를 휘두르니까 사람의 취향에 따라 나는 어디가겠다
이거는 순위는 매길 수 있는데... 그 담에 당일꾼이구 행정일꾼...
(사례 2, 20대 여, 교원)

특히, 40대-50대들은 법간부보다 당간부를 최고로 쳤다. 법간부를 뒤에서 움직일 수 있는 것은 당간부라는 것이다. 이제 남녀노소, 세대를 막론하고 이제 모든 북한주민들이 선망하는 직업의 본질은 한 마디로 권력을 가진 직업으로 귀착된다. 권력이 있는 직업직위를 가지면, 시장을 누비면서 고단하고 불안하게 살아가지 않고 뇌물을 받아 생계유지 이상의 부귀를 누릴 수 있다.

오늘도 김정은 시대의 북한 주민들은 이처럼 권력과 뇌물, 권력에 의해 결정된 직업세계의 메카니즘 속에서 고단하고 극도로 불안한 일상을 권력을 섬기면서 살아가고 있는 중이다.

제3부

사회와 문화

제 7 장

김정은 시대의 애도와 구원의 코드*

이지순

Ⅰ. 머리말: 권력교체와 추모문학

지도자의 죽음과 권력교체는 역사적 사건이라 할 수 있다. 역사적 사건과 인물에 대한 기억을 소환하는 추모문학은 북한이 현재 작성중인 역사를 보여준다. 데리다는 정치권력이 기록을 통제함으로써 정당화될 수 있다고 말한 바 있다. 기록의 힘은 통치자의 힘이기 때문이다. 김정일 사후 몇 개월이 되자마자 정리되어 나오기 시작한 일련의 추모문학집은 기록의 통제 양상을 보여준다. 안정된 권력교체를 이루고 새로운 지도자의 권위를 세우기 위해 전대의 역사를 정리하고 새로운 역사를 써야 하기 때문이다.

추모문학은 슬픔의 기록이다. 프로이트에 따르면 애도는 보통 사랑하는 사람의 상실, 혹은 사랑하는 사람의 자리에 대신 들어선 어떤 추상적인 것, 즉 조국, 자유, 어떤 이상 등의 상실에 대한 반응이다.[1] 일찍이 북한은 김일성 사후에 '수령영생문학'이라는 형태로 추모문학의 흐름을 보여준 바 있다. 수령영생문학은 '민족의 태양'으로서 '영생'하는 김일성의 위대성과 김일성의 '유훈'을 계승할 것을 강조한 형태를 지닌다. 수령의 부재가 야기할 수 있는 혼란을 잠재우고 후계체제를 공고히 하기 위한 것이었다.

김정일 추모문학은 수령영생문학의 연장선에서 유사한 양상을 보인
다.2) 그러나 그 지속성과 집중성은 김일성 때와 비교해 상대적으로
차분한 분위기를 보여준다.3) 지도자의 죽음을 이미 경험해 본 적이
있기 때문이다. 2012년에 출간된 추모문학집은 애도의 분위기는 유지
하되 김정은에게 무게중심을 둠으로써, 안정된 체제 전환을 이루려는
시대적 요청과 관련된다. 즉 추모문학이 단순히 애도의 슬픔을 표출하
는데 있지 않음을 알 수 있다. 추모문학집은 "위대한 령도자 김정일동
지의 서거에 즈음하여"의 표제로 다음과 같은 순서로 출간되었다.

- 리일섭 편, 시집『장군님세월은 영원하리라』, 문학예술출판사,
  2012. 3. 15.
- 김은일 · 문상봉 · 고윤호 편, 작품집『선군태양은 영원하다』,
  문학예술출판사, 2012. 3. 15.
- 리남혁 편, 시집『아, 우리 장군님』, 금성청년출판사, 2012. 7. 10.
- 박성보 편, 추모설화집『강산이 운다』, 금성청년출판사, 2012.
  7. 10.
- 박춘선 편, 작품집『영원히 함께 계셔요』, 금성청년출판사,
  2012. 7. 15.
- 박춘선 편, 작품집『영원한 우리 아버지』, 금성청년출판사,
  2012. 7. 25.

추모문학집으로 먼저 출판된 것은 시집과 산문 작품집 각각 한 권
씩이다. 『장군님세월은 영원하리라』는 "위대한 장군님을 잃고 몸부림
치던 피눈물의 그 나날에 우리 군대와 인민이 보내온 수천편의 시들
중에서 그 일부를 묶어"4) 편집했으며, 『선군태양은 영원하다』는 "령도
자와 인민이 혼연일체를 이룬 내 조국의 위대한 현실을 온 세상에 보
여준 우리 군대와 인민의 이 순결한 충정의 세계를 후세에 남기기 위
해 전국의 각지에서 보내온 작품의 일부"5)를 편집한 것임을 머리글에

밝히고 있다. 이 두 권의 추모문학집 이후에 북한 내부의 애도의 분위기를 정리하고 체제를 재정비한 다음 7월에 네 권이 더 출간되었다. 이 과정에서 시, 수기, 수필, 소설 중심에서 동요, 동시, 가사, 설화, 단상, 실화문학 등으로 장르가 확장되어 추모문학이 완비되었다.

먼저 출간된 『장군님세월은 영원하리라』와 『선군태양은 영원하다』는 애도의 분위기가 우세한 반면, 7월에 잇달아 출간된 추모문학집들은 김정은 체제 안착을 핵심으로 한다. 7월은 상징적인 시기라 할 수 있다. 주지하다시피, 2012년 4월 11일에 로동당대표자회의에서 당 1비서로, 4월 13일에 국방위원회 제1위원장에 추대되면서 김정은 체제는 공식출범했다. 그리고 2012년 7월 18일 공화국 원수로 추대됨으로써 권력 장악에 성공했다고 볼 수 있다.

추모문학집의 핵심은 "김일성민족, 김정일조선의 명맥"과 "김정은동지를 따라 이 세상 천만리라도 가고갈 우리 인민의 신념과 의지"[6]를 보여주고, "경애하는 김정은동지께서 계시여 아버지장군님은 영원히 우리와 함께 계신다는 철의 진리"[7], "경애하는 김정은선생님 계시여 아버지장군님은 영원히 우리와 함께 계신다는 학생청소년들의 신념과 의지"[8]를 강조하는 데 있다. 이를 통해 추모문학집의 최종 심급이 김정은의 권력기반 안정에 있음을 확인할 수 있다.

이들 추모문학집은 "작가들만이 아닌 평범한 로동자, 농민을 비롯한 각계각층의 인민들이 자기들의 그리움의 심정을 글로"[9] 남긴 것으로, 작가들이 "아버지장군님을 그리는 절절한 마음을 반영한 아동문학작품들"[10]을 투고하여 엮은 아동문학작품집과 "아버지장군님을 잃고 너무도 일찍 철이 든 학생청소년들이 추모의 그 나날 장군님에 대한 사무치는 그리움"[11]을 담은 청소년들의 작품집으로 편집되었다.

작가와 대중의 작품은 서로 구분 없이 편집되어 있다. 창작에 참여한 사람들은 동일한 슬픔을 지닌 상실의 공동체로 구성되었다. 다만

성인 작품의 경우 머리글에서 노동자·농민의 작품이라고 밝히긴 했지만, 이름 외엔 주어진 정보가 없다. 반면에 아동·청소년은 소속 학교가 명시되어 있다. 여섯 권의 추모문학집 가운데 두 권이 아동문학 중심의 작품집임을 고려해 보면, 실명과 소속을 밝힌 아동·청소년의 작품은 김정은의 지지 기반이 어린 세대에까지 폭넓게 분포되어 있음을 과시하는 효과를 지닌다.

이 글은 텍스트 내적 논리를 통해 애도의 코드가 어떻게 파생되고 확대되는지, 애도작업이 김정은 체제 안착과 어떻게 상호작용하는지 살펴볼 것이다. 이로써 추모문학이 김정일 사후에 역사를 기록하는 과정과 기록을 통해 기억을 통제하는 방식을 분석해 볼 수 있을 것이다. 특히 국가가 만드는 역사에 인민이 어떻게 참여하고 기록에 동참하는지도 볼 수 있을 것이다.

II. 김정일 추모문학 속 애도의 코드

1. 추모의 원형과 애도작업

일반적으로 추모문학은 상실감을 공유함으로써 동병상련의 위로, 슬픔의 극복이라는 목표를 수행한다. 대상의 부재와 그로 인한 상실감은 일반적으로 애도자의 슬픔과 비탄을 자아낸다. 김정일 추모문학에 나타난 슬픔은 김정은에의 안정된 권력 이양을 통해 상실을 수용하고 극복하는 형태를 보여주기에 정치적 목적성을 지닌다. 김정일의 공식적인 사망일인 2011년 12월 17일 날짜로 서명되어 발표된 "전체 당원들과 인민군장병들과 인민들에게 고함"과 조선작가동맹 중앙위원회의 이름으로 발표된 시 〈위대한 김정일동지의 령전에〉는 김정일 추모문학의 방향을 결정한다는 점에서 주목할 만하다.

북한은 김정일이 "2011년 12월 17일 8시 30분에 현지지도의 길에서 급병"으로 사망했으며, "오로지 조국과 인민을 위하여 자신의 모든것을 다 바쳐오신 절세의 애국자"인 김정일은 "혁명이 대를 이어 줄기차게 전진해나갈수 있는 강력한 정치군사적지반"과 "조국과 민족만대의 무궁번영을 위한 튼튼한 토대를 마련"했는데, 그것은 "주체혁명위업의 위대한 계승자"이자 "당과 군대와 인민의 령도자"인 김정은이라는 것이다. 그리하여 "김정은동지의 령도따라 슬픔을 힘과 용기로 바꾸어 오늘의 난국을 이겨내며 주체혁명의 위대한 새 승리를 위하여 더욱 억세게 투쟁"해 나갈 것이 요구된다고 발표하였다.[12]

조선작가동맹 중앙위원회의 시 〈위대한 김정일동지의 령전에〉는 향후 추모문학의 벡터를 형성한다.[13] 그 얼개를 살펴보면 다음과 같다.

① 7연: 우리곁을 떠나실 때조차/ 눈보라속을 달리는 야전렬차에 계셨으니
② 8연: 눈앞이 캄캄하고/ 너무도 억이 막혀/ 언땅을 뜯으며 언땅을 두드리며/ ―아버지, 가지 마십시오/ 가시면 안됩니다
③ 18연: 중중첩첩 고난과 시련을 헤쳐넘어/ 우리 인민을 강성국가의 문앞에 세워주시고
④ 26연: 장군님그대로이신 김정은동지
⑤ 29연: 김정은동지의 거룩한 발걸음에서/ 장군님의 숭엄한 발자욱이 새겨집니다
⑥ 36연: 주체혁명위업의 한길우에/ 우리의 장군님은 영생할것입니다.

총 36연으로 이루어진 이 시는 ①, ②, ③에서처럼 김정일의 순직, 인민의 통절한 비탄, 인물의 위대성을 그리는 내용과 ④, ⑤, ⑥에서처

럼 후계자 계승의 정당성과 슬픔의 극복, 영생론과 맹세 등으로 구성
되어 있다. 상실의 슬픔과 비탄을 토로하다가 후반부로 갈수록 김정일
의 물리적인 죽음을 부정하고 김정은을 통해 김정일이 존재함을 논리
화한다. 김정은에게 민족과 국가, 미래가 달려있고, 이는 김정일이 인
민을 위해 안배한 것으로 표현된다. 결부에 이르면 후계체제의 안정과
국가 내부의 결속을 다지는 것으로 중심축이 완전히 이동한다. 이 시
의 전개과정처럼 사망소식, 비탄과 충격, 위대성 예찬, 상실 부정, 후
계자와의 동일시, 미래지향과 맹세 등은 향후 전개될 추모문학의 원형
으로 새겨졌다.

북한에서 애도는 사적 영역에서 이루어지는 개인의 행위이면서, 공
적 영역 속에 존재한다. 애도에 동참하지 않는 것은 일탈이 될 수 있
다. 애도행위에 참여함으로써 개인은 소속을 증명한다. 작가를 포함하
여 노동자, 농민, 아동, 청소년까지 모두 참여한 추모문학집은 애도가
집단적 행위임을 보여주는 동시에, 개인과 제도 사이에서 소속과 충성
도를 증명하는 표지가 된다.

지도자의 죽음은 오히려 지도자를 압도적으로 현존하게 한다. 무조
건적이고 돌이킬 수 없는 상실 속에서 대상은 과잉 현존하게 된다.[14]
그렇기 때문에 김일성 사후에 김정일은 집단 히스테리를 완화하기 위
해 4년간 유훈통치를 하고, 수령영생문학을 통해 장기간 애도 분위기
를 조성했던 것이다. 이와 대조적으로 김정은 체제는 정권을 안정화시
키고, 김일성 사후에 시작된 고난의 행군을 재연하지 않기 위해서라도
애도작업을 서둘러 정리하고 완비할 필요성이 있었다. 따라서 김정일
사망 당시 창작되었다는 수 천 편의 작품들을 정리 · 편집 · 출간하는
일련의 과정은 정상적인 애도작업과 김정은 체제 안정을 목적으로 했
다고 볼 수 있다. 이는 또한 병적인 단계인 멜랑콜리를 해소하기 위해
새로운 대상에게 애정을 투사하도록 견인하는 장치이기도 했다.

추모문학은 죽음의 시간을 복원하고 현재화한다. 이는 사건을 마주했던 개인의 시간과 문화적 기억을 결합하여 하나의 역사적 기억으로 재구성하는 과정이라고도 할 수 있다. 기억의 재구성은 김정은에의 정당성을 구조화하기 위한 것이다. 다음 장에서는 추모문학을 통해 상실의 공동체로서 북한이 애도작업을 어떻게 수행하는지 살펴본다.

2. 애도 시간의 복원과 형상화

추모문학은 죽음의 시간을 다시 환기한다. 김정일의 죽음은 애도자에게 돌발적인 사건이다. 시는 그 사건을 강력한 충격으로 재현한다. '사건'의 기억을 타자와 나누어 갖기 위해서 '사건'은 우선 이야기되어야 한다. 이야기를 통해 비로소 타자와 사건의 기억을 공유한다.[15] 사망소식을 들었던 당시를 이야기한다는 것은 사건을 현재화하여 독자가 재-체험하도록 한다.

> 비감에 푹 젖은 방송원의 목소리는/ 장군님 서거하신 소식을 전해/ 울리고 울리고 또 울리고있건만/ 나의 귀는 붕— 붕— 고압전류가 흐르는 듯/ 도무지 가려듣지 못하겠구나
> ─한승길, 〈터치지 않고서는 못 견디겠다〉 부분(『장군님세월은 영원하리라』)

> 나도 묻고 너도 묻고/ 모두가 묻고 또 물었습니다/ 우리 장군님 잃었다는 그 비보가 정말인가고/ 쾅쾅 심장을 두드리고 통곡하며 인민이 물었습니다
> ─강일진, 〈물었습니다 그리고 들었습니다〉 부분(『아, 우리 장군님』)

> 그런데 이게 무슨 변입니까/ 그이께서 우리곁을 떠나셨다니/ 아닙니다 그럴수가 없습니다/ 태양이 꺼졌다는것과 같은 그런 말을/ 우

리는 절대로 믿을수가 없습니다
　―김명철, 〈우리는 믿지 않습니다〉 부분(『장군님세월은 영원하리라』)

위의 인용시들은 김정일 사망소식을 듣고 정신적 충격과 공황에 빠지는 모습을 보여준다. 고압전류가 흐르는 듯 이명처럼 들리는 사망소식은 우연적이고 일탈적으로 다가온다. 객관적 사실과 화자의 정신적 표상 사이에서 사망소식은 수용되기 어렵다.

공동체는 추모문학 속에서 동일한 시간대를 경험하고 환기한다. '이야기한다'는 사실과 '이야기된' 내용은 바로 현재화 행위를 통해 구별된다. 이야기에서 재현되고 복원되는 것은 '삶의 시간성'이기 때문이다.16) 추모문학은 사건 속에 놓였던 시적 화자의 시간과 대상 인물의 시간을 동시에 불러온다. 나, 너, 우리로 확대되는 시적 화자는 자신의 느낌과 생각을 직접 서술하며 연대를 형성한다.

1인칭 애도자는 이야기되는 세계가 허구가 아니라 자기 이야기(self-narration)임을 보여준다. 자기 이야기 속의 시적 화자는 기억에 의존하여 이야기를 전개하며, 시인과 거의 일치하는 목소리를 보여준다.17) 시적 화자는 가슴을 치고 땅을 두드리는 행동과 독백·대화를 통해 슬픔과 비탄을 드러낸다. 이는 미학적으로는 애도행위를 간접적으로 보여주는 미메시스(mimesis) 재현 방식에 속한다. 사실주의가 선호하는 이러한 방식은 사망소식을 들었던 당시를 효과적으로 보여준다. 사건의 범위를 사망소식으로 한정하고, 독자가 이야기에 동참하도록 장면을 구성한 서술 방식인 것이다. 시는 전일적인 사회주의 대가정론의 위계 아래에서 혈육의 죽음보다 크게 상실감을 표현한다. 이 과정에서 시는 독자가 작가와 함께 사건을 재-체험하고, 작가의 내면적 심리까지 공감하여 상실의 공동체의 일원이 되도록 매개하는 역할을 한다.

사망 소식과 죽음의 시간이 한 장면에 복원되었을 때는 애도자의 행동과 독백, 대화를 통해 당시를 미메시스적으로 보여주지만, 애도 대상자와 애도자 주변을 그릴 때는 디에게시스(diegesis)적으로 변화한다.[18]

　　아, 열흘낮 열흘밤/ 온 하루 장군님을 그리며/ 점심마저 잊고 기대 앞에 섰던 사람들/ 날 저무니 장군님 생각 더욱 간절해/ 약속한듯 달려오던 김일성광장
　　— 윤희, 〈열흘낮 열흘밤〉 부분(『장군님세월은 영원하리라』)

　　우리 인민은 참 좋은 인민이라고/ 인민들을 잘 먹이고 잘 입히고/ 세상에 떳떳이 내세우고싶은 것이/ 자신의 소원이라고/ 인민들이 잘 살기 전에는 발편잠을 잘수 없다고/ 다시 또다시/ 인민을 찾아가고 가신 우리 장군님
　　— 옥성일, 〈12월의 눈물은〉 부분(『아, 우리 장군님』)

　　다시는 이 나라 이 민족이/ 제국주의의 노예가 되지 않게/ 짓밟혀서 피흘리며 울지 않게/ 심혈을 바쳐 일떠세우신 핵보유국의 위력/ 일심단결된 정치사상강국의 위용은/ 후손만대 우리 민족 우리 겨레에게 안겨주신/ 장군님의 한평생의 사랑이며 은혜입니다
　　— 조선작가동맹 중앙위원회, 〈위대한 김정일동지의 령전에〉 부분 (『장군님세월은 영원하리라』)

　　시적 화자가 자기 이야기가 아니라 타자의 이야기를 할 때는 전지적인 입장에서 대상을 설명한다. 이는 대상을 직접 제시하는 방법으로서 파노라마식 서술(panoramic)과 유사하다. 즉 대상에 대한 정보를 요약하여 제시하는 방법인 것이다. 평면적이고 전형적인 인물묘사에 적절한 서술 방식으로서, 북한 문학에서 자주 보는 설명적 방식이다. 이는 작가가 독자에게 전달하려는 정보를 권위적으로 지배하고자 할

때 사용하는 서술 기법이라 할 수 있다. 작가가 의도한 의미를 전달하기 위해 독서과정에서 유발될 수 있는 해석의 여지를 최대한 줄이고자 사건을 요약하고 평가한다.

〈열흘낮 열흘밤〉의 경우, 10일장의 기간 동안 시적 화자의 주변 사람들이 낮에는 일하고, 밤에는 조의식장에 달려간다고 전한다. 그 이유를 김정일에 대한 그리움과 슬픔이라고 한정함으로써 조문행렬을 의미화한다. 김정일의 죽음의 시간이 재경험되면서 필연적으로 시 속에 구조화되는 것은 김정일의 '삶의 시간성'이다. 시 쓰기가 역사쓰기의 하나처럼 보이는 〈위대한 김정일동지의 령전에〉와 비교해 볼 때, 〈12월의 눈물은〉에서 김정일의 삶은 인민을 위한 희생과 사랑의 연대기로 전달됨으로써 추모에서 망자 숭배로 나아간다. 이러한 전개방식은 대부분의 추모문학의 보편적 형태이기도 하다. 애도행위의 중심은 대상을 상실했다는 슬픔과 고통을 표출하고, 애도 대상인 김정일의 삶을 역사로 재구성하는 것이기 때문이다.

비록 이 글이 텍스트 내부 논리를 중심으로 논의를 전개한다 하더라도, 북한 시를 자족적인 완결체로서 간주하는 것은 아니다. 북한 시를 분석할 때는 텍스트 안과 밖을 상호적으로 고려해야 한다. 정치적인 것이든 문화적인 것이든, 개인적인 것이든 집단적인 요구에 의한 것이든, 텍스트 밖의 요소들은 언제든지 텍스트 안으로 침범하여 텍스트의 내적 질서를 재정립하고자 하기 때문이다. 따라서 북한 시를 분석할 때는 텍스트 밖에서 가해지는 힘의 논리를 고려해야 한다. 즉 텍스트 내에 새겨진 서술 행위의 표지가 텍스트 밖으로 다시 향한다는 것을 잊어서는 안 된다. 결국 애도행위의 하나인 텍스트는 독서 행위를 통해 텍스트 밖에 위치한 독자에게 영향력을 행사하고자 하는 분명한 의도를 지닌 것으로 보아야 한다.

쌩쌩바람 추위에 우리가 얼면/ 아버지장군님 근심하신다고/ 그 어
디나 물매대 차려놓고서/ 뜨겁게 덥혀주라 말씀하셨대요
   ─ 허경복, 동시 〈먼저 내려요〉 부분(『영원히 함께 계셔요』)

   장군님과 꼭같으신/ 김정은선생님/ 흰눈처럼 깨끗한/ 마음으로 받
들 때//
   내 조국에 더 밝은 앞날/ 찾아온다고/ 12월의 눈송이/ 속삭여줘요
   ─ 최정향(벽성군 안봉중학교), 동시 〈속삭여줘요〉 부분(『영원한
우리 아버지』)

   옥이야 철이야/ 너는 들었니/ 사랑의 그 전설/ 너는 들었니//
   호상서던 울아빠는/ 발열붙임띠 받아안고/ 목메여울고//
   사무치는 그리움에/ 눈물이 앞서/ 때식도 잊고살던/ 우리 엄마는//
   사랑의 물고기를/ 가득 받아들고/ 격정에 북받쳐/ 또다시 울고//
   자신의 모든 것/ 인민의 행복위해/ 깡그리 바치신/ 장군님사랑으로//
   슬픔의 눈물이/ 차넘치는 이 땅에/ 천백배 힘을 주시는/ 김정은선
생님/ 아버지장군님과/꼭 같으셔요
   ─ 김철송(평양 인흥중학교), 동시 〈꼭 같으셔요〉 전문(『영원한 우
리 아버지』)

   서정시는 시적 화자의 이야기로서 시인과 거의 일치하는 목소리를
들려준다. 성인이 창작한 동시의 경우 어린이 화자는 의인화 은유이
다. 아동의 동시와 성인 작가의 동시는 여기에서 변별된다. 성인의 동
시가 텍스트 내에 허구적으로 투사된 어린이 화자를 내세운다면, 아동
의 동시는 자신의 이야기를 하기 때문이다.
   〈먼저 내려요〉에서 어린이 시각으로 포착된 앵글은 조의식장 풍경
중 하나인 '물매대'이다. 조의기간 중 북한의 언론매체가 대대적으로
선전한 '더운물 봉사매대' 일화는 인민에게 '온정'을 베푸는 김정은의
'어버이 사랑'의 환유이다. 이야기 구성을 주도하는 어린이 시점은 간

접화법을 통해 시적 화자가 김정은에게 고마움을 투사하도록 하며, 애도자를 위로하는 역할을 한다. 이러한 일화를 좀더 직접적인 방식으로 전달하는 시는 〈꼭 같으셔요〉이다.

〈속삭여줘요〉는 어린 화자가 상실을 수용하고 슬픔을 이겨내는 모습을 보여준다. 눈송이의 속삭임이라는 간접화된 방식을 통해 메시지가 전달되면서 효과적인 미감을 자아낸다. 반면에 〈꼭 같으셔요〉는 전형화된 표현으로 가득 차 있다. 북한이 계속해서 선전하던 김정은의 '업적'을 빠르게 스케치해서 전달한다는 점에서 요약적(summary)[19]이다. 중학교 학생의 동시라는 외피는 북한이 쓰려는 역사의 한 페이지를 정당화하고 빛나게 하는 역할을 한다고 볼 수 있다.

추모문학은 과거의 시간을 현재화함으로써 의미를 구성하고, 기억의 양상을 지닌 통제된 기록의 형식이 된다. 애도자는 애도 대상과 감정적으로 밀착됨으로써 애도자의 슬픔과 상실감을 극적으로 표현한다. 이 과정에서 애도 대상의 시간성은 업적과 위대성, 헌신과 사랑을 중심으로 회고됨으로써 역사쓰기에 접근하게 되는 것이다.

3. 공간과 문화적 기억의 재구성

슬픔을 표출하는 양상은 직접적·간접적 두 방식으로 나눠볼 수 있다. 슬픔에 충실하면서 대상의 부재로 인한 비감을 직접 드러내는 방법과 감정을 직접 노출시키지 않고 배경으로 스며들게 간접적으로 표출하여 미감을 높이는 방법이 그것이다. 심미적인 가치는 간접적인 표출 방식이 더 크다. 북한의 추모문학은 대개 감정을 직접 드러냄으로써 대상을 상실한 슬픔을 절곡하게 제시한다. 간접적 양식은 독자를 불확실성에 던져두기 때문에 북한문학에선 기피된다. 자신이 말하는 것이 무엇인지 확신에 찬 작가는 자신의 목소리에 독자를 동화시키려는 의지를 드러냄으로써 작품과 독자의 거리를 좁힌다.[20] 즉 동일한 사건으로 구성된 기억을 추모문학으로 재구성함으로써 개인과 공동체를 하나의 목소리로 결집시킨다.

애도 대상을 상징화하기 위해 복원된 시간과 함께 필요한 것은 공간적 지표이다. 공간은 삶의 시간성이 활력을 얻는 곳이다. "슬하의 천만자식들을 잘살게 하시려/ 그렇게도 겹쌓인 로고를 안으시고/ 초강도강행군길을 쉼없이 이어가신줄"(변홍영, 〈추모의 낮과 밤〉, 『장군님세월은 영원하리라』)에서 보는 것처럼 공간적 지표는 김정일의 삶의 궤적과 '순직'한 정황과 관련된다. 상기된 기억을 확인하고 업적을 재확인하기 위해 소환되는 공간은 고유명사로서의 공간과 익명으로서의 공간 두 가지이다.

① 지금도 아버지장군님께선/ 우리 일터를 찾아오셨던/ 그날처럼 우리와 함께 계십니다/ 영광의 그 사진 마지막모습이 아닙니다
— 리진주, 〈제발 꿈이었으면〉 부분(『장군님세월은 영원하리라』)

② 오늘같이 추운 겨울날/ 장군님 우리 공장을 찾으시여/ 그처럼 만족하게 평가해주신/ 량강도솜장화를 품에 안고있노라니/ 사랑의 그 숨결 가슴에 흘러들어/ 더더욱 그리움이/ 불같은 그리움이 사무쳐와/ 쏟아지는 피눈물이 앞을 가리웁니다
— 김길성, 〈이 솜장화를 신어보셨다면〉 부분(『장군님세월은 영원하리라』)

③ 인민들에게 하루빨리/ 훌륭한 살림집과 화려한 극장/ 그쯘한 봉사기지를 안겨주시려/ 외국방문의 길에 쌓인 피로 푸실새없이/ 만수대지구를 찾아주셨던 장군님
— 전수철, 〈폭풍치자 만수대지구여〉 부분(『장군님세월은 영원하리라』)

④ 여기 함흥땅에 찾아오시여/ 정든 공장들을 다 돌아보시고/ 쏟
아지는 인민소비품도 보아주시며/ 기쁘시여 그리도 기쁘시여/ 밝게
지으셨던 그날의 미소
　　ー리건길, 〈이 땅, 이 하늘, 이 인민과 함께〉 부분(『아, 우리 장군님』)

인용시 ①에서처럼 장소에 구체적인 의미가 부재할 경우, 공간은
"우리 일터"처럼 익명으로 처리된다. 익명의 공간은 특별한 공간적 의
미를 획득하지 못하고 텍스트 안으로 침전한다. 공간 자체보다 화자의
이야기에 초점을 맞추기 때문이다. 이 글이 주목하는 공간은 시적 화
자가 구체적인 이야기와 의미를 부여하는 고유명사로서의 공간이다.
인용시 ②, ③, ④에서 보는 것처럼 '량강도삼장화공장', '만수대지구',
'함흥'을 비롯해 '강선'이나 '희천' 등은 애도 대상자의 삶의 여정을 구
체적으로 보여주는 곳이다.
　고유명사로서의 공간은 김정일의 현지지도와 강행군길의 삶의 여정
이다. 또한 인민에 대한 사랑과 희생의 환유이기도 하다. 이런 공간은
시적 화자에게는 개인적 장소이지만, 공동체에게는 문화적 공간이다.
개인의 기억과 구별되는 문화적 기억은 사회를 통해 구성되고 공유되
는 공동체 차원의 기억이다. 시는 문화적 기억이 새겨진 특정 공간을
소환함으로써 김정일의 삶이 투영된 공간으로 재조정한다.
　시가 구체적으로 언급한 공간들은 역사적 또는 개인적으로 의미있
는 사건을 통해 기억의 장소가 되는 현장들에 속한다. 시에서 재확인
하는 이들 공간은 인민에 대한 김정일의 "사랑"이 투사된 곳이며, "길
에 쌓인 피로"에도 불구하고 찾아온 곳으로 김정일의 '헌신'과 '희생'이
어린 곳이다. 이런 공간은 집단적 망각의 단계를 넘어 기억을 확인하
고 보존할 수 있는 곳이자 사회·역사적 공간으로 확장되는 곳이다.[21]
　특별한 애정과 헌신이 투영된 공간은 그 장소의 의미 맥락을 상징적
으로 표상하기 위해 작가가 우의적으로 선택한 공간이기도 하다. 애도

자는 회상 장치를 통해 개별적인 체험을 경유하면서 문화적 기억으로
서의 공간을 재조정한다. 회상은 기억의 치환, 변형, 왜곡 등을 불가피
하게 불러온다.[22] 회상은 현재의 시점에서 과거를 재구성하고 역사화
하고 신화화할 수 있다는 점에서 북한 문학이 가장 빈번하게 사용하는
장치이다. 게다가 회상의 매개체로 기능하는 특정 공간은 망자 숭배
내지 역사화를 맥락화 한다는 점에서 장소 이상의 의미를 지니게 된다.
 '량강도솜장화공장'의 경우, "더운 날보다 추운 날이 더 많은 북방에
서 사는 인민들의 신발문제때문에 늘 마음을 놓지 못하"던 김정일이
직접 "량강도솜장화"라는 이름을 지어주고, 생산을 독려한 "인민에 대
한 위대한 헌신적복무정신이 낳은 또 하나의 사랑의 결정체"라는 일화
와 관련되어 있다.[23] '만수대지구'는 평양시 10만세대 살림집 건설이,
'함흥'의 공장은 '인민소비품' 생산 독려를 통한 인민생활향상이 키워드
로 작동한다. 이들 공간은 구체적인 김정일의 행적을 나열하지 않아도
회상을 통해 의미화 된다. 즉 고유명사 공간은 단순히 이야기가 전개
되는 배경이 아니라 애도 대상의 업적과 역사를 상징적으로 표현하기
위한 장치로서 기능하는 것이다. 이런 점에서 "지명이라는 고유명사는
단독성을 본질로 하는 '사건'을 이야기하는 가장 짧은 서사"[24]이면서
김정일의 업적과 역사를 재구성하는 과정으로 볼 수 있다.

　　아, 장군님과 량강도솜장화/ 장군님 아시고/ 장군님과 인연맺은
　　솜장화이야기/ 길이길이 전설로 전해가며/ 경애하는 김정은동지를
　　받들어/ 못다 바친 충정을 다해가렵니다/ 훌륭한 인민을 위해/ 더 좋
　　은 신발 더 많이 만들라 하신/ 그 유훈 기어이 관철해나가겠습니다.
　　─ 김길성, 〈이 솜장화를 신어보셨다면〉 부분(『장군님세월은 영원
　　하리라』)

　　완공된 준공식장에/ 경애하는 김정은동지를 모실/ 기쁨과 환희의

그 시각을 위해/ 세차게 더 거세차게/ 폭풍치자 만수대지구여!
   ─ 전수철, 〈폭풍치자 만수대지구여〉 부분(『장군님세월은 영원하
리라』)

전술한 바와 같이, 단순히 일터·공장·농장으로 지시되는 공간과
구별되는 구체적 지명은 김정일의 업적과 위대성으로 채색된 공간으
로서 공동체의 문화적 기억과 연대하고, 공적 기억으로 재구성된다.
김정일 유훈관철을 맹세함으로써 자연스럽게 후계구축을 공고화하는
시의 결부는 작가의 공간 선택이 우연적인 것이 아님을 보여주며, 김
정은 후계체제가 공간을 재문맥화 하도록 견인한다. 이는 북한의 추모
문학이 필연적으로 선택할 수밖에 없는 텍스트 외적 요구이기도 하다.
시에서 선택, 발견된 공간은 김정일-김정은의 연속선으로 이끈다. 공
간의 연결은 시간의 연결로서 후계 승계로 정당화되며, 애도자가 상실
을 수용하고 극복하는 원동력으로 구성된다.

반면에 문화적 기억이 공적 기억으로서 작동할 때 이와 다른 사적
기억, 또는 억압되거나 소외된 기억이 부수적으로 재생되기도 한다.
상실의 과정 속에는 애도작업을 통해 통합될 수 없는 잔여들이 항상
남아있기 마련이다.[25] 예컨대 앞 장에서 인용했던 〈열흘낮 열흘밤〉에
서 낮에는 일하고 밤에는 조의식장에 달려가는 노동자들의 모습을 생
각해 보자. 슬픔에 빠진 사람은 슬픔의 무게가 클수록 무기력에 빠지
기 쉽다. 그런데 시에서 표현한 것처럼 시적 화자는 오히려 점심마저
잊고 일할 수 있는 에너지에 가득 차 있다. 전일적 체제인 북한에서
국가의 핵심 키를 상실한 상태에서 이들을 더 열심히 일하게 하는 동
력은 무엇인가? 그것은 김일성 사후에 당면했던 고난의 행군이 김정
일 사망 후에 재연될지도 모른다는 불안감이 아닐까 한다. 다음의 인
용시를 보자.

어떻게 가실수 있단 말인가/ 그토록 사랑하는/ 이 땅 이 인민을 두
고/ 수령님탄생 100돐도 멀지 않았는데/ 2월 명절도 머지않아 눈앞에
있는데
　　— 최득필, 〈가시지 않으셨다〉 부분(『장군님세월은 영원하리라』)

수령님유훈 받들어/ 조국을 통일하고/ 강성대국을 보란듯이 세우
자고/ 우리와 하신/ 그처럼 간곡한 약속 어찌하시고/ 너무도 뜻밖에/
이리도 일찌기 가실수 있단 말인가
　　— 리광일, 〈정녕 가신것이 아닙니다〉 부분(『장군님세월은 영원하
리라』)

장군님 안계시면/ 우린 어쩌나요/ 엄마품에 매달려/ 흐느끼던 모
습이랑//
　행복의 웃음만/ 담아보던 일기장에/ 나서 처음 새겨가는/ 눈물의
일기예요
　　— 엄대혁(청진시 남포소학교), 동시 〈눈물의 일기〉 부분(『영원한
우리 아버지』)

　이들 인용시는 김정일의 죽음에서 마주친 불안과 의심, 공허감과 미
래에의 공포를 보여준다. 대개의 추모문학에서 사망 소식을 들은 이후
의 슬픔과 비탄을 보여주지만, 직면했던 불안감 또한 스며나오게 된
다. 추모문학이 보여주는 애도 과정은 자연스럽게 김정은에게 애정과
미래를 투사함으로써 상실을 수용하지만, 죽음의 시간과 애도의 공간
을 불러오면서 자연스럽게 그 당시의 불운한 기운들도 소환된다. 작가
의 좀 더 개인적인 기억들이 침투함으로써 미온적이지만 부정적인 감
상이 활성화된 셈이다.
　인용시들은 우선 상실에 대한 비탄과 원망을 보여준다. 그러나 이
들이 안내하는 곳은 절절한 슬픔의 이면에 놓인 불안과 공포라고 할
수 있다. 김정일의 죽음은 개인과 집단의 운명의 변화를 불러오는 극

적 사건이기 때문이다. 눈물과 통곡에는 개인적으로는 생계불안이, 집단적으로는 사회 불안이 내포되어 있다.

　추모문학이 전형화한 애도 과정이 집단적·공적 기억과 관련된다면, 불안은 사적 기억과 관련된다. 애도의 연대 속에서 꺼내놓게 된 것은 공적 기억 틈새에 놓인 사적 기억인 것이다. 이 때 자연스럽게 떠오르는 것은 김정일이 생전에 공언한 약속들이다. 2012년 강성대국론이 좌절될지도 모른다는 염려와 걱정의 이면에는 그동안 강성대국건설을 위해 애써온 모든 노력이 허사가 될 수 있다는 허탈감이 놓여있다. 최고 지도자에게 모든 것을 의존하는 북한 체제의 특성상, 그의 부재는 자연스럽게 국가의 안위를 걱정하는 것으로 이어지는 것이다. 비록 이런 틈새는 곧바로 견고한 언어와 확신으로 메워지고, 진술의 정도도 적다. 그러나 아이러니하게도 이러한 근심과 염려가 시의 진실성을 구가한다는 점에서 주목할 만하다.

III. 구원의 코드와 김정은 체제의 정당화

　추모문학이 애도 과정을 정상적으로 수행하는 관건은 등장인물이 상실의 슬픔을 수용하고 처리하는 애도 과정에 독자가 참여하도록 하는 데 있다. 동일한 상실감과 동일한 슬픔에 연대되면서 독자는 상실의 공동체에 편입되어 비로소 문학적으로 애도작업을 완결할 수 있다.

　　≪이 엄마가 일을 좀더 많이 했어도 우리 장군님… 그렇게 고생하시진 않았을게다. …어쩌면 렬차안에서 흑— 일경아, 이 죄를 어떻게… 어떻게 씻는단 말이냐.≫
　　(…중략…)

아니, 나 때문이야. 내가 공부를 좀더 잘해서 수학과목까지 5점만
점을 맞았어도 아버지장군님 가시지 않았을거야. 어머니가 더 많은
천을 짜지 못한것도 다 나때문이야. 그래서 엄마일에 지장을 주고 어
머닌 장군님앞에 이름난 혁신자로 나서지 못했던거야.
— 민경숙, 실화 〈꽃다발〉 중에서(『영원히 함께 계셔요』)

위의 글을 보면, 북한이 김정일의 사인(死因)을 무엇으로 보고 있는
지 알 수 있다. 김정일 사망에 반응하는 어머니와 아들의 대화는 상당
히 유사하다. 어머니는 자신이 덜 일했기 때문에 김정일이 사망했다고
생각하는 죄의식에 휩싸인다. 아들은 자신이 공부를 잘 안했기 때문에
어머니가 일을 못하게 되었고 결과적으로 자신의 탓이라고 생각한다.
인용글은 김정일 사망 원인이 과로에 있고, 그러한 과로는 인민들 자
신의 탓이라는 인과론적 입장을 압축적으로 보여준다.

초강도강행군길을 쉼없이 이어가신줄/ 너무도 뒤늦게 알게 된 죄
책감에/ 너무도 억울해서 터치는 피울음이다
— 변홍영, 〈추모의 낮과 밤〉 부분(『장군님세월은 영원하리라』)

우리 정녕 그 로고를 알면서도/ 더 잘 모시지 못한 그 죄책/ 일을
더 하지 못한 그 자책으로/ 교원들도 학생들도/ 머리를 들지 못하는
이 시각
— 안금철, 〈중대보도를 듣던 그날은〉 부분(『아, 우리 장군님』)

억울하고 원통한 마음, 분하고 고통스런 슬픔은 죄책감을 더욱 짙게
만든다. 강행군길의 노고와 희생, 헌신 등이 김정일의 지배소라면 인
민은 그러한 노고에 무지한 어린아이와 같은 존재로 형상화 된다. 이
때 발생하는 감정이 죄책감이다. 죄책감은 애도 과정에서 자연스럽게
생길 수도 있다. 그러나 통제되지 못하고 무의식적인 갈등과 과도한 자

기 비난이 덮치면 자아가 분열되고 멜랑콜리 징후를 나타내게 된다.26)

"내 심장이 터져뿜는 피"(정미향, 〈눈물의 시〉)와 같은 눈물을 흘리고, "언땅을 뜯으며 언땅을 두드리며"(〈위대한 김정일동지의 령전에〉) 죽음을 부정하고, 피눈물과 몸부림으로 상실을 인정하지 못하고, 자책과 죄책감은 이를 더 상승시킴으로써 멜랑콜리의 징후를 보여준다.27) 그러나 추모문학 속 징후로 포착되는 멜랑콜리는 동원된 감정 중 하나의 양식으로 볼 수 있다. 절대적 권위를 지닌 지도자의 상실을 극대화함으로써, 지도자와 동일시할 수 있는 후계자가 필연시 될 수 있기 때문이다. 이 과정에서 필요한 감정이 죄책감이라고 할 수 있다. 지도자의 상실의 원인이 인민에게 있다는 자책감, 내지 죄의식은 어떻게 구원을 받을 수 있을까? 결핍으로 남아 있는 상실의 대상을 채워 못다한 책무를 다하는 것, 이전에 못 다한 사랑과 헌신을 다 주는 과정에서 죄책감은 자기비난을 멈추고 다시 생활의 에너지가 될 수 있다.

"목이 멘 나를 바라보시며/ 장군님은 다정히 웃어"(변송희, 〈이전처럼〉)주고, 위안을 주는 모습으로 바뀌면서 상실을 인정하고 수용하려는 모습으로 바뀐다. 애도 대상의 결핍을 충족하는 존재는 후계자이다. 백두혈통, 만경대혈통의 승계자인 김정은을 맞이하면서 시는 "아아, 고맙습니다/ 만경대의 혈통을/ 곧바로 이어주신 대원수님!/ 백두산의 혈통을/ 빛나게 이어주신 장군님!"(최중권, 〈오늘도 장군님을 기다립니다〉)이라고 대체자를 인정하고 받아들이고 환영한다.

> 이 슬픔을 억척같이 딛고/ 우리 일떠서리라/ 장군님뜻을 실현하는 이 길에/ 불이 되여 우리 떨쳐나서리라// 장군님 안겨주신 신념의 불/ 함남의 불길은 더 거세차게 타번지려니/ 경애하는 김정은동지를 받들어/ 강성국가 기어이 일떠세우리라// 우리 꿋꿋이 이어가리라/ 백두의 혈통을/ 장군님과 우리 인민/뗄 수 없는 그 정처럼
> ─최정용, 〈장군님과 인민〉 부분(『장군님세월은 영원하리라』)

못가십니다 장군님/ 그처럼 사랑하신 인민을 남겨두고/ 강성국가
의 대문을 눈앞에 두고/ 어디로 그 어디로 가신단 말입니까! (…중
략…) 뜻도 장군님 그 뜻/ 정도 장군님 그 정으로/ 인민을 부둥켜안
으시고/ 억척같이 일어서신/ 경애하는 김정은동지 그이는/ 우리의
장군님이시다// 아, 슬픔에 젖은 인민들곁으로/ 척— 척— 척—/ 천만
무게로 자욱을 찍으시며/ 우리 장군님 나오신다!/ 그 발걸음에 멎어
섰던 지구가/ 움찔— 전진했다!
　　— 윤철호, 〈장군님 오신다!〉 부분(『장군님세월은 영원하리라』)

력사의 시련을 이겨내며/ 가장 힘들고 어려운 순간에/ 장군님 타
셨던 야간렬차 기적소리를 생각하자/ 백두산악처럼 거연히 우리를
이끄시는/ 경애하는 김정은동지를 생각하자!
　　— 최남순, 〈인민이여 앞으로〉 부분(『아, 우리 장군님』)

아버지장군님 기다리는 이 마음/ 철부지 내 가슴을 불타게 해요/
우리들을 강철보다 굳세게 해요/ 그 마음 영원히 안고 자라날래요/
김정은선생님 높이 받들어갈래요
　　— 김전리(금성학원), 동시 〈기다리는 마음〉 부분(『영원한 우리 아버지』)

슬픔을 딛고 일어서고, 신념을 다시 강화하자고 맹세하는 대상은 김
정은이다. 김정일의 삶의 궤적에서 뚜렷한 자취를 보여주는 공간 지표
는 김정은에게 동일하게 누벼진다. 백두혈통은 후계자의 정당성과 맹
세의 근원지가 된다. 김정은에의 충성 맹세는 김정일에 대한 죄책감을
더는 필연적인 요소이다.

결과적으로 애도자는 견고하고 일관성 있게 현실을 유지하기 위해
멜랑콜리가 유발한 공허의 자리에 다른 것을 채워 넣어야 한다. 결핍
의 자리를 대체하는 새로운 대상은 후계자 김정은이다. 바로 여기에서
멜랑콜리가 동원된 감정임을 알 수 있다. 추모문학은 후계자에 대한
정서적 토대, 감정적 승인을 위한 정치적 함의가 있다. 추모문학 속에

서 김정은은 김정일의 사전(死前) 안배와 혈통을 통해 김정일과 동일한 존재로 규정된다. 충격은 애도행위가 반복될수록 완화된다. 7월에 출간된 추모문학집의 어조도 비탄의 정도가 감소되어 나타난다. 사건 당시와 이후의 애도작업은 시간성의 괴리를 가지고 있어서, 사건이 문학 구조 속에 침투할 때 처음의 통절함을 차츰 잃게 되는 것이다.

〈위대한 김정일동지의 령전에〉가 애도의 원형을 새기고 창작방향의 나침반이 된다고 전술한 바 있다. 개별 작품들의 변주 또한 규제된 변형일 뿐이다. 추모문학집은 의미있는 전체로서 구성된 배열체라고 할 수 있다. 애도 대상의 대체자이자 후계자인 김정은의 권력이 안착되는 것, 사회 불안을 잠재우고 인민들의 충실성을 이전과 같이 이끌어 내는 것, 이런 목적들이 삽화처럼 그려져 있는 것이 추모문학집이다.

김정일의 죽음은 하나의 사건이자 시련이다. 비탄과 원망을 불러왔지만 상실은 새로운 시대의 출범을 알린다는 측면에서 오히려 환대의 영역에 속한다. 멜랑콜리 징후를 보여주던 비탄의 몸짓은 긍정적 미래 지향으로, 죄책감에 물든 내면은 새로운 지도자로 대체됨으로써 구원 받는다. 이렇게 해서 시련의 시간과 공간, 그 속에 존재했던 상실 공동체의 감정과 느낌을 불러와 현재화했던 애도작업이 마무리된다. 김정일 추모문학은 죽음을 역사화하고 문화적 기억을 공적 기억으로 재조정하면서, 새로운 체제를 강화시키고 안정시키는 역할을 수행한 것이다.

김정일 추모문학은 시간을 역행하여 애도하는 데 그치려는 포즈가 아니다. 인민대중 또는 독자가 따라갈 수 있는 스토리를 구성하여 애도와 후계구도를 매개한다. 〈위대한 김정일동지의 령전에〉에서 예견된 대로이다. 사회구성원들이 참여한 추모문학집은 상부 기준에 따라 불연속적인 작품들을 수집하여 정리한 것으로서, 통제된 애도행위의 산물이라고 결론지을 수 있다.

Ⅳ. 맺음말: 기억의 통제와 내일의 북한

집단적 행위로서의 애도는 일차적으로는 슬픔을 표현하지만, 이차적으로는 김정일의 생전의 역사를 기록한다. 그리고 여기에 김정은 후계 구도를 정당화하는 논리가 덧붙여짐으로써 추모문학이 지향하는 방향성을 뚜렷하게 가시화 하였다.

역사와 통치의 기억의 장소인 기록물보관소에는 유증과 유언으로 구성되어 있고, 권력과 소유와 혈통의 권리를 유지하기 위한 증거의 특징을 간직한 문서들로 되어 있다. 기록의 통제는 기억의 통제이며, 기억의 통제는 정치적 권력의 공고화를 위한 것이다. 정치적인 통제권의 교체 후에는 정당성을 구조화하면서 기록의 내용도 변화한다. 북한 문학은 문학 언어로 치환된 기록물보관소라 할 수 있다. 전대 지도자의 유훈과 후계자의 혈통, 통치의 정당성으로 가득 채운 추모문학은 인민의 참여를 통해 국가가 주도하는 역사 쓰기에 인민을 동참시키는 양상으로 전개되었다.

이 글에서는 먼저 사망 시간을 복원하고 현재화함으로써 개인의 시간과 문화적 기억을 결합하고, 이를 통해 역사적 기억으로 구성되는 과정을 살펴보았다. 또한 문화적 기억이 투사된 공간을 역사적 공간으로 호명함으로써 김정일의 업적과 역사는 좀 더 구체적으로 재구성되었다. 과로사로 명명된 사망원인은 죄책감과 멜랑콜리적 징후로 표출되었다. 후계자 김정은에게 애정을 투사함으로써 죄책감을 덜고, 북한의 미래는 구원받는다는 논리로 코드화되었다. 망자 숭배이면서 역사 쓰기인 추모문학은 슬픔을 기저로 한 애도작업이자, 정권 안착에 기여하는 메커니즘이 된 것이다. 따라서 추모문학은 김정은 후계 구도의 정당성을 기록하는 방식이라 할 수 있다. 추모문학은 애도 과정을 전형화 하고, 기록의 통제를 가시적으로 보여주었다. 이 과정에서 사적

기억의 틈새가 노출되었고, 애도의 이면에 놓인 불안과 공포도 읽을
수 있었다.

북한은 건국의 역사를 쓸 때 김일성을 구원자로 그려내곤 하였다.
김정은에게 권력이 이양된 오늘날 재문맥화된 것도 구원이었다. 그러
나 김정은의 구원의 코드가 어느 정도의 정당성을 획득할지는 미지수
이다. 국가의 위기와 시련을 가져오고, 개인의 삶의 위기를 유발한다
는 점에서 최고 지도자의 죽음은 분명 하나의 큰 사건이었다. 여기에
서 파생되는 감정이 죄책감이라는 것은 인민에게 유책사유를 두기에
문제적이다. 김일성 시대와 마찬가지로 인민은 구원의 대상이고, 통치
자는 메시아라는 등식은 여전히 반복되고 있다. 국가발전이라는 근대
화 담론이 여전히 압도적인 오늘날, 북한이 목표로 하는 내일은 반세
기 전의 지도자 숭배에 여전히 머물고 있는 셈이다.

제 8 장

김정은의 '열린 음악정치':

모란봉악단 공연을 통해서 본 북한*

강동완 · 박정란

≪모란봉악단은 예술로써 우리 혁명과 건설을 고무추동하는 당의
문예정책집행의 척후대가 되여야 합니다. --김정은. 로동신문(2013.1.1)≫

Ⅰ. 머리말: 왜 모란봉악단인가?

  김정은 정권 3년차에 접어드는 시점에서 북한 당국의 정책방향을
분석, 전망하기 위해 기존의 정치, 군사, 경제적 요인과 함께 소위 김
정은의 '음악정치'로 대변되는 문화적 요인을 살펴볼 필요가 있다. 집
권초기 '사회주의 문명강국'을 표방한 김정은 정권은 인민생활 향상을
위한 경제분야 집중과 함께 '체육강국'과 '문화강국'의 기치를 걸고 변
화를 강조하고 있다. 이는 새롭게 지도자가 등장하고 지지도와 충성도
고취를 위해 단기적으로 가시적인 성과를 도모하려는 정책적 의도로
해석된다. 즉, 단기간에 성과를 내기 어려운 경제부분보다는 집권초반
자신의 권력강화와 정권의 정당성을 높이기 위해 가시적인 성과를 쉽
게 보여줄 수 있는 부분에 집중한 결과인 것이다.
  북한 사회 변화의 키워드 중 하나로 모란봉악단을 주목할 필요가
있다. 모란봉악단은 김정은 국방위원회 제1위원장의 직접 지시[1]로 결

성되어 2012년 7월 시범공연을 가진 이후 최근까지 북한에서 가장 중요하고 의미를 부여하는 기념일에는 반드시 공연이 이루어졌다. 7.27 전승절, 로동당 창건 기념일, 김일성 군사대학설립기념일, 김정은의 군대 현지지도 시 화선공연, 광명성 3호 2호기 발사 성공 축하 기념, 2013년 신년축하공연, 630대연합부대 방문 화선공연 등이 대표적인 사례다. 이 공연들은 조선중앙방송을 통해 녹화실황으로 수차례 중계가 이뤄졌고 모란봉악단이 부른 노래는 주요 북한 방송의 배경음악으로 자주 등장하고 있다. 리설주를 북한의 퍼스트레이디로서 공식적으로 발표한 것도 모란봉악단 공연 참석에 대한 조선중앙통신의 보도를 통해서였다.

모란봉악단 공연이 주목을 받는 것은 김정은 정권의 시작과 더불어 이어져왔을 뿐 아니라 기존의 북한식 공연과는 구분되는 내용과 형식으로 구성되었기 때문이다. 화려한 조명, 현대적 전자악기, 여성 단원들의 패션과 헤어스타일은 기존의 북한 공연과는 확연한 차이를 보였다. 특히, 시범공연 때는 북한 당국이 '원수의 나라'로 선전하는 미국 영화의 한 장면을 무대배경으로 삽입하는가 하면, 자본주의의 상징인 미키마우스 캐릭터까지 등장시켰다.

김정은 국방위원회 제1위원장의 직접지시로 결성된 악단이 기존의 북한 공연예술과는 전혀 다른 형식과 내용으로 구성되었다는 점은 김정은 정권의 의중과 정책방향을 추론해 볼 수 있다는 점에서 의미가 있다. 특히, 노동신문에 따르면 "우리 당의 음악정치를 맨 앞장에서 받들어가는 모란봉악단이야말로 사회주의강성국가건설의 최후승리를 위한 대진군을 힘있게 선도해나가는 제일나팔수이다."[2]라고 언급할 만큼 그 위상을 강조하고 있다. 모란봉악단에 대한 이 같은 북한 언론매체의 대대적 선전은 결국 김정은 정권의 권력강화를 위한 음악정치의 대표적 사례라 할 수 있다. 음악이 북한 인민들의 사상의식을 고양하고 정권의 지배 수단으로 활용되는 음악정치로 대변되는 만큼 공연에서 발표된 노래 가사, 내용, 공연순서 배치 등은 치밀하게 계획된 정치적 메시지를 의도적으로 담고 있다는 것이다.

본 연구는 모란봉악단 공연 내용, 형식 등에서 보이는 메시지를 분석하면 북한정세 및 북한의 정책방향을 전망할 수 있는 중요한 단초가 될 수 있으리란 점에서 시작되었다. 본 글은 모란봉악단이 처음 등장한 2012년 7월 1회차 시범공연부터 2013년 7월 27일 전승절 축하 기념공연인 12회차 공연까지를 연구대상으로 한다.

〈표 1〉 모란봉악단 회차별 공연 개요

공연일시	공연제목3)	주요 참석자	공연성격
1회 (2012.07.06)	경애하는 김정은 동지를 모시고 진행한 시범공연	최룡해, 장성택, 김기남, 현철해, 김양건, 김영일, 김평해, 최부일, 김명국, 김영철, 조경철	시범공연
2회 (2012.07.27)	전승절 경축 모란봉 악단 공연	최룡해, 김경희, 장성택, 김영춘, 김기남, 최태복, 김양건, 김평해, 곽범기, 문경덕	군 관련
3회 (2012.08.25)	조선인민군 최고사령관 김정은동지를 모시고 진행한 8.25경축 모란봉악단 화선공연	최룡해, 현영철, 김경희, 장성택, 김정각, 현철해, 김원홍, 리명수, 오극렬, 김창섭	군 관련
4회 (2012.10.10)	경애하는 김정은 원수님을 모시고 진행한 조선로동당창건 67돐 경축모란봉악단 공연 〈향도의 당을 우러러 부르는 노래〉	김경희, 장성택, 박도춘, 김기남, 현철해, 김원홍, 김평해, 문경덕, 조연준	당 관련
5회 (2012.10.29)	경애하는 최고사령관 김정은 원수님을 모시고 진행한 김일성군사종합대학 창립 60돐 기념 모란봉악단 공연	최룡해, 현영철, 김정각, 장성택, 리용무, 김영춘, 현철해, 김원홍, 리명수, 오극렬, 주규창, 려춘석, 장동운	군 관련

회차	제목	참석자	관련
6회 (2012.12.23)	경애하는 김정은 원수님을 모시고 진행한 〈광명성-3〉호 2호기의 성과적인 발사를 축하하는 모란봉악단 공연	김영남, 최영림, 최룡해, 장성택, 현영철, 김격식, 김경희, 김기남, 최태복, 박도춘, 김영춘, 강석주, 현철해, 김원홍, 리명수, 김양건, 김영일, 김평해, 곽범기, 문경덕, 주규창, 로두철, 리병삼, 조연준, 최춘식	정 관련
7회 (2013.01.01)	경애하는 김정은원수님을 모시고 진행한 모란봉악단 신년경축공연 〈당을 따라 끝까지〉	김영남, 최영림, 최룡해, 장성택, 현영철	당 관련
8회 (2013.02.01)	조선로동당 제4차 세포비서대회 참가자들을 위한 모란봉악단, 조선인민군공훈국가합창단의 합동공연 〈어머니의 목소리〉	김기남, 최태복, 박도춘, 김영춘, 오극렬, 김양건, 김영일, 김평해, 곽범기, 문경덕, 로두철, 리병삼, 조연준, 태종수	당 관련
9회 (2013.04.11)	경애하는 최고사령관 김정은 동지께서 보내주신 모란봉악단이 조선인민군 제630대련합부대를 축하 방문한 화선공연	박봉주, 최룡해, 장성택, 김경희, 김격식, 김양건, 황병서, 손철주, 렴철성, 전창복, 김장수	군 관련
10회 (2013.04.27)	조선인민군 최고사령관 김정은 동지를 모시고 진행한 조선인민군 창건 81돐 경축 모란봉악단공연	김영남, 박봉주, 최룡해	군 관련
11회 (2013.06.23)	경애하는 김정은원수님께서 자강도의 로동계급들과 함께 모란봉악단 공연을 관람하시었다.	최룡해, 박태성, 황병서, 윤동현, 김택구, 박정천, 강관일, 홍영칠, 류영섭	정 관련
12회 (2013.07.27)	경애하는 김정은원수님을 못히고 진행한 모란봉악단 전승절 축하공연 〈위대한 승리〉	최룡해, 김경희, 김기남, 김영춘, 강석주, 김원홍, 김양건, 최부일	군 관련

출처: 제목 및 참석자는 조선중앙방송 보도 및 노동신문 내용을 참조하여 작성.

II. 모란봉 악단의 창단과 공연 내용

1. 창단 시기와 배경: '음악정치'의 지속성과 변화

모란봉악단은 앞서 살펴보았듯이 김정은 국방위원회 제1위원장의 지시에 의해 결성되었다. 북한 노동신문 보도에 따르면 "김정은 동지께서는 주체조선의 새로운 100년대가 시작되는 올해에 문학예술부문에서 혁명을 일으키기 위한 원대한 구상을 안으시고 새 세기의 요구에 맞는 모란봉악단을 친히 조직하여 주시였다."고 언급하고 있다.4) 또한 "어버이장군님의 음악정치의 위대한 업적과 생활력을 영원히 빛내여 가시려는 경애하는 김정은 동지의 숭고한 념원과 정력적인 지도에 의하여 조직된..."이라고 언급한 것을 볼 때 김정은 시대의 변화라는 키워드를 보여주고자 하는 의도가 있는 것이다.

모란봉악단이 최고지도자의 지시에 의해 만들어졌고 그 위상이 높다는 점은 이후 노동신문의 보도 성향을 통해서 계속 확인할 수 있다. 즉, "우리 인민을 가장 고상하고 문명한 사회주의문화의 창조자, 향유자로 보란 듯이 내세워주시려는 경애하는 원수님의 뜨거운 온정속에 태여난 모란봉악단은 독특하고 전도양양한 우리 식의 경음악단이다."5)라고 언급하며 김정은 정권의 성과를 강조하고 있다.

이후 2013년 1월 1일 당 중앙위원회, 당 중앙군사위원회, 국방위원회 명의로 "당의 문예정책관철에서 선봉적 역할을 훌륭히 수행한 모란봉악단의 창작가, 예술인들에게 보내는 감사문"을 통해 다시 한 번 확인할 수 있다. "모란봉악단은 경애하는 김정은 동지의 원대한 구상과 직접적인 발기에 의하여 조직된 우리 당의 친솔악단이며 국보적인 예술단체이다."6)라고 언급하고 있는데, "김정은 동지의 원대한 구상과 직접적인 발기"라는 표현에서 모란봉악단의 위상을 엿볼 수 있다.

한편, 조총련 기관지 〈조선신보〉는 "김정은 제1비서의 발전전략은 김정일 위원장의 친필명제 관철"이라는 분석기사에서 "조선에서는 모란봉 악단의 공연처럼 세계를 향한 새로운 도전과 분발이 연달아 일어나고 있다"고 소개하였다. 즉, 김정일 국방위원장이 "자기 땅에 발을 붙이고 세계를 보라는 명제"에 사상이 집약된 것으로 김정은의 모란봉 악단 조직 및 공연은 기존의 북한 문화예술 공연과 비교할 때 형식과 내용 면에서 차별성이 부각되었다.

특히, 조총련 기관지 〈조선신보〉는 김정일 국방위원장의 음악정치와 구별해 김정은 제1비서의 '열린 음악정치'라고 명명했다.7) 북한 노동신문은 지난 2012년 8월 12일자 '사랑하는 고향과 조국을 피로써 지킨 승리자들의 노래 영원하리'라는 기사에서 전승절 축하 기념공연을 언급하며 "모란봉악단이 거둔 이 모든 성과는 어버이 장군님(김정일)의 음악정치의 위대한 업적과 생활력을 영원히 빛내여 가시려는 경애하는 김정은 동지의 정력적인 령도의 고귀한 결실"이라고 보도하였다. 과거 김정일이 보천보전자악단과 왕재산경음악단, 은하수 악단 등을 통해 음악정치를 표방한 것과 같이 김정은의 직접 지시로 이루어진 모란봉악단은 김정은의 정권강화와 정치적 지배담론을 선전하기 위한 주요 수단인 것이다.

2. 모란봉악단 구성원들과 공연내용: 기존 공연과의 차별성 강조

모란봉악단은 12회 공연까지 총 19명의 여성 연주자와 가수가 등장하였다. 공연회차를 거듭하면서 보컬과 새로운 악기의 구성으로 단원들이 한두명씩 늘어나기도 하였다. 4회차 공연에서는 처음으로 무대배경화면에서 단원들을 소개하는 영상을 통해 담당악기와 이름을 소개하였다(아래 〈그림 1〉 참조). 주요 단원은 단장 겸 전자바이올린(1명):

선우향희, 전자바이올린(2명): 홍수경, 차영미, 전자첼로(1명): 유은정, 키보드(2명): 김향순, 리희경, 피아노(1명): 김정미, 섹소폰(1명): 최경임, 드럼(1명): 리윤희, 전자기타(2명): 리설란, 강령희, 보컬(8명): 김유경, 김설미, 류진아, 박미경, 박선향, 정수향, 리명희, 라유미 등이다.

〈그림 1〉 4회차 공연의 무대배경에 나온 단원소개 화면 예시

* Youtube 캡쳐.

모란봉악단 공연시 자막으로 제목과 함께 연주형식이 나오는데 이는 크게 경음악, 독창, 중창으로 구성된다. 매회 공연이 특정 행사일을 기념하는 의미를 담고 있기에 매회 전회 공연과는 다른 곡들이 주로 연주된다. 모란봉악단 공연의 형식의 주요 특징 중 하나는 기존 북한공연과는 달리 화려한 레이저 조명과 무대 배경을 꼽을 수 있다. 북한 언론매체 역시 모란봉악단에 대해 "화려한 무대조명의 효과로 하여 청각과 시각적으로 변화무쌍한 공연은 음악형상창조의 모든 요소들을 예술적으로 완전히 조화시키였다."[8]고 표현할 정도로 기존 형식과의 차별성을 강조하고 있다. 또한 "이전과는 달리 무대를 관람자들 속으로 깊숙이 배치하여 배우들과 관람자들의 교감의 친밀감을 보장한 것은 새로운 면모였다"고 평가하고 있다.[9]

노래 역시 기존 형식과는 차별성을 띠고 있다. 북한 언론매체를 통해 확인할 수 있는데, "모란봉악단의 공연에서는 지난 시기 잘 알려지지 않았거나 이미 불리워지던 노래들의 반주에서 기성관례를 대담하게 깨고 시대적미감에 맞는 리듬들을 다양하게 적용함으로써 사람들에게 새로운 노래를 듣는 듯한 감흥을 주고 있다. 음악형상에서 리듬을 잘 살려 쓰면 선률이 보다 새롭고 독특한 형상으로 살아나게 된다"고 평가하고 있다.[10]

〈그림 2〉 모란봉악단 공연의 화려한 무대배경과 조명

출처: 「로동신문」, 2013년 8월 4일.

모란봉악단은 이전의 김정일의 음악정치를 승계하되, '열린 음악정치'로 명명하며 변화를 강조한다. 기존의 은하수관현악단이 클래식악기와 전통악기의 혼합구성이었다면 모란봉악단은 전체 구성이 현대식 전자악기로만 구성되었다. 노래 역시 기존의 곡들을 새로운 리듬과 창법으로 부르면서 변화를 시도하고 있는 것이다.

3. 시범공연의 특징 및 의미: 모란봉악단은 무엇을 말하는가?

모란봉악단은 2012년 7월 시범공연 이후 2013년 7월까지 1년동안 총 12회의 공연을 개최하였다. 각각의 공연에서 선곡된 곡이나 무대배경 화면 등은 해당 기념일의 성격에 의해 맞추어졌다. 따라서 매회 공연마다 특별한 의미와 정치적 상징을 담고 있다. 이하에서는 첫 번째 시범공연의 의미를 자세히 살펴본다.

가. 모란봉악단의 시작(시범공연): "혜성처럼 나타나 첫막을 올린 공연"[11]

김정은 국방위원회 제1위원장은 지난 2012년 7월 6일 평양만수대 극장에서 모란봉악단의 시범공연을 관람했다. 또한 북한당국은 7월 13일 이 공연 실황을 조선중앙방송을 통해 녹화중계까지 했다. 김정은은 공연이 끝나고 나갈 때 무대를 향해 엄지손가락을 치켜세우며 공연의 만족감을 표시하는 모습을 보였다. 실제로 공연 이후 노동신문은 김정은이 "모란봉악단의 공연은 혁명과 건설을 추동하는 공연, 시대의 숨결이 맥박치는 약동하고 생신한 공연, 내용과 형식이 새로운 경지에 오른 공연이라고 거듭 높이 평가하시였다. 공연의 주제와 구성으로부터 편곡, 악기 편성, 연주기법과 형상에 이르는 모든 음악요소들을 기성관례에서 벗어나 대담하게 혁신하였다고 말씀하시였다.""[12]고 보도하고 있다.

모란봉악단의 시범공연에 대한 평가는 시범공연 이후 약 6개월이 지났을 때 확연히 드러난다. 2013년 1월 1일 노동신문은 "당의 문예정책관철에서 선봉적 역할을 훌륭히 수행한 모란봉악단의 창작가, 예술인들에게 보내는 감사문"이라는 제목의 글에서 조선로동당 중앙위원회, 당 중앙군사위원회, 국방위원회 명의로 발표한다. 이 발표문에 따르면 "혜성처럼 나타나 첫 막을 올린 모란봉악단의 시범공연은 피가 끓게 하고 심장을 달구어주는 공연, 특색이 있고 박동이 높뛰는 공연, 참신하고 살아숨쉬는 공연으로 우리 청년들과 인민들속에서 폭풍같은 반향을 불러일으켰으며 예술부문은 물론 모든 부문에 커다란 충격을 주고 온 나라에 약동하는 분위기가 차넘치게 한 전환적 계기로 되었다."고 언급하고 있다. 무엇보다 이 공연의 의미에 가장 큰 의미는 퍼스트레이디로서 이후에 밝혀진 리설주의 등장이다. 이처럼 북한이 큰 의미를 부여했던 시범공연에 담긴 의도를 대내, 대외 부분으로 구분하여 자세히 살펴보면 다음과 같다.

 (1) 대내 측면: 김정은에 대한 충성심 고양 및 우상화, 체제결속 내용이 공연의 첫 곡으로 연주된 아리랑은 전통음악의 대표적인 곡이라 할 수 있다. 아리랑을 전자바이올린과 드럼 등 현대적 악기를 통해 편곡, 연주한 것은 김정은 국방위원회 제1위원장이 주장하는 "시대의 요구와 인민들의 지향에 맞으면서도 우리의 사상감정과 미감에 맞게 전통음악과 대중음악을 균형적으로 끊임없이 발전시켜야 한다"는 취지를 그대로 담고 있다. 연주 전반부에는 기존 아리랑의 음을 그대로 살려 연주하지만, 후반부에는 빠른 비트의 박자로 편곡하여 전통음악이 대중음악으로 재해석된다는 의도가 분명히 드러난다.

 북한 음악에서 랩이나 록(rock'n'roll) 버전의 노래는 없다. 북한 음악이 이런 특성을 보이게 된 것은 민족문화에 대한 평가 때문이다. 북한의 문화정책은 기본적으로 민족문화의 전통 위에 사회주의적 내용을 담는 것인데 이 문화정책의 원리는 북한 정권 수립 이후 한 번도 변화된 적이 없다.13) 공연 마지막 곡은 "인민이 사랑하는 우리 령도자"라는 제목의 곡으로 결국 김정은에 대한 충성과 내부결속을 고양하는 내용으로 구성되었다.

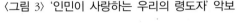

〈그림 3〉 '인민이 사랑하는 우리의 령도자' 악보

　결국 공연의 처음과 마지막은 김정은 국방위원회 제1위원장이 지시
한 전통과 현대의 조화, 사회주의를 지키되 세계적 추세를 받아들인다
는 메시지를 담으면서 김정은에 대한 새로운 지도자로서의 이미지를
부각시키고 있다. 북한 문화예술은 음악정치로 표현될 만큼 체제선전
과 지도자에 대한 충성심 고양 등을 목적으로 한다. 이번 공연에서도
최고지도자를 찬양하기 위해 새롭게 만든 노래인 "이 땅의 주인들은
말하네", "인민이 사랑하는 우리의 령도자" 등이 연주되었다. 이 곡들
은 모두 김정은의 권력승계 정당화와 우상화를 위해 새롭게 만들어진
곡들이다.
　사회주의체제의 우월함과 '인민이 사랑하는 친근한 령도자'라는 이
미지를 부각시킨 이번 공연은 대내적으로 김정은 통치방식에 대한 새
로운 이미지를 구축하기 위한 목적을 담고 있다. 김정일 사후 권력공
고화 과정에서 3대 세습에 대한 정당성을 확보하기 위해서는 새로운
세대에 맞는 지도자의 이미지를 창출할 필요가 있었을 것이다.[14]

한편, 최근 북한 내부로 확산되고 있는 남한 영화, 드라마, 가요 등 대중문화의 확산은 엘리트를 비롯한 권력상층부는 물론 일반 주민들에게까지 영향을 미치고 있다. "북한노래나 영화는 사상만 있고, 남한 노래와 드라마는 사랑을 이야기 한다"는 표현처럼 북한 주민들은 남한 대중문화를 통해 새로운 생활에 대한 동경, 인간의 기본적 생활과 자유, 경제적 가치 등을 간접적으로 경험한다.15)

즉, 북한 주민들에게 한국영상물을 비롯한 외부정보가 유입되고 있는 상황에서 '인민'의 대중적 문화 욕구에 일부분 부응해야 할 뿐 아니라 주도해야 한다는 북한 지도부의 인식이 반영된 것이라 할 수 있다.16) 사람의 생활은 자신의 생활 결과 만들어진 특정한 정치, 경제구조 '위'에서, 또는 특정한 정치, 경제구조의 끊임없는 영향력 속에서 이루어진다. 그리고 바로 이러한 사실 때문에 사회의 지배집단은 어떠한 정치, 경제구조가 자신이 바람직하다고 생각하는 '생활문화'를 침투시키는데 유리한지, 그러한 생활문화를 확산시키기 위해선 앞으로 어떻게 정치, 경제구조가 만들어져야 하는지 등을 지속적으로 고민할 수밖에 없는 것이다.17) 실제로 북한은 외부의 사상문화적 침투에 대응하는 차원에서 예술단체들의 활동을 독려하고 있음을 알 수 있다.18)

(2) 대외 측면: '세계적 추세'에 대응하는 변화의 모색

이번 공연에서 가장 큰 특징 중의 하나는 북한 형법 194조에 명시된 "퇴폐적이고 색정적인 자본주의 영화"의 한 장면을 직접 공연 배경으로 삽입했다는 사실이다. 영화 주제곡인 "이제 곧 날아오르리"를 연주하는 과정에서 삽입한 영화 〈록키〉는 실베스터 스탤론이 각본을 쓰고 동시에 주연을 한 영화로서 복서 로키 발보아의 삶을 그린, 로키의 네 번째 시리즈이다. 그 영화에서 로키의 로드워크(Roadwork)와 그가 소련 선수를 때려눕히는 장면 등을 무대배경으로 보여주고 있다. 영화

〈록키〉 등장에 관한 해석은 이 곡이 연주된 앞뒤 곡들과의 맥락적 의미로 파악할 필요가 있다. 주제곡인 "이제 곧 날아오르리" 연주는 북한 노래 "승리자들"과 중국의 오성홍기를 찬양하는 붉은 오성홍기라는 노래 뒤에 배치되었다. 삽입된 장면은 미국의 주인공이 구소련 선수를 때려눕히는 장면으로 이는 국내적으로는 기존 사회주의체제의 종주국이었던 구소련이 붕괴되었음에도 불구하고 북한의 우리식사회주의체제를 고수하고 있다는 메시지를 대내용으로 보여주고자 하는 의도로 해석할 수 있다.

선곡된 노래의 의미를 좀 더 확장하면 "녕변의 비단처녀"라는 곡의 의미를 주의 깊게 볼 필요가 있다. 영화 주제곡 연주가 미국에 대한 대화의 메시지나 북한의 유화적 공세라는 측면에서 해석된다면 이후 연주된 "령변의 비단처녀" 연주 역시 대미 메시지로 의미가 있는 곡이다.

북한은 지난 2008년 아리랑 공연을 "평안북도 녕변군을 무대로 한 작품"을 삽입하여 재구성한 적이 있다. 이 시기 아리랑에 등장한 영변이 핵시설 장소로서가 아니라 북한에서 유명한 비단 생산지로서 묘사되었다. 2008년 시기는 당시 북미간 핵신고 문제 타결과 영변 냉각탑의 공개 폭파 합의 등으로 핵문제와 북미관계가 급진전 양상을 보이던 때이다. 당시 아리랑 공연에 영변을 '핵 생산지'가 아닌 '비단 생산지'로서 부각시킨 것은 북미관계 개선 및 그에 따른 경제협력에 대한 메시지를 전한 것으로도 볼 수 있다.

미국의 북한에 대한 테러지원국 해제에 앞서 북한의 핵문제가 해결되어야 하는 만큼 당시 영변의 핵시설에 대한 세계적인 이목이 집중되어 있는 상황이었다. 이에 북한은 원래 〈아리랑〉 공연을 통해 핵을 보유하는 것에 대한 위용을 보이려 했으나 북미간의 회담이 성공적으로 성과가 나타난 만큼 영변이 핵시설보다는 비단이 더 유명했다는 것을 강조하며 평화이미지를 부각한 것이다.[19] 따라서 이번 시범 공연

시 미국 영화 장면 삽입 이후 령변의 비단처녀를 배치한 것은 2008년 당시의 상황에서 령변의 비단처녀가 갖고 있는 함축적 의미를 이번에도 역시 전하고자 하는 개연성으로 해석할 수 있다.

한편, 이 공연에서는 '세계동화명곡묶음'이라는 주제로 톰과 제리, 곰아저씨 뿌, 미키마우스, 미인과 야수 등의 에니메이션 주제곡들이 연주되었다. 노래 연주 시 곰돌이 푸의 호랑이캐릭터 티거, 뉴 슈퍼마리오에 나오는 초록색공룡 요시, 미키마우스 등의 캐릭터들이 직접 무대에 등장하였다. 미국 에니메이션을 직접 무대배경으로 삽입하고 주인공 캐릭터들이 등장했다는 점은 이전의 북한 공연과 가장 차별성이 있는 부분이다. 이는 김정은 정권이 강조하는 "세계적 추세"를 문화부분에도 적용한 것으로, 변화를 지향하는 정책적 의도를 분명히 보여주고 있다. 앞서 대미 메시지를 영화 로키를 통해 보여주듯이 이 부분 역시 동일한 맥락에서 미국에 대한 메시지를 담고 있는 것으로 해석할 수 있는 부분이다.

〈그림 4〉 모란봉악단 시범공연 중 미인과 야수의 한 장면

* Youtube 캡쳐.

Ⅲ. 북한주민이 인식하는 모란봉악단: 김정은 정권에 대한 주민 들의 인식 엿보기

모란봉악단이 이전 공연의 형식과 내용에서 이른바 '파격'을 선보이 는 것은 새로운 지도자의 변화에 대한 의지를 인민들에게 보여주고자 하는 의도가 있는 것이다. 이는 앞서 언급한 조선중앙방송과 노동신문 을 통해 공식적으로 확인되고 있다. 한마디로 새로운 지도자가 '새 세 기의 요구'에 맞게 새로운 공연을 결성했고, 이는 곧 정권의 지지도를 높이고자 하는 의도인 것이다.

모란봉악단의 변화를 이러한 김정은 정권의 정책의도로 전제한다면 실제로 북한 주민들은 모란봉악단에 대해 어떠한 의식을 가질까 궁금 해진다. 북한 주민들의 모란봉악단에 대한 인식은 악단 자체에 대한 선호라기보다 이를 결성한 김정은의 정책에 대한 평가라는 관점에서 살펴볼 필요가 있다. 이하에서는 북한주민에 대한 면접조사 결과를 바 탕으로 모란봉악단에 대한 긍정적 인식과 부정적 인식으로 나누어 살 펴본다.[20] 면접조사는 지난 2013년 7월 제3국에서 북한주민을 직접 만 나 이루어졌다. 이 글에서 말하는 북한주민은 남한으로의 입국을 목적 으로 탈북한 것이 아니라 식량구입 및 장사를 목적으로 국경을 넘은 자들이거나, 공식적으로 친지 방문을 위해 비자를 받고 체류하고 있는 사람들을 의미한다.

1. 모란봉 악단에 대한 긍정적 인식

가. 젊은 지도자의 등장에 따른 변화: "지도자가 젊으니까 치마도 짧아지고"

모란봉악단에 대한 긍정적 인식은 무엇보다 외형적으로 보이는 파격적 스타일이 결국 지도자가 젊기 때문에 가능하다고 인식한다.[21] 무엇보다 여성단원들이 짧은 치마를 비롯한 노출이 있는 옷을 입는 것이 "젊은 지도자가 등장"했기 때문이라고 증언한다. 사례 A의 경우 이전 시기에는 여성의 노출이 허용되지 않았는데 이제 다 드러내 놓고 나올 수 있는 것은 바로 젊은 지도자이기 때문에 가능하다고 인식하였다.

> 그전에 조선 여자들 다 꽁꽁 싸매고 있었는데, 이제는 다 내놓고 나오지. 그게 젊은 지도자가 나오니까 가능한 것이지... 그전에는 어림도 없지. (사례 A)

사례 B 역시 젊은 지도자가 등장했기 때문에 여성의 치마도 짧아지는 등 변화가 있다고 생각했다. 이러한 변화는 지금 세대에 맞게 하는 것이라는 일종의 기대심리도 작용하게 했다.

> 이젠 젊은 사람이 올라갔기 때문에 치마도 짧게 하고... 젊은 사람이 올라갔으니깐 지금 세대에 맞게 하는가보다고 사람들이 생각해요. (사례 B)

여성의 치마가 짧아지고 자유로워졌다는 사실은 단순히 스타일상의 변화만을 의미하지는 않는다. 사례 C는 스타일의 변화가 곧 여성의 실제 생활에 대한 정책변화로 이어질 것이라는 기대를 한다. 기존에 북한 당국은 여성들에게 바지를 못 입게 통제를 했는데 바지를 좋아하면 바지를 입을 수 있게 허용해 주었다는 것이다. 무엇보다 본인이 원하는 자유에 따라 바지와 치마를 선택할 수 있게 되었다는 점에 의미를 부여한다.

실제로 모란봉악단 공연 중에는 여성 단원들이 치마를 입지만 의자에 앉아 연주를 해야 하는 드러머의 경우 바지를 입고 있는 모습을 볼 수 있다. 이는 상황에 따른 실용적 측면의 변화라는 점에서 의미가 있다. 또한 이러한 변화의 이면에 리설주의 옷 스타일이 있다고 말한다.

> 모란봉 악단 새롭게 나왔고 아무튼 젊은 사람들이 했으니깐 달라진 것도 있어요. 여자들은 바지 못 입게 했어요. 치마 딱 입고... 근데 최근에는 자기 실정에 맞게 바지도 입는 사람... 취미가 바지 좋아하면 바지도 입고... 여자들 화장품도 하고 귀걸이도 박는거... 목걸이도 고상한거. 어쨌든 그렇게 점차적으로 하고 머리고 그전엔 많이 통제했는데 그렇게 없어지고 지금은 약간 자기치장도 하고... 하여튼 많이 달라졌어요. 리설주 옷 스커트 치마 많이 입어요. (사례 C)

사례 D 역시 여성들의 간편한 옷차림에 대한 변화에 기대를 한다. 앞서 사례 C와 같이 리설주의 패션에 대해 언급한다. 리설주가 입고 나온 옷이 과거의 치마저고리가 아닌 간편한 짧은 치마라는 점에 주목한다. 이러한 변화는 여성들의 실용적 옷차림에 대한 기대로 이어진다고 한다.

> 치마 저고리가 불편하지... 그런거 솔직히 할 수 없어서 입고 다니지, 얼마나 불편해요 여성들이 다니기가. 근데, 그 인제 리설주 같이 김정은이 하고 시찰하면서 나온거 보면 간편하게 짧은 치마 입구, 간편하게 입고 나오니깐 야~ 우리도 이렇게 좀 여자들이, 여자들이 기대한단 말이지... (사례 D)

한편, 북한 주민들이 인식하는 모란봉악단은 세대별로 차이가 있었다. 60대 남성인 사례 E는 모란봉악단보다 이전의 은하수악단이 더 좋다고 인식했는데, 젊은 사람들이 주로 모란봉악단을 좋아한다고 증언했다. 특히 젊은 세대들은 모란봉악단 단원들이 입고 나오는 옷과 헤

어스타일을 좋아하는데 일명 '모란봉스타일'이라 칭했다. 또한 모란봉
악단 공연에 대해 북한 주민들은 서로 정보를 공유하거나 이야기를
나눈다고 했다. 사례 E는 모란봉악단 단원들이 해외에서 유학을 하고
왔다는 것이 친구들과의 대화에서 주된 화제였다고 한다. 또한 모란봉
악단을 보면서 시대가 발전했다고 인식했다.

> 또 어드매 나가서, 단원들이 소련, 이딸리아 가서 배워왔다고 하더
> 라구, 3년인가. 많이 개방되었어요. 많이... 치마도 짧게 입고, 가슴
> 지쳐놓고 뭐 이렇게, 춤추는거 우린 뭐라데. 그동안 조선 텔레비만
> 보구 이러다가, 그런거 못봤으니까 그런거 나온거 보고서 시대도 발
> 전되었다 생각하지. (사례 E)

이전에는 황색바람 차단이라 해서 철저히 단속했는데 조선중앙방송
에서 본 모란봉악단 공연은 충격이었다고 한다. 그래서 젊은 사람들은
이전보다 훨씬 나아지고 발전했다고 인식했다고 한다. 모란봉악단 공
연을 조선중앙방송이 아닌 알판(DVD)으로 봤다고 증언하기도 한다.
북한 당국은 지금까지 매회 공연을 조선중앙방송 녹화실황을 통해 중
계하고 있는데, 지난 2012년 7월 전승절 축하공연의 경우 DVD로 제작
을 하였다.

나. 김정은과 국가발전에 대한 기대 심리 반영: "우리도 잘살게 될거다"
모란봉악단에 대한 긍정적인 인식이 국가에 대한 기대로 이어지는
경우는 사례 F를 통해 확인할 수 있다. 사례 F는 중국에 나와서 외부
정보를 인지하기 전까지는 모란봉악단을 최고라 생각했고, 이는 국가
에 대한 자긍심으로까지 이어졌다고 한다.

〈그림 5〉 북한에서 제작한 전승절 축하기념 공연 DVD

출처: 필자 직접 촬영.

중국 나오기 전에는 우리나라가 제일이다 생각했지. 모란봉악단
도... 정말, 중국 나와 보니깐 아니에요. 나와 보니깐 조선에 있는 사
람들은 우물안의 개구리처럼 자기에 대한 그것밖에 모르잖아... 여기
나오니깐 까막눈이 확 트이는 것 같아... (사례 F)

김정은의 지시에 의해 직접 결성된 모란봉악단이라는 점에서 이전
김정일이 결성한 은하수관현악단과 비교하며 김일성-김정일-김정은 시
대의 차이를 설명하기도 한다. 사례 G는 은하수관현악단과는 형식이
다르기 때문에 모란봉악단이 더 낫다고 인식하는데 이는 곧 지도자가
바뀌고 나서 기대하는 심리로 이어진다고 말한다.

옛날 뭐 은하수 악단이나 그런거 하고는 형식이 다르고 이렇게 하
니까네. 잘한다 하고... 모란봉 악단이 낫다고... 지도자가 바뀌고 나
서 좀 기대하고... (사례 G)

사례 H역시 모란봉악단의 특이한 옷차림에 주목하며 이러한 변화가
그 이전의 김일성과 김정일 시대와는 다른 사업방식이라고 말한다.

여자들의 옷차림이 좀 치마가 이렇게 올라가든가 좀 뭐 날씬한 몸
매 그런 머리 이렇게 길게 길러... 그런 방면으로 좀 그 이전과 특이
하게 나간거... 이전 할아버지, 아버지와 다른 사업방식이라고 말하
지. (사례 H)

모란봉악단의 등장에 대한 가장 긍정적 평가는 '잘살게 될 거라는
기대'를 갖게 되었다는 점이다. 사례 I는 모란봉악단을 보면 한국것을
따라했다고 인식했다. 한국과 중국이 잘살고 있다는 것을 알았는데 모
란봉악단과 같은 변화를 보며 자신들도 곧 잘살게 될거다라고 생각했
다고 한다. 사례 I의 증언은 한국과 중국의 경제적 발전상을 이미 인
지하고 있었다는 점과 모란봉악단의 변화를 국가발전의 기대까지 확
장했다는 점에서 주목할 만하다.

모란봉 악단을 보니까 치마도 짧고 그래서 한국 따라한 것 같다 이
렇게 생각했어요. 모란봉악단 보면 중국, 한국 따라갈 수 있다고 생각
했어요... 우리도 잘살게 될거다 기대하는 거죠. (사례 I)

2. 모란봉 악단에 대한 부정적 인식: "우리 생활방식하고 맞지 않아..."

앞서 살펴본 긍정적 인식과 달리 모란봉악단에 대한 부정적 인식도
있었다. 주목할 점은 모란봉악단의 등장과 변화에 따른 부정적 평가가

경제적 문제와 연관되어 인식된다는 점이다. 모란봉악단 그 자체에 대한 평가라기보다 현재 북한의 열악한 경제 상황과 연관지어 부정적 평가를 하고 있다. 사례 J는 무엇보다 백성들이 먹지도 못하는 어려운 경제상황에 짧은 치마입고 노래와 춤을 추는 게 어울리지 않는다고 언급한다. 앞서 긍정적 인식에서 짧은 치마가 젊은 지도자의 등장에 따른 변화이며 이러한 변화가 여러 분야에 걸쳐 이루어져 잘살게 될 것이라는 기대로 이어지는 것과는 전혀 다른 반응이었다.

> 너무 거짓이 많아요. 백성들은 뭐 먹지 못하고 사는 판에, 아니 고 짧은 치마 입고 막상 노래 부르고 춤추고 그런거이, 아니 그게 조상 사람 말따나 그게 어울리나요... 사람들이 좋아 안해요. (사례 J)

사례 K의 증언을 통해 경제적으로 어려운 상황에서 모란봉악단의 공연이 실제 도움이 되지 않는다는 점을 명확히 인식할 수 있다. 공연 중 불리는 선곡을 보면 주로 체제를 위해 충성하자는 내용의 곡들인데, 현재 경제적으로 어려운 상황에서 정그러한 곡의 가사내용에 대해 전혀 수긍할 수 없음을 잘 보여준다. 또한 "싸움하자"는 공연내용도 현재 경제적으로 어려운 상황에서 받아들이기 어려운 정책임을 우회적으로 비판하고 있다. 특히, 사례 K는 평양과 지방의 차이도 언급한다. 먹고 사는 문제는 평양보다 지방이 더 어려운 실정으로 모란봉악단 공연 자체가 자신들의 생활 방식과는 잘 맞지 않는다는 것이다.

> 백성들 먹여 살리겠다는 건 뭐 없고 그저 나가자 앞으로 이런 거 밖에 없단 말이야. 싸움하자는 것도 그렇고. 지방 사람들하고 평양 사람들하고 또 다르단 말입니다. 지방 사람들 그런거 시끄러워 한단 말입니다. 먹고 돌아갈 일이 중요한데 그런 공연자체가 우리 생활 방식하고 맞지 않단 말입니다. (사례 K)

Ⅳ. 모란봉악단 공연을 통해서 본 김정은 체제 분석

1. 김정은의 우상화와 권력강화를 위한 선전

본 연구에서 살펴보는 12회 공연은 모두 특정 행사를 위해 개최된 것으로 노래선곡에 따른 내용과 무대 배경화면 등에는 의도된 정치적 목적성이 있다. 무엇보다 '김정은' 개인에 대한 우상화와 권력강화를 위한 선전곡이 절대적으로 중요한 비중을 차지한다. 주목할 점은 공연 회차가 시기적으로 달라지면서 '김정은'에 대한 이미지 선전이 차이가 있다는 점이다.

모란봉악단의 12회 공연 중에 불려진 노래 가운데 '김정은'이라는 호칭이 직접 가사나 제목에 들어가는 노래 또는 '김정은'에 대한 충성과 찬양을 주 내용으로 하는 노래들을 통해 북한 당국이 주민들에게 '김정은'을 어떠한 이미지로 선전하고 있는지를 파악할 수 있다. 1회차 시범공연부터 2회차 공연까지는 공연 마지막 곡으로 "인민이 사랑하는 우리의 령도자"라는 곡이 불렸다. 이 곡은 인민의 영도자로서 '친근한' 이미지를 주로 강조하고 있는데, 이는 김정은 국방위원회 제1위원장의 권력승계 과정이 오래지 않아 북한인민들로부터 각인된 이미지가 크지 않음을 보여주는 것으로 해석할 수 있다.

3회차 공연에서 처음으로 "불타는 소원"이라는 곡과 함께 무대 배경 화면에는 현지지도를 하는 김정은 국방위원회 제1위원장의 모습을 선전했다. 아울러 이 공연이 조선중앙방송을 통해 북한 주민들이 직접 시청한다는 점을 고려하여 방송제작 시 이 곡을 들으며 눈물을 흘리는 관객들의 모습을 클로즈업하는 기법을 통해 "인민들을 위해 일하는 친근한 지도자"로서의 이미지를 부각시키고 있다.

이러한 효과는 광명성3호 2호기 축하공연인 6회차 공연에서 더욱 부각되는데, 김정은 국방위원회 제1위원장이 직접 미사일 발사현장에 현지지도하는 모습이 무대배경화면으로 등장하고 관객들은 감격의 눈물을 흘리는 장면이 연속적으로 클로징된다. "불타는 소원"의 가사에는 '인민을 위한 한길만을 걸으며, 최고지도자의 존재로 인해 미래가 창창하다는 내용'이 있는데 이는 결국 '김정은'의 수령적 지위를 인민들에게 각인시키고자 하는 의미로 해석할 수 있다.

<표 2> "불타는 소원" 가사

1절: 이 한밤도 먼길 가신 원수님 생각하며, 우리맘은 자욱자욱 간절히 따라섭니다. 우리 운명, 우리 행복, 원수님께 달려있기에 아침저녁 소원은 하나 원수님의 안녕입니다.
2절: 수령님과 장군님의 사랑을 가르치시며, 인민위한 한길만을 언제나 걸으십니다. 우리 운명, 우리 행복 원수님께 달려있기에 천만자식 소원 하나 원수님의 안녕입니다.
3절: 친근하신 그이 모셔 강산은 따뜻하고, 영명하신 그이 계셔 미래는 창창합니다. 우리 운명, 우리 행복 원수님께 달려있기에 하늘땅도 소원하는 원수님의 안녕입니다.

"불타는 소원"에 대한 노동신문의 평가를 보면 이 곡에 부여된 정치적 의미를 다시 한 번 확인해 볼 수 있다. 노동신문은 "한껏 승화된 공연의 정서적 감정세계를 거듭 폭발시키며 관중의 마음을 절절하게 사로잡은것은 녀성독창과 방창 ≪불타는 소원≫이였다. 이 노래는 불과 두달전에 사람들에게 처음으로 알려졌다. 가요 ≪불타는 소원≫을 처음으로 받아안았을 때 우리 인민은 자기들의 심정을 가사와 선률에 그대로 담은 이 노래에 완전히 끌려들어갔었다."[22)]고 언급하고 있다.

'김정은'에 대한 친근한 이미지 부각과 김정은 원수에 대한 찬양은 "복받은 인민"이라는 곡에서 더욱 확실히 드러난다. 북한에서 김일성과 김정일을 의미하는 수령복, 장군복은 이미 이전에 북한 인민들에게 정치적으로 선전되었는데, 김정은을 의미하는 대장복을 강조한다는 점에서 "복받은 인민"이라는 제목의 곡은 중요한 의미가 있다.

〈표 3〉 "복받은 인민" 가사

1절: 정다운 그 손길 꼭 잡고서 한순간도 못 놓습니다. 친근한 그 미소 가슴에 안고 만복의 꿈을 꿉니다. 우리에게 제일 고마운 원수님이 계십니다. 천만성원 모두 꽃펴줄 원수님이 계십니다.
2절: 포성이 울려도 맘은 편안해, 낙원을 꾸려갑니다. 눈바람 세차도 훗날에 살며 내일을 맞이합니다. 우리에게 제일 위대한 원수님이 계십니다. 천만성원 모두 지켜줄 원수님이 계십니다.

이후 '김정은'에 대한 친근한 이미지보다는 직접적으로 충성을 강조하는 노래들이 9회차 공연부터 다양하게 등장하는데 이 공연 시기를 주목할 필요가 있다. 즉 이 시기는 북한이 남한에 대해 전시상황을 선포하고 군사적 긴장을 최고조로 높이는 때였다. 이들 노래들은 대부분 "일편단심", "따르렵니다" 등이 가사의 키워드로서 김정은에 대한 충성심 고양 및 대내결속을 위한 가사로 구성되어 있다. "인민은 일편단심", "운명도 미래도 맡긴 분", "이 땅에 밤이 깊어질 때" 등의 노래는 모두 김정은에 대한 일편단심의 마음을 노래하며 충성을 결의하는 가사로 구성되어 있다.

〈표 4〉 김정은에 대한 충성을 강조하는 노래

인민은 일편단심
1절: 머나먼 길 따르면서 간직해 온 일편단심, 가야할 길 천만리에 더욱 굳게 간직하리. 장군님과 맺은 정 핏줄처럼, 핏줄처럼 지닌 마음.
2절: 천만고생 다하시며 품에 안아 키운 사랑. 꿈결에도 잊지 못해 참된 의리 지켜가네. 장군님의 뜻으로 변함없이, 변함없이 사는 마음.
3절: 한생토록 지킨 마음 대를 이어 물려주며, 좋을 때도 힘들 때도 한길만을 걸으리라. 장군님의 그 위업 충정다해, 충정다해 받들 마음.

(후렴) 그 언제나 인민은 일편단심, 당을 따라 일편단심. 아- 간직하리.

운명도 미래도 맡긴분
1절: 밤늦은 그 사랑 봄빛이라면, 그 푸른 은정 햇볕이련가, 그 정에 마음이 끌려 목매어 우러르는 분.
2절: 생사를 같이할 동지도 전우라 부르며 믿음주시네, 혁명의 먼길을 함께 가자고 손잡아 이끄시는 분, 우리의 운명, 우리의 미래 김정은 동지, 일편단심 충정을 다해 영원히 따르렵니다.
3절: 그 이름 부르면 신심 넘치고, 그 조국 백두의 혈통을 조선을 빛내시는 분.
(후렴) 우리의 운명, 우리의 미래, 김정은 동지, 일편단심 충정을 다해 영원히 따르렵니다.

이 땅에 밤이 깊어갈 때
1절: 하루 해 기울고 날이 저물면 불빛이 어려오네. 인민을 위해 이밤도 지세우실 김정은 동지. 언제 쉬시나 자정도 깊은데 저하늘 별들아 말좀 하여주려마.
2절: 잔비가 뿌려도 눈이 내려도 밤깊은 전선길 밝히려 오네. 조국의 운명과 인민을 위해 험한령 넘고계신 김정은 동지. 언제면 쉬시나 한순간이라도, 저멀리 별들아 말좀하려 주려마.
3절: 인민의 소원은 밤이면 하늘을 가득히 덮네. 조국의 운명과 인민을 위해 심장을 바치시는 김정은 동지. 세월의 끝까지 안녕히 모시네. 한마음 따르며 일편단심 모시리.

2. '당의 령도'를 강조하며 당중심 통치방식으로 전환하고자 하는 의도

김정은 정권의 정치적 방향은 당, 정, 군이라는 권력체계의 구조적 모순을 해결하기 위한 차원에서 당 중심의 통치체제 구축을 위한 다양한 시도들이 이루어지고 있음을 주목해야 한다. 북한은 지난 2013년 6월 북한은 북한 주민들의 행동규범으로 기능해온 '유일사상체계 10대 원칙'을 개정했다. 1974년에 제정된 후 39년만에 '당의 유일사상체계 확립을 위한 10대 원칙'이란 명칭으로 바꾸며 당의 영도를 강조했다. 개정된 원칙은 김정은의 권력세습을 정당화하는 가운데 노동당의 권능을 강조하는데 초점이 맞춰졌다.

이 원칙 제9조는 수령의 영도 및 수령에 대한 충실성을 당의 영도 와 당에 대한 충실성으로 바꿨었다. 또한 지난 2013년 2월과 8월 당중 앙군사위 확대회의에서 김정은의 주재로 '중요한 결론'을 내린 것이나, 3월 당중앙위 전원회의에서 '경제-핵 병진노선'을 채택한 것도 당 중심 의 정치지형 변화를 의미하는 것으로 해석할 수 있다.

권력내부의 역학관계 뿐 아니라 북한이 노동당 중심으로 통치되고 있음은 여러 측면에서 확인된다. 우선 군에 대한 당의 영도를 확고히 한 것이다. 김정은 국방위원회 제1위원장은 선군절을 앞두고 발표한 담화에서 인민군이 당의 영도를 따라야 한다는 점을 분명하게 밝혔다. 기실 1960년대 말 김일성에 의해 당이 군대를 영도한다는 것은 명확 해졌었다. 그러나 김정일 시대에 선군정치를 내세우며 군의 역할을 강 조하면서 북한은 군에 의존하는 정치행태를 보여왔다. 그러나 김정은 시대가 시작된 후 북한은 분명하게 당 우위의 통치체제를 구축하고 있다.[23]

모란봉악단 공연을 통해서도 당의 영도가 강조되고 있음을 간접적 으로 확인할 수 있다. 즉, 1회 시범공연을 제외하고 2회부터 12회까지 공연에서 불린 노래는 경음악을 제외하고 총 151곡이다. 이 곡을 가사 의 내용에 담긴 주제별로 분류하면 정권찬양, 당의 령도, 군대 강조, 사회주의(국가) 강조, 서정가요, 통일 등으로 구분할 수 있다. 각 회차 별로 선곡된 노래를 분류하고 이를 종합적으로 분석하여 당-군-정의 위상 및 의미를 추론해 볼 수 있다. 당 찬양(46곡) 〉 정권찬양(41곡) 〉 사회주의 찬양(35곡) 〉 군대 강조(24곡) 〉 통일(4곡) 〉 서정가요(1곡) 등 으로 순서로 당을 찬양한 곡들이 가장 많음을 알 수 있다. 앞서 10회 의 공연 중 군관련 행사가 5회로써 당, 정 관련 행사보다 많았음에도 불구하고 노래의 선곡은 당을 찬양하는 노래가 더 많이 선곡되었다.

〈표 5〉 공연 선곡의 주제별 분류

회차	주제별 분류					
	정권 찬양	당의 영도 강조	군대 강조	사회주의 (국가) 강조	서정가요	통일
2회차	5	1	3	5	0	0
3회차	5	2	2	4	0	0
4회차	4	16	1	2	0	0
5회차	2	5	2	3	0	0
6회차	2	4	0	6	0	0
7회차	8	0	0	4	1	4
8회차	2	7	2	3	0	0
9회차	3	2	1	1	0	0
10회차	3	2	5	2	0	0
11회차	2	5	4	2	0	0
12회차	5	2	4	3	0	0
합계	41	46	24	35	1	4

특히, '높이 날려라 우리의 당기' '당을 노래하노라', '당중앙을 목숨으로 사수하자' 등의 당의 영도를 강조하는 곡은 거의 매회 공연마다 불려지고 있다. 이는 모란봉악단 공연을 북한매체를 통해 대대적으로 선전하며 일정한 당의 역할과 위상을 재정립하려는 정치적 의도를 내포하고 있다는 점에서 중요하게 해석할 부분이라 할 수 있다.[24]

〈표 6〉 "당을 노래하노라" 가사

1절: 수천 길 바다 속 진주와도 같아라. 내 가슴속의 이 노래. 나에게 믿고 살 그리움의 별을준 그대는 사랑의 하늘. 그처럼 정을 다하여 내삶을 빛내준 그대. 이 세상에 둘도 없는 품. 내 운명 당이여. 그대를 나는 노래하노라.

2절: 그대를 책에서 나는 알지 않았네. 생활이 알게 하였네. 때로는 내 홀로 안고있던 괴롬도 그대가 가셔주었네. 그처럼 정을 다하여 내삶을 빛내준 그대. 이 세상에 둘도 없는 품. 내 운명 당이여. 그대를 나는 노래하노라.

> 3절: 천만의 아들딸 영웅으로 키워온 그대는 붉은 당기발. 기폭에 어머니 옷자락이 어려와. 목 메여 노래하노라. 그처럼 정을 다하여 내삶을 빛내준 그대. 이 세상에 둘도 없는 품. 내 운명 당이여. 그대를 나는 노래하노라. 아- 당이여, 위대한 당이여, 그대를 나는 노래하노라.

결국 이러한 배경에 근거한다면 앞으로 북한정치는 당중심의 권한과 역할을 더욱 강조하며 기존의 군부 중심의 비정상적 비상 국가 운영체계를 당국가 운영체계로 전환하기 위한 정책적 조치가 이어질 것으로 볼 수 있다.

3. 김정은 집권 초기 최대 성과로서 '단숨에' 강조

김정은의 집권 이후 가장 큰 성과로는 〈광명성 3호〉 2호기와 은하3호 발사 성공을 꼽을 수 있다. 특히 6회차 공연은 〈광명성-3호〉 2호기의 성공적 발사를 축하하는 의미로 이루어졌다. 조선중앙통신은 "《광명성-3》호 2호기를 성과적으로 발사하는데 공헌한 과학자, 기술자, 로동자, 일군들을 위하여 평양 목란관에서 성대한 연회를 마련하고 이후 김정은이 함께 모란봉 악단 공연을 관람했다"고 보도하였다. 이 공연에서는 무대 위에 은하3호라고 명기된 미사일 모형이 설치되었으며, 김정은이 직접 현지지도하여 발사를 진두지휘했다는 이미지를 배경화면으로 제시하고 있다.

김정은 국방위원회 제1위원장은 2012년 신년사에서 "강성국가건설을 위해 〈단숨에〉 구호"를 제시한 바 있다. '단숨에'는 북한이 그동안 강조해 온 과학기술의 발전을 통해 단번도약을 이루겠다는 의도와 같은 맥락으로 김정은이 제시한 구호이다. 이는 결국 김정은의 령도로 우주개발에 성공했고 이를 대내외에 과시함으로써 김정은의 통치에 대한 정당성을 확보하려는 의도로 해석할 수 있다.

모란봉악단 공연 중 '단숨에'를 연주할 때에는 반드시 배경화면에 은하3호 발사 장면을 수차례 반복하기도 하였다. 특히, 관객들은 이 곡이 연주될 때 무대 앞으로 나와 춤을 추거나 환호성을 지르는 모습을 보인다. 곡 '단숨에'는 거의 매회 공연 때마다 연주되며, 특히 신년 축하공연에서 무려 4번이나 연속적으로 반복되기도 했다. 실제로 '노동신문'은 〈단숨에〉를 공연의 절정으로 표현하고 있다. "마치 위성발사장에 두발을 짚고 서 있는 것 같기도 하고 단숨에 우주로 치솟는 위성에 몸을 실은 것 같기도 하여...(중략)...이 노래에는 단숨에의 기상으로 2012년을 승리와 영광으로 빛내이고 100% 우리 힘과 기술, 지혜로 과학기술위성을 당당히 쏴올린 승리자들의 크나큰..."으로 평가하며 '단숨에'의 성과와 정신을 강조하고 있다.

4. 공연 배석자의 위치로 본 최룡해의 위상

모란봉악단 악단의 공연에는 반드시 김정은이 직접 관람을 하였다. 북한 엘리트의 권력과 위상을 분석할 때 김정은의 현지지도 시 수행한 인물과 공연배석 등은 주요한 평가요인이 된다. 모란봉악단 공연 시에도 김정은을 수행하는 참석자들을 소개하고 있는데, 1회부터 12회 공연까지 참석자를 보면 최룡해의 수행이 가장 많음을 알 수 있다. 물론 앞서 언급한 바와 같이 10회 공연 중 군관련 행사가 5회라는 점을 볼 때 최룡해의 수행 횟수가 가장 많다는 점은 당연한 결과일 수 있다.

그런데 다른 관점에서 보면 참여횟수 뿐만 아니라 수행형태를 주목할 부분은 지난 시범공연 당시 장성택이 옆테이블에 앉은 것과 비교하면 최룡해는 리설주와 함께 김정은의 바로 옆자리에 앉아 있음을 알 수 있다. 이러한 좌석배치는 이후 모란봉악단 공연에서 수차례 재연된다.

〈표 7〉 모란봉악단 배석 참가자 횟수

이 름	참가회차	총 참가횟수	이 름	참가회차	총 참가횟수
최룡해	1, 2, 3, 5, 6, 7, 9, 11, 12	9회	최부일	1, 12	2회
김기남	1, 2, 4, 6, 8, 12	6회	최영림	6, 7	2회
김양건	1, 2, 6, 8, 9, 12	6회	황병서	9, 11	2회
장성택	1, 2, 4, 6, 7, 9	6회	강관일	11	1회
김경희	2, 3, 4, 9, 12	5회	김명국	1	1회
김원홍	3, 4, 5, 6, 12	5회	김영철	1	1회
김평해	1, 2, 4, 6, 8	5회	김장수	9	1회
현철해	1, 3, 4, 5, 6	5회	김정각	3	1회
김영춘	2, 6, 8, 12	4회	김창섭	3	1회
문경덕	2, 4, 6, 8	4회	김택구	11	1회
현영철	3, 5, 6, 7	4회	려춘석	5	1회
곽범기	2, 6, 8	3회	렴철성	9	1회
김영남	6, 7, 10	3회	류영섭	11	1회
김영일	1, 6, 8	3회	박정천	11	1회
리명수	3, 5, 6	3회	박태성	11	1회
박도춘	4, 6, 8	3회	손철주	9	1회
조연준	4, 6, 8	3회	윤동현	11	1회
최태복	2, 6, 8	3회	전창복	9	1회
강석주	6, 12	2회	조경철	1	1회
김격식	6, 9	2회	주규창	6	1회
로두철	6, 8	2회	최춘식	6	1회
리병삼	6, 8	2회	태종수	8	1회
박봉주	9, 10	2회	홍영칠	11	1회
오극렬	3, 8	2회			

〈그림 6〉 시범공연 당시 장성택과 최룡해의 좌석배치

출처: 「로동신문」, 2012년 7월 9일.

5. 체제수호 자신감에 기반한 '자주통일' 강조

2013년 1월 1일 신년축하 공연은 모란봉악단이 주도하였다. 창단 이래 2010년부터 매해 신년경축공연을 담당해 온 은하수관현악단의 자리를 모란봉악단이 대체한 것이다. 북한은 이 공연에 대해 "위대한 음악정치의 새로운 경지를 빛내여 가는 김정은의 손길아래 펼쳐진 사회주의문명국가의 자랑스러운 화폭이다."[25)]라고 평가하였다. 이 공연에서 특히 이전 공연과는 달리 '통일'이 핵심주제로 등장했다는 점이 특징이다. "백두와 한라가 손을 잡으면 하나가 되는 통일"을 말하며 "우리의 소원은 통일" 노래를 '우리의 소원은 자주'로 개사하여 불렀다. 무엇보다 배경화면으로 남북정상회담 시 김대중, 노무현 전 대통령과 김정일 국방위원장의 악수 장면과 함께 "통일 6·15"라는 제목의 곡까지 새롭게 등장하였다.

<그림 7> 모란봉악단 공연 중 배경화면으로 등장한 정상회담 관련 사진

* Youtube 캡쳐.

이 공연에서 유독 강조되는 것이 '우리민족끼리'의 '자주통일'이다. 이와 관련하여 주목할 부분은 이번 신년공연에서 무대배경으로 반복되어 나오는 광명성3호 성공발사에 대한 내용이다. 2012년 12월 광명성 발사 성공 축하기념 모란봉악단 공연에서는 무대설치로 은하 3호 모형이 등장했었다. 신년축하 공연에서도 역시 은하3호 모형이 무대 위에 세워졌으며 노래 내용에서도 이 부분이 강조되고 있다. 우주정복이라는 김정은의 위대한 업적을 찬양하며 체제 정당성과 우월성을 강조하고 있는 것이다. 2013년 김정은의 육성으로 공개된 신년사에서도 최대의 성과와 업적은 단연 광명성 3호의 성공적 발사에 대한 내용이었다. 공연에서 통일이 강조되는 것은 광명성 3호의 성공에서 비롯된 정권 수호의 자신감에서 발현된 것이라 할 수 있다. 즉, 기존의 남북관계에서 수세적인 입장이 아니라 주도적 통일을 주장할 만큼의 우월감의 표시로 해석할 수 있다.

V. 맺음말

모란봉악단 공연은 최고지도자의 의중을 담아내기 위해 치밀하게 짜여져 대내외 메시지를 담고 있다는 점에서 의미가 있다. "세계적 추세"를 강조하는 김정은 국방위원회 제1위원장은 정치, 경제적 부분의 개혁에 앞서 기존 권력의 저항이 상대적으로 낮은 문화 분야에서 자신의 통치방식을 드러냈다. 김정은 국방위원회 제1위원장은 시범공연 관람 후 "우리 인민의 구미에 맞는 민족고유의 훌륭한 것을 창조하는 것과 함께 다른 나라의 것도 좋은 것은 대담하게 받아들여 우리의 것으로 만들어야 한다고 하시면서 주체적립장에 확고히 서서 우리의 음악예술을 세계적 수준에서 발전시켜야 한다."[26]고 언급하였다. 김정일 사후 탈북자 단속을 위한 국경경비 강화와 내부결속을 위해 재입북한 탈북자를 통해 남한을 비난하는 일련의 행보는 한류를 비롯한 외부정보 유입이 분명 북한 체제의 근간을 흔드는 요인이 되고 있다는 점을 반영한 것이다. 따라서 억압과 통제 우선의 통치가 아니라 이미 북한 상류층을 비롯해 하층민에게까지 확산되고 있는 남한에 대한 정보를 차단하고, 외부문화에 대한 동경을 북한식 문화로 해석하여 호감을 얻고자 하는 의도가 내포된 것으로 볼 수 있다. 무엇보다 집권 초기 젊은 지도자라는 점을 장점으로 부각하여 북한 주민들이 변화를 느낄 수 있는 가시적인 성과를 보여주기 위한 최상의 방식으로 선택한 것이 바로 모란봉악단을 통한 음악정치라 할 수 있다.

김정은의 국가정책 목표인 "경제-핵무기 건설 병진노선"의 내용을 담은 노래나 김정은의 개인 우상화를 위해 새롭게 만들어진 노래 등은 모두 모란봉악단 공연을 통해서 북한 인민들에게 선전되고 있다. 모란봉악단은 '김정은'의 아이콘으로서 최소한 김정은 시대를 읽을 수 있는 요인 중 하나라는 점에서 의미가 있다. 모란봉악단이라는 문화적 코드를 통해 의도된 메시지를 주입하고자 하는 정권의 정치적 의도와, 이에 대해 반응하는 북한 인민들 사이의 간극이 어떠한 방식으로 전개될지 지켜볼 일이다.

제 9 장

북한 김정은 시대 청년동맹 연구*

김종수

Ⅰ. 서론

북한사회의 특징은 조직생활이라 할 수 있다. 북한의 어린이는 출생 후 3개월 정도가 지나면서 탁아소 생활을 하면서 조직생활을 익히게 되고 정규적인 조직생활은 소학교 입학하면서 조선소년단 생활로부터 시작된다. 이후 김일성사회주의청년동맹(이하 청년동맹)을 거쳐 조선노동당 또는 조선직업총동맹 등과 같은 근로단체에서 조직생활을 한다. 북한에서는 조직생활에 대해 '사상단련의 용광로', '혁명교양의 학교'로 정의한다. 북한의 당원과 근로단체 구성원들은 정치조직 생활을 통해 '수령의 혁명사상'을 정치적 '양식'(糧食)으로 섭취하고 조직과 동료들의 '방조'(傍助)하에 자신을 단련해 나간다.[1]

북한의 14~30세 청년들은 '유일 청년조직'인 청년동맹에 가입하여 조직생활을 한다. 청년동맹원 수는 약 500만 명이며 여기에 소년단원 300만 명까지 포함하면 규모면에서는 최고의 조직이 된다. 최근 북한 지도부는 사고의 유연성을 잃은 구세대보다 신세대인 아동과 청소년이 진정한 김정은의 사람이 될 가능성이 크다고 보고 그들에 대한 관심을 높이고 있다. 모든 사회가 미래세대인 청년들을 중요시하지만 대내외적으로 고립되어 있는 북한에서는 더욱 그렇다. 북한당국은 "청년들을 어떻게 준비시키며 그들의 역할을 어떻게 높이는가 하는 데 따라 혁명의 전도와 민족의 장래가 좌우되게 된다"고 인식한다.[2]

북한에서는 김정일이라는 강력한 권력자가 사망하고 정치적 카리스마와 지지기반이 미약한 김정은이 충분히 준비되지 않은 상태에서 권력을 승계했다. 이는 지배체제 내의 분화 가능성과 아울러 체제위기 상황에 체계적인 대처에 한계가 있을 수 있음을 의미한다.[3] 따라서 이 글에서는 새로운 것에 민감하고 열정적인 특성과 단련되지 못하고 다른 사상에 '감염'되기 쉽다는 특성을 동시에 가지고 있는 청년들이 어떤 활동을 하고 있는지 분석하여 북한체제 안정성을 평가해 볼 수 있다. 즉, 이 글은 문헌분석 방법을 통해 '계승의 시기'인 김정은 시대 초기에 북한 사회주의 체제의 변화와 지속의 주역을 담당하는 청년들의 정치적 역할을 살펴보고 이를 통해 체제 안정성을 평가하고 향후 전망을 분석하는 데 목적이 있다.

II. 북한 청년동맹의 성격과 발전 과정

1. 청년동맹의 사상교양단체 · 후비대 성격과 역할

2010년 개정된 조선노동당 규약 제9장 '당과 근로단체'에서는 근로단체의 기본적인 위상과 역할에 대해 "대중적 정치조직이며 사상교양 단체"이며, "당의 외곽단체이고 당과 대중을 연결시키는 인전대이며 당의 믿음직한 방조자"로 규정하고 있다. 여기에 청년동맹은 세대적 특성을 반영하여 "주체혁명 선군혁명의 대를 이어 나갈 당의 정치적 후비대"의 기능과 임무를 더 부여받고 있다. 당은 청년동맹을 "당에 끝없이 충실한 청년전위의 대오, 조국보위와 사회주의강성대국 건설에 앞장서는 돌격대"가 되도록 지도해야 하는 것이다.

북한 청년동맹은 근로단체의 하나이다. 근로단체는 자기 활동을 통하여 각계각층의 광범한 군중을 당의 주변에 묶어세움으로써 당의 대중적 기반을 튼튼히 다지고 당과 대중과의 연계를 보장하며 당으로 하여금 인민대중의 조직적 단결의 힘을 체현한 위력한 당으로 만든다. 레닌은 프롤레타리아 독재는 "전위대와 선진계급의 대중, 그리고 그와 근로대중 사이를 이어주는 연결고리(인전대, transmission-belt) 없이는 불가능하다"고 주장하였다. 즉, 레닌은 사회주의 국가에서 당의 외곽단체로서 직업동맹, 농민동맹, 청년동맹, 여성동맹과 같은 대중조직이 지닌 중요성에 일찍이 주목한 것이다.[4]

북한은 근로단체의 성격을 크게 세 가지로 설명한다.[5] 첫째, 근로단체는 대중적 정치조직이며 사상교양단체이다. 근로단체는 동맹원들을 혁명적으로 교양하고 정치적으로 각성시켜 공산주의적 인간으로 만들고 당과 수령의 주변에 묶어세우며 그들을 당의 혁명노선과 정책을 관철하기 위한 투쟁에로 조직·동원하는 사상교양단체, 정치적 조직이다. 북한은 청년동맹에 대해 "위대한 수령님께서 창건하시고 친애하는 지도자동지께서 령도하시는 주체형의 혁명적 청년조직이며, 사회주의, 공산주의 건설을 자기의 투쟁목적으로 하고 공산주의를 지향하는 사회주의적 근로청년들로 구성된 청년들의 공산주의적 대중단체"라고 규정하고 있다.[6] 청년동맹은 만 14~30세의 북한의 모든 청년들이 가입하여 동맹원 수가 500만 명이 된다. 여기에 소년단원 300만 명까지 포함하면 전체 인구의 3분의 1을 차지할 정도로 양적 측면에서 중요한 위상을 차지한다. 북한 근로단체 중 조선직업총동맹은 약 160만 명, 조선농업근로자동맹은 약 130만 명, 조선민주여성동맹은 약 120만 명의 맹원이 있는 것으로 추정[7]되는데, 이들 세 개 단체의 맹원수를 다 합쳐도 청년동맹의 맹원수보다 적다. 성격이 다르긴 하지만 조선노동당원도 약 322만 명 정도로 추정하고 있기에 청년동맹이 규모면에서는 북한의 최대 정치조직임을 알 수 있다.

조선소년단은 1926년 12월 15일 김일성이 조직했다고 하는 '새날소년동맹'을 효시로 하고 있으며, 1946년 6월 6일 정식 창립하였다. 조선소년단은 만 7~13세의 청소년들이 가입하여 사상교양 활동과 조직 활동을 통해 유일사상을 학습하고 실천한다. 북한 청소년들은 조선소년단에서 본격적인 조직활동을 경험하며 이를 통해 정치사회화를 수행하는데 청년동맹이 직접 조선소년단을 지도하도록 청년동맹 규약에 규정하고 있다.[8]

청년동맹은 사상교양단체로서의 역할을 수행한다. 청년동맹이 사상교양단체로 현재 청년들에게 실시하고 있는 사상교양에는 당과 수령에 대한 충실성, 혁명교양, 계급교양, 사회주의애국주의교양, 공산주의 도덕교양 등이 있다. 최근 들어 청년동맹 중앙위원회는 "청년동맹을 김정은동지의 영도 밑에 하나와 같이 움직이는 강위력한 전투대오로 되게 하며 청년들이 조선혁명의 년대기마다 높이 발휘된 기적과 혁신의 전통, 혁명적 낙관주의 전통을 빛나게 이어 최고사령관의 예비전투부대, 별동대로서의 위력을 남김없이 떨쳐 나가도록하기 위한 사업"을 전개해야 한다고 교양하고 있다.[9]

둘째, 근로단체는 당의 외곽단체이며 인전대이다. 당의 외곽단체로서의 근로단체는 당을 조직사상적으로 옹위하며 당의 영도적 역할을 보장하는 기능을 수행한다. 김일성은 "복숭아씨를 당이라고 하면 거기에 붙어있는 살을 근로단체"로 비유하였다. "복숭아가 잘 크고 맛있게 익어야 안에 있는 씨가 잘 보호되고 실속 있게 여무는 것처럼 근로단체들이 일을 잘 해야 대중을 당의 주위에 튼튼히 묶어세울 수 있으며 당을 힘 있는 당으로 만들 수 있다"고 강조하였다.[10]

셋째, 근로단체는 당의 방조자(傍助者)이며 후비대이다. 이는 근로단체들이 당의 위업, 사회주의·공산주의 건설에서 당의 활동을 적극적으로 도와주며 당의 위업, 사회주의·공산주의 위업을 대를 이어 계승해 나가는 정치적 조직이라는 것을 의미한다. 당의 정치적 후비대라는 것은 "당대렬을 끊임없이 보충해주는 저수지, 당과 국가 간부의 후비를 길러내는 원천지"이기 때문이다. 청년동맹은 전망성 있는 좋은 청년들로 청년동맹 간부대렬을 튼튼히 꾸리고 그들을 당 및 국가 간부 후비로 키운다.11) 따라서 청년동맹은 여타의 근로단체들보다 강도 높은 규율과 당성을 청년동맹원에게 요구하고 있다.12) 뒤에서 자세히 설명하겠지만 청년동맹의 당 후비대 역할은 김정은 시대에 들어 이전 시기보다 상대적으로 청년동맹 출신 간부들이 당 중심 직책으로 등용된 것을 확인할 수 있다.

2. 청년동맹의 역사적 발전 과정

북한 청년동맹은 1946년 1월 17일 '민주청년동맹'으로 창립하였다. 초기 민청은 청년들의 통일전선조직으로서 활용되었다. 김일성은 소수의 청년공산주의자들로만 공산당의 정권 획득·유지 및 '민주개혁' 수행이 곤란하다고 판단하고 광범한 청년들을 망라한 대중적인 청년단체를 조직하여 자신의 지지 세력으로 만들고자 하였다. "혁명의 성패는 결국 누가 대중을 더 많이 전취하는가에 달려 있다"는 김일성의 인식이 '공산주의'를 표방하는 청년조직이 아닌 '민주' 청년조직을 결성하게 된 것이다.13)

'조선민주청년동맹'은 5차 대회(1967년)에서 '조선사회주의로동청년동맹'(이하 사로청)으로 '발전'하였다. 사로청으로의 변화는 1958년 북한 사회에서의 사회주의적 개조가 완료되어 개인 상공업자와 개인농이 사라짐에 따라 형식상으로 적대적 계급이 존재하지 않는 사회주의 사회가 되었다는 것을 의미한다. 이러한 사회발전의 결과로 근로단체들도 과거 반제반봉건혁명시기에서 사회주의 사회로 이행하는 시기와는 다른 성격과 임무를 가지게 되었다. 북한사회 구조 변화가 청년동맹의 '질적' 변화를 가져온 것이다. 이전 민청이 다양한 각계각층의 청년들이 망라되었다고 한다면, 이 시기에 와서는 노동청년들이 핵심이 되어 근로농민청년, 근로인텔리청년, 학생·청년으로 구성의 변화가 이루어졌다는 것이다. 사로청은 사회주의적 개조와 함께 유일체제를 확립해 나감에 있어 당에 대한 충실성과 노동계급의 혁명사상의 교육과 확립을 본격적으로 담당해 나갈 것을 요구받았다. 따라서 사로청의 기본임무는 주체사상에 대한 교양 사업과 사회주의 제도 공고화를 위한 경제건설의 돌격대 역할로 변하게 된다.

사회주의 국가들의 몰락 이후 북한은 체제 위기에 대응하기 위하여 청년들에 사상교육 강조와 함께 청년들을 독려하고 앞세우기 위한 유인책으로 '청년절'을 제정하였다. 1996년 1월 16일에 개최된 '조선사회주의로동청년동맹' 대표자회의를 계기로 청년동맹은 현재의 모습으로 자리매김하였다. 이 대표자 회의에서는 조직 명칭을 '김일성사회주의청년동맹'으로 개칭하고, 청년동맹 중앙위원회, 도·시·군 대표 체계를 위원장, 부위원장에서 1비서, 비서 체계로 바꾸었다.[14] 1996년 1월 시점은 김일성 사망과 자연재해로 인해 '고난의 행군'을 전개하던 시기였다. 북한 지도부는 '고난의 행군' 정신은 어려운 역경 속에서도 난관을 이겨나가는 혁명정신이라 강조하면서, 사로청 창립 50주년을 맞이하는 해에 청년들이 사회주의건설의 모든 전선에서 '위훈의 창조자 청년영웅'이 될 것을 강조하였다.[15]

청년동맹의 조직 명칭이 현재의 '김일성사회주의청년동맹'으로 최종 확정한 것은 김정일이다. 1995년 12월 김정일은 청년동맹 간부들이 제안한 조직 명칭인 '김일성청년동맹'에 대해 "지금 많은 나라들에서 사

회주의를 지향하고 있다"고 하면서 조직 명칭에 '사회주의'를 넣는 것
이 좋겠다고 의견을 제시하고 직접 '김일성사회주의청년동맹'라고 '친
필'로 서명하였다.[16]

2012년 4월 11일 진행된 조선노동당 제4차 대표자회에서는 김정일
을 '총비서'로 '영원히' 추대할 것과 규약 개정, 김정은을 당 '최고수위'
에 추대할 것과 조직문제를 안건으로 상정하고 의결하였다. 조선노동
당 규약 개정안은 "조선노동당은 위대한 김일성-김정일주의를 유일한
지도사상으로 하고 온 사회의 김일성-김정일주의화를 당의 최고강령으
로 틀어쥐고나간다"는 것과 "김정은 동지의 령도 밑에 위대한 김일성
동지와 김정일동지의 위업, 주체혁명위업의 승리를 위하여 투쟁한다"
고 규정하였다. 또한 '조선노동당 제1비서직'을 신설하고 "조선노동당
제1비서는 당의 수반으로서 당을 대표하고 전당을 령도하며 위대한
김일성동지와 김정일동지의 사상과 로선을 실현해나간다"고 규정하였
다.[17] 4월 13일 진행된 최고인민회의에서는 국방위원회 '제1위원장'이
란 직을 신설하고 김정은을 추대하였다.

이어 2012년 7월 12일에 개최된 청년동맹 대표자회에서는 청년동맹
과업과 규약 개정에 대해 논의하였다. 보고자로 나선 전용남 청년동맹
1비서는 김정일이 "당과 군대와 함께 청년동맹을 선군혁명 위업 수행
의 기본 역량"으로 여기고 "온 나라 청년들이 조선노동당의 선군정치
를 앞장에서 받들어 나가도록 현명하게 이끌어 주시었다"고 하면서
"모든 청년들이 최후의 승리를 향하여 힘차게 싸워" 나갈 것을 강조했
다. 규약 개정에서는 각급 청년동맹 위원회의 1비서, 부비서를 위원장,
부위원장으로 직책 명칭을 변경하였다.[18]

김정은 시대 조선노동당은 당 대회가 아닌 대표자회를 통한 규약
개정을 통해 최고지도자의 직책을 '제1'로 변경한 것은 청년동맹의 사
례와 유사하다. 2012년 4월 조선노동당 제4차 대표자회와 최고인민회

의에서 김정은의 직책을 조선노동당 제1비서, 국방위원회 제1위원장으로 바꾼 후 나름 최고지도자의 직책 명칭의 '유일성'을 확보하기 위해 하급 기관인 청년동맹 최고 책임자의 직책을 수정한 것으로 볼 수 있다. 이는 청년동맹 조직이 당과 국가 시스템과 그들의 요구에 호응하여 민감하고 역동성 있게 대응하는 특징을 보이고 있다.

III. 김정은 시대 청년동맹의 활동과 특징

1. 당 핵심 간부 양성기지인 청년동맹

권력승계의 성공여부는 노·장·청 등용정책 유지와 신진엘리트 등용과정에서 발생하는 갈등을 얼마나 잘 조정하느냐에 달려 있다. 김정은 체제 등장 후 당원들의 새로운 분위기 쇄신을 위한 '당원 100만 명 젊은 피' 교체작업이 진행 중이다. 당원증 교체작업은 북한 노동당이 당원 재정비할 필요가 있을 때마다 실시해 온 당 조직정비의 일환이다. 이번 당원증 교체작업이 과거와 다른 것은 주로 과오를 범한 당원들을 당 밖으로 내보내거나 경고하는 차원이 아니라 '젊은 피 수혈'이라는 목표 아래 젊은 당원들을 보충하고 노인 당원들을 당 밖으로 축출하는 방식을 택하고 있다는 것이다. 100만 명이면 북한 노동당원 수를 300만 명으로 계산할 때 당원 세 명 중 한 명을 교체한다는 정치적 의미를 가지고 있다.[19]

김정은 시대 북한의 정치 변화 중 가장 눈여겨 볼 대목은 수령의 후견세력으로 등장한 북한 엘리트 집단의 구성과 성격이다. 지난 20년 동안 안정적으로 후계체제를 준비한 김정일과 달리 3년에도 못 미치는 짧은 기간 동안 후계자의 유일지도체제를 확고하게 확립하지 못한 김정은에게 아버지 시대부터 견고하게 다져온 엘리트 집단의 후견은 김정은 시대를 예측하는데 매우 중요한 변수라고 할 수 있다.[20] 김정은 시대에서 나타나고 있는 특징 중에 하나가 바로 청년동맹 관련 간부들이 명실상부한 당 지도부로 등장한 것이다. 청년동맹 출신이 당의 주요 직책을 맡는 것은 당연한 측면이 있다. 그러나 청년동맹 출신 간부들의 당 지도부 진출 현상이 김정일 시대에도 있었지만 김정은 시대에서는 당 정치국 상무위원 등 명실상부한 당 지도부로 부상했다는 특징을 갖는다. 대표적인 사례가 최용해다.

먼저 2013년 10월 시점은 김정일 사망 이후 당 대표자회와 최고인민회의를 통해 공식적인 김정은 체제가 출범한 지 1년이 넘게 경과한 시점으로, 〈표 2〉에 김정은 시대 국가 주요 간부 중 청년동맹 관련자들을 정리하였다. 〈표 1〉은 1994년 김일성 사망 이후 '대국상' 치루고 김정일이 공식적인 1인 체제를 확립한 시점인 1998년 9월 북한 정부수립 50년 기념 열병식과 당 창건 53주년을 맞아 '금수산기념궁전'을 참배했던 간부들의 주요 이력들을 살펴본 것이다.

〈표 1〉 초기 김정일 시대(1998년) 당 주요 간부

이름	당시 직책	주요 이력
김영남	최고인민회의 상임위원장	당 정치국 위원 당 중앙위 비서 정무원 부총리 겸 외교부장
리종옥	최고인민회의 상임위원회 명예부위원장	정무원 총리, 국가 부주석 당 정치국 상무위원
박성철	최고인민회의 상임위원회 명예부위원장	국가 부주석 당 정치국 위원
김영주	최고인민회의 상임위원회 명예부위원장	국가 부주석 당 정치국 위원
전문섭	최고인민회의 상임위원회 명예부위원장	국가검열위원장 평양위수사령관

조명록	국방위원회 제1부위원장 인민군 총정치국장	공군사령관
김영춘	국방위원회 위원 인민군 총참모장	인민군 6군단장
리을설	국방위원회 위원 호위사령관	평양방어사령부 사령관
홍성남	내각총리	국가계획위원회 위원장
리용무	국방위원회 부위원장	사회안전부 정치국장
계응태	당 비서국 공안담당 비서	당 정치국 위원
전병호	국방위원회 위원 당 중앙위 경제정책검열부장	당 중앙위 군수공업정책검열부장

출처: 통일부, 『북한 주요인사 인물정보 2013』(서울: 통일부, 2013) 등을 참고하여 작성.

〈표 2〉 김정은 시대 당 주요 간부 중 청년동맹 출신

이름	현 직책	청년동맹 연관성 및 특징
최용해	당 정치국 상무위원 조선인민군 총정치국장	최현의 아들 1986년~1998년 1월 청년동맹 위원장
지재룡	주중 북한대사	1976~1978년 사로청 위원장 전 당 국제부 부부장
리영수	당 비서국 근로단체부장	1978년 사로청 위원장 1985년 청년사업부 부부장
문경덕	당 비서 겸 평양시 당 책임비서	1991년 사로청 중앙위 부위원장 1992년 조선학생위원회 위원장
최휘	당 조직지도부 부부장	청년동맹 비서 전 건설상 최재하의 아들
장용철	주말레이시아 북한대사	장성우 전 인민군 차수의 장남 청년동맹 국제비서를 거쳐 조직비서 역임

출처: 통일부, 『북한 주요인사 인물정보 2013』(서울: 통일부, 2013) 등을 참고하여 작성.

〈표 1〉과 〈표 2〉를 비교해보면 김정은 시대에 들어서 청년동맹 출신이 당 중앙의 핵심간부로 진입한 것을 알 수 있다. 청년동맹이 김정은 시대 핵심간부들의 연결고리임을 알 수 있다. 또한 이들은 상대적으로 이전 간부들에 비해 젊다. 앞으로 북한을 이끌어나가고 김정은

체제의 주축이 될 집단은 30, 40대의 혁명의 5, 6세대들이 될 것으로 상대적으로 젊고 청년대상의 대중사업의 지도 경험을 가진 청년동맹을 중요하게 활용하고 있는 것이다.

김정은 시대 최고 실세로 부각한 인물이 바로 최용해이다. 그는 현재 조선인민군 총정치국장으로 당 정치국 상무위원, 당 중앙군사위원회 부위원장, 국방위원회 위원 등의 직책을 가지고 있다. 그는 1986년 8월부터 1998년 1월까지 청년동맹 위원장직을 수행하였는데, 청년동맹 위상이 가장 강화된 것은 1989년에 있었던 제13차 세계청년학생축전(이하 평양축전)이다. 김정일은 평양축전을 위해 능라경기장, 광복거리, 교예극장, 양강호텔, 서산호텔, 만경대학생소년궁전, 5,000세대 주택 등 전체 260여개 건설 사업을 진행하였으며, 이를 위해 전략예비물자까지 총동원하였다. 그야말로 북한에서 '청년' 대상 사업을 최대의 국제대회로 치룬 것이며, 이 과정에서 최용해는 청년동맹 위원장으로 청년 동원사업을 지휘하였다. 일각에서는 최용해가 장성택의 측근이며 그의 부상에는 장성택이 일조했을 것이라는 추정이 많으나 그와 장성택의 사이가 좋지 않아 그를 장성택의 측근으로 보는 것은 어불성설이라는 견해가 있으며, 최용해는 주위 사람들의 신망이 두텁고 능력이 출중해서 요직에 올랐다는 평가도 있다.[21] 최용해는 김일성과 빨치산 동료였으며, 인민부력부장을 했던 최현의 둘째 아들로, 어머니인 김철호 또한 빨치산 출신이다. 최현은 1970년대 초반에 후계 문제가 부상할 때에 김정일 편에 서서 세습을 반대하는 인물들을 숙청하는 데 공을 세웠다고 한다. 김정일과 최용해는 어려서부터 이웃으로 살아 각별했으며 최용해가 김정일을 형처럼 따랐다고 하며[22], 이러한 개인적, 정치적 관계가 김정은이 최용해를 최측근으로 기용한 한 원인이 될 것으로 판단할 수 있다.

최근 두각을 나타내고 있는 청년동맹 출신 당 간부 중에 하나가 최

휘 당 선전선동부 제1부부장이다. 최휘 제1부부장은 2013년 김정은의
경제부문 현지지도에 자주 동행하는 3인, 최휘, 박태성, 황병서(조직지
도부 군 담당)에 속한다.[23] 최휘는 2004년께부터 당에서 활동한 것으로
알려져 있으며 최근 제1부부장에 승진한 것으로 보인다. 최 제1부부장
은 이미 1990년대부터 오랫동안 청년동맹에서 과외교양 지도국장 겸
사상담당 비서를 역임했으며 선전선동 분야의 전문가로 활약해온 경
력이 있다. 그는 2000년 5월 평양학생소년예술단을 이끌고 서울을 방
문했으며 2002년 8·15민족통일대회 북측 대표단원으로 서울을 다녀가
는 등 한국과 인연도 있다. 최휘의 부친 최재하는 6·25전쟁으로 폐허
가 됐던 평양시 복구건설을 진두지휘한 인물로 김일성 주석의 각별한
신임을 받은 내각 건설상이었으며, 장편소설 '평양시간'과 예술영화 '시
련을 뚫고'의 주인공이기도 하다. 최휘는 김일성종합대학을 졸업하고
곧바로 청년동맹에서 근무했으며 현 북한의 실세인 최용해 총정치국
장과 함께 일했으며, 그의 동생 최연은 현재 내각 무역성 부상이다.[24]
　최근 장성택의 측근으로 알려진 문경덕 평양시 책임비서와 리영수
당 근로단체부장지 해임된 것으로 알려졌다. 최용해의 후임으로 1998년
1월부터 2001년 10월까지 청년동맹 1비서를 역임한 리일환이 당 중앙
위원회 부장에 임명되었는데 근로단체부장직으로 추정된다.[25]
　북한에서는 '수령의 세습'과 함께 '간부의 세습'도 이루어지고 있다.
앞에서 언급한 중요 간부 대부분도 권력의 대물림을 받은 사례였다.
오일정은 오진우 전 인민무력부장의 아들로, 2010년 당 대표자회 전에
중장으로 승진하였으며, 승진한 지 6개월 만인 2011년 4월 12일 상장
을 달아 초고속 승진을 하였으며, 현재는 노농적위대 사령관직을 수행
하고 있다. 2011년 3월 조선중앙은행 총재로 임명된 백용천은 백남순
전 외무상의 아들이다. 1962년생인 그가 49세에 젊은 그가 내각 사무
국 부장에서 중앙은행 총재로 초고속 승진을 한 배경에는 아버지가

있었다. 오금철은 항일빨치산 출신인 오백룡 전 당 군사부장의 아들도 군부에서 승승장구하고 있다. 오백룡의 장남인 오금철은 2010년 당대표자회에서 당 중앙위원으로 선임되었으며 인민군 총참모부 부총참모장으로 활동하고 있으며, 차남 오철산은 해군으로, 해군사령부에서 정치위원을 맡고 있는 것으로 전해지며 당 중앙위 후보위원에 올랐다. 서동명 대외보험총국장도 항일빨치산 원로로 당 비서와 검열위원장을 지낸 서철의 장남이다. 이용호 외무성 부상 또한 김정일의 서기실 실장을 지내고 조직지도부 부부장을 역임했던 이명제의 아들이다.[26]

앞에서 살펴본 것과 같이 김정은 시대 간부의 특징으로 청년동맹 출신 중용과 '간부의 세습'으로 본다면 이를 '사회주의' 국가인 중국과 비교할 때에도 유사하다는 것을 알 수 있다. 중국의 현재 주요 파벌은 세 개로 구분할 수 있다. 공청단파(투안파이, 團派)는 공산당 청년조직인 중국 공산주의 청년단의 중앙위원에 재직한 경험이 있는 엘리트 집단이다. 이에 반해 상하이방은 장쩌민 전 국가 주석과 개인적 인연을 맺은 엘리트 그룹으로 장쩌민 시기의 정책, 즉 성장우선과 연해 지역 중심의 발전 지속에 우호적인 파벌이다. 태자당은 중국 공산당 고위 정치 지도자들의 자녀들로 주로 부모의 후광으로 현재 공산당 내 고위 관료로 진입하고, 집안 간의 유대관계로 그 관계가 끈끈한 것으로 알려져 있다. 대표적 인물이 시진핑 중국 국가주석이다.[27] 김정은 시대 간부정책은 중국의 공청단파와 태자당파의 결합 방식이라 평가할 수 있다. 즉, 청년동맹 출신들과 전직 고위관료의 자녀들이 당 지도부에 대거 자리를 차지하고 있는 것이다.

2. '사상침투'를 대비한 사상교양 사업의 지속적 강화

북한에서 청년들에 대한 교양사업은 중요하게 여겨왔으며, 이는 김정은 시대에서도 지속적으로 강화되는 양상을 보인다. 경제난, 주민불만, 외부 정보 유입 등 체제변화의 구조적 요인이 누적되고 있는 점을 감안할 때, 김정일의 유고, 우발적 사고 등에 의해서 체제변화 촉발요인이 발생할 경우 북한에서 시민소요가 발생할 가능성도 배제할 수 없다.28) 그러나 북한당국은 "나라마다 청년들이 있고 청년조직들이 있지만 우리 청년들처럼, 우리 청년동맹조직들처럼 수령결사옹위를 제일 생명으로 삼고 수령옹위의 기치높이 광명한 미래를 창조해 나가는 충직한 청년조직은 없다"면서 나름 '자신감'을 보이고 있다.29) 그러나 2011년 중동의 '재스민 혁명'에서 청년들이 체제변화의 주력 세력을 활약하는 것을 보면서 김정은 시대에서도 청년들에 대한 사상교양을 더욱 강조하고 있다.

'재스민 혁명'이라고 불리는 튀니지 민주화 시위는 '굶주림의 혁명'이었다고 표현될 정도로 서민들이 겪는 고통이 시민혁명으로 이어져 정권의 몰락을 가져온 것이다. 북아프리카 지역의 이슬람 국가인 튀니지 중부 부지드 지역에서 무허가로 과일 노점상을 하다가 경찰의 단속으로 과일을 모두 빼앗긴 대졸학력의 모하메드 부아지지가 2010년 12월 17일 분신자살을 하면서 시민혁명이 촉발되었으며, 인근 중동 국가로 급속하게 전파된 것이다.30) 북한은 이러한 재스민 혁명에 대해 미국의 배후설을 제기하면서 청년들에 대한 사상교양을 강조한다. "미국은 '색깔혁명'을 일으키는데서 청년들을 돌격대로 내세우고 있다. 미국은 이전 유고슬라비아의 밀로쉐위츠 정권을 전복할 때 청년들과 대학생들을 돌격대로 내세우고 여기에 수천만 달러를 지원했다. 여기서 재미를 본 미국은 여러 나라들에서의 '색깔혁명'을 위해 대학생들을 정치반란에로 내몰았다"고 미국을 비난하고 있다.31) 북한은 중동의 정치적 변화에 대해 "청년들이 적지 않은 작용을 하였다"고 하면서 "청년들을 유혹하여 반동적인 사상문화침투와 심리모략전을 강화함으로써 보다

손쉽게 저들의 목적을 달성"하려한다고 경계심을 보인다.

북한당국은 청년들에게 "오늘의 청년세대, 이 세대는 최후승리의 기발을 백두산대국에 휘날려야 할 영예로운 사명을 지닌 세대"라고 규정한다. 현재 북한은 '김정일애국주의'에 대한 사상교양사업을 전면적으로 전개하고 있다. 김정은은 "애국주의 일반이 아니라 우리 조국을 지키고 부강하게 하는 길에서 실지 장군님께서 마음속에 소중히 간직하고 구현해오신 애국주의, 김정일애국주의"를 말한다고 하면서 김정일을 따라 배워 김정일처럼 북한을 위해 애국하자는 것을 전체 인민들에게 강조한다. 그러면서 청년동맹에게도 "모든 청년들을 위대한 김정일애국주의로 튼튼히 무장시켜 청년대군의 무한대한 힘을 분출시키는데 최대의 화력을 집중해야 한다"고 강조한다.

북한은 2012년 청년들의 '명절'인 청년절을 '새로운 주체 100년'이 시작된다고 하면서 성대하게 진행하였다. 김정은은 2012년 청년절 기념 축하문에서 "우리 청년들은 당을 따라 곧바로, 힘차게 앞으로 나아가는 총진군대오의 척후대라는 믿음을 안겨주었다"고 강조한다. "오늘의 시대처럼 모든 청년들이 당의 청년전위라는 고귀한 영예를 지니고 조국과 인민을 위해 위훈을 떨치는 보람찬 청춘의 시대는 일찍이 없었다"[32] 면서 "척후대의 사명을 자각하고 부강조국건설의 어렵고 힘든 전투장마다에서 진격의 돌파구를 열어야 한다"고 독려한다.

최근 북한에서는 1970년대의 정신을 배울 것을 강조하고 있다. 그것은 당시가 '김일성-김정일'로의 권력승계 시기였던 점과 당시 경제가 가장 활성화되었다 자신들의 평가에서 기인한다고 평가할 수 있다. "1970년대의 시대정신은 부강조국건설을 위한 오늘의 총돌격전에서 김정일애국주의를 빛나게 구현해 나갈 수 있는 힘 있는 무기"라고 하면서 청년들에게 "새세대들을 1970년대의 시대정신으로 무장시키기 위한 교양사업에 큰 힘을 넣어 그들이 그 어떤 천지풍파속에서도 우리당만

을 믿고 따르는 참된 혁명가로 삶을 빛내여나가도록 하여야 한다"고 강조한다.[33]

북한은 소년단 창립 기념행사와 청년절 기념행사를 '성대'하게 치룬 후 그 성과를 경제적 동원에 활용하였다. 즉, 정치행사를 통한 사상교양 성과를 경제적 동원으로 연결시키는 것이다. 소년단 창립 65년 행사에 참석했던 학생들과 그 부모들은 행사에서 받았던 '감동'으로 평양 이광수중학교 학생은 장갑을 비롯한 수 백점의 물자를 영생탑 건설장에 보냈으며, 선교구역 소년단원들은 8,000여 점의 관리도구와 4,000여 그루의 타래붓꽃을 금수산태양궁전 수목원 등에 보냈으며, 순안구역 소년단원은 만수대 동상과 만경대를 잘 관리할 수 있도록 나무 5,900여 그루와 관리도구 2,700여 점을 보냈다.[34] 또한 북 신문은 청년절 행사에 각 부문의 대표로 참여했던 청년들이 행사 이후 '어렵고 힘든 부문'으로 진출하겠다는 '아름다운 소행'이 발휘되고 있다고 선전하였다. 평원군 인민병원 전영미는 김정은의 사랑과 믿음에 보답하기 위해 북부철길개건공사장에 탄원하였으며, 보천군 청년동맹위원회의 김순희와 순천시 순천동 권명성을 비롯한 10여 명은 '어머니당의 은정에 보답'하고자 백두산선군청년발전소건설장에 탄원하였다고 선전하였다.[35]

결론적으로 김정은 시대 청년동맹에 대한 사상교양 사업은 중동의 '재스민 혁명'의 영향 등으로 이전 시기보다 더 강조되는 경향이 있다. 내용에서는 국가 번영을 위해 모든 주민들에게 강조하고 있는 '김정일 애국주의'와 함께 북한 역사에서 '번영'과 '계승'의 시대였던 1970년대를 회상하고 따라 배울 것을 강조하는 경향을 보인다. 또한 소년단과 청년절 기념행사를 '성대'하게 치룬 후 그 성과를 경제적 동원에 활용하는, 즉 정치행사를 통한 사상교양 성과를 경제적 동원으로 연결시키는 특징을 보이고 있다.

3. 경제건설의 '돌격대' 역할 지속

북한 청년동맹은 경제건설에도 중요 역할을 수행한다. 현재 북한 청년동맹에게 부여된 국가차원의 핵심 경제 사업은 '백두산선군청년발전소' 건설과 '북부철길개건공사'이다. 북한당국은 김정일 시대인 선군시대의 '기념비적 창조물'인 청년영웅도로를 청년들이 혁명적 군인정신을 발휘하여 완공했다고 하면서, "오늘은 백두산선군청년발전소 건설과 북부철길개건보수공사를 비롯한 어렵고 힘든 대고조의 전선들을 떠맡아 안고 영웅적 위훈들을 강조"하고 있다.[36]

백두산선군청년발전소는 "주체혁명의 성지인 백두대지"를 부각하기 위해 "백암군의 서두수 상류에 3개의 계단식 발전소로 수력발전소 건설에서 있어 가장 불리한 자연지리적 조건을 극복해야 하는 어렵고 방대한 공사"라고 설명한다. 이 발전소 건설은 김정일이 "청년들을 혁명의 계승자, 강성국가건설의 선봉대, 돌격대로 묻게 믿고" 청년동맹에게 건설 임무를 2004년 6월에 준 것이다. 백두산선군청년발전소 건설은 "강추위가 연중 6개월이나 계속되고 수송조건이 매우 불리한 속에서 심심산중의 험준한 대자연을 개척"해야 하는 것으로 "말 그대로 악전고투이며 대격전"이다. 심지어 이 지역은 한 해에 천 번이나 눈비가 내려 '천수'라고 불릴 만큼 험악하다. 발전소 건설 임무를 맡은 청년동맹은 사상사업을 벌여 청년들을 적극 동원하였으며, 발전소에 필요한 설비와 자재, 수송문제 등을 해결하기 위해 유휴자재 수집 등 좋은일하기운동을 벌였다.[37]

북부철길개건보수공사 청년동맹 궐기모임은 2011년 8월 31일 자강도 만포시에서 개최되었다. 궐기대회에서는 "김정일장군님께서 북부철길을 새 세기의 요구에 맞게 개건보수하기 위한 과업을 청년들에게 맡겼다"고 하면서 "청춘의 슬기와 용맹을 남김 없이 떨쳐나갈 것"이라

다짐하였다.[38] 청년동맹 중앙위원회는 북부철길개건보수 공사장에 수많은 청년들이 달려 나가 '대중적영중주의'와 '애국적 헌신성'을 발휘하고 있는 것이 김정일의 '유훈'을 무조건 끝까지 관철하려는 "선군시대 청년전위들의 높은 사상정신세계의 발현"이라고 강조한다.[39] 북부철길 청년돌격대 양강도 여단은 "눈보라를 헤치며 수 만정이나 되는 침목용 통나무를 두 달도 안 되는 짧은 기간에 생산"했으며, 함경남도 여단은 기계를 사용할 수 없는 자연환경 탓으로 아주 많은 골재를 손수 마대 등으로 나르면서 공사를 진행하고 있다고 '자랑'한다. 2013년 1월 10일에는 전용남 청년동맹 위원장이 참석한 가운데 신년사 관철 북부철길 청년돌격대원 결의모임이 진행되었다. 참석자들은 "기술규정과 공법의 요구를 철저히 지켜 북부철길을 먼 훗날에 가서도 손색없이 최상의 질적수준에서 개건보수할 것"이라고 하면서 "시련과 난관을 웃으며 헤쳐간 전세대들의 투쟁정신과 기풍을 본 받아"갈 것이라 다짐하였다. 이러한 모습에 대해 김정은은 "지금 우리 청년들이 당에서 통채로 맡겨준 백두산선군청년발전소건설장과 북부철길개건보수공사장을 비롯한 여러 중요건설대상들에 달려 나가 귀중한 청춘시절을 아낌없이 바치고 있는데 그들이 정말 대견하고 장하다"고 칭찬한다.[40]

북한당국은 청년들이 경제건설에 있어 성과를 냈다고 하면서 다양한 수치와 내용을 발표한다. 북한에는 '김일성청년영예상'과 '김정일청년영예상'이 있는데, 이것은 "청년운동을 더욱 강화발전시키며 조국보위와 사회주의강성국가 건설을 위한 모범적인 청년동맹 조직과 일군, 청년"들을 표창하기 위해 수여하는 것이다. 2012년 8월 현재 김일성청년영예상은 거의 900여 개의 청년동맹 단체와 1만 100여 명이 수상하였으며, 김정일청년영예상은 110여 명이 수상하였다.[41] 또한 우리식으로 표현한다면 3D(어렵고, 더럽고, 위험한 일)라고 할 수 있는 '어렵고 힘든 부문'에 2000년대 들어선 이후 36만여 명의 청년들이 자원 진출했다고 한다.

2013년 북한은 김정은의 지시로 마식령 스키장 건설에 매진하고 있
다. 김정은은 "21세기의 새로운 일당백 공격속도인 '마식령속도'를 창
조"할 것을 호소하고 있다. 김정은 시대 '마식령속도'는 김일성-김정일
시대 국가건설 구호였던 천리마속도, 비날론속도, 80년대속도, 희천속
도 등을 계승한 것이다.[42] 청년동맹 또한 '마식령속도'를 창조하여 사
회주의 건설의 모든 전선에서 새로운 전성기를 열자는 호소에 적극적
으로 동원된다. 백두산선군청년발전소 건설장의 '현장연합지휘부'에서
는 선전선동수단들을 집중 동원하여 청년돌격대원들과 건설자들의 정
신력을 최대로 '폭발'시켜 경제성과를 낳도록 독려하였다.[43] 김정은의
'마식령속도'를 창조할 것에 대한 호소에 대해 백두산선군청년돌격대
와 북부철길청년돌격대의 모든 구성원들은 "매일 매 시각 대비약, 대
혁신의 불바람"을 일으키기 위해 작업에 몰두하였다. 백두산선군청년
돌격대 대장인 김상민은 '마식령속도' 독려에 대해 "김정일 애국주의를
정신력의 근본 핵으로 틀어쥐고" 사회주의 경쟁을 잘 조직하여 전투장
마다에서 기적과 혁신을 창조해 나가겠다고 하면서 발전소 건설도 완
공의 날을 앞당기겠다고 호응한다.[44]

북한경제의 장기 악화 상황에 대한 돌파구를 근본적으로 모색하지
않는 이상 청년동맹에 대한 동원은 지속될 수밖에 없다. 최용해는 청
년동맹의 적극적으로 동원했던 경험을 가지고 있기에 이를 더욱 적극
적으로 활용할 가능성이 있다. 그러나 사회 각 부문에서 중추적인 역
할을 수행해야 할 청년들이 공사장에 동원되는 것이 궁극적으로 북한
사회 전체적으로 긍정적인 일인지는 의문이 있는 것이다.

Ⅳ. 김정은 시대 청년동맹의 전망

북은 2013년 12월 8일 정치국 확대회의를 통해 북한의 실질적 '2인
자'로 불렸던 장성택 조선노동당 행정부장을 '전격적'으로 숙청하였다.
장성택의 숙청 과정에서 나타난 청년동맹 언급 부분을 살펴볼 필요가
있다. 장성택에 대한 특별군사재판의 판결문에서는 "장성택은 청년사
업부문에 배겨있으면서 적들에게 매수되어 변절한자들, 배신자들과 한
동아리가 되어 우리나라 청년운동에 엄중한 해독을 끼치였을 뿐아니
라 그자들이 당의 단호한 조치에 의하여 적발숙청된 이후에도 그 끄
나풀들을 계속 끌고다니면서 당과 국가의 중요직책에 박아넣었다"[45]
고 장성택이 청년동맹에 끼친 '해악'을 서술하였다. 이 판문결에 적시
된 "적들에게 매수되어 변절한자들, 배신자들"들은 1997년 9월 '반당반
혁명과 간첩죄'로 처형된 최현덕 청년동맹 비서, 함운건 사회안전부
부국장, 리병서 은별무역회사 총사장 등을 지칭한다. 1997년 2월 황장
엽 비서가 망명하자 북은 그와 관련된 인사들에 대한 대대적인 검열
을 진행했고, 그 결과 황장엽 비서와 심금을 터놓고 대화했던 서관히
농업담당 비서를 비롯해 청년동맹 관계자들이 처형됐다는 것이다.[46]
'숙청'된 장성택은 당에서 조선노동당 청년사업부장, 청년 및 3대혁명
소조부장 등의 직책을 통해 청년사업을 지도한 경험을 갖고 있다. 장
성택이 청년사업을 지도할 당시 청년동맹 위원장, 부위원장 등의 경력
이 있는 최룡해, 문경덕, 리영수, 지재룡 등을 일컬어 '장성택 사로청
4인방'이라고도 한다.[47] 이를 계기로 청년동맹에 대한 당의 통제와 관
리가 강화될 것으로 예측할 수 있다.

본격적으로 김정일 시대 청년동맹의 역할과 비교를 통해 향후 청년
동맹의 역할과 활동을 전망해 보고자 한다. 김정일 시대 청년사업의
'치적'에 대해 청년들을 주체혁명위업의 계승자, 강성국가건설의 돌격

대로서의 사명과 임무를 수행하도록 지도한 것과 청년절 제정, 청년동
맹 조직 명칭을 '김일성사회주의청년동맹'으로 한 것, '혁명의 홰불봉',
기념비적 창조물에 '청년'의 명칭을 부여한 것을 들고 있다.[48]

 김정은 시대에서도 청년들이 주체혁명위업의 계승자가 되기 위해서
사상교양 사업을 지속적으로 강화할 것이다. 북한은 "준엄하였던 1990
년대에 태어난 세대가 새롭게 등장하고 있지만 당과 수령을 받드는
청년들의 사상정신상태는 어제나 오늘이나 변함이 없으며, 세대와 세
기를 이어 사상의 대, 신념의 대를 꿋꿋이 이어"가고 있어 창창하다고
'낙관'한다.[49] 그러나 북한이 처하고 있는 대외적 환경이 어려운 것은
엄연한 현실이다. 북한의 대외환경을 가름할 수 있는 핵문제 대해 북
한당국은 여전히 포기 의사가 없으며, 오히려 핵과 경제의 병진노선을
천명함으로써 주변국의 우려를 더 하고 있는 것이 현실이다. 특히 북
핵문제 해결을 위한 다자차원의 논의 틀인 6자회담이 2008년 12월 이
후 재개 방안을 찾지 못하고 있는 상황에서 당분간 북한의 대외환경
은 개선되지 못할 것이며, 이로 인해 경제적 어려움 또한 개선되기 어
려운 상황이다. 이런 차원에서 북한당국은 청년들의 사상교양 상태에
대해 긍정적이라고 하지만 '새세대'들은 경제적으로 어려운 환경 속에
서 성장했기 때문에 이해타산이 빠르고 경제적 사정과 금전적 감각이
기성세대에 비해 뛰어나다. 기성세대가 정해진 자신의 삶에서 안주해
서 살아가는 경향이 크다면, 이들은 현재의 삶에서 벗어나 '다른' 삶,
보다 '나은' 삶을 추구하는 경향이 있어, 사상교양이 소홀할 경우 체제
이탈을 가속화시킬 수 있는 것이다.[50]

 청년동맹은 강성국가 건설을 위해 경제상황 개선에 총력을 다 할 것
이며, 이는 다양한 청년돌격대운동이 광범하게 활동할 것으로 예상할
수 있다. 북한 현실에서 모든 경제현장에서 자재 보장이 어렵기에 기계
대신 몸으로 대체해야 할 경우가 많이 있으며, 이때 청년이 큰 역할을

해야 한다. 즉, 청년돌격대운동이 더욱 강화가 요구되는 것이다. 북한 당국은 청년돌격대운동을 통해 "우리 청년들을 사회주의건설의 어렵고 힘든 실천투쟁 속에서 혁명하기 좋아하고 투쟁하기 좋아하는 나라의 믿음직한 역군"으로 만들었다고 생각하고 있다. 또한 청년돌격대 운동은 청년들을 난관과 시련을 극복해나가는 실천투쟁속에서 혁명적으로 교양하고 단련하는 용광로 역할[51]을 하기에 일석이조의 기능을 한다.

청년들이 북한사회에서 중요하고 큰 역할을 한다는 자긍심을 높여주기 위해 김정일은 청년절 제정, 조직 명칭에 '김일성' 이름 부여 등을 했다. 여전히 국가적으로 중요한 시설물이나 청년들이 큰 역할을 한 시설물에 '청년' 명칭을 부여할 것으로 예상한다. 조직 측면에서 청년의 중요성을 부각하는 차원에서 당 중앙위원회 비서국에 '청년사업부' 부활을 전망할 수도 있을 것이다. 북한에서 제2차 당대회에서 청년사업부를 폐지했다가 권력승계 시기인 1970년 제5차 당대회에서 부활한 적이 있다. 김정은 시대 초기 청년사업부를 부활한다는 것은 청년들에 대한 당적지도를 보다 강화하고 다른 근로단체들보다 청년동맹이 중요하다는 것을 전 사회적으로 선전하게 될 것이다. 그리고 당적지도를 강화되어 실제적인 청년동맹에게 부여된 정치적 역할이 보다 원활히 수행하여 궁극적으로 체제안정에 기여하게 될 것으로 예상할 수 있는 것이다.

V. 결론

'전환의 시대'에서 권력승계 성공여부는 국가 간부들을 어떻게 등용하고 이익을 어떻게 조정할 것인가가 무엇보다 중요하다. 김정은 시대에서는 청년동맹을 지도했던 최용해, 최휘 같은 인물들이 당의 핵심

지도부로 부상하는 특징이 있다. 물론 청년동맹 출신 간부들의 당 지
도부 진출 현상은 김정일 시대에도 있었지만, 김정은 시대에서는 상대
적으로 그 직이 높고 많다는 것이다. 또한 북한에서는 '수령의 세습'과
함께 '간부의 세습' 현상이 나타나는데, 이 같은 현상은 중국 5세대 지
도부에 태자당파와 공청단파가 주를 이루는 것과 유사한 측면이 있다.

　북한에서 청년들에 대한 교양사업은 지속적으로 강화되는 양상이다.
특히 김정은 시대가 등장하는 시기 즈음에 발생한 중동의 '재스민 혁
명'에서 청년들이 체제변화의 주력세력을 나서는 것을 목격하면서 청
년들에 대한 사상통제가 더욱 중요하게 부상한다. 이에 북한당국은 청
년들이 확고한 혁명의식을 지니고 있다고 하면서도 사상교양사업을
잘하여 "반동적인 사상문화 침투와 심리모략전을 막아야 한다"고 강조
한다. 또한 김일성·김정일의 권력승계가 이루어졌으며 북한경제가 안
정적이었던 1970년대를 위대한 시대로 규정하고 청년들에게 1970년대
시대정신을 배우기 위한 교양 사업을 강조한다.

　현재 북한 청년들은 국가차원의 핵심 경제 사업인 '어렵고 힘든' 백
두산선군청년발전소와 북부철길개건보수공사에 집중하고 있다. 국가가
어려운 상황에서 처해 있지만 청년들이 '혁명정신'을 발휘하여 중요한
건설 사업을 맡아 진행함으로써 새로운 국가로 발전하고 있다는 것을
전체 주민들에게 보여주고자 하는 것이다.

　김정일 시대 청년사업의 '치적'으로 내세웠던 청년들의 주체혁명위업
의 계승자, 강성국가건설의 돌격대 역할은 현재까지 특징적인 변화를
보이지 않고 있으며 김정은 시대에도 지속되고 있으며 앞으로도 강화
될 것으로 전망된다. 이런 차원에서 청년에 대한 당적지도 강화와 다
른 근로단체보다 청년동맹이 더 정치적으로 중요하다는 자긍심을 부여
하는 차원에서 '계승의 시대'였던 1970년에 부활했다가 현재는 폐지된
당 중앙위원회 청년사업부의 부활을 조심스럽게 예상해 볼 수 있다.

제4부

핵문제와 대외정책

제 10 장

오래된 위기, 새로운 근심? 북핵문제와 국제정치

송영훈

I. 북핵, 20년의 위기

북한의 핵무기개발을 둘러싼 한반도의 '북핵위기'는 1989년 9월 프랑스의 상업위성이 북한의 영변 핵시설을 촬영한 사진이 공개되면서 북한과 미국 간의 갈등이 발생하고, 1993년 3월 국제원자력기구(IAEA)가 북한에 대한 특별사찰을 요청하는 결의안을 채택하면서 시작되었다. 북핵위기는 1990년대 초반의 1차위기, 2000년대 초반의 2차위기, 2000년대 후반의 3차위기 등으로 구분된다. 그런데 한반도에서 오늘을 살아가는 일반 대중들에게는 이와 같은 시기적 구분이 무색하다. 일반 대중들은 신문과 TV, 인터넷 매체 등을 통하여 북핵위기를 시나브로 삶의 일부로 일상에서 수용하면서 살아가고 있기 때문이다. '북핵위기'라는 말의 홍수 속에서 어느덧 북핵위기는 실제적 의미를 상실하고 전문가와 저널리스트들만의 진부한 표현(cliché)이 되어가고 있는지도 모르겠다.

20년의 북핵위기 해결을 위한 노력에도 불구하고 2013년 봄에도 한반도는 여전히 북한 핵문제에 대한 근본적 해결이 없는 상태에서 남북한 간의 극한대립의 위기를 맞이하였다.[1] 2012년 12월 12일 북한이 기어이 장거리 로켓 은하3호 2호기를 발사하자 국제사회는 2013년 1월 22일 유엔안보리 대북제재 결의 2087호를 채택하는 것으로 대응하였다.

북한은 2월 12일 제3차 핵실험을 강행하였고, 국제사회는 유엔안보리 대북제재 결의 2094호를 채택하였다. 그 후에도 북한은 3월 31일 경제 -핵 병진노선을 채택하고, 4월 2일 영변 원자로 재가동을 선언하는 등 한반도의 위기상황은 한껏 고조되었다. 남한과 북한은 누가 먼저 자신을 향해 돌진하는 상대방의 차를 피할 것인가를 놓고 게임을 하듯 출구가 없는 길을 갈 것처럼 보였다. 2014년 4월 세월호의 침몰로 인한 국가적 슬픔 속에서도 우리는 4차 핵실험의 가능성을 논하고 있기도 하다.

북한의 핵무기 개발프로그램은 북한의 입장에서는 체제유지를 위한 사활적 이익(vital interest)이 걸린 것이기 때문에 포기할 수 없고, 동북아시아 주변 국가들은 정치적으로 불안정한 북한이 핵무기를 보유함으로 인하여 지역 질서의 불안정을 초래할 것을 우려하기 때문에 북한의 핵보유를 인정할 수 없다.[2] 따라서 북한은 주변 국가들의 안보이익에 대한 고려와는 상관없이 엄청난 정치적, 경제적 비용을 감수하면서라도 핵무기를 개발하고자 하고, 주변 국가들은 북한의 이익과는 상관없이 핵 비확산 원칙을 실현하기 위하여 북한에 대한 제재를 가하고 있다. 북핵문제로 인해 동북아시아 국가들은 상대방이 어떠한 선택을 하든 상관없이 자신의 이익을 극대화하기 위한 정책을 펴다보면 모두에게 최선이 아닌 결과를 초래하게 되는 안보의 딜레마(Security Dilemma) 상황에서 빠져나오지 못하고 있다. 20년의 북핵위기를 통하여 북한이 자신들의 핵문제를 둘러싼 국제협상에 임하는 태도는 일관되게 자신의 핵의지를 관철시키기 위한 전략에는 변화가 없었지만 전술적인 측면에서는 변화가 나타나기도 하였다.

북한이 핵무기 보유를 간절히 소망하고 있었지만 개발을 추진 중일 때는 핵시설은 에너지 수급을 위한 평화적 목적으로 활용될 것을 대외적으로 천명하고 공격적 대외정책을 자제하였다. 그런데 북한이 핵실험에 성공한 이후에는 공개적으로 핵무기 보유를 선언하고 국제사회가 이를 인정할 것을 요구하였다. 미국과 한국은 1990년대에는 북한의 핵시설을 핵무기 개발을 위한 시설로 인정하지 않고 경제적 보상과 제재, 혹은 집중적 협상을 통해 핵시설을 동결코자 하였다. 하지만 두 나라는 북한이 핵실험을 연속적으로 실행하는 상황에서는 실효성 있는 해법을 제시할 동력을 보여주지 못하고 있다. 그렇다고 할지라도 이러한 상황 때문에 국제사회가 북핵문제를 소홀히 다뤄야 한다는 것은 아니다. 오히려 이러한 교착상태를 해결하는데 예술과 같은 외교력이 요구되며, 이를 위하여 북핵문제에 대한 창의적 사고를 다양한 측면에서 할 필요가 있다.

이 글은 북핵문제와 국제정치에 대한 학술적 연구논문이기보다 국제정치학을 공부하는 학생으로서 가지는 북핵문제를 둘러싼 일반적 수준의 질문들을 검토하기 위한 것이다. 북핵문제를 다뤄온 연구들에 대한 학술적, 정책적 엄밀성에 대한 평가는 이 분야 전문가들의 몫으로 남기면서 이 글은 다음과 같이 구성되어 있다. 다음 절은 핵무기의 개발과 핵경쟁, 핵무기 개발의 논리, 그리고 핵무기 확산과 비확산에 대한 이론적, 역사적 분석들을 소개하고 있다. 세 번째 절은 북한의 핵개발을 둘러싼 국제정치를 소개하는데 북한의 대외인식과 북한이 주장하는 핵개발의 정당성을 평가하고 있다. 네 번째 절은 그동안에 있었던 북핵문제 해결을 위한 담론들을 소개하고 김정은 시대 새롭게 주목해야할 북핵문제의 이슈들을 점검하고 있다. 마지막 절에서는 김정은 시대 북핵문제와 동북아 질서의 안정과 평화의 관계에 대한 종합적 전망을 하고 있다.

II. 핵무기의 국제정치

1. 핵무기 클럽과 핵무기 현황

국제사회에서 핵무기를 보유하고 있는 국가는 북한을 포함하여 9개의 나라이며, 이들 중 미국, 러시아, 영국, 프랑스, 중국은 1968년 조인된 핵무기비확산조약(Treaty on the Non-Proliferation of Nuclear Weapons, NPT)에 의해 공식적으로 핵무기 보유가 인정되는 국가이다. 국제사회는 그동안 핵무기의 파괴력과 공포에 대한 우려로 핵무기의 확산과 군축을 위해 협력을 하였지만, 인도, 파키스탄, 이스라엘, 북한은 국제사회의 우려 속에서도 핵무기를 개발하였다. 한국, 일본, 대만, 브라질, 아르헨티나, 리비아 등과 같은 국가들은 한 때 핵무기 개발의 의지가 있었던 것으로 알려졌지만, 여러 가지 이유로 실제 핵무기를 개발하지는 않았다.

핵무기의 파괴력은 재래식 무기와 달리 핵분열과 융합 등의 과정에서 엄청난 에너지를 발산하기 때문에 더욱 커진다. 제2차 세계대전 당시 사용되었던 가장 큰 규모의 재래식 폭탄 블록버스터는 반경 약 150미터 안에 있는 건물들을 파괴할 수 있었지만, 히로시마와 나가사키에 사용된 핵폭탄은 약 15,000톤의 TNT의 파괴력으로 반경 약 2.5킬로미터 안에 있는 건물들을 파괴할 수 있었다. 이후 개발된 25메가톤급 수소폭탄은 반경 약 26킬로미터 안에 있는 건물들을 파괴할 수 있는 것으로 알려지고 있다.[3] 그리고 핵무기의 파괴력과 대량살상 능력은 핵무기의 전달체계의 발달에 의해 더욱 심각해진다. 제2차 세계대전 전에는 폭발물의 운송 거리가 수백 킬로미터 정도였으나, 최근에는 전폭기와 대륙간탄도미사일 능력의 향상으로 지구의 반 바퀴 정도이상의 거리까지 도달할 수 있는 알려지고 있다.[4]

물론 핵무기의 파괴력은 건물파괴와 인명살상의 측면만으로 이해될 수 있는 것이 아니다. 핵무기의 사용은 장기적으로 치명적인 생태학적 위험을 유발한다. 오존층 파괴, 동식물의 고사 및 변이 동식물의 번식, 암의 유발, '핵겨울(nuclear winter)' 등의 대재앙과 같은 환경변화를 초래할 수도 있다.[5] 제2차 세계대전 후 사용된 적은 없지만 핵무기에 대한 공포와 위협이 증가하는 이유는 이와 같이 핵무기가 전투원과 비전투원을 구분하지 않을 뿐만 아니라 건물, 인명, 환경도 가리지 않는 무차별적이면서 엄청난 파괴력을 지니고 있기 때문이기도 하며, 이와 더불어 그러한 핵무기의 가공할만한 파괴력이 인류에게 미치는 심리적 효과 때문이기도 하다.

〈표 1〉 전 세계 핵무기 (2013년 1월 현재)

국가	첫 핵실험	배치된 핵무기	기타 핵무기	전체 핵무기
미국	1945	2,150	5,500	~7,700
러시아	1949	~1,800	6,700	~8,500
영국	1952	160	65	225
프랑스	1960	~290	~10	~300
중국	1964	–	~250	~250
인도	1974	–	90-110	90-110
파키스탄	1998	–	100-120	100-120
이스라엘	미상	–	~80	~80
북한	2006	미상	미상	6-8
합계		~4,400	~12,865	~17,270

출처: SIPRI Yearbook 2013, p. 284.

2013년 현재 전 세계에는 10,215개의 핵무기가 있으며, 미국과 러시아는 실전에 배치된 전 세계 핵무기의 90% 이상을 보유하고 있다.[6] 미국과 러시아가 폐기를 위하여 저장소에 보관하고 있는 무기까지 합치면 전 세계의 핵무기는 17,000개가 넘을 것으로 추정된다. 미국, 러시아, 영국, 프랑스는 자국의 핵무기 현황에 대해 상대적으로 투명하게 정보를 제공하고 있으나, 중국, 파키스탄, 이스라엘과 북한은 자국의 핵무기 현황에 대한 기본적인 정보도 제공하지 않는다. 최근에는 러시아가 미국을 제외한 다른 국가들에게 핵무기 현황을 공개하지 않기로 결정하여 정보의 투명성 문제가 제기되고 있다.[7] 이와 같은 핵무기와 관련한 극도의 비밀주의는 관련 국가들의 관계에서 불확실성(uncertainty), 불신(mistrust), 오해(misunderstanding)를 불러일으킬 가능성을 높여준다.

〈그림 1〉 미국과 러시아의 핵무기 보유현황, 1945-2013

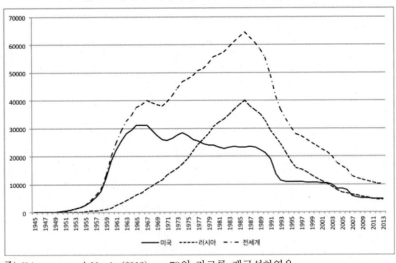

주) Kristensen and Norris (2013), p. 78의 자료를 재구성하였음.

미국과 소련과 러시아 중심의 국제적 핵무기 개발 경쟁은 〈그림 1〉에 보여지듯이 몇 차례의 전환기를 맞았었다. 1945년부터 1950년까지는 핵무기는 미국이 독점하였던 시기로 소련이 1949년 처음 핵폭탄을 폭발시켰지만 사실상 국제사회에서 핵무기 공격능력을 갖춘 나라는 미국밖에 없었다. 1951년부터 1957년 사이에 소련이 핵무장을 위해 많은 노력을 기울였지만 여전히 미국과 소련의 핵무기는 5,543개와 660개로 차이가 크고 미국은 유럽과 아시아의 기지를 바탕으로 소련에 심각한 타격을 입힐 수 있는 압도적인 핵무기 능력의 우위를 점하고 있었다. 1958년 소련이 인공위성 스푸트닉(Sputnik)호 발사에 성공하면서 대륙간탄도미사일(intercontinental ballistic missile, ICBM) 운용 능력에서 소련이 한 발 더 앞서 나면서 미사일 능력의 상대적 격차를 줄여나갔다.

그런데 여전히 미국은 육상과 해상에서의 미사일 운영능력의 우월성을 지니고 있었기 때문에 소련은 그 격차를 더 줄이기 위하여 1962년 쿠바에 다양한 핵탄두미사일과 폭격기를 배치하려고 했던 쿠바위기를 촉발시켰다. 1967년 이후 냉전이 끝날 때까지 미국과 소련은 근본적으로 대등한 핵 억지 능력을 지니고 있었고, 미국과 소련은 잠수함발사탄도미사일(submarine-launched ballistic missile, SLBM)의 개발과 전술적 배치를 완료하여 심각한 2차 보복공격에 의한 상호확증파괴(mutual assured destruction, MAD) 전략을 추진하게 되었다. 마지막으로, 냉전체제의 해체는 미국과 소련의 전략적 경쟁자 관계의 해체를 의미하고 두 나라는 동시에 선제공격이 아닌 2차 보복공격 능력을 유지하기 위한 최소주의 핵 억지 전략을 추구하게 되면서 핵무기의 감축이 조금씩 이뤄지기 시작하였다.

2. 핵무기 개발의 이유: 세력균형, 핵 억지, 상호의존성

핵무기의 개발은 엄청난 경제적 기회비용과 대외관계의 악화를 초래하는 외교적 기회비용도 지불하여야 한다. 그럼에도 불구하고 어떤 국가들은 왜 핵무기 개발을 시도하는가? 단 한번 밖에 사용되지 않았던 핵무기를 보유함으로써 얻을 수 있는 효용성은 무엇인가? 이에 대한 대답은 간단하지 않다. 핵무기는 국제적인의 세력균형을 위하여,

상대방으로 부터의 안보위협을 억지하기 위하여, 상호의존적 관계에서 영향력의 확대를 도모하기 위하여 개발되기도 한다. 하지만 이러한 주장들은 여전히 논쟁적인 것들이다.

핵 억지 및 핵군축 분야의 전문가들은 핵무기 개발을 추진하는 국가들이 국제수준과 지역수준의 세력균형(balance of power)을 추구한다고 설명한다.[8] 핵무기에 의한 국제적 세력균형은 미국의 독점적 우월성에 대해 소련이 핵무기를 개발하고 마침내 상호확증파괴가 가능한 수준까지 이르는 과정을 적절하게 설명할 수 있다. 동서 양 진영에 대한 안보라는 공공재를 제공하던 미국과 소련의 입장에서 전략적 핵무력의 격차는 국제적 영향력의 차이를 의미하였다. 미국이 유럽과 아시아를 통하여 서방진영에 대하여 핵우산 정책을 실시함에 대응하여 소련도 동방 진영에 대하여 핵우산을 제공할 필요가 있었다. 결국 엄청난 파괴력을 지닌 핵무기와 대륙간탄도미사일, 잠수함발사탄도미사일의 개발에 의한 공포의 균형(balance of terror)이 이뤄질 때까지 핵무기의 개발은 세력균형을 유지하기 위해 필요한 수단으로 이해되었다.

영국과 프랑스 그리고 중국의 핵무기 개발은 국제적 세력균형으로 이해할 수도 있지만 동시에 지역차원의 세력균형으로 이해될 수도 있다. 이 국가들의 핵무기 보유가 미국과 소련을 중심으로 이뤄진 양극체제의 변화를 가져오지 않았기 때문이다. 그런데 NATO를 중심으로 하는 유럽방위체제에 대한 미국이 얼마나 기여를 할 것인가에 대해 불신을 하던 영국과 프랑스는 소련에 대항한 서부유럽 국가들이 지역 내에서 최소한의 핵 균형을 유지하기 위해 핵무기 보유가 필요하였다고 주장하였다. 중국의 핵무기 보유도 당장의 국제적 세력균형에 영향을 주지는 않았다. 중국은 소련과의 이념갈등, 영토분쟁 등으로 인해 소련의 핵우산에 의존하기보다는 스스로의 핵무장을 통하여 의존적 관계를 유지하지 않아도 되었다.

　인도와 파키스탄은 주변의 경쟁국가로부터의 안보위협에 대응하기 위하여 핵무기를 개발하였다. 이 국가들은 양자 관계에서의 균형과 억지력을 유지하기 위하여 핵무기가 필요하였던 것이다. 인도는 중국과의 전력적 무기의 불균형을 해소하고 중국으로부터의 안보위협을 해소하기 위하여 핵무기를 보유하고자 하였다. 그런데 인도의 핵무기 보유에 따른 양자간 안보관계의 불균형에 직면하여 파키스탄은 1998년에 핵무기 보유에 성공하면서 자신들의 핵무장은 인도로부터의 핵위협에 대응하기 위한 것임을 강조한다. 같은 맥락에서 북한도 일관되게 자신들의 핵무기 개발은 미국으로부터의 핵위협에 대응하기 위해 반드시 필요한 자위적 수단임을 강조하고 있다.

　상호의존적인 국가들의 관계에서 핵무기를 보유하고 있는 상대 국가를 공격한다는 것은 엄청난 비용을 초래한다. 따라서 핵무기를 보유하고 있는 국가들이 핵무기를 개발하는 것을 상호의존성(interdependence)의 개념으로 설명을 할 수도 있다. 상호의존성이란 한 국가가 상대 국가를 어떠한 방식으로 영향을 미칠 수 있는 능력을 의미한다.[9] 핵무기의 시대에 상호의존성의 개념을 고려한다면, 핵무기를 가진 국가는 상호의존적인 관계에 있는 국가를 상대로 핵무기를 사용하지 않는 것이 오히려 자국의 안보상황을 악화시키지 않을 가능성이 높다. 상호의존적인 관계에 있는 핵무기 국가들이 핵무기가 있는 상대 국가를 공격한다는 것은 엄청난 사회적, 경제적, 군사적 비용을 감수할 수밖에 없기 때문에 핵무장은 핵무장 국가로부터 핵무기 공격의 위협을 줄이는 효과적인 대안으로 인식되기도 한다.

　핵무장은 강대국의 확장적 핵 억지(extended nuclear deterrence) 전략에 의존하는 안보전략에서 벗어나기 위한 대안으로 받아들여지기도 한다. 일반적으로 종속적인 관계에서는 상대적 우위에 있는 국가가 다른 국가에 대한 핵심적 자원의 제공을 정책적 수단으로 활용한다면 상대우위 국가는 다른 모든 분야에서 영향력을 행사할 수 있게 된다.10) 확장적 핵 억지가 효과적으로 핵무기의 확산을 방지하려면 핵우산 제공국가의 피보호국에 대한 신뢰성의 수준이 담보되어야 한다. 핵우산을 제공하는 국가를 신뢰하지 못하고 핵에 의한 주변국에 대한 억지가 다른 어떤 국가이익보다 중요하다고 판단한다면 그 나라는 핵우산에 의지하기보다 핵무기를 개발하는 정책을 취할 가능성이 높아지기 때문이다.

3. 핵무기의 확산과 비확산

전통적으로 핵무기 확산(nuclear weapons proliferation)은 핵무기를 보유한 국가의 수가 증가하는 것을 의미한다. 그런데, 핵무기를 개발했거나 소유할 기회가 있었던 모든 국가들이 핵무기 보유를 추구하지는 않았다. 남아프리카공화국은 1979년 처음으로 핵무기를 보유하고 1980년대 말까지 최소 6개의 핵무기를 보유했었지만, 데클레르크(F.W. de Klerk) 대통령이 흑인과 백인의 정치적 화해기를 맞이하면서 자발적으로 폐기를 하였다. 전통적으로 소련의 붕괴, 나미비아의 독립, 앙골라로부터 쿠바군의 철수 등 안보위협의 감소와 핵무기비확산조약 가입에 따른 국제관계 정상화가 남아프리카공화국의 핵무기 폐기 정책의 원인으로 설명된다. 그런데 안보위협의 감소는 핵무기 감축이 아닌 핵무기 전면폐기를 선택한 이유를 설명하지 못한다.11) 남아프리카공화국의 국제관계가 악화되었던 원인이 핵무기보유가 아닌 흑인에 대한 인종차별정책이었기 때문에 핵무기 폐기는 국제관계 개선의 핵심수단이라고 단정할 수 없다.12) 남아프리카공화국의 핵무기 폐기는 유일한 사례로서 우리가 배워야할 교훈이 무엇인지 좀 더 연구가 필요하다.

  냉전의 해체는 소련 소속으로 핵무기가 배치되어 있었던 벨로루시, 카자흐스탄, 우크라이나 등이 자연스럽게 핵무기를 보유할 수 있는 여건을 제공하였다. 그렇지만 이 국가들은 자국 영토 내에 핵무기를 소유하려고 하지 않고 1995년부터 1996년 사이에 자발적으로 핵무기를 폐기하거나 러시아로 이전하였다. 냉전 해체 이후 핵무기에 대한 통제를 강화하기 위한 미국과 러시아의 강력한 요구와 신생독립국가의 불안정한 정치상황, 핵무기 유지를 위한 경제적 비용 감축의 필요성 때문에 이 국가들이 핵무기 보유를 위한 야망을 가지지 않게 되었다. 우크라이나는 한 때 잠정적인 핵보유국임을 선언하기도 하였으나 러시아가 확장적 핵 억지를 약속하면서 핵무기를 러시아로 완전히 이전하였다. 2014년 러시아의 우크리아이나 크림공화국을 병합하는 사태는 확장적 핵 억지를 제공하는 국가도 영원한 안보의 우방이 되지 않을 수도 있음을 보여준다. 그래서 북한과 같은 국가들이 핵무기 개발을 포기하지 않게 되는 좋지 못한 선례로 남을 우려가 있다.

  리비아는 우라늄 농축단계에서 영국의 중재와 미국과의 협상을 통해 핵무기 개발을 중단을 하였다. 이란도 최근 미국과의 협상을 통해 핵무기 개발프로그램을 중단할 것을 약속하였으나 실질적으로 어떤 과정을 겪으며 해결될지 지켜볼 필요가 있다. 미국과 이란의 핵 협정은 이란이 우라늄을 5%로 농축하는 것을 허용함으로써 사우디아라비아를 비롯한 주변 국가들로부터 사실상 이란이 대량의 핵 방사성 물질을 자유롭게 생산할 수 있게 되었다는 강력한 반발에 직면하고 있다. 리비아와 이란의 핵무기 프로그램이 미국과의 협상에 의해 중단되었거나 중단할 것으로 협의한 반면, 시리아와 이라크의 핵무기 개발의지는 이스라엘의 폭격에 의해서 중단되었다.

  국제사회가 핵무기의 확산을 우려하는 데에는 두 가지 중요한 이유가 있다. 첫째, 핵무기를 새롭게 보유하는 국가들이 핵무기 통제에 대한 지식과 기술이 충분하지 않을 수 있기 때문이다. 중국 이후 핵무기 실험에 성공한 국가들은 모두 권위주의적 국가들로서 핵무기 통제에 대한 지식과 기술, 그리고 핵무기를 안전하게 보유하기 위해 필요한 물질적 조건들이 충분히 갖추어져 있는지 의문이 제기되었다. 1998년 파키스탄이 핵실험에 성공하였을 때 인도와의 카슈미르 분쟁지역에서 핵무기를 사용해야 한다는 국내적 압박이 높았던 것이 국제사회의 우려를 심화시켰다. 둘째, 핵무기 통제가 충분하게 이뤄지지 않는 경우 핵무기 혹은 핵물질이 테러리즘 활동에 사용될 수 있기 때문이다. 특히 정치적으로 불안정하고 핵물질을 완전하게 통제할 수 없는 실패국가들로부터 테러리스트들이 필요한 핵물질을 획득할 가능성이 높다. 냉전 해체 이후 국제사회는 러시아가 자국 내 핵무기, 핵물질, 핵기술을 통제할 수 있는지 그리고 소속 연방에 배치하였던 핵무기를 안전하게 회수할 수 있을지에 대한 국제사회의 높은 우려가 이를 반영한다. 소규모의 핵무기 혹은 소량의 핵물질이라고 하지만 활용방식에 따라 대규모 인명피해와 아주 장기적인 환경오염을 야기할 수 있어 핵테러리즘은 점차 국제사회의 큰 관심사가 되고 있다.

일부 학자들은 핵의 평화(nuclear peace)는 핵의 수직적 확산이 아닌 수평적 확산을 통해서 가능하다고 주장한다.[13] 케네스 왈츠(Kenneth Walts)는 당장에는 미국이 핵무기의 확산을 억제하는 데 효과적이지만 궁극적으로 핵무기의 수평적 확산은 지속적으로 이뤄질 것이며, 이러한 확산으로 인하여 각국 정부는 서로 핵 선제공격을 합리적 군사적 수단의 메뉴에서 삭제하게 되어 핵의 평화가 가능하다고 주장한다. 스캇 세이건(Scott Sagan)은 냉전기 미국과 소련에 의한 핵무기 통제는 효과적이었을지 모르지만, 향후 핵무기 확산에 의해 새롭게 핵무기를 보유하게 될 국가들이 미국과 소련과 같이 효과적인 통제체제를 구축할 수 있을 것이라고 믿을 수 없다고 비판한다.[14] 이와 같은 논쟁은 엄청난 공포의 균형에 의한 핵 억지의 논리와 핵무기 비확산을 위한 국제사회의 논리가 상충하고 있음을 보여준다. 그런데 핵에 의한 평화는 핵무기가 존재하는 한 그것이 사용될 수 있기 때문에 적극적 평화의 실현으로 이어질 수 없는 한계를 극복할 수 없다.

III. 북한의 핵개발과 오래된 위협

1. 북한의 대외인식과 핵개발의 의지

20여 년 동안의 '북핵위기'라는 긴장은 시기에 따라 정도를 달리 하지만 남북관계와 동북아 국제질서에 많은 영향을 미쳤다. 크나큰 경제적 기회비용과 국제사회의 대북제재와 외교적 고립에도 불구하고 북한이 핵무기를 개발하는 이유는 무엇인가? 전통적으로 북한이 한국전쟁을 경험하면서 미국으로부터의 핵무기 공격의 위협에 대한 대응, 남북한 전략적 무기의 우위 추구, 혹은 남북한을 비롯한 주변국과의 협상의 수단으로서 핵무기 개발을 하고 있다고 설명이 된다. 이러한 설명들은 북한의 핵개발과 북핵위기의 중요한 현상을 설명하고 있지만 북한의 핵정책 혹은 핵전략의 청중(audience)이 누구인가를 명확하게 구분하지 않는다.

정부의 정책에는 청중이 존재하기 마련이다. 그런데 각국 정부의 대외정책은 국제사회와 지역 국가, 그리고 국내 대중을 동시에 청중으로 삼는 경우가 대부분이다. 핵무기와 같이 정보의 비밀성이 높은 정책일수록 청중은 다층적일 가능성이 높다. 북한의 핵무기 개발프로그램과 포기 가능성에 대한 평가가 엇갈리는 것도 정보의 비밀성과 더불어 부분적으로 북한의 핵정책의 청중이 모호하기 때문이다. 북한의 핵무기 개발프로그램은 그 청중과 북한의 세계관, 한반도 주변관계 인식, 북한사회의 안정성에 대한 인식 등을 중심으로 평가할 수 있다. 이 장은 북한의 언론매체를 통해 나타나는 북한 정권엘리트들의 인식과 세계관을 중심으로 북핵프로그램을 설명하고 있다.

북한의 핵무기 개발은 정권엘리트들의 세계관과 깊은 관련이 있다. 북한의 세계적 차원의 대외정세 인식은 제국주의에 대한 비판의식과 한국전쟁 경험 후 강화된 자립적 안보의 중요성에 대한 인식에 기반을 두고 있다. 첫째, 북한의 제국주의에 대한 비판의식은 특히 미국의 군사정책을 향한 정치적 비난과 북한의 핵무기 개발의 당위를 주장하는 것으로 나타난다. 북한은 자신의 핵보유가 제국주의자들의 변하지 않는 침략적 본성, 지배주의 정책에 대한 자위적 수단임을 강변한다.15) 이와 같이 북한이 국제정세를 제국주의 세력 대 발전도상국의 대립구도로 설정하는 것은 오래된 관행으로 김정은 시대에도 지속되고 있다. 북한은 제국주의의 제재에 맞서 제국주의 반동세력의 제재가 시대착오적임을 보여주기 위하여 자신들이 정치군사강국으로 나아가고 있다고 주장한다.16) 또한 국제사회의 제재를 새로운 핵강대국 출현에 대한 사전방비책이며 전략핵무력에서의 압도적인 우세를 보장하기 위한 수단이라고 평가하고,17) 미국을 중심으로 한 핵무기 클럽 국가들의 군사전략적 절대 우위를 유지하기 위한 수단으로 정치화함으로써 '핵차별'에 대한 논리를 제시하고 있다.

둘째, 북한은 자신들의 핵무기 개발을 한국전쟁의 경험과 지속적으로 연계하여 정당화하고 있다. 김정은 시대에도 북한은 미국의 아시아로의 회귀를 미국의 국내 경제위기를 벗어나기 위한 출구전략으로서 제2의 한국전쟁을 위한 교두보를 마련하기 위한 기만에 불과하다고 주장한다.18) 그리고 북한은 지속적으로 유엔군사령부의 해체 여부, 미국이 대북 적대정책의 유지 여부, 그리고 아태지역에서의 평화와 안정을 원하는가의 여부를 미국이 냉전의 부활을 꾀하는지를 가늠할 수 있는 시금석임을 강조한다.[19] 이러한 북한의 주장들은 사실상 미국을 세계의 군사적 강국으로 인정하고 있으며, 자신의 안보를 비재래식 무기 즉 핵무기에 의존할 수밖에 없음을 자인하고 있는 것이다.

셋째, 북한의 한반도 정세에 대한 인식 역시 한국전쟁의 경험과 그 후 군사적 긴장상태를 해결하기 위한 핵무기 개발의 정당성을 주장하는데 반영되고 있다. 즉 자신들의 핵무기 개발은 그 청중이 국제사회와 미국만이 아니라 한반도와 관련된 당사자 모두인 것이다. 북한은 북방한계선은 정전협정에 배치되는 유령의 선임을 꾸준히 강조해 왔다. 북한은 2012년 12월 12일 로켓발사에 따른 유엔안전보장이사회 결의 2087호, 2013년 2월 12일 북한의 3차 핵실험에 따른 유엔안전보장이사회 결의 2094호의 채택에 맹비난을 하면서, 한미의 키리졸브, 독수리합동군사연습을 한반도에서의 핵전쟁의 도화선을 제공한다고 규정하였다. 그리고 그것을 이유로 북한이 더 이상 정전협정에 구속되어 있을 수 없다고 주장하였다.[20]

그런데 북한의 핵무기 개발의 의지를 한국전쟁과 분단의 경험으로만 설명하는 것은 환원주의적 오류를 범할 가능성이 있다. 북한은 탈냉전기 북미간 합의가 불이행된 것에 대한 실망과 그에 따른 미국과 한반도 주변국에 대한 불신이 깊음을 반복적으로 보여주고 있다. 예들 들어 북한은 9·19공동성명에서도 미국이 북한을 공격하거나 침공할 의사가 없다는 조항이 있었지만 미국이 남한에 확장 핵 억지력을 제공하고 남한과 그 주변지역에 무력을 노골적으로 증강하며 자신을 겨냥한 핵전쟁연습을 벌이고 있다고 주장하였다.[21] 또한 북한은 미국의 대북 적대정책이 한반도에 대결과 긴장악화를 초래하고 핵전쟁의 검은 그림자를 한반도에 드리우고 있다고 한다.[22] 이를 통하여 북한은 탈냉전기 미국과 주변국들이 북한과의 합의이행에 불성실했음을 강조함으로써 자신의 핵무장을 정당화하고 있다.

2. 북핵의 국제정치와 오래된 위협

　그렇다면 이와 같은 북한의 핵무기 개발을 위한 정책들은 국제정치
학의 이론적 측면에서 어떻게 평가할 수 있을까? 북한의 핵개발과 관
련한 핵무기의 국제정치를 북한의 발표들을 중심으로 진단할 수 있다.
　첫째, 북한이 자신의 핵무기 개발프로그램을 제국주의의 시대착오적
반동행위에 대한 정당한 대응이라고 주장하지만, 북한의 핵무기 개발
이 국제적 차원에서 새로운 세력균형을 가져올 것으로 기대하기는 어
렵다. 과거에도 인도와 파키스탄, 이스라엘이 핵무기 보유를 선언하였
지만 이로 인하여 국제사회의 새로운 안보의 균형이 나타나지 않았었
다. 북한의 핵무기 보유가 미국의 안보에 잠재적 위협요인이 될 수 있
지만, 주요 핵무기 보유국을 중심으로 하는 핵무기의 국제정치를 근본
적으로 바꾸지는 못할 것이다. 그렇지만 북한의 핵무기 개발은 동북아
시아 지역 국가들이 연쇄적으로 핵무기를 개발을 추진할 수 있는 기
회구조를 제공할 수 있다.
　둘째, 북한은 자신들이 핵무기를 개발하는 것은 미국으로부터의 안
보위협에 대응하여 사활적 이익을 실현하기 위한 정당한 정책이라고
주장한다. 핵무기는 안전보장의 최후의 보루이자 안정적 경제건설의
보장 장치로 이해되고 있다. 북한 외무성은 제3차 핵실험을 공표하면
서 핵무기를 보유함으로써 미국과 한국의 침략 본거지를 정밀타격을
할 수 있는 능력을 갖추고 경제건설과 인민생활의 향상에 힘을 집중
할 수 있게 되었다고 밝혔다.[23] 북한은 미국이 대북적대 정책을 포기
해야 핵문제가 해결될 수 있다는 입장이고 반대로 미국은 북한이 핵
을 먼저 포기해야 북미관계가 정상화될 수 있다는 입장을 고수하고

있다. 이러한 상황에서 북한에게 핵무기의 개발은 미국과의 대화에서 자주권 존중과 평등의 원칙을 실현할 수 있는 핵심적 수단이다.[24] 북미 양자 관계에서 핵무기는 북한에게 최소 안보의 균형 수단으로 사활적 이해가 걸린 것이기 때문에 쉽게 포기하기 어려운 것이다.

셋째, 북한은 핵무기 개발의 정당성과 필요성을 미국의 핵도발로부터의 안보 확립임을 강조하면서도 역설적으로 경제발전을 위한 선결조건이라고 강조한다. 제3차 핵실험 직후 2013년 3월 31일 조선노동당 중아위원회 전원회의에서 김정은 노동당 제1비서는 경제-핵 병진노선을 제시하였다. 경제-핵 병진노선의 핵심적 논리는 핵무기를 보유함으로써 국방비를 추가적으로 늘이지 않고 억지력을 유지할 수 있게 되어 경제건설과 인민생활 향상에 힘을 집중할 수 있다는 것이다.[25] 북한의 신발전전략은 핵무기에 의한 외부 위협 억제, 핵보유국 지위의 기정사실화를 추구하면서 대외적으로 경제교류 확대를 시도할 것이라고 평가되기도 한다.[26]

그런데 핵무기를 보유한다는 것이 필연적으로 국가의 안보를 보장하지는 않는다. 인도와 파키스탄은 핵무기 보유 이후에도 지속하여 군비경쟁을 하였으며, 재래식 무기에 의한 양국 간 충돌은 반복적으로 발생하였다. 핵무기 보유로 인해 재래식 무기에 의한 안보 위협이 완전히 사라졌다고 보기 힘들기 때문에 북한의 핵 무력 보유 선언이 북한의 안보의 딜레마를 완전히 해결해주지 않는다. 그리고 북한이 핵무기를 보유하고 전략적 핵 억지력을 가졌다고 선언하는 것은 오히려 주변 국가들에게는 안보의 위협을 높이는 것이기 때문에 북한과 주변 국가들의 관계는 경색될 수밖에 없다. 북한에 대한 경제제재의 효과성에 대해서는 많은 논란이 있지만, 주변 국가들이 북한의 핵무장을 공식적으로 인정하고 경제교류를 확대해 나갈 것이라는 기대하기 어렵다. 오히려 단기적으로는 북한경제의 대외적 조건이 악화될 가능성이 더욱 크며, 대내적으로는 핵무기의 관리비용으로 지출해야하는 경제적 기회비용이 급격하게 증가할 수 있다.

넷째, 북한의 핵무기 개발프로그램은 미국으로부터의 안보위협에 대한 대응이면서 동시에 대내적 결속을 위한 것이다. 즉 경제-핵 병진노선은 국제사회와 주변 국가들을 청중으로 삼는 정책이면서 동시에 김정은 정권의 안정화를 위한 수단적 차원의 정책이기도 하다. 김정일 사망과 김정은의 집권은 정치권력의 장악은 물론 경제발전이라는 사회적 과제를 북한에게 떠 안겼다. 북한은 1990년대 중반부터 지속되어 온 경제적 난관에 직면하여 핵무기 개발의 성공만이 외세에 의한 경제제재를 풀고 경제교류와 발전에 전념할 수 있을 것이라고 주민들을 대상으로 강조해 왔다. 김정은 시대에도 북한은 북한주민들에 대한 스스로의 정치적 정당성을 포기하지 않는 한 핵무기 개발프로그램을 먼저 포기하기 어려울 것이다. 따라서 북한이 핵실험을 감행하고 핵무장은 불가피한 수단[27]임을 계속 강조하는 것이다.

북한은 미국으로부터의 안보위협에 대한 인식과 중국과 러시아에 대한 역사적 불신 때문에 자위적 핵무장을 통해 안보의 딜레마를 해결하고자 한다. 그렇지만 사활적 이익의 실현을 위한 핵 무력 확보는 주변국과의 관계 개선을 악화시키고 경제발전을 저해하는 요인이 될 수 있다. 주변 국가들도 북한이 핵 무력을 스스로 포기하고 정보를 투명하게 제공하는 구조가 정착되기 전에 북한에 대한 불신을 거두지 않을 것이다. 따라서 주변 국가들은 현재와 같이 대북제재를 통하여 안보의 문제를 해결하려고 할 것이다. 지역적 안보 환경의 안정을 유지하기 위하여 주변 국가들은 북한의 핵보유를 공식적으로 인정할 수 없기 때문이다. 북한 핵을 둘러싼 동북아시아의 안보환경은 북한과 주변 국가들이 상대방의 내리는 결정에 상관없이 자신에게 이익이 되는 정책을 선호하게 되면서 안보의 딜레마에 계속 빠져드는 형국이다.

IV. 북핵 해결을 위한 노력 그리고 새로운 위기

북한의 핵무기 개발프로그램은 지난 20년 넘게 남북관계를 지배해
왔다. 남북관계는 안보의 문제만이 아니라 경제교류, 사회·문화적 교
류, 이산가족 및 국군포로 문제의 해결, 북한주민의 인도적 문제의 해
결 등 다양한 의제들을 포함하는 개념이지만, 남북관계는 '북핵'이라는
의제에 직면할 때 다른 모든 의제들은 블랙홀에 빨려 들어가듯이 사
라져 버린다. 이러한 상황에서 남북관계는 북한의 핵무기 개발프로그
램에 대한 타결이 없이는 개선될 수 없는 것인가라는 것은 어리석은
질문일 수 있다. 그런데 외교정책 결정자들은 북핵문제를 둘러싼 교착
상태에서도 주어진 환경과 가능한 대안적 정책들 사이에서 선택을 하
여야만 한다. 정책적 대안들은 그것들이 얼마나 실현가능하며 어떠한
결과를 초래할 것인가에 대한 평가에 기반을 두고 이뤄져야 한다.

1. 북핵시설에 대한 선제타격론과 쟁점들

북한 핵문제를 해결하기 위한 방법으로 북한의 핵시설에 대한 선제
타격을 통해 북핵 위협의 원천적 제거를 주장할 수 있다. 북한 핵시설
에 대한 선제타격론은 1990년대 초반부터 제기되었다. 실제 1993년 6월
미국은 영변을 비롯한 북한의 핵시설에 대한 정밀폭격을 준비하였으
나 김영삼 대통령의 강력한 반대와 지미 카터 전 미국 대통령의 김일
성과의 대화 등을 계기로 실행에 옮겨지지 않았다.

북한의 핵시설에 대한 선제타격론은 지속적으로 제기되었다. 2013년
2월에도 북한의 제3차 핵실험에 대응하여 김관진 국방장관이 "핵무기
는 절대 무기이고 핵무기 투발 시 피해는 상상을 초월"하기 때문에
"사전에 파괴하는 게 최선의 대안"이라고 주장하였다. 한국만이 아니

라 바다 건너 일본에서도 아베 신조 총리가 일본 국민의 생명과 재산
을 지키기 위해 필요한 경우 북한의 기지를 선제공격할 수 있음을 천
명하였다. 예상할 수 있듯이 북한은 이에 대해 자신들에 대한 선제공
격은 한반도와 동북아에서 파국적 전쟁을 불러올 것이라고 강력히 반
발하였다.

그런데 북핵 시설에 대한 선제공격론은 논쟁적인 것이다. 국제정치
에서 예방공격은 주변국의 신무기 개발이 국가안보의 미래에 위협이
될 것이라는 전망에 근거를 두고 이뤄지는 것이라면, 선제공격은 적국
의 공격이 임박하였으며 선제적 조치가 취해지지 않는다면 국가안보
의 심각한 위협이 합리적으로 예상되는 경우에 이뤄지는 것이다. 선제
공격의 대표적인 사례는 1967년 6월 5일 이집트의 임박한 대이스라엘
군사행동에 대응해 이스라엘이 국가 존립을 위해 기습적 선제공격을
감행한 것이다. 반면 1981년 이라크 오시라크 원전과 2007년 시리아의
알키바르 원전을 이스라엘이 예방적 차원에서 폭격한 것은 이스라엘
이 국제법을 위반한 것이라는 국제사회의 비판에 직면하게 되었다. 이
스라엘은 이 원전들이 핵무기 개발로 전용될 것이고 그 핵무기를 이
스라엘을 향해 사용할 것이라고 주장을 하였지만, 국제사회는 이러한
이스라엘의 대응이 지나친 자기 정당화에 기반을 둔 것이라고 평가되
기도 한다.

북한의 핵시설에 대한 선제공격론은 '북한의 핵무기 사용이 임박'했
을 때 사용할 수 있는 수단으로 이해될 수 있다. 그런데 핵시설에 대
한 선제공격은 핵무기 발사를 위해 필요한 북한의 사전 움직임을 포
착하고 그것이 한국을 향한 것이라는 것을 사전에 정확하게 진단할
수 있는 체계가 요구된다. 또한 선제공격으로 북한의 핵에 의한 2차
보복능력을 완전히 제거할 수 있어야 한다. 그런데 이스라엘이 이라크
와 시리아의 원전을 폭격하는 것과 달리 만약 북한이 핵무기의 소형

화와 경량화에 성공을 했다면 공격목표를 설정하는 것이 불가능해지
고 선제공격론은 북핵문제 해결을 위한 합리적 선택이 될 수 없다.

2. 핵심적 이익의 교환과 거래를 통한 접근방식

외교는 상대방을 내가 바라는 바대로 행위를 하도록 설득하는 예술
이다. 콘돌리자 라이스(Condoleezza Rice) 전 미국 국무장관도 이와 같
은 맥락에서 2006년 12월 북핵 6자회담과 관련하여 "이건 과학이 아니
라 예술이다"라고 하였다.[28] 이는 북핵문제의 해결을 위한 과정이 어
렵고 결과를 예측하기도 힘들지만 그러한 노력들이 창의적이고 가치
있는 일임을 의미한다. 그리고 외교가 예술인 이유는 누구도 완전한
승자도 완전한 패자도 될 수 없고, 그렇게 되지 않아야 성공적인 것이
기 때문이다. 북핵문제를 외교적으로 해결하기 위해서는 모든 외교적
협상의 대상자들은 얻는 것이 있어야 한다. 북핵문제 해결을 위한 협
상에서 북한은 무엇을 얻고 국제사회는 또 무엇을 얻을 수 있을 것인
지 살펴보아야 할 것이다.

이익교환을 통한 첫 번째 해결방식은 '경제-안보' 교환을 통한 것이
다. 이는 북한이 핵무기 개발을 포기하는 것을 조건으로 미국과 한국
을 비롯한 국제사회가 북한에 대하여 경제적인 보상을 제공하는 것이
다. 이와 같은 접근방식은 1994년 북한과 미국이 제네바기본합의문에
서명을 하면서 잠정적인 성과를 이끌어내기도 하였다. 노무현 정부와
이명박 정부 시기에도 경제적 보상에 의한 북핵문제의 해결이라는 접
근방식은 계속되었다.[29] 노무현 정부가 경제적 보상을 제공하면서 북
한의 비핵화를 유도하는 전략을 이용한 반면, 이명박 정부는 '비핵·개
방·3000' 구상을 토대로 북한의 비핵화가 선행되어야 북한에 대한 경
제적 보상을 제공할 수 있다는 전략을 이용하였다. 노무현 정부는

'9·19공동성명'을 이끌어내고 일시적인 비핵화를 위한 진전을 이끌어
내기도 하였지만, 그러한 진전을 제도화하지 못하였다. 반면 이명박 정
부는 북핵문제의 해결을 위한 가시적 성과를 거의 얻어내지 못하였다.

그런데 이러한 접근방식이 성공적으로 목표를 달성하기 위해서는
북한이 얻는 경제적 이익이 사활적 이익으로 인식하는 핵무기를 포기
할 만큼 핵심적 국가이익으로 전환되어야 한다. 북한의 입장에서 핵무
기 포기와 경제적 보상이 비슷한 가치를 지닌 것이라야 하는 것이다.
1990년대 중반 북한에서 발생한 자연재해와 가뭄으로 인한 식량위기
그리고 전반적인 경제위기로 인하여 경제적 보상은 핵무기 개발의 잠
정적 유보에 대한 충분한 교환대가가 될 수 있었다. 하지만 소위 '고
난의 행군' 시기를 극복해나가면서 달라진 경제상황에서는 핵무기 개
발을 포기할만한 적절한 경제적 보상에 합의하기 어려운 국제적 환경
이 조성되고 있다. 한국 정부는 대북지원을 둘러싼 남남갈등을 극복하
여야 하고, 미국은 테러와의 전쟁을 수행하는 동안 북한과의 협상에
집중하기 어려운 상황에 직면하고 있다. 북한의 핵실험으로 인하여 핵
무기를 보유하고 있다고 평가되는 상황에서 한국과 국제사회로부터의
경제적 보상에만 의존하는 접근방식에 의해 문제가 성공적으로 해결
되는 것이 어려워지고 있다.

두 번째 교환 및 거래에 의한 해결방식은 '안보-안보' 교환 접근방식
이다. 즉 북한은 정권 혹은 체제의 안보를 보장받는 반면 핵무기 개발
프로그램을 포기하고 비핵화를 실현하는 해결방법이다. 북한이 핵무기
실험을 하기 전인 2005년의 '9·19 공동성명'은 포괄적인 안보교환의
내용을 담고 있다. 북한이 모든 핵무기와 현존하는 핵 프로그램을 포
기하고 핵확산금지조약 및 국제원자력기구로의 복귀를 약속하고, 한국
과 미국은 남한 내의 핵무기 부재 확인과 대북불가침 약속, 에너지 경
제지원, 남북미중의 평화협정체결, 동북아시아 협력안보를 통한 안전

보장 제공을 약속하는 것이었다. 이 성명의 중요한 특징은 이러한 약속들이 순차적으로 이행되기 보다는 동시에 이행되는 것이었다. 하지만 이 공동성명의 내용들은 북한의 달러 위조가 국제적 문제로 비화되면서 북한의 반발에 부딪히게 되고 실현되지 못하였다.

안보-안보 교환을 통해 북한의 핵문제를 해결하려는 접근은 박근혜 정부의 발표를 통해서도 확인된다. 한국과 미국은 2013년 4월 12일의 양국의 외교장관 공동성명을 통하여 6자회담을 통해 9·19공동성명에 기초한 비핵화를 실현하는 것이 공통된 이익임을 재확인하였다. 이에 상응하는 거래조건으로 불가침조약 채결, 북미수교, 동북아 다자안보 체제 구축 등도 그대로 북한에 제시하였다. 그런데 2005년과 달리 2013년 이후 북한은 스스로를 핵보유국가라고 선언하기 때문에 한반도 비핵화에 대해 좀 더 공세적인 자세를 보이고 있다. 북한은 2013년 3월 전원회의에서 핵보유국을 자처하면서 핵확산 방지, 아시아와 세계의 평화와 안전 수호, 세계의 비핵화 노력을 강조하였다.[30] 그러면서 충분한 핵 억지력을 갖추기까지 핵능력을 강화할 것이며 미국과의 비핵화 회담이 아닌 군축 회담이 가능하다고 주장하였다.[31] 즉 북한문제를 북한과 한반도만의 비핵화 문제로 접근하기보다 미국을 포함하는 전 세계적인 비핵화 문제로 접근할 것을 강조함으로써 협상력을 높이려 하고 있다.

핵무기 실험 전에 북한은 자신들이 핵무기 개발을 추진하고 있다는 것을 부정하면서도 비핵화에 대한 소극적인 태도를 보이고, 한국과 미국은 북한을 핵무기 보유 가능성을 외면하면서 북한의 핵 프로그램의 중단을 요구하였다. 그런데 핵무기 실험 이후 북한은 '선 핵무기 포기, 후 불가침' 주장의 철회, 봉쇄조치와 군사적 압박공세 등 대북적대시 정책의 철회, 대북제재의 해제 등과 같이 한층 강화된 협상의 조건으로 내세웠다.[32] 점점 북한의 교환조건이 북한의 소극적 안보의 보장만이 아니라 국제적 수준에서의 적극적인 안보의 보장을 요구하고 있는 것이다. 북한이 실질적으로 국제적 차원의 호응을 기대하고 있는지 알기 어렵지만, 적어도 북한은 핵문제 해결을 위한 협상의 조건을 자신들에게 유리하게 공세적으로 바꾸려고 하고 있다.

안보-안보 교환모델은 순수한 순차적 과정에 의해서 긍정적인 성과를 얻기 어렵다. 기본적으로 북핵문제의 상황이 죄수의 딜레마에 기초한 안보의 딜레마 상황이기 때문에 북한과 한국 또는 미국은 언제든지 서로에 대한 협력을 철회할 유인을 가지고 있다. 한국과 미국이 먼저 북한의 안보 조건을 이행하는 경우 북한은 핵무기 개발을 지속하는 엄청난 유혹을 느낄 것이며, 한국과 미국이 안보 조건을 이행하지 않더라도 핵무기 개발을 지속함으로써 최소한의 핵 억지력을 구축하는데 한 걸음 더 나아갈 것이다. 한국과 미국을 비롯한 국제사회도 북한이 핵무기를 포기하건 포기하지 않던 간에 북한과의 안보 조건에 대한 약속을 이행하지 않는 데에 큰 유혹을 느낄 것이다. 즉 양측 모두 배반의 유혹이 큰 상황에 처해 있어 협상에 의한 원만한 해결을 기대하는 것이 기대보다 쉽지 않다.

동시이행 접근방식을 취한다고 하더라도 상대방에 대한 정보 부재의 문제를 해결해야 한다. 북한의 정치적 상황에 대한 불신과 몰이해, 그리고 북한의 핵에 대한 정보의 불충분성은 국제사회가 북한에 대한 외교적 협상에서 타당한 결과를 도출하는 데 저해요인이 된다. 북한도 국제사회로부터 고립되면서 국제적인 변화의 흐름에 순응하지 못하고 있으며, 북한 내의 권력안정을 위해 힘을 쏟으면서 한국과 미국에 대한 정보를 충분히 가지고 대외정책을 펼쳐 나가는 것이 점점 어려워지고 있다. 그리고 북한의 핵무기 개발의 수준과 핵무기의 통제를 위한 정보가 충분히 있어야 북한 정권의 정책결정을 예측하는 것이 한결 쉬워진다. 그렇기 때문에 순차적 이행이 아닌 동시적 이행에 의한 안보-안보 교환도 추가적인 조정장치가 마련되어야 긍정적인 협상의 결과를 도출할 수 있을 것이다.

안보-안보 교환모델의 추가적인 조정 장치는 중국이 북한에 확장적 핵 억지를 제공하는 것이다. 이 경우 한반도에서는 미국과 중국에 의한 핵 안보라는 공공재가 제공되는 것이다. 그런데 이러한 모델은 현상적으로 한반도의 비핵화를 실현하는 것이지만 실질적으로 핵 억지에 의한 안보균형을 인정하는 것이다. 김정은 정권의 정치적 안정화를 위하여 중국의 후견 혹은 지원이 절실한 북한이지만 북한은 중국에 자신의 안보를 의존하는 것에 긍정적일 수 없다. 북중경협이 확대됨에 따라 대중 경제의존이 심화되고 있는 상황에서 안보의 문제까지 중국에 의존한다는 것은 중국의 북한에 대한 영향력의 확대로 이어질 수 있기 때문이다. 그리고 중국이 확장적 핵 억지력을 지속적으로 제공할 것인지, 만일의 경우 미국에 대하여 중국이 핵무기를 사용할 수 있을 것인지가 불확실하다면 북한이 이러한 제안을 수용하지 않을 가능성이 높다.

안보-안보 교환모델은 동북아시아 다자간 안보 공동체의 설치를 제시한다. 동북아시아 다자간 안보 공동체의 실현은 유럽의 헬싱키 프로세스와 그 이후 유럽안보기구의 형성과정을 모델로 삼는다. 제2차 세계대전 이후 미해결된 국경문제에 의해 발생할 수 있는 또 다른 전화의 비극을 막으려는 유럽인들의 공동체적 노력의 산물이 유럽안보기구이다. 그런데 현재 동북아시아 안보 공동체를 구성하기 위해서는 북한의 핵개발이 포기되어야 하고, 북한 또한 미국으로부터의 안보위협이 해결되는 상황을 맞이하여야 협력이 가능하다. 주변 국가들이 북한을 현실적 안보의 위협국가로 인정하고 북한은 주변 국가들로부터의 안보위협을 핵심적 이익을 저해하는 것으로 인식하는 상황에서 유럽의 안보 공동체 형성의 경험을 동북아시아에서 적용하는 것은 그리

쉬운 일이 아니다.

최근 한국과 일본의 일부에서는 자체적인 핵무장을 통하여 북한에 대한 핵 억지력을 갖춰야 한다는 주장이 제기된다. 궁극적으로 동북아시아의 비핵지대화를 추구하려는 노력과는 정면으로 배치되는 주장으로 월츠가 제시했던 바와 같이 모든 국가가 핵무기를 가짐으로써 엄청난 공포의 균형이 이뤄질 수 있다는 것이다. 한국과 일본, 그리고 대만까지 핵무장을 하는 과정에서 동북아시아는 극도의 군사적 긴장상태에 놓이게 될 것이며 핵무장과는 별도로 재래식 무기에 의한 지역차원의 전쟁을 감수해야할지도 모른다. 그리고 북한을 비롯하여 새롭게 무장하는 동북아시아 국가들이 핵무기를 관리하고 사용을 통제하는 지식과 경험의 부족도 오히려 국제적, 지역적 불안정을 초래할 것이다.

이러한 접근방식들은 저마다의 장단점을 가지고 있다. 그리고 하나의 접근방식만으로는 해결되기 어려운 것이 핵무기를 개발하고자 하는 북한의 의지를 좌절시키는 것이다. 북한에 대한 일방적 제재와 압박도 또한 무조건적 협상 지상주의도 핵무기를 포기할만한 유인을 제공하기 어렵다. 동북아시아에서 '핵 위험' 시대를 맞이하면서 북미관계 혹은 남북관계에서 북한의 핵심적 이익과 한반도의 비핵화를 위한 국제사회의 이익을 조정하기 위한 국제적 노력은 아직까지 접점을 찾지 못하고 있다. 상호 이익의 교환이 이뤄지려면 북한의 핵에 대한 투명한 정보가 필요하고, 우호적 관계 형성을 위한 반복적 대화가 필요하다. 그리고 반복적 대화에는 북한의 비핵화가 가져올 수 있는 미래에 대한 큰 그림(big picture)이 구체적으로 제시되어야 한다. 미래에 대한 청사진과 그에 대한 확신을 공유하지 못한다면, 미래가치를 위해 현재의 안보이익을 포기할 국가는 없을 것이기 때문이다.

V. 북핵문제 해결을 위한 과제와 전망

2014년 3월 북한은 제13기 최고인민회의 대의원 선거를 통해 687명의 대의원 중 53%에 해당하는 360여명을 새로운 인물로 교체하였다. 김정은 집권 이후 신실세로 평가 받는 인물들을 중심으로 권력집단의 세대교체가 이뤄졌다고 볼 수 있다. 절반에 가까운 기본의 대의원들은 김정일 시대와 김정은 시대의 전환기를 함께 겪은 권력 엘리트들이며 향후 단기적으로 김정은의 북한 통치에 기여할 것이다. 그런데 절반이 넘는 새로운 대의원이 있지만, 절반에 가까운 기존의 대의원들도 존재한다. 이와 같은 권력집단의 교체는 북한 대내적으로 친정체제를 구축하는데 이익이 될지 모르지만 북핵문제와 같은 대외적 문제에 대해서는 어떻게 정책을 펼쳐나갈지 가늠하기 어려운 상황이다.

김정은 시대에도 북핵문제는 동북아시아의 안보질서 유지를 위한 핵심적인 이슈이다. 북한이 주장하듯이 미국으로부터의 안보에 대한 위협인식을 쉽게 변하지 않을 것이다. 미국에 대한 안보불안이 실질적인 것이든 대내적 결속을 위한 정치수단적인 것이든 동북아시아 국가들과의 핵협상에서 지속적으로 북한에 의해 선결과제로 제기될 것이다. 그리고 북한이 핵무기 개발프로그램을 포기할 때까지 국제사회의 제재가 해제되기도 힘들 것이며 다차원적 압박도 지속될 가능성이 높다.

그런데 김정은 시대 동북아시아에서는 역내 경제적 상호의존성이 크게 증가하는 가운데서도 중일, 한중, 한일관계가 원만하지 못하여 북핵문제 이외에도 다양한 안보불안의 요인들이 존재하고 있다. 1990년대와 2000년대 초반까지는 동북아시아의 안보문제를 북한의 핵문제로 규정하고 문제의 해결을 위해 관련 국가들이 집중적인 노력을 기울일 수 있었다. 그렇지만 2000년대 후반부터는 중국의 역내 영향력 확대를

위한 노력, 일본의 우경화 현상 등으로 갈등이 증폭되고 있는 상황에
서 북한핵문제에 대한 각국의 이해관계가 복잡해지고 있다. 각국의 다
양한 행위자들이 선제타격론, 핵무장론, 경제-안보 또는 안보-안보 협
상론을 두고 정치적 영향력을 행사하려 한다. 북한이 핵보유 선언을
통해 자기주도적인 협상 환경을 조성하려고 하지만, 지역 차원에서 그
러한 의도가 쉽게 받아들여지지 않고 있는 것이다.

이러한 변화에 김정은 시대 북한도 대응해 나가야 할 것이다. 김정
은이 집권 초기 주변 국가들과의 갈등을 최소화할 것이라는 국제사회
의 예측은 연속되는 로켓발사와 핵실험으로 인하여 여지없이 빗나갔
다. 2013년 상반기까지 계속된 북한의 도발은 북한사회의 결속을 다지
고 정치적 숙청을 하는데 이용될 수 있었는지 모르지만, 대외적인 성
과를 얻었다고 볼 수 없다. 오히려 대북협상을 위한 중국의 영향력에
대한 국제사회의 기대를 낮추었고, 한국과 일본에서의 핵 무장론이 제
기될 수 있는 토대를 마련해 주었다. 북한이 의도했든 의도하지 않았
든 동북아시아의 군비경쟁이 발생하고 있고, 이에 북한은 더욱 핵무기
개발에 집착할 수밖에 없게 되고 말았다.

북핵문제를 해결하고 동북아시아의 안보질서를 유지하는데 중요한
요소는 관련 국가들 간의 우호적 관계 형성이고, 이를 위해 핵무기 관
련 투명한 정보의 공개가 선행되어야 한다. 경제의존의 심화와 군사적
긴장악화로 묘사되는 '아시아 패러독스'는 동북아시아 지역에서 경제
적 이익이 안보의 이익을 대체해주지는 못함을 보여준다. 경제적 이익
이 점차 국내외 정책결정과정에서 많은 영향을 미치지만 아직까지 각
국의 안보이익과 교환할만하지 못한 것이다. 이러한 상황은 북한에게
도 마찬가지일 것이다. 국제사회가 북한을 의심하듯 북한도 지역 내
국가와 국제사회에 대한 의심을 거둬들이지 않고 있다.

국제사회가 북한을 안보의 위협으로만 규정하고 고립 혹은 압박을

하기 보다는 지속적인 대화의 장에 나설 수 있도록 할 필요가 있다. 신뢰관계 혹은 우호적 관계는 일방적 기대와 요구에 의해 이뤄지는 것이 아니라 관계 맺기와 관계유지의 과정을 통하여 형성되는 것이다. 국가 간 외교에서 신뢰의 형성이라는 것이 어렵지만 기본적인 원칙에 합의를 이루기 위해서 대화와 협상은 필수이다. 순차적 이행을 위한 협상의 틀을 마련하기도 하고 동시이행을 위한 협상의 틀을 마련하기도 하면서 상충하는 이익을 조정할 필요가 있다. 문제의 해결만이 아니라 문제의 악화를 방지하기 위한 관리의 차원에서의 예술적 외교활동이 요구된다. 이를 통하여 북한이 주장하는 자신들의 존엄과 사활적 국가이익이 어떤 다른 형태의 이익과 교환될 수 있는지 파악하고 북한에게 국제사회의 요구를 전달할 수 있는 다양한 접근이 동시에 이뤄져야 한다.

북핵문제에서 정보 투명성이 확보되지 않는 것은 심각한 문제를 야기할 수 있다. 북핵 관련 정보가 투명하지 않음으로써 국제사회는 북한에 대한 의심을 거두지 않을 것이기 때문이다. 정보의 부재는 북한 정권이 핵물질 혹은 핵무기를 통제할 수 있는가에 대한 우려로 이어진다. 김정은의 불안정한 대외행보와 장성택 체포와 갑작스런 처형과 같은 정치적 불안정의 요인들이 핵물질 혹은 핵무기의 비정상적인 확산으로 이어질 수도 있다는 우려를 낳고 있다. 핵확산의 문제가 아니라면 북한의 핵문제에 대한 직접적인 이해관계는 북미관계가 아니라 남북관계, 북일관계에서 더 중요하게 다뤄지게 될 것이다. 따라서 핵문제에 관하여 한국, 미국, 일본 세 나라만이 아니라 중국과 러시아를 포함한 공조를 통하여 투명하게 공유하고 문제해결에 다자간 협력체계를 구축하기 위해 노력을 해야 할 것이다.

김정은 시대에 북한은 핵 억지력의 보유와 경제건설을 동시에 달성하고자 하는 병진노선을 추진할 것을 선언하였다. 북한이 오랫동안 핵

억지력의 보유와 강성대국의 건설을 주민들에게 약속하고 대외에 공
표해왔기 때문에 핵무기 개발에 매진해 온 측면이 없지 않다. 같은 논
리를 적용하면 언제가 현재의 경제-핵 병진노선도 그 성과에 대하여
평가를 받아야만 할 것이다. 따라서 핵 무력의 보유와 유지를 위한 엄
청난 경제적, 정치적 기회비용을 지불하면서 대내외적으로 선언한 경
제건설을 이룩할 수 있을지 혹은 그렇지 못한다면 어떤 식으로 문제를
해결해 나갈지 꾸준한 관찰이 필요하다. 안보이익과 경제이익을 동시
에 실현하겠다는 김정은 시대의 북한에게 핵은 계륵과 같은 것이다.

제 11 장

김정은 정권의 대외정책:

갈등과 협력의 조화 혹은 엇박자

서보혁

I. 머리말: 김정은 정권의 대외정책을 보는 방법

김정은 정권이 들어선 지 1년을 넘어선 2013년 2월 12일 북한이 3차 핵실험을 단행하였다. 이는 2006년 10월 9일 1차 핵실험, 2009년 4월 25일 2차 핵실험에 이은 것으로서 김정은 정권 들어서는 첫 핵실험이다. 3차 핵실험은 2012년 12월 12일 광명성3호 2호기의 발사에 이어 진행된 것이다. 북한은 이를 김정일의 유훈이자 사회주의 강성대국 건설전략의 성과로 선전하면서 김정은 정권의 새로운 국가발전전략 수립의 전기로 삼고 있다. 북한은 3월 31일 당중앙위원회 전원회의를 개최하고 '경제건설과 핵무력건설'의 병진노선을 채택했다.

2011년 12월 17일 김정일 국방위원장이 사망한 이후 북한은 새로운 지도자 김정은으로 권력이 승계되는 과정에서 미국과 일회성 대화(2012.2.23~24 베이징회담)를 하면서도 일련의 로켓 발사(4.13, 12.12)를 거쳐 핵실험을 단행하였다. 이 시기 북한은 중국과의 관계가 원만하지 못한 상태였고 광명성3호 발사 이후 미국과의 관계도 급속도로 악화되었고, 남한과도 기존의 대립상태를 벗어나지 못하였다. 모든 주변국들과의 대립과 국제사회의 제재를 감수하며 북한이 핵실험에 나선 것은 나름의 손익계산에서 이익이 더 크다고 판단했기 때문일 것이다.

북한은 유엔 안전보장이사회의 제재 결의를 배격한다고 밝히는데 그치지 않고 안보리 자체를 비난하기에 이른다. 2012년 1월부터 2013년 말까지 북한은 김정은 정권으로의 승계를 거치면서 3차 핵실험을 단행하는 엄중한 정세를 스스로 조성하고 돌파해나가려는 모양을 보였다. 이 과정에서 장성택 숙청이 있어 북한의 위기조성전략과 국내정치 사이에 연계가 있을 것이라는 추정이 일어나기도 했다.

이 글은 3차 핵실험을 전후로 한 북한의 대외정책을 조망해 그 의미를 살펴보고 그 특징과 과제를 생각해보고자 한다. 논의 범위상 여기서 북한의 대외정책을 모두 다루지는 못하고 주요 대외관계[1]인 미국, 중국과의 관계를 주로 다루고 관련해 평화체제, 국제레짐(regime)에 관한 입장도 살펴보려 한다. 다만, 논의를 일반적인 외교정책 틀에서 이해하고자 본론에서는 먼저 북한의 당면 대외인식을 살펴본 후 북한의 대외정책을 개괄해볼 것이다. 결론에서는 이상의 논의를 요약하고 가능한 시사점을 생각해볼 것이다. 본 연구는 이 주제에 관한 향후 심화연구를 위한 기초연구의 성격을 갖고 있다. 이론적 분석에 앞서 북한의 대외정책에 대한 이해에 중점을 두고 있고, 이를 위해 남한 등 서방측의 이차자료 인용을 삼가고 대신 북한의 관영언론인 〈조선중앙통신〉을 주 분석 자료로 삼았음을 밝혀둔다.[2]

II. 북한의 대외정책 대강: 인식, 목표, 수단

북한이 대외정세를 인식하는 기본적인 논리 틀은 제국주의론이다. 냉전 해체 이후 북한의 위협인식은 더욱 높아져 제국주의론에 입각한 대외정세 인식이 더 적합해보였는지도 모른다. 오늘날 북한은 자신의 핵보유도 제국주의자들의 변하지 않는 침략적 본성, 지배주의 정책과 관련된다고 강변하고 있다. 북한은 미국이 자신을 군사적으로 침략하고 한반도와 아시아태평양지역에서 지배적 지위를 차지하려고 하고 있고 반북 압살책동이 앞으로도 계속될 것으로 믿고 있다.(2013.4.12)

작금의 국제정치 구도에서 북한의 대외정세 인식의 일차 대상은 역시 미국이고 그 핵심에 미국의 외교안보정책이 있다. 김정은 정권은 오바마 행정부가 2012년 1월 5일 발표한 미국의 새 국방전략3)의 골자를 2020년까지 해외주둔 미군무력의 60%를 아시아태평양지역에 배치하는 것으로 파악하면서, 이를 위해 '적의 존재 또는 위협'이라는 명분을 필요로 한다고 인식하고 있다.(2012.8.31) 북한은 오바마 정부의 "아시아로의 회귀" 전략이 아시아태평양지역에 미국의 무력을 증강하는 새로운 국방전략에 따른 것이라고 보고 있다. 그에 따라 주한미군의 성격과 역할은 중국과 러시아를 견제하고 지역의 군사적 패권을 쥐기 위한 미국의 전략을 실현하는 최전방 무력, 곧 전략기동군으로 변화하고 있다는 것이다.(2012.9.7) 북한의 한반도 정세 인식 역시 미국의 아태지역에서의 군사패권유지 전략의 연장선에 놓여있는데, 북한은 이명박 정부 등장 이후 뚜렷해진 남북관계의 경색과 군사적 긴장도 근본적으로는 미국의 대북 강경정책에 기인한 것으로 보고 있다.

북한의 대외정책 이념은 전통적으로 자주를 최우선으로 하여 친선, 평화를 견지해왔다. 거기에 1990년대 이후 높아진 안보위협 및 대외적 고립을 타개하기 위해 서방진영과의 관계개선, 특히 미국과의 관계개선을 추진해왔다. 2012년 신년공동사설과 2013년 김정은의 신년사를 통해 북한은 이 세 이념을 바탕으로 북한의 자주권을 존중하는 세계 모든 나라들과의 선린우호관계를 확대발전시켜 나갈 것이라고 밝혔다. 그러나 북한이 핵보유를 하고 있는 상태에서 미국과의 관계개선과 국제사회와의 교류가 활발할지는 의문이다.

북한의 대외정책 목표는 여느 국가들과 마찬가지로 주권 수호 및 국제적 지위 향상을 바탕으로 국가이익을 극대화하는 것이다. 그렇지만 북한의 경우 안보 위협, 경제적 곤란, 국제적 고립 등 전반적으로 어려운 처지에서 이를 일거에 극복해줄 전략 노선을 수립하는 일이 매우 중요한 과제이다. 여기서 대외정책은 안보 위협 해소뿐만 아니라 경제 발전을 위한 유리한 조건을 조성하는 일을 포함하게 되는데, 이는 김정일 생전에 북한이 천명한 '강성대국 건설' 방침에서도 찾아볼 수 있다.[4] 북한은 막강한 핵억제력이 있고 그것을 계속 강화해나갈 수 있는 든든한 군수공업이 있기에 미국이 적대시정책을 계속해도 끄떡없이 경제강국 건설에 박차를 가할 수 있게 되었다고 주장한다. (2012.7.31) 북한에게 핵억제력은 안전보장의 최후 보루이자 안정적 경제건설의 보장 장치로 간주된다. 실제 북한 외무성은 3차 핵실험을 공표하면서 핵억제력은 침략의 본거지를 정밀타격하여 일거에 소멸시킬 수 있는 능력을 충분히 갖추고 있을 뿐만 아니라, 그로 인해 경제건설과 인민생활 향상에 힘을 집중할 수 있게 되었다고 밝힌 바 있다. (2013.2.12)

　3차 핵실험 직후 북한은 새로운 국가발전 전략을 제시하였다. 2013년 3월 31일 조선노동당 중앙위원회 전원회의에서 김정은 노동당 제1비서는 경제건설과 핵무력건설 병진노선을 제시하였다. 북한 관영언론은 이 노선을 ① 사회주의강성국가를 건설하기 위한 가장 혁명적이며 인민적인 노선이고, ② 반미대결전을 총결산하며 천하 제일강국, 인민의 낙원을 하루빨리 실현하려는 당의 확고부동한 신념과 의지의 결정체이자, ③ 혁명의 최고이익으로부터 항구적으로 틀어쥐고나가야 할 전략적 노선이라고 강조하고 있다. 또한 이 경제건설과 핵무력건설 병진노선은 국방비를 추가적으로 늘이지 않고도 전쟁억제력과 방위력의 효과를 결정적으로 높임으로써 경제건설과 인민생활향상에 힘을 집중할 수 있게 한다는데 그 우월성이 있다고 선전되고 있다.(2013.3.31)

북한의 이런 신발전전략은 핵억제력 확보라는 새로운 조건 하에 추진되는 것으로서 대외정책이 핵무력에 의한 외부 위협 억제, 핵보유국 지위의 기정사실화, 그리고 경제교류 확대의 방향으로 전개될 것임을 시사하고 있다.

김정은 정권 하에서도 북한의 대내외정책 기조는 김정일 정권 시기와 연속성이 더 클 것으로 예상된다. 김정일 사후에도 북한은 선군정치를 북한의 국정운영의 기본방식, 대내외정책의 토대로 삼고 있다.[5] 북한은 김정일이 창시, 발전시킨 군사중시의 선군정치를 구현한 결과 나라의 무장력은 고도로 현대화되고 국방공업의 새로운 토대가 마련되었으며 제국주의자들의 침해로부터 자주권을 수호하기 위한 핵억제력까지 개발, 보유할 수 있었다고 자평하고 있다.(2012.1.3) 이제 북한에서 선군정치는 ① 민족의 자주권 수호, ② 한반도에서의 핵전쟁 예방, ③ 동북아시아와 세계의 평화와 안전보장과 같은 성과를 내고 있다고 선전되고 있다.(2012.2.16)

북한은 대외정책에 임하는 원칙으로 자주권 존중과 평등의 원칙을 강조하고 있는데, 미국과의 대화를 언급하거나 실제 대화에 나설 때 이 원칙을 부각시켜 협상의 우위를 추구하는 경향이 있다. 가령, 북한 외무성 대변인은 미국을 향해 자신은 대화를 반대하지 않지만 핵몽둥이를 휘둘러대는 상대와의 굴욕적인 협상탁에는 마주 앉을 수 없다고 하면서 대화는 자주권 존중과 평등의 원칙에 기초해야 한다는 것이 시종일관한 입장이라고 말한 바 있다.(2013.4.16) 이는 객관적으로 불리한 여건에 처한 북한이 대화의 틀을 형성하는데 대단히 민감함을 보여주고 있다. 북한은 대외정책, 특히 사활적 이익을 적대세력과 다룰 때는 동시행동원칙에 입각하고 있다. 북한은 1990년대 상반기 1차 핵위기때 미국과의 고위급회담에서부터 2000년대 2차 핵위기에서 도출된 9.19 공동성명까지 말 대 말; 행동 대 행동이라는 동시행동원칙

이 회담의 기초가 되었다고 평가하고 있다.(2012.8.31) 동시행동원칙과
그에 따른 병행접근전략은 이해당사자들 간의 불신이 깊고 상호 입장
이 크게 대립하고 있는 상태에서 이익 극대화 전략으로 간주될 수 있
다. 북한은 미국이 적대시정책을 먼저 포기해야 핵문제가 해결될 수
있다는 입장이고, 반대로 미국은 북한이 핵을 먼저 포기해야 북미관계
정상화를 생각할 수 있다는 입장이다.

북한의 대외정책 수단은 대내외적으로 국가 자원이 제한된 상황에
직접적인 영향을 받는다. 경제력, 외교관계, 국제여론 등에서 열악하
다. 대신 외교정책의 통일성, 일관성, 대내여론의 높은 지지도 측면에
서는 유리해 보인다. 2013년 3월 26일 북한군 최고사령부는 1호전투근
무태세를 내외에 발표할 때 그것을 "우리 군대와 인민의 단호한 대응
의지를 실제적인 군사행동으로 과시할 최종결심"이라고 정의하면서
'군민일치' 정신을 이용하고 있다.(2013.3.26) 국제규범들 사이의 불일
치성을 활용하거나 국제규범을 자의적으로 이용하는 점도 눈에 띈다.
북한은 인공위성 발사에 대한 유엔 안보리 결의를 비난하면서 안보리
결의보다 훨씬 더 우위를 차지하는 보편적인 국제법들이 우주의 평화
적 이용 권리를 인정하고 있다고 주장한 바 있다.(2012.4.17) 북한은
또 2013년 3월 당 중앙위원회 전원회의에서 핵보유국을 자처하면서
핵확산 방지, 아시아와 세계의 평화와 안전 수호, 세계의 비핵화 노력
을 공언하기도 하였다.(2013.3.31)

북한과 같은 권위주의형 정책결정 유형이 대외정책에 주는 효과는
이중적이다. 통일성 있고 기민한 대응이 가능하지만 대신 정책환경 변
화와 정책 혁신에 둔감할 수 있다. 그런 조건에서 핵무장력이 제한적
인 대외정책 수단을 보충하고 있는 현상이 최근 두드러지고 있다. 위
에서 언급한 당 중앙위 전원회의에서 북한은 "인민군대에서는 핵무력
의 중추적 역할을 높이는 방향에서 전법과 작전을 완성해나가며 핵무

력 전투준비태세를 완비해나가야 한다"고 밝히고 있는데, 이는 대외정
책에서도 핵무장 능력 및 그 향상 의지가 큰 정책수단이 될 것임을
시사하고 있다. 실제 북한 외무성 대변인은 최근 핵억제력을 북미대화
의 조건 및 시점과 관련지어 의미심장한 언급을 하였다. 북한은 △미
국이 대조선 적대시정책과 핵위협 공갈을 포기하지 않는 한 진정한
대화는 오직 우리가 미국의 핵전쟁위협을 막을 수 있는 핵억제력을
충분히 갖춘 단계에 가서야 있을 수 있고, △그에 대처하여 핵억제력
을 질량적으로 강화하기 위한 강도 높은 조치가 계속 취해지게 될 것
이고, △앞으로 자국과 미국 사이에 군축을 위한 회담은 있어도 비핵
화와 관련한 회담은 절대로 없을 것이라고 밝혔다.(2013.4.16; 4.18) 이
는 북한이 북미대화를 부인하지는 않지만 대화의 조건과 시점을 일방
적으로 설정함으로써 대화의 가능성과 대화 시 타협의 수준을 핵실험
이전의 경우와 판이하게 접근할 것임을 말해주고 있다. 말하자면 북한
은 비핵화를 조건으로 한 대화에는 응하지 않겠다, 즉 자신의 대외정
책 목표를 모두 달성하기 전에는 핵 억제력을 포기하지 않겠다는 입
장을 분명히 한 셈이다.

III. 김정은 정권의 대외정책

1. 대미정책: 핵억제력의 외교수단화

북한의 대미 불신 및 적대감은 한국전쟁에서 기인하지만, 탈냉전 이
후 어렵게 도출한 합의를 미국이 이행하지 않았다는 인식에 의해 이
어지고 있다. 가령, 국방위원회 대변인은 2000년 10월 12일 북미 공동
콤뮤니케를 비롯하여 기회가 있을 때마다 북한에 대한 적대의사가 없

다고 한 미국의 선언들은 예외 없이 적의를 감춘 거짓광고였다고 주장한다. 9.19공동성명에서도 미국이 북한을 공격하거나 침공할 의사가 없다는 조항이 들어 있지만 그것 역시 미국의 검은 속내를 가리기 위한 권모술수였다는 것이다. 그 증좌로 북한은 미국이 남한에 확장 핵억제력을 제공하고 남한과 그 주변지역에 무력을 노골적으로 증강하며 자신을 겨냥한 대규모 핵전쟁연습을 벌이고 있다고 주장하였다.(2012.07.29) 여기에 북한이 가장 민감하게 반응하는 '최고존엄'을 모독하는 행위가 있었다고 하면서 북한은 미국의 대북 적대정책으로 한반도에 대결과 긴장격화의 악순환이 되풀이되고 한반도 비핵화도 더욱 요원해지고 있다고 주장하고 있다.(2012.7.20) 물론 이런 북한의 주장에도 불구하고 북미간 적대관계가 청산되지 않고 있는 최대 현안은 핵문제6)이다.

　오바마 정부 들어 북미간 공식적인 대화는 2011년 7월 뉴욕, 10월 제네바, 그리고 2012년 2월 베이징 등지에서 세 차례 있었다. 미국은 북한에 핵개발 중단과 국제원자력기구의 사찰 수용을, 북한은 미국에 제재 중단과 인도적 지원을 각각 요구하였다. 그에 따라 2012년 2월 23~24일 베이징회담에서 일정한 합의에 이르게 되었다. 2.29합의로 불리는 북미간 베이징회담과 관련해 북한 외무성 대변인은 북미 고위급회담에 긍정적인 분위기를 유지하기 위하여 회담 진행기간 핵시험과 장거리미사일발사, 영변 우라늄농축활동을 임시 중지하고 국제원자력기구의 감시를 허용하기로 하였다고 밝혔다. 한반도 비핵화의 재개와 북미관계 개선이 병행 추진될 희망이 보이는 듯하였다. 그러나 북한의 위성발사 계획에 대한 북미간 분명한 입장 차이로 2.29합의는 빛을 바랬다. 한반도 비핵화와 북미관계는 나락으로 떨어지기 시작했다. 북미관계는 북핵문제에 깊이 연계되어 있음을 재확인한 셈이다.

　2012년 4월 13일 북한이 광명성3호를 발사하고 3일 후 미국 주도의 유엔 안보리 의장성명이 채택되었다. 북한 외무성은 한반도 핵문제 해결의 기본 장애는 미국의 대북 적대정책이라는 비망록을 발표하였다. 북한은 위성을 쏴올리는 운반로켓이나 탄두를 나르는 미사일이나 그 추진기술이 유사한 것이 사실이지만, 미국은 다른 나라들이 위성을 쏴올릴 때에는 미사일발사라고 시비하거나 제재를 가한 적이 없다고 말했다. 북한은 미국이 자신을 적으로 보기 때문에 미국의 눈에는 북한의 위성운반로켓이 장차 저들에게로 날아올 장거리미사일로 보였던 것이라고 주장한다. 이 비망록은 또 오바마 행정부가 들어서자마자 처음으로 취한 대북 조치가 바로 광명성2호 발사를 문제시한 처사였다고 꼬집었다.(2012.8.31)

북한은 미국의 대북정책에 두 가지 길이 있다고 말하면서 그에 따른 대응이 있을 것이라고 밝혔다. 북한은 미국이 대북 적대정책을 중단한다면 자신은 언제든지 기꺼이 화답할 준비가 되어 있다고 밝히며, 김정일이 1997년 8월 4일 "우리는 미국을 백년숙적으로 보려 하지 않으며 조미관계가 정상화되기를 바라고 있다"고 말한 것을 상기시켰다. 그러나 미국이 적대시정책을 계속 유지한다면 북한은 핵무장 능력을 강화할 것이라고 말한다.(2012.8.31) 실제 북한의 대미정책은 후자의 길로 나아갔다. 북한은 오바마 행정부의 대북정책이 전임 부시 행정부와 같은 적대시정책이라고 규정하고 총에는 대포로, 제재에는 보복으로, 대결에는 전면대결로 대답할 것이라고 밝혔다. 특히, 자주권과 생존권을 지키기 위하여 핵억제력을 더욱 강화하는 길을 선택한 것이 천만번 정당하다는 것을 굳게 확신하였다고 강조한다.(2012.11.18) 북한은 핵억제력 확보를 미국의 적대정책에 돌리고 그런 조치를 계속할 명분을 축적하려는 태도를 보여왔다.

북한은 미국이 자신의 핵문제를 경제적 혜택과 교환하거나 협상 대상으로 삼는 것에 강하게 반발하며 "미국이 대조선 적대시정책을 포기하지 않는 한 우리는 미국과 대화할 생각이 없으며 그 누가 뭐라고 해도 우리가 정한 선군의 항로를 따라 끝까지 곧바로 나갈 것이다"고 밝혔다.(2013.3.16) 그리고 미국의 적대정책과 핵위협에 천만 군민의 단합된 의지와 소형화, 경량화, 다종화된 첨단 핵타격수단으로 맞서 싸울 것이라는 의지도 밝혔다. 북한 인민군 총참모부 대변인은 2013년 4월 4일 담화를 통해 그런 입장을 담은 작전이 최종 검토, 비준된 상태에 있음을 미 백악관과 국방부에 통고한다고 밝혔다.(2013.4.4) 이런 북한의 입장은 미국의 적대정책이 가시적으로 약화되지 않을 경우 대화에 나서지 않는 대신, 핵억제력 강화에 전념할 것임을 시사해준다. 이런 판단은 같은 해 4월 18일 발표된 북한의 국방위원회 정책국 성명에서도 알 수 있다.

국방위원회 정책국 성명에서 북한은 미국과 남한의 조건부 대화 언급을 비판하며 자신의 대화 조건을 밝혔다. 그것은 첫째, 북한에 대한 모든 도발행위 중지 및 전면사죄, 둘째, 북한을 위협하는 핵전쟁연습 중단 공약, 셋째, 핵전쟁수단들의 전면 철수 및 재투입 시도 단념이다. 북한은 첫째 조치에 안보리 대북 결의 철회와 북한의 천안함 침몰 관련설과 같은 반공화국모략소동 중지를 포함시키고 있다. 북한은 대화와 전쟁행위는 절대로 양립할 수 없다는 전제 하에 핵전쟁연습이 강행되면 될수록 정세는 더욱더 악화일로로 치닫게 될 것이며 대화의 길은 영영 막혀버리게 될 것이라고 경고를 보냈다.(2013.4.18.)

그러나 2013년 4월이 지나면서 북한은 유화 제스춰를 보이며 미국과 대화 의사를 표명하기 시작하였다. 경제-핵 병진노선 확정과 한미 합동군사연습 종료가 계기로 작용하였다. 5~6월 최룡해 북한군 총정치국장, 김계관 외무성 제1부상의 방중을 통해 북한은 대화를 통한 북핵 문제 해결을 위해 6자회담 재개와 미국과의 대화 의사를 피력했다. 6월 15일 국방위원회 대변인은 "중대담화"를 발표해 한반도 비핵화 과제를 공식 재확인하며 북미 고위급회담을 제안했다. 이 제안은 미국이 전제 조건을 붙인 대화를 언급하고 있다고 비난하고 조건 없는 대화의 의 제로 △군사적 긴장상태 완화 문제, △정전체제를 평화체제로 바꾸는 문제, △'핵없는 세계건설' 문제를 포함함 양국간 상호 관심사 등을 제 시하고, 회담 장소와 시일은 미국측에 일임한다고 밝혔다. 북한의 이 북미 고위급회담 제안은 중국과의 긴밀한 논의 이후에 내각보다 더 높은 국방위원회 명의로 나왔다는 점에서 주목을 끌었다. 물론 이 제 의에서 북한은 주변 정세 악화의 책임이 미국에 있고, 한반도 비핵화 가 북핵 폐기만을 위한 것이 아니라고 주장했다.[7] 그럼에도 이 제의 는 북한이 추가적인 정세 악화를 원하지 않는다는 의지를 표명하고, 6 월 12일 예정이던 남북장관급회담 결렬 이후 대화 분위기를 미국을 통해 살려보려고 한 것이었다.

북한은 이후 6월 국방위 대변인의 고위급회담 제의를 반복하며 미 국의 적대시정책과 핵위협으로 양국간 적대관계는 물론 한반도 긴장 과 비핵화 위험이 계속되고 있다고 주장했다. 북한은 그 대안으로 우 선 조건 없는 대화를, 궁극적으로는 미국의 적대시정책[8] 및 핵위협 중단을 제시했다. 그러나 미국은 국무장관, 대북정책 특별대표 등 고 위인사들이 한국측 인사들과 함께 북한에 "진정성 있는 태도", "선 비 핵화 조치"를 요구하였다. 그런 가운데 10월 초순 남해상에서 핵항공 모함 조지워싱턴호가 참여하는 해상군사연습도 예정되어 있었다. 북한 은 10월 8일 인민군 총참모부, 12일 국방위원회 대변인이 잇달아 미국 을 비난하고 나섰다. 외교가 일어날 틈이 생기지 못했던 것이다. 북한 은 미국이 대북 적대시정책 철회를 행동으로 보이지 않는 한 자신이 회담 재개를 위해 먼저 움직이는 일은 없을 것이고, 각종 전쟁연습을 비롯한 모든 도발행위를 전면 중지해야 북미관계 개선의 길이 있는데 미국의 적대시책동이 강화되고 핵위협이 가중되는 한 억제력을 부단

히 강화해나갈 것이라고 주장했다.(2013.11.26; 10.31; 10.26; 10.12)

북한은 또 미국 민간인을 활용한 대미 접촉도 시도해왔다. 북한은 2012년 11월 3일 나선시에 관광차 입국한 미국 국적의 케네스 배(Kenneth Bae)씨를 공화국 전복 혐의로 체포해 자백을 받아내고 재판을 거쳐 15년의 노동교화형을 언도하였다고 밝혔다.(2013.4.27; 5.2) 이 사건과 관련해 북한 외무성 대변인은 재판부가 "미국의 대조선 적대시 정책이 존재하는 한 미국인들의 위법행위에 대해서는 엄격한 법적 제재로 대응해야 한다고 결론 내렸다"고 전하고, "우리가 배준호(케네스 배의 한국이름) 문제를 정치적 흥정물로 써먹는다는 것은 억측이며, 이와 관련하여 미국의 그 누구도 초청할 계획이 없다"고 주장했다. (3013.5.5; 5.9) 그러나 북한은 42일 동안 억류해온 한국전쟁 참전 출신 미국인 메릴 뉴먼(Merill Newman)을 인도주의적 견지에서 추방하였다고 발표했는데,(2013.12.7.) 이는 미국 농구선수 데니스 로드맨(Dennis Rodman)의 수차례 평양 방문과 함께 북한이 미국과의 대화 분위기 조성에 힘쓰고 있음을 보여주고 있다. 또 북한은 로버트 킹(Robert King) 미 국무부 북한인권특사의 방북을 허용해 구금 중인 케네스 배의 신병처리를 논의하려고도 했다.9)

이상 살펴본 바와 같이 북한은 핵무력을 강화한 상태에서 미국에 공세적인 대화 제의를 해왔다. 이때 '공세적'이란 상이한 대화 재개 요건에 타협하지 않을 뜻임을 분명히 하는 한편, 대화가 이루어지 않을 경우 그것을 핵능력 강화의 명분으로 삼는다는 점을 의미한다. 3차 핵실험에 바탕을 둔 2013년 북한의 대미정책은 다음과 같은 총련계 신문의 주장이 대변해주고 있다고 판단된다. "핵을 가짐으로써 조선은 자기의 생존과 자주권을 지켜냈으며 유독 조선만이 핵위협 대상으로 되고 있던 조선반도의 핵불균형 상태가 끝장나게 되었으며" "동시에 이곳에서의 전쟁발발 위험은 현저히 줄어들게 되었다."10)

2. 대중정책: 전략적 협력관계 유지

북한과 중국의 관계는 1992년 한중 수교 이후 2000년까지 소원한 상태를 벗어나지 못하였다. 그러나 김정일 총비서는 총 6차례의 북중 정상회담을 성사시키면서 양국간 전통적인 친선협조관계를 회복한 것은 물론 호혜적이고 전략적인 협력관계를 발전시켜왔다. 특히, 중국의 부상에 대한 미국과 아시아 미국 동맹국들의 대중 봉쇄와 지속적인 대북 봉쇄에 대처할 공동의 필요성은 더욱 높아지고 있다. 북중 양국은 경제발전을 위해서도 접경지대 및 북한 지하자원의 공동개발에 적극 협력하고 있다. 물론 중국이 미국과 "신형대국관계"를 형성하는 면에서 북한의 핵실험이나 국제규범에 반하는 행위에 대해 일정한 압박이 있는 것이 사실이다. 그러나 중국은 후진타오(胡錦濤)에 이어 시진핑(習近平)으로의 권력교체에도 불구하고 지속적인 경제발전과 안정적인 대외관계 형성을 위해 북한과 우호협력관계를 유지하고 있다. 예를 들어 2012년 4월 북한이 장거리로켓 발사시험을 하자 중국은 미국과 함께 유엔 안보리 의장성명(S/PRST/2012/13)을 통해 북한을 비난하면서도 2.29 북미간 베이징합의 이행을 바탕으로 한 대화와 협상을 촉구하였다. 특히, 2011년 5월 김정일의 중국 방문 기간(5.20~27) 중 개최된 북중정상회담에서 후진타오와 김정일은 "조중 친선협조관계를 대를 이어 계승하고 공고 발전시켜 나가는 것은 … 확고부동한 립장이라는 데 대하여 견해를 같이 하시었다."고 해 중국이 김정은 후계체제를 인정한 것으로 평가된다.(2011.5.26)

그에 따라 김정은 정권 1년차인 2012년 북중관계는 냉각이나 지체 없이 다양한 차원에서 활발한 교류가 진행되었다. 2012년 7월 북한 인민보안부 대표단의 중국 방문에 이어 7월 30일~8월 3일 중국 공산당 대외연락부 대표단(단장: 왕자루이 부장)의 북한 방문이 있었다. 같은

해 8월에는 장성택(노동당 행정부장)을 단장으로 한 북중공동지도위원
회 대표단이 중국을 방문하여 북중공동지도위원회 제3차 회의를 개최
해 나진-선봉과 황금평·위화도 공동 개발 및 관리, 나선 경제무역지
대 항구 및 산업구 투자 기본합의서를 비롯한 황금평 경제특구 관리
위원회 설립에 관한 양해문 등이 조인되었다.[11] 물론 그 이후 황금평
개발은 두 차례 투자설명회 등 활기를 띠는 것처럼 보였지만 장성택
숙청으로 주춤하고 있는 것이 사실이다. 그러나 양국간 공동이익이 일
국의 내정으로 폐기처분되지는 않을 것이다.

　위와 같은 맥락에서 2013년 들어서도 북한과 중국은 기본적으로 우
호협력관계를 유지해오고 있다. 북한의 2012년 12월 장거리로켓 발사
와 2013년 2월 3차 핵실험에 대해 유엔 안보리가 2013년 1월과 3월 각
각 대북제재 2087호와 2094호를 채택하는데 중국이 동참하였다. 그렇
지만 중국은 관련국들의 자제와 대화를 요청하며 긴장완화에 나섰다.
4월 한미합동군사연습이 끝나면서 긴장이 진정되어가는 국면에서 북
한은 최룡해 인민군 총정치국장을 김정은의 특사로 하는 방중단[12]을
베이징에 보내 시진핑 주석을 예방하고 한반도 정세를 포함한 양국간
관심사를 교환했다. 이 자리에서 최룡해는 북한이 6자회담 등 다양한
형식의 대화를 바라고, 한반도 안정과 평화를 유지하기 위해 적극적인
행동을 취할 것이고, 경제를 발전시키고 민생을 개선시키길 바라고 있
으며, 평화로운 외부 환경의 조성이 필요하다고 말한 것으로 전해졌
다. 시진핑은 한반도 비핵화 목표를 견지해야 하며, 한반도의 평화와
안정을 유지 보호해야 하고, 중국의 당과 정부는 조선과 함께 양국관
계가 장기적으로 건강하고 안정적으로 발전해 갈 수 있도록 할 것이
라고 밝혔다.[13] 천안함사태에 따른 한국정부의 대북 5.24제재조치 3주
년에 이루어진 이 회동에서 시진핑은 최룡해의 핵보유국 지위 인정을
거부한 것으로 알려졌지만 한반도 비핵화를 목표로 하는 6자회담 등

대화 재개, 한반도의 평화와 안정, 양국간 우호협력관계 발전에 공감대를 표시했다. 최룡해 일행의 방중은 북한에게는 한미일 주도의 대북제재를 약화시키고, 양국간 협력 과시는 물론 긴장완화와 대화를 통한 한반도 비핵화 의지를 보여준 것으로 평가할 수 있다. 특히, 북한은 6자회담 재개와 미국과의 적대관계 개선을 겨냥한 북미대화 의지를 피력하면서 중국의 중재자 역할을 요구한 것으로 분석된다.

최룡해 일행의 방중에 이어 김계관 외무성 제1부상이 중국을 방문해 외교부문 전략대화를 가졌다. 김 부상은 6월 19, 21일 장예수이 중국 외교부 상무부부장, 양제츠 국무위원, 왕이 외교부장과 각각 면담한 것으로 알려졌다. 김계관 제1부상은 이어 7월 2~9일 러시아를 방문해 V. 티토프 외무성 제1부상과 친선관계발전과 상호 관심사를 논의한 것으로 알려졌다.(2013.6.18~22) 김계관의 행보는 북한의 비핵화 선제조치를 요구하는 한미일 3국의 압박에 맞서 북중러 3국의 협력을 구하는 시도였다. 8월 27일에는 우다웨이(武大偉) 대표 일행이 북한을 방문하여 김계관 외무성 제1부상과 6자회담 재개문제를 협의했다.(2013.8.27) 9월 16~20일에는 김계관 제1부상 일행이 '9.19공동성명 채택 8주년 기념 국제토론회' 참석차 중국을 방문해 중국의 고위인사들[14]과 만나 북중관계, 한반도 정세, 6자회담 재개 등 공동 관심사를 협의했다.(2013.9.20)

이상과 같이 북중간 6자회담 재개를 위한 일련의 협의는 중국측의 중재 노력 및 6자회담 협의안 마련으로 이어졌다. 우다웨이 중국 한반도사무특별대표의 6자회담 재개 노력이 그것이었다. 그는 10월 28일 미국에서 글렌 데이비스(R. Glen Davis) 국무부 대북정책특별대표 등과 회담한 후, 11월 4일 북한을 방문해 북한측과 6자회담 재개 방안을 협의하고 8일 귀국했다. 우다웨이 대표는 북한 등 관련국들과 6자회담의 의제를 조율한 것으로 알려졌다. 그 내용이 일본 〈요미우리신문〉 11월

22일자에 보도됐다. 중국측이 제시한 6자회담 의제는 △참가국들의 회담재개 동의와 9.19 공동성명에 따른 의무 이행, △한반도 비핵화 실현, △비핵화 과정에서 북한의 관심사항 해결, △한미일과 북한의 관계 개선 및 북한 체제를 전복하지 않는다는 명시적 의사 표시, △한반도 평화조약 체결 노력, △행동 대 행동 원칙 유지와 5개 실무그룹 가동, △6개국 협의 정례화 등 7개항으로 구성됐다. 그러나 이 조정안은 6자회담 재개 방안이 아니라 재개 이후 회담 의제를 다룸으로써 한국, 미국, 일본의 지지를 얻지 못한 것으로 알려졌다. 다만 북한의 김계관 제1부상은 방북한 우 대표에게 "조정안을 검토하겠다"고 언급해 관심을 표명한 것으로 전해졌다.15)

북한은 한국전쟁때 중국과 피를 나눈 혈맹관계를 매년 재확인하며 우호협력관계를 과시한다. 2013년의 경우 중국은 국가 부주석 리원조를 단장으로 당정군을 대표하는 대표단이 북한이 주최한 '조국해방전쟁승리 60돐 경축행사'에 참가하기 위해 방북했다. 리원조 일행은 김정은이 참석한 정전협정 60주년 기념 중앙보고대회(7.26), 열병식 및 평양시 군중시위와 조국해방전쟁승리기념관 개관식(7.27) 등에도 참여하는 등 양국간 우호관계를 과시했다.(2013.7.25.) 2014년 들어서도 북한과 중국은 6자회담 재개를 위한 공동 보조를 취하며 한미일의 공세에 공동 대처하고 있다.

김정은 정권은 집권 2년여 동안 김정일이 닦아놓은 대중협력관계를 활용해 핵능력을 강화하는 한편 한미일의 고강도 압박을 완화시키는 데 일정한 성공을 거둔 것으로 보인다. 물론 북한은 불균형적이고 과도한 대중 경제의존을 그 대가로 치르고 있다.

3. 공세적인 평화체제론

북한의 평화 제안은 시기에 따라 대내외적 변수와 남북관계 변수를
통해 그 형식과 내용에 부침이 있어왔다. 그 중 2000년대에 들어서 △
평화체제의 당사자로 북한과 미국을 주 당사자로, 남한을 보조 당사자
로, △주요 방안으로 불가침조약, 종전선언, 핵군축회담, △주한미군
철수는 원칙론 수준, △평화체제 문제를 통일문제와 별개의 독자 영역
으로 제시하고 핵무장을 적극 활용하고 있는 점을 꼽을 수 있다.16)

2013년 정전협정 60주년에 즈음하여 북한은 전통적인 입장인 북미
평화협정 체결을 주장하면서도 핵억지력 강화를 통한 평화 보장을 도
모하는 이중적 자세를 보였다. 북한은 미국을 향해 말로만 자신에게
적대의사가 없다고 할 것이 아니라 아무런 구실이나 전제조건이 없이
정전협정을 평화협정으로 바꿀 용단을 내리는 것과 같은 행동을 요구
하였다. 적대시정책을 포기하는 것이 어떤 선물이나 흥정물이 아니라
는 것이다. 북한은 미국의 대북 적대정책은 그 자체가 부당하고 시대
착오적이므로 무조건 먼저 철회해야 한다고 주장한다. 그리고 한반도
평화를 보장하는 방법으로 미국과 평화협정을 체결하여 문제를 푸는
방법도 있고 한반도에서 전쟁의 화근을 송두리째 들어내 항구적인 평
화를 실현하는 방법도 있다고 말하며, 선택은 미국이 해야 할 것이라
고 주장한다.(2012.7.25) 박의춘 외무상은 2012년 7월 열린 제19차 아세
안지역포럼(ARF)에 참석해 미국의 대북 적대시정책의 청산은 북미 사
이의 전쟁상태를 종결짓는 것으로부터 시작되어야 한다고 주장하면서
양측이 전쟁상태로 서로 총부리를 겨누고 있는 상태에서 자신의 핵억
제력을 포기하라고 요구하는 것은 어불성설이라고 주장했다.(2012.7.13)

북한은 정전협정이 1990년대 상반기부터 군사정전위원회 무력화와
북미 군사회담 개시로 사실상 가동되지 않는다고 판단하고 있다. 그리

고 2013년 군사적 긴장이 고조되자 "정전협정은 어느 일방이 준수하지 않으면 자동적으로 백지화 된다"고 주장하기에 이른다. 북한군 최고사령부는 키리졸브 한미연합군사연습이 시작되는 3월 11일부터 정전협정의 모든 효력을 전면 백지화해버릴 것이라고 선포하였다. 북한군은 다른 협정들과 달리 정전협정은 특성상 쌍방이 합의하여 파기할 성격의 협정이 아니며 어느 일방이 협정을 준수하지 않으면 자동적으로 백지화되는 것이라고 주장하였다. 북한은 그에 따라 정전협정의 구속에서 완전히 벗어나 미국과의 전면대결전에 대처해나갈 것이라고 선언하였다.(2013.3.14) 북한측은 북한군 최고사령부가 정전협정을 백지화 한다고 선언한 것은 자신의 무력이 정전협정의 구속에서 벗어나 임의의 순간에 임의의 대상에 대한 자위적인 군사행동을 취하게 될 것이라는 것을 의미한다고 말했다.(2013.3.7) 북한의 정전협정 백지화 주장은 유엔사령부 해체, 북미 평화협정 체결을 향한 북미 고위급회담 개최를 겨냥한 조치로 보인다.

평화체제 수립을 위한 전제조건의 하나로 북한은 유엔군사령부의 해체를 주장해오고 있다. 유엔군사령부는 정전협정 체결 직후부터 다국적군이 아니고 주한미군으로 된 미군사령부였다는 것이 북한의 인식이다. 더욱 결정적인 문제는 1990년대 들어 종래의 정전관리기구는 유명무실화[17]되고 유엔군사령부가 정전관리를 위해 마주할 상대가 없는 상태에서 정전상태 관리와 관련한 모든 문제를 북한군측과 미군측 사이에 협의 처리되어 오고 있다고 북한은 판단하고 있다.(2013.1.14) 그에 따라 유엔군사령부를 해체하고 북미 쌍방이 정전상태의 관리 및 전환문제를 다뤄야 한다고 주장한다. 북한의 유엔사 해체 주장은 한반도 정전상태의 불안정성 및 불확실성을 부각시키고 평화체제로의 전환문제를 북미대화의 방식으로 추진해 향후 관련 회담 시 유리한 협상의 장을 확보하려는 의도로 보인다. 2013년 6월 21일 신선호 유엔 주재 북한대사는 유엔 본부에서 남한에 주둔하고 있는 유엔군사령부의 해체를 주장하는 기자회견을 가졌다. 그는 유엔군사령관 임명 권한도 미국정부가 가지고 있으며 유엔군의 모자를 쓰고 있는 주한미군의 감축이나 증강문제도 전적으로 미국정부가 결정하고, 미국이 유엔군사령부의 이름을 한국전쟁의 교전일방으로서 아직도 도용하는 현실은 시대착오의 산물이며 유엔의 수치라고 주장했다. 이어 신 대사는 미국에 의해 정전기구는 백지화 되었으며 유엔군사령부가 대상할 수 있는 기구들도 이미 사라진 상황에서 지체 없이 해체되어야 한다고 주장했다.(2013.6.26) 북한은 유엔사가 유엔의 산하기구도 아니고 유엔을 대표하지도 않는다고 보고 있다. 북한은 또 한미합동 을지프리덤가디언(UFG) 연습에 유엔군사령부 구성원국이 참가하는 것을 지적하며 "유엔사가 긴장 격화 행위를 정당화하기 위한 미국의 책동에 이용되고 있다"고도 주장했다. 이어 북한은 "미국이 유엔사를 해체하면 그것은 곧 우리에 대한 적대의사가 없다는 것을 증명할 수 있는 행동조치 중의 하나로 될 것"이라며 유엔사 해체를 북미 관계개선과 연계지어 인식하고 있다.[18]

이와 같은 북한의 정전협정 백지화 및 군사대비태세 선언은 핵억지력 보유 이전과 다른 의미를 가진다. 핵보유 이전 북한은 북미 평화협정 혹은 불가침조약 체결, 주한미군 철수, 이를 위한 북미 양자대화 제의 등 주로 대화와 협상을 강조해온 데 비해, 핵보유 이후, 특히 2012~13년 들어서는 힘에 의한 평화 보장이라는 현실주의적 논리가 두드러진다. 가령, 강권행사가 횡행하는 한 평화는 진정한 평화로 될 수 없고 강권에는 보다 강한 힘으로 맞설 때 평화가 보장된다는 식이다. 북한은 한반도에서 반세기 이상이나 지속된 정전협정체계가 유명무실해지고 새롭고 합리적인 평화보장체계가 세워지지 않은 조건에서, 그리고 미국의 적대정책이 지속되고 핵공격 위협이 상존하는 조건에서

자위적 핵억제력 보유가 정당하다고 주장하고 있다.(2012.6.13) 결국 김
정은 정권 들어 북한은 자주권과 생존권을 엄중히 위협하는 준엄한
사태가 조성되고, 미국의 대규모핵전쟁연습과 연례전쟁연습이 실전으
로 넘어가고 있는 상황에서 외교적 해결의 기회는 사라지고 군사적
대응만 남았다고 인식하기에 이른다. 또 북한은 기존의 선의와 자제력
을 버리고 핵선제타격 권리를 행사하게 될 것이라고 밝힌다.(2013.3.14)
나아가 북한은 자신의 핵억제력이 한반도와 동북아의 평화와 안정을
보장한다고 강변하고 있고, 세계의 비핵화가 실현되기까지 핵억제력을
포기하지 않을 것이라고 공언하고 있다. 물론 북한은 한반도 비핵화와
대화에 의한 문제해결을 포기한 것은 아니라고 말하고 있지만 비핵화
의 가능성과 대화의 조건을 일방적으로 재설정하고 있다. 요컨대, 평
화체제 수립에 대한 북한의 입장은 핵억제력 변수로 인해 뚜렷하게
변하고 있다.

4. 자유주의적 국제레짐관

북한은 국제법, 제도 등 국제레짐에 관해 공정하고 보편적 적용을
기본입장으로 취하고 있다. 다만, 현실문제에서 북한은 국제법이 강대
국의 이익을 대변하고 대신 약소국이나 강대국과 적대관계에 있는 나
라를 압박하는 수단으로 선별 적용되는 것에 민감하게 반응해왔다. 핵
확산금지조약(NPT), 우주개발, 국제인권규약 등 국제레짐에 대한 이중
잣대가 북한이 주장하는 대표적인 논리이다.

3차 핵실험을 전후로 한 유엔 안보리의 대북 제재 결의에 대한 북
한의 대응을 살펴보면 안보리에 대한 강한 비난을 비롯해 국제레짐에
대한 깊은 불신을 읽을 수 있다. 북한의 장거리로켓 발사와 핵실험에
대한 유엔 안보리의 제재 결의가 잇달아 채택되면서 그에 대한 북한

의 반발도 이어졌다. 북한은 1, 2차 핵실험에 대한 안보리 결의 1718
호와 1874호를 자신을 적대시하는 강권의 산물이며 보편적인 국제법
들까지 무시한 불법의 극치라고 주장한다.

북한이 자국의 핵개발에 대한 안보리 결의를 배격하는 논리는 안보리
의 운영 및 결의에서 이중잣대 때문으로 파악한다. 우선, 북한은 60년
이 넘는 유엔 역사에 지구상에서 무려 2,000여 차례의 핵시험과[19)
9,000여 차례의 위성발사가 진행되었지만 핵시험이나 위성발사를 금지
하는 안보리 결의가 없었다고 보고 있다.(2013.2.2) 즉 안보리가 북한
의 위성발사문제에 이중적이고 불공정하다는 것이 북한의 판단이다.
가령, 안보리가 미국은 안보리 상임이사국이고 대국이기 때문에 미국
이 어떤 위성이든 발사해도 문제시될 것이 없고, 북한은 안보리 이사
국도 아니고 대국도 아니기 때문에 평화적 위성발사를 문제시 한다는
것은 강도적 논리라는 주장이다.(2012.11.18) 또 북한은 안보리가 미국
의 주도 하에 운영되고 있다고 인식하고 있다. 북한은 미국이 적대시
하는 나라의 위성운반로켓이 안보리 이사국들을 위협하는 장거리탄도
미사일로 전환될 수 있기 때문에 평화적인 위성발사도 할 수 없다는
미국의 논리에 안보리가 추종하고 있다고 주장한다.(2013.1.23) 다시
말해, 북한은 안보리의 대북 결의가 유엔 회원국의 자주권을 존중하고
공정성을 보장하는 유엔헌장의 근본원칙을 어기고 보편적인 국제법률
까지 무시하고 우주과학연구와 경제발전을 가로막으려는 미국의 적대
정책에 따른 것이라고 인식하고 있다.(2013.2.2) 북한은 안보리가 주권
국가의 자위권 행사와 평화적 과학기술활동을 문제시할 것이 아니라
국제평화와 안전에 위협을 주는 미국의 핵선제타격 정책을 문제시하
는 데서 본연의 역할을 찾아야 한다고 주장한다.(2013.2.2)

북한은 국제법에는 우주개발을 허용하고 장려하는 사항만이 있을
뿐 어느 조항에도 평화적 위성발사를 불허하고 문제시해야 한다는 규

정과 문구가 없다고 말한다. 우주조약에도 우주는 어떠한 차별도 없이 동등한 기초 위에서 국제법에 부합되게 모든 국가들에 의하여 자유롭게 개발, 이용한다고 되어 있다는 것이다.(2012.11.18) 그런데 미국과 미국 주도의 안보리가 위성발사문제에 이중기준을 적용한다고 북한은 인식하고 있다. 북한 외무성 대변인은 광명성 3호 발사에 앞서 "미국은 평화적 위성발사에 대해 이중기준을 적용하지 말아야 한다"고 주장하면서, 북한은 평화적인 과학기술 위성발사 계획을 추진하는데 이에 대해 미국이 과잉반응을 보인다고 주장했다. 북한은 위성발사 계획을 국제사회에 사전 통고하는 한편, 위성발사의 진정성을 투명성 있게 보여주기 위한 의도에서 위성전문가들을 발사현장에 초청했는데 미국은 전문가들을 보내지 않겠다고 하였을 뿐 아니라, 다른 나라들도 보내지 말라고 강박하고 있다고 불만을 터뜨렸다. 북한 외무성은 또 미국이 북의 위성발사를 이유로 2.29 북미합의의 핵심사항인 식량지원 공약을 위반했다고 주장했다.(2012.3.31) 한국과 미국이 주도하여 유엔 안보리에서 광명성3호 2호기 발사에 대한 결의 2087호가 2013년 1월 23일 채택되었다. 광범위한 금융제재를 담고 있는 이 결의에 대해 북한은 결의가 자기기만과 이중기준의 극치라고 비난하며 배격한다고 밝혔다. 북한은 자신의 평화적 위성발사는 중단 없이 계속될 것이며 우주강국으로 비약할 것이라고 밝혀 안보리 결의에 구애받지 않을 뜻을 분명히 하였다.

북한은 핵, 인권, 마약 등 국제사회의 보편적 관심사들에 대해 국제규범의 공정한 적용을 통한 평화적 해결 입장을 취하고 있다. 가령, 2013년 10월 1일 박길연 북한 외무성 부상은 유엔 총회 제68차 전원회의에서 핵무기 완전 철폐 및 핵무기 없는 세계 건설을 목표로 하는 핵군축 협상의 개시를 주장하면서 무조건적인 핵 불사용 담보 제공 및 핵무기 사용금지를 규제하는 국제법 제정을 언급하였다.(2013.10.3)

또 북한 외무성은 북한이 국제 마약범죄와 연관되었다는 서방언론의 보도를 "정치 모략"이라고 일축하면서, 북에서는 법적으로 마약제조와 밀매가 엄격히 금지되어 있다고 밝혔다.(2013.11.22) 한편, 북한은 유엔에서 북한인권결의안이 계속해서 채택되고 있는 것에 대해서는 미국과 그 동조국가들에 의한 "인권의 정치화", "이중기준의 극치"라고 비난하고 있다.(2013.11.20) 이는 북한이 국제사회의 보편 규범을 존중한다는 원칙 아래서도 자신의 주권과 안보를 훼손하는 것으로 간주되는 현상은 배격하고 있음을 보여준다.

국제레짐에 대해 북한은 주권존중, 호혜평등, 평화적 문제해결의 원칙으로 접근하면서 미국 등 소수 강대국들의 정책결정 독점, 이중기준, 불공정성 등을 비판하고 있다. 핵억제력을 갖추었다고 하지만 북한은 미국, 러시아, 중국 등 핵강대국과 비교할 바가 아니기 때문에 힘에 의한 자국의 입장 관철보다는 국제레짐의 보편성과 공정성 등 자유주의적 입장을 취하고 있다. 이는 한반도 정세와 자신의 안보와 직접 관련된 문제들에 대한 현실주의적 입장과 비교되는 부분이다. 북한은 현실주의적 입장을 기조로 하면서 자유주의적 입장을 보조적으로 취해 자신의 외교안보정책을 정당화하고 있다.

Ⅳ. 맺음말: 김정은 정권의 대외정책 특징과 과제

북한은 미국의 지속적인 압박에 맞서 핵무장과 함께 중국과의 전략적 협력관계를 발전시켜 나가고 있다. 미국에 대해서는 대화 노력과 함께 깊은 불신으로 '핵억제력' 확충에 높은 비중을 두고 있다. 김정은 정권의 대외정책이 보여주는 특징은 첫째, 핵무력 강화 자체를 안전보장은 물론 외교안보정책 기조를 공세적으로 전개하는 수단으로 활용하고 있고, 둘째, 한미일 주도의 압박을 약화시키는 대신 중국과의 협력관계를 유지해 주변 정세를 유리하게 조성하려 노력하고, 셋째, 국제무대에서 자신의 입장을 홍보하는데 국제규범 및 제도를 적극 활용하고 있다. 특히, 3차 핵실험을 단행한 후 북한이 핵무력을 외교안보 문제는 물론 경제정책, 지도력 등 대내문제에도 적극 활용하는 점도 두드러진 현상이다. 외무성, 최고인민회의 외에도 당 중앙위원회, 중앙군사위원회 등 당기구의 활용이 두드러지고 법제화 동향도 특징으로 꼽을 수 있다.[20]

김정은 정권의 대외정책을 연속성과 변화의 측면에서 정리해보면서 약간의 전망을 해보고자 한다. 첫째, 연속성의 측면은 북한의 대외정세 인식과 대외정책 목표, 원칙 등에서 두드러지게 나타났다. 제국주의론에 입각한 대외정세 인식과 자주·평화·친선 이념에 입각한 대외정책 목표 설정, 김정일 유훈 승계와 선군정치노선에 입각한 대외정책 방향, 그리고 자주권 존중 및 평등의 원칙, 동시행동원칙 등이 좋은 예이다. 3차 핵실험으로 북한은 선군정치노선, 강성국가 건설전략을 앞으로도 지속할 것으로 예상된다. 물론 김정은의 지도력이 확고해지면 김정일의 유훈, 김일성-김정일주의와 같은 호명은 줄어들 것으로 예상된다. 3차 핵실험 이후 열린 당 중앙위원회 전원회의에서 김정은은 경제-핵 병진노선을 "새로운 전략적 노선"이라고 말한 것으로 알려졌는데, 이것이 김정은 정권의 새로운 국가발전전략을 보여주고 있는지도 모른다.

변화의 측면에서 북한의 대외정책은 현상타파보다는 경제발전을 뒷받침하는 현상유지를 선호할 가능성이 높다. 북한은 3차 핵실험을 통해 국방에서 자신감을 바탕으로 자체 경제개선조치를 통해 경제발전을 도모할 것으로 예상된다. 북한도 대외협상에 먼저 응하기보다는 핵억제력을 활용한 일방적 대화 조건 제시와 상대의 불응을 명분으로 대내정치에 집중할 가능성이 높다. 이는 북한의 핵무장 능력 강화 및 대내적 안정을 위한 시간벌기를 위해서도 유용하다. 김정은 정권 들어 북한 대외정책의 변화는 핵무력의 외교수단화, 국제레짐의 활용 등 대외정책 수단 측면에서도 찾아볼 수 있다. 다만, 장성택 숙청으로 북중 경제협력의 속도가 떨어질 것이라는 예측이 있지만 양국간 전략적 협력관계에는 큰 변화가 없을 것이다. 북한이 핵무력이 자위적 국방력 강화, 안정적 경제건설, 역내 안전보장 역할을 한다는 주장이나 국제규범 혹은 기구의 이중성에 대한 공세는 유의할 대목이다.

사안별 북한의 입장에서도 흥미로운 사실들을 발견했다. 북한은 세계의 비핵화 실현까지 핵을 포기하지 않겠다고 하고 있고, 로켓발사를 핵문제와 구분해 평화적 이용 권리로 고수하고 있고, 핵무기 보유 이후 평화체제 문제에 공세적인 자세를 보이고, 대미관계에서도 자심감이 발견된다. 이런 점들은 북한 대외정책의 연속성보다는 변화에 가까운 현상이다. 보다 세밀한 분석과 대응방안 개발이 필요한 도전적 문제들이다.

3차 핵실험과 김정은 정권의 등장은 우리에게 한반도 비핵화는 물론 대북정책 전반에 대한 근본적 성찰과 창의적인 대안을 요구하고 있다. 경제제재, 군사적 압박, 외교적 고립 등의 강압정책이 북핵문제를 더 악화시키지 않았는지 냉정한 평가가 있어야 한다. 이에 대해 미국 등 주변국들과의 공동인식과 협력도 그 중요성을 더해가고 있다. 북한의 3차 핵실험이 우리의 통일외교안보정책과 대북정책에 어떤 의미를 주는지를 정리하는 작업이 급선무이다. 그 속에 북한의 경제-핵 병진노선을 어떻게 평가하고 대응할 것인지도 현실적인 문제로 대두해 있다. 요컨대, 한반도 비핵화 전략의 재구성, 북핵문제와 북한문제의 관계, 그리고 남북대화의 의미와 목표 재설정은 김정은 정권이 전개하는 새롭고 공세적인 대외정책에 직면해 남한이 정리할 3대 도전으로 다가와 있다.

김정은 정권은 북한 변화를 통제할 수 있을까?

서보혁

북한은 다른 어떤 사회주의 국가 혹은 권위주의 체제에서도 보기 어려운 강력한 집단주의를 바탕으로 하고 있다. 또 북한은 사회주의 국가 일반의 당-국가체제(party-state system)의 성격뿐 아니라 수령-당-대중이 위계적인 통일성을 띠는 '유일영도체계'에 의해 운영되고 있다. 김정은 정권 하에서도 북한은 기본적으로 이런 성격을 유지하고 있다.

그렇지만 20여년 전과 비교할 때 오늘날 북한이 과거와 똑같은 모습을 보이고 있다고는 북한 정권 스스로도 말하지 않고 있다. "나에게 그 어떤 변화도 바라지 말라"고 했던 김정일의 말은 아득하고, 그 대신 생존을 위한 변화가 불가피한 현실이다. 각 지역마다 경제특구 설치를 통한 개혁·개방을 추구하는 것이나 시장이 대중의 일상생활과 연결되고 있는 것은 그 대표적인 증거이다. 물론 개혁·개방이나 시장의 확산이 소유제의 다변화 등 소련의 개혁사회주의나 중국의 개혁·개방정책 초기 수준에 미치지는 못한다. 목하 북한의 변화는 국가 정체성이 변질되지 않는 범위 내에서 신중하고 제한적인 수준이다. 김정은 정권 들어 북한이 공식화 한 경제-핵 병진노선이나 김정일이 추진한 계획과 실리의 병행 추진과 같은 이중전략이 북한식 변화라 이름 붙일 수 있지만, 북한 변화의 제한성은 구조적 차원에서 충분히 예견된 것이다. 소련과 중국의 경우 큰 내수시장과 자본주의진영과의 대결에 맞설 수 있는 군사력 하에서 체제 내 개혁(reform within socialist system)을 적극 추진할 수 있었다. 그렇지만 북한의 경우 그런 조건이나 능력이 되지 못한 상태에서 남한과 체제경쟁을 해야 하니 체제 내 개혁도 체제 변혁으로 의심할 만큼 위협인식이 높다.

다른 한편, 본격적인 개혁에 대한 구조적 한계 속에서도 김정은 정권이 핵능력을 억지력 삼아 대외교역 확대 및 인민생활 향상을 위한 개혁·개방 시도는 평가할만하다. 그렇기에 김정은 정권 들어 북한이 자립경제노선이나 대외 강경으로 선회했다거나 국가발전 전략을 단순히 체제생존을 위한 방어적 차원으로 분석하는 것은 타당성이 낮은 주장이다. 비록 대내적으로 경제문제를 스스로 해결하지 못하고 중국과의 교역에 상당부분 의존하고 있지만 세계화 시대에 들어 일국의 경제를 국내적 차원에서만 분석하는 방법 자체가 문제이다. 현재 북한은 무역과 국내경제 수준이 '고난의 행군' 이전 수준을 회복한 것으로 평가된다. 나아가 세 차례의 핵실험과 우주로켓 발사 경험에서 획득한 과학기술력을 민수경제에 적용해 인민경제 향상과 중공업 발전을 꾀하는 것을 볼 때 북한경제는 강력한 중앙집권적 정책 하에 발전을 추구하고 있다고 볼 수도 있다. 북한의 지속적인 경제발전은 대외 환경의 안정을 필요로 하기 때문에 그것이 박근혜 정부의 통일대박론과 만나 남북관계의 개선 및 진전으로 연결될 가능성도 없지 않다.

김정은 정권에게 북한의 미래를 묻는 이 책을 마무리하기 위해 관련 서적을 뒤적이다가, 필자가 10여 년 전 첫 단행본으로 출간한 북한 정체성에 대한 책을 서가에서 뽑아냈다.[1] 민족주의 정향과 독자적 사회주의 노선을 북한의 국가 정체성으로 규정하고 그 역사적 배경과 정치적 필요를 살펴보고, 그 실제를 대내정책, 대외정책, 그리고 대남정책으로 나눠 분석한 끝에 북한의 변화를 전망하고 있다. 10년이 지난 지금도 북한이 처한 대내외적 도전은 본질적으로 변함이 없다. 계획경제체제로의 완전한 복귀가 불가능한 상황에서 유일영도체계를 이용한 정치적 통제 및 동원으로 체제를 유지·발전시켜 나가야 하는 상황이 그렇다. 핵능력을 강화했다고 하지만 그만큼 남한의 대북정책이 엄격해졌고 국제사회의 제재도 확대·강화되었고 주민들의 이탈도 계속 일어나고 있다. 북한이 정치적 통제와 사회적 동원, 그리고 그것을 위한 각종 정당화 담론을 재생산하는 것은 '우리식 사회주의' 체제의 정체성을 유지하려는 것이다. 북한의 정체성은 대내적 동일시, 대외적 위협인식을 통해 수령-당-대중의 위계적 관계를 공동운명체 의식으로 합리화시켜주기 때문이다.

그런데 북한은 이미 냉전 해체 시기부터 밖으로부터 그리고 아래로부터 이중적인 도전에 직면하고 있다. 밖으로부터는 북한에 적대적인 대외환경이 더욱 심해졌고 비확산, 인권 등 국가주권을 압도하는 초국가적 행위규범의 영향력이 높아지고 있고, 무엇보다 북한 경제와 주민들의 의식이 자본주의에 점점 더 노출되고 있다. 이에 대해 북한 정권은 사상전을 벌이며 외부의 체제위협을 강조하며 체제 결속을 도모하고 있다. 그러나 본질적으로 세계적인 속성을 지닌 자본이 국경을 넘는 정보통신기술과 결합해 침투해 들어감으로써 북한 정권의 주민에 대한 완전한 통제력은 회복하기 어렵다. 즉 북한에 대한 밖으로부터의 위협은 아래로부터의 체제 원심력과 결합됨으로써 북한의 국가 정체성과 개인 정체성은 간극을 형성하고 그 틈이 더 벌어질 수 있다. 이러한 체제 위협 요소들의 도전에 직면해 김정은 정권의 응전은 전통과 미래의 동시 호명, 담론과 정책의 결합을 통해 조심스럽게 변화를 도모하고 있다. 그러나 그 방식이 쿠바 스타일인지, 중국 스타일인지, 그것도 아니고 하나의 독특한 북한식 길인지는 아무도 속단하지 못한다. 사실 북한 정권도 그 미래의 결과를 장담하기 어려울 것이다. 예측에 동원할 수 있는 변수들이 많아졌고, 더구나 김정은 정권의 입장에서 통제가 어려운 변수들이 과거에 비해 늘어나고 있다. 다만 사회주의 체제의 소멸로 귀결된 소련식 변화는 북한의 선택지에서 제외되어 있고, 북한이 분단체제와 역내 지정학적 역학관계를 체제유지에 활용할 가치가 크다는 점은 분명해 보인다. 이는 남한의 대북정책과 통일외교에 적지 않은 시사점을 준다.

과거 북한의 변화 추이를 평가해보는 것은 김정은 정권의 미래를 전망하는 단초가 될 수 있다.[2] 거시적으로 볼 대 냉전 시기 북한은 체제의 공식 영역이 전 사회를 차지하였고 담론과 실제 양 측면에서 체제의 일체성을 보여주었다. 그러나 냉전 해체와 함께 남북간 체제경쟁에서 열세가 가시화되면서 북한에서 비공식 영역이 경제, 사회 부문에서 발생하기 시작하여 그런 경향이 지금까지 지속되고 있다. 북한 체제의 특성과 국가 정체성이 담론 수준에서는 유지되더라도 실제에 있어서는 그와 다른 비사회주의적 현상은 쉽게 찾아볼 수 있다.

<北한 변화의 거시적 추이>

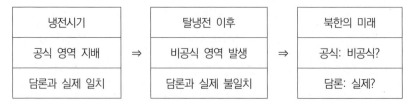

냉전시기		탈냉전 이후		북한의 미래
공식 영역 지배	⇒	비공식 영역 발생	⇒	공식: 비공식?
담론과 실제 일치		담론과 실제 불일치		담론: 실제?

북한 체제의 추이를 거시적 차원에서 '변화'로 본다고 하더라도 그 방향을 전망하기는 쉽지 않다. 일단 변화에 대한 구조적 불가피성과 제약이 경합하고 있고, 거기에 김정은 정권의 반응이 능동적일지 아니면 의도하지 않을 결과를 초래할지 알 수 없기 때문이다. 따라서 북한의 미래를 김정은 정권에게 물을 때, 그 물음에는 정책결정자들의 세

계관 및 정책 의도와 함께 그들이 놓인 구조적 조건이 정책 방향에 미칠 영향도 포함시켜야 할 것이다. 그럼에도 불구하고 먼 훗날 김정은 정권 시기가 북한 체제의 변화와 통일에 큰 영향을 미친 때로 평가할 가능성은 크다. 그만큼 우리는 가능한 경우의 수에 대비해야 하고, 그러기 위해 파국을 막고 최선의 시나리오가 현실화 되도록 남북관계와 통일외교를 전반적으로 재정립할 필요가 더욱 커지고 있다.

주

제1부 국가권력과 이념 · 권력구조

▌제1장_ 김정은 시대 국가전략

* 이 글은 한반도미래전략연구원에서 발표(2013.10.26)한 논문을 수정 · 보완한 것이다.

1) 김정은 체제의 공식 출범 2주년을 불과 며칠 앞두고 북한이 장성택을 전격 숙청함에 따라 김정은 체제에 대한 평가에 혼선이 빚어지고 있다. 김정은 체제가 조기에 안정을 취했음을 강조하며 적극적인 개혁개방의 가능성을 점쳤던 전문가들조차 기존의 판단을 유보하거나 새삼 체제 불안정성을 제기하고 있다. 2013년 12월 초에 불어 닥친 북한에서의 정치적 사변은 김정은 체제에 대한 평가를 무의미하게 하는 블랙홀로 기능하고 있는 셈이다. 과연 장성택 사건은 김정은 체제에 대한 그간의 관측은 물론 김정은 정권이 추진해온 정책들에 대한 평가마저 원점으로 돌려버려야 할 만큼 위력적인 것인가? 기실 장성택 사건은 아무도 예상하지 못했던 극단적이고 전격적인 조치였다. 그런 점에서 출범 이후 상당한 정도의 정책적 유연성을 보이며 변화를 지향했던 김정은 정권에 대해 새롭게 평가할 여지는 충분하다. 그럼에도 불구하고 김정은 시대가 시작된 이후 북한이 추진해온 정책들을 무의미한 것으로 평가절하 하는 것은 적절치 않아 보인다. 이번 사건이 김정은 체제에 미칠 부정적인 측면 못지 않게 긍정적 측면도 함께 고려하여야 하기 때문이다.

2) 남한에서는 전통적으로 북한의 국가전략이 레닌의 전략전술이론에 기초해 추진되고 있다며 이를 엄격하게 해석해 왔다. 지금까지도 큰 틀에서는 그러한 해석이 주류를 이루고 있다. 국제정세 및 남북관계의 변화 그리고 북한사회 내부에서의 일련의 변화에도 불구하고 이를 제대로 평가하지 않는 이유이다.

북한의 국가전략에 대해서는 정성장 외,『북한의 국가전략』(서울: 한울아카데
미, 2003) 참조. 레닌에 따르면 전략은 "주어진 혁명단계에서 프롤레타리아트
의 주요 타격 방향을 결정하고 이에 조응하여 혁명세력의 배치계획을 작성하
여, 주어진 혁명단계 전 기간을 통해 이 계획을 수행하기 위하여 투쟁하는 것"
을 의미한다. 요제프 스탈린, 윤시인 역,『레닌주의의 기초 · 레닌주의의 제 문
제』(서울: 두레, 1990), p.110. 이에 따라 남한에서는 전통적으로 북한이 남조
선혁명 및 세계혁명을 국가목표로 설정하고 이를 위해 혁명 전략을 상위에 둔
대남전략에 초점을 맞춰왔다고 해석해 왔다. 따라서 남한사회는 남북관계가
교착되고 북한의 대남공세가 강화될 경우 의당 북한에서의 변화양상보다 기
존의 혁명-대남전략에 주목하였다.

3) 김정일 체제는, 환경적 측면에서는 급격한 정세변화의 와중에 이루어졌기 때
문에 변화의 여지가 많았지만 체제적 측면에서는 20여 년 이상 동안 준비해온
결과라는 점에서 김일성 체제와의 연속성이 강했다. 그러나 김정은 체제는 환
경적 측면에서는 변화의 동인이 상대적으로 적었지만 체제적 측면에서는 김
정일 체제와의 연속성을 강조할 수 있을 만큼 충분한 준비기간을 갖지 않았다
는 점에서 변화요인이 더 크다고 말할 수 있다.

4) 국가전략이란 한 국가가 추구하는 목표를 종합적으로 발전시키고 그것을 효과
적으로 운용하기 위해 군사력을 포함한 제반 국력을 사용하기 위한 방책을 말
한다. 국가전략은 결국 국가목표와 밀접히 연관되어 있다. 따라서 모든 국가는
그것을 명시적으로 제시하든 그렇지 않든, 또 현실적이든 비현실적이든 국가
가 세운 목표를 달성하기 위해 전략을 수립하고 그에 따라 국정을 운영한다.

5) 남한사회에서의 인식과 달리 북한은 정권수립 이후 안보상황이 악화될 경우
나름대로 위기의식을 드러내 왔다. 특히 사회주의권이 붕괴된 이후에는 남한
의 흡수통일론 등에 자극받아 극도의 체제 불안 속에서 생존을 위한 전략 마
련에 부심해 왔다. 이에 대해서는 곽승지, "안보전략," 정성장 외,『북한의 국
가전략』(서울: 한울 아카데미, 2003), pp. 76-145.

6) 김정은 시대는, 원론적으로는 2011년 12월 김정일의 사망으로 김정은이 북한
의 최고지도자로 등극한 시점부터로 보아야 할 것이다. 그러나 소급한다면,
김정은이 권력전면에 등장한 2010년 9월 노동당 제3차 대표자회부터로, 또는
후계자로 내정된 것으로 알려진 2009년 1월부터로 볼 수 있을 것이다. 이 글
에서는 북한에서의 변화현상을 보다 확대해 살펴보기 위해 김정은이 후계자
로 내정돼 통치에 영향을 미치기 시작한 2009년 1월부터 김정은 시대가 시작
된 것으로 규정하고자 한다.

7) 우리사회에서 북한의 변화를 체제변화의 관점에서 인식하려는 것은 북한의
국가 목표 및 전략과 관련이 있다. 즉, 사회주의체제를 유지하는 한 혁명전략
과 대남전략이 변하지 않을 것이라는 생각이 그 바탕에 자리하고 있기 때문이
다. 이는 다분히 남한 중심적 사고의 발로라고 하지 않을 수 없다. 중국과 베

트남의 사례에서 보듯 사회주의체제를 유지하는 가운데도 얼마든지 의미 있는 변화를 꾀할 수 있기 때문이다.

8) 곽승지, "개혁·개방 관련 '북한적 현상'에 대한 이해," 현대북한연구회 엮음, 『김정일의 북한, 어디로 가는가?』(서울: 한울아카데미, 2009), pp. 16-18.

9) 윤상현 의원은 노동당에 대한 분석 자료를 통해 북한권력 핵심 30인 중 25인이 당 출신이라며 노동당이 북한권력의 중심으로 자리 잡았다고 평가했다. 「중앙일보」, 2013년 10월 2일.

10) "과학중시사상을 틀어쥐고 강성대국을 건설하자," 「로동신문」, 2000년 7월 4일.

11) 공동사설 발표 이후 북한은 보다 적극적으로 신사고를 강조했다. "새 세기는 혁신적인 안목과 기발한 착상, 진취적인 사업 기풍을 요구한다." "시대가 달라졌다. 우리는 21세기의 사람들이다... 낡고 뒤떨어진 것들을 깨끗이 털어버리고 사상관점과 사고방식도, 일본새와 생활기풍도 근본적으로 일신하고 모든 것을 새롭게 사색하고 새롭게 실천해야 한다." 정론, 「로동신문」, 2001년 1월 9일.

12) 「조선신보」, 2013년 8월 31일.

13) 통일연구원이 발표한 2012년 신년공동사설 분석 자료에 따르면 강성대국이란 용어가 사용된 횟수는 고작 5번으로 2011년 19회, 2010년 16회에 비해 현저히 줄어들었다.

14) 대남매체인 우리민족끼리가 2012년 9월 25일 선군을 강조하는 가운데 "강성대국 건설의 최후 승리를 위한 총공격전..." 등으로 표현한 것이 눈에 띄는 마지막 사례이다.

15) 전미영, "김정일 시대의 정치언어: 상징과 담론을 통해 본 김정은의 정치," 『북한연구학회보』 제17권 제1집, 2013년 여름, p. 20.

16) 강성국가 건설의 목표는 김정일시대의 강성대국 건설에서 제기한 사상강국과 군사강국 건설 목표도 포함되는 것으로 보아야 하며 방점은 경제 및 문화에 찍혀 있다고 볼 수 있다.

17) 김정은은 2013년 신년사에서 "우리가 건설하는 사회주의강성국가는 전체 인민이 높은 문화지식과 건강한 체력, 고상한 도덕품성을 지니고 가장 문명한 조건과 환경에서 사회주의문화생활을 마음껏 누리며 온 사회에 아름답고 건전한 생활기풍이 차 넘치는 사회주의문명(강)국"이라고 주장했다. 또 "교육, 보건, 문학예술, 체육, 도덕을 비롯한 모든 문화 분야를 선진적인 문명강국의 높이에 올려 세워야한다"고 말했다.

18) 북한에서 문명(강)국 건설에 대한 담론이 처음 제기된 것은 2012년 1월 1일 발표된 신년 공동사설에서다. 그리고 김정은이 2013년 신년사에서 되풀이했다.

19) 최근 남한의 일부 언론들은 북한이 남한을 공격하기 위해 땅굴을 파고 있다거나 생물학전을 연구하고 있다는 등의 확인되지 않았거나 추측성 보도를 하고 있다.

20) 혹자는 중국의 경우와 북한의 경우가 다르다고 말할 것이다. 실제 다른 점이 많을 것이다. 하지만 북한 역시 생존을 위해 전력을 다해 왔다는 점에서, 또 사회주의권이 붕괴된 이후 생존전략을 모색하는 가운데 부단히 변화를 추구해 왔다는 점에서 중국의 경우와 크게 다르지 않아 보인다.

21) 「조선일보」, 2013년 7월 10일.

22) 「연합뉴스」, 2013년 7년 18일.

23) 중국의 4항 견지 노선은 맑스-레닌주의와 마오쩌둥 사상, 공산당 영도, 인민 민주 독재, 사회주의 노선을 말한다.

24) 김정은은 "자주의 길, 선군의 길, 사회주의의 길"이라며 자주 선군 사회주의를 동시에 강조하고 있지만 무게중심은 사회주의에 있다.

25) 1990년대 이후 북한은 명분보다 현실을 중시하는 가운데 대남 및 대외 정책에서 이를 구체적으로 드러내곤 했다. 김형기,『남북관계변천사』(서울: 연세대학교출판부, 2010), p. 410.

▌제2장_ 김정은 시대 지배이데올로기의 특징과 전망

* 이 글은『북한연구학회보』제17권 제2호(2013)에 게재된 논문을 수정한 글이다.

1) 사회과학출판사 편,『주체사상 총서2 -주체사상의 사회력사원리』(서울: 백산서당, 1989), p. 190. "그런데 혁명의 지도이념은 수령만이 역사발전의 당위성과 시대의 절박한 요청, 민중의 지향과 염원을 통찰하고 풍부한 실천경험을 일반화하여 창시하게 된다." 김재천,『후계자문제의 이론과 실천』(발행처불명, 1989), p. 18.

2) 김재천,『후계자문제의 이론과 실천』(발행처불명, 1989), p. 31; 유작촌,『정통과 계승: 위대한 인간, 새로운 문명을 위하여』(평양: 평양출판사, 1995), p. 11.

3) 함치영,『계속혁명에 관한 주체적리해』(평양: 사회과학출판사, 1992), p. 105.

4) 이 글에서 말하는 '지배이데올로기 행보'란 사회체제의 지배집단이 자신의 지배를 정당화하고 강화·유지하기 위해 지배이데올로기를 만들어내고 이를 피지배집단에게 주입하는 활동을 폭넓게 가리키는 개념이다.

5) 당력사연구소,『조선로동당력사』(평양: 조선로동당출판사, 2006), p. 394.

6) 김진환, "북한 지배이데올로기의 형성과 내면화," 강정구 외,『시련과 발돋움의 남북현대사』(서울: 선인, 2008), pp. 396~404.

7) 당력사연구소,『김정일동지략전(제2판)』(평양: 조선로동당출판사, 1999), pp. 113~119.

8) 김정일, "온 사회를 김일성주의화하기 위한 당사상사업의 당면한 몇 가지 과업에 대하여(1974.2.19.)," 『김정일 선집 4』(평양: 조선로동당출판사, 1994),

pp. 8~9. 위 문헌은 아래부터 '2·19문헌'으로 부를 것이다.

9) 김정일, "온 사회를 김일성주의화하기 위한 당사상사업의 당면한 몇 가지 과업에 대하여," p. 15.

10) 김정일이 주체사상의 철학적 원리, 사회역사원리, 지도적 원칙에 대해 초창기에 어떠한 견해를 가지고 있었는지는 아래 글 참조. 김정일, "주체철학의 리해에서 제기되는 몇 가지 문제에 대하여(1974.4.2)," 김정일, 『주체철학에 대하여』 (평양: 조선로동당출판사, 2002).

11) 김정일, "주체사상에 대하여(1982.3.31)," 김정일, 『주체철학에 대하여』 (평양: 조선로동당출판사, 2002); 김진환, "북한 지배이데올로기의 형성과 내면화", pp. 407~415.

12) 김정일은 이후 몇 년 동안 아래와 같은 담화를 통해 당원·인민대중의 주체사상에 대한 이해를 높여 나갔다. 김정일, "주체사상은 인류의 진보적사상을 계승하고 발전시킨 사상이다(1986.6.27)," 『김정일 선집 8』 (평양: 조선로동당출판사, 1998); 김정일, "주체사상교양에서 제기되는 몇가지 문제에 대하여(1986.7.15)," 『김정일 선집 8』 (평양: 조선로동당출판사, 1998); 김정일, "주체의 혁명관을 튼튼히 세울데 대하여(1987.10.10)," 『김정일 선집 9』 (평양: 조선로동당출판사, 1997).

13) 총서의 집필자가 김정일은 아니지만 북한의 김정일 전기는 아래와 같은 표현으로 김정일이 총서 발간 작업을 이끌었음을 드러낸다. "경애하는 김정일동지께서는 주체사상에 기초하여 전면적으로 밝혀진 주체의 혁명리론과 령도방법에 대해서도 심오한 리론적해명을 하여주시였다." 외국문출판사, 『위인 김정일』 (평양: 외국문출판사, 2012), p. 106. 이 총서 내용을 구체적으로 보면 1권부터 3권까지는 주체사상의 철학적 원리(1권), 사회역사원리(2권), 지도적 원칙(3권)을 소개하고, 4권부터 8권까지는 "주체의 혁명리론"을 반제반봉건민주주의혁명과 사회주의혁명이론(4권), 사회주의공산주의건설이론(5권), 인간개조이론(6권), 사회주의경제건설이론(7권), 사회주의문화건설이론(8권) 등으로 나누어 수록했다. 끝으로 "주체의 령도방법"은 영도의 본질과 원칙, 영도의 체계(이상 9권), 영도예술(10권)로 나누어 소개하고 있다.

14) 외국문출판사, 『위인 김정일』, pp. 107~108.

15) 북한체제의 위기는 심각한 경제난, 인민들의 정치사상적 동요, 미국의 대북강압 같은 요소로 이루어져 있다. 1980년대 후반~1990년대 후반 사이 체제위기의 시작, 심화, 완화에 대한 자세한 분석은 아래 책 참조. 김진환, 『북한위기론: 신화와 냉소를 넘어』 (서울: 선인, 2010).

16) 외국문출판사, 『위인 김정일』, pp. 108~110.

17) "선군사상은 비범한 예지로 력사의 흐름과 현시대의 추이를 명철하게 꿰뚫어 보시며 조국과 혁명, 시대와 인류가 나아갈 앞길을 환히 밝혀오신 자주시대의 위대한 향도자 김정일동지의 천재적인 사상리론활동의 고귀한 산물이며 그이

께서 우리 시대와 인류에게 남긴 가장 고귀한 사상정신적유산이다." 외국문출
판사, 위의 책, p. 114.

18) 김정일은 평소에 아래 인용문처럼 혁명실천의 경험을 이론화하고 이를 인민
대중에게 교양하는 사업을 강조해왔다. 선군정치 경험의 이론화도 바로 이러
한 맥락에서 이루어졌다. "사회주의사상과 리론은 로동계급의 혁명투쟁이 발
전하는 행정에서 시대의 요구와 혁명실천의 경험을 일반화한데 기초하여 마
련되며 그것은 사회주의를 위하여 투쟁하는 인민대중의 사상리론적무기로,
투쟁의 지침으로 된다. (…) 로동계급의 당은 사회주의위업수행의 옳은 지도
사상과 지도리론을 마련하는것과 함께 그것으로 인민대중을 무장시키기 위한
교양사업을 잘하여야 한다." 김정일, "사상사업을 앞세우는 것은 사회주의위
업수행의 필수적 요구이다,"『김정일 선집 9』(평양: 조선로동당출판사, 1997),
p. 51.

19) "주체사상창시회의로 알려진 카륜회의[주체19(1930년)년 6월 30일~7월 2일]는
김일성주석께서 ≪무장은 우리의 생명이다. 무장에는 무장으로!≫라는 구호
밑에 항일무장투쟁로선을 천명하신 회의로서 선군혁명사상의 창시선포의 중
대한 력사적의미를 지니기도 한다." 김인옥,『김정일장군 선군정치리론』(평
양: 평양출판사, 2003), p. 170. "선군사상은 일찍이 1930년대초 김일성주석에
의하여 창시되였다." 탁성일 편,『선군-김정일정치』(평양: 외국문출판사, 2012),
p. 18.

20) 진희관, "북한에서 '선군'의 등장과 선군사상이 갖는 함의,"『국제정치논총』제
48집 제1호 (2008), p. 384.

21) 진희관, "북한에서 '선군'의 등장과 선군사상이 갖는 함의," p. 389.

22) 김정일은 이 담화에서 "어느 때 어디에서나 로동계급이 혁명의 주력군으로 된
다고 보는것은 선행리론에 대한 교조적관점"이라면서 미국의 대북 강압 강화
라는 객관적 조건 변화, 현재 북한에 "혁명성과 조직성, 전투력에 있어서 인민
군대보다 더 강한 집단"은 없다는 사실 등을 종합적으로 고려해 노동계급 대
신 군대를 혁명의 주력군으로 내세워야 한다고 역설했다. 요컨대 당면한 객관
적·주관적 조건이 모두 인민군대를 노동계급을 대신해 혁명의 주력군으로
내세우도록 하고 있다는 것이다. 김정일은 같은 담화에서 이러한 자신의 주장
을 "혁명의 주력군문제, 혁명과 건설에서 혁명군대의 역할문제에 대한 새로운
견해, 새로운 관점"이라고 이름 붙였다. 김정일, "선군혁명로선은 우리 시대의
위대한 혁명로선이며 우리 혁명의 백전백승의 기치이다(2003.1.29),"『김정일
선집 15』(평양: 조선로동당출판사, 2005), pp. 356~360. 한편 평양출판사에서
2006년에 발간한 김정일 전기에 따르면 김정일은 이미 1994년 7월 13일, 그러
니까 김일성 사후 며칠 만에 인민무력부 책임일군들을 만난 자리에서 노동계
급 대신 군대가 혁명의 주력군이 되어야 한다는 의견을 밝혔다고 한다. 편집
부,『선군태양 김정일장군 3』(평양: 평양출판사, 2006), p. 15. 당력사연구소,

『조선로동당력사』(평양: 조선로동당출판사, 2004), p. 534.

23) 진희관, "북한에서 '선군'의 등장과 선군사상이 갖는 함의," p. 390.

24) 조선노동당은 '새로운 주력군 이론'에 따라 2004년부터 혁명의 주체 이론도 보완했다. 선군정치 실행 이전에는 혁명의 주체를 '수령·당·대중의 통일체'로 규정한 데 비해, "주체혁명의 새시대인 선군시대"에는 군대가 인민대중 가운데 선도자 역할을 하게 됨으로써 혁명의 주체도 "수령·당·군대·인민의 통일체"로 규정해야 한다는 것이다. 김진환, "조선로동당의 선군정치 서술," 정영철 외, 『조선로동당의 역사학: 조선로동당사 비교연구』(서울: 선인, 2008), p. 233.

25) 김정일, "선군혁명로선은 우리 시대의 위대한 혁명로선이며 우리 혁명의 백전백승의 기치이다(2003.1.29)," pp. 364~365.

26) 당력사연구소, 『조선로동당력사』(평양: 조선로동당출판사, 2004), p. 539. 주체사상과 선군사상의 관계에 대한 좀 더 자세한 이론적 논의는 아래 책 참조. 탁성일 편, 『선군-김정일정치』, pp. 61~63.

27) 외국문출판사, 『위인 김정일』, pp. 118~119.

28) 김정일, "선군혁명로선은 우리 시대의 위대한 혁명로선이며 우리 혁명의 백전백승의 기치이다(2003.1.29)," p. 353.

29) "김정일령도자께서는 선군사상을 전일적으로 체계화하시면서 먼저 선군사상의 기초원리를 명백히 규정해주시였다. 그것은 혁명은 총대에 의하여 개척되고 전진하며 완성된다는 총대철학이다." 탁성일 편, 『선군-김정일정치』, p. 64. "경애하는 장군님께서 정립하신 총대철학은 선군사상의 초석을 이루는 기초원리이다. 선군사상의 모든 원리와 원칙, 내용들은 총대철학으로부터 출발하고있으며 그에 기초하여 전개되고 체계화되여 있다." 외국문출판사, 『위인 김정일』, p. 114.

30) 조선로동당출판사, 『우리 당의 선군정치(증보판)』, pp. 144~153.

31) 김정은의 증언 내용은 바로 아래에서 소개한다.

32) 김진환, "조선로동당의 선군정치 서술," pp. 238~240; 진희관, "북한에서 '선군'의 등장과 선군사상이 갖는 함의," pp. 388~389.

33) 김정은, 『위대한 김정일동지를 우리 당의 영원한 총비서로 높이 모시고 주체혁명위업을 빛나게 완성해나가자』(평양: 조선로동당출판사, 2013), p. 6.

34) 김정은, 위의 책, pp. 6~7.

35) 김정은, 『위대한 김정일동지를 우리 당의 영원한 총비서로 높이 모시고 주체혁명위업을 빛나게 완성해나가자』, p. 7. 조선노동당은 2012년 4월 11일 4차 대표자회에서 '김일성-김정일주의'를 당 규약 서문에 명시했다. 『로동신문』, 2012년 4월 12일.

36) 김정은, 『위대한 김정일동지를 우리 당의 영원한 총비서로 높이 모시고 주체

혁명위업을 빛나게 완성해나가자』, p. 1, pp. 4~6. 김정은은 2012년 12월 1일 사회과학원 과학자들과 일군들에게 보낸 서한에서도 김정일을 '수령'으로 불렀다. "오늘 우리 혁명위업은 위대한 김일성동지와 김정일동지를 영원한 수령으로 높이 모시고 온 사회의 김일성-김정일주의화를 전면적으로 실현해나가는 새로운 력사적단계에 들어섰습니다(강조는 글쓴이)." 김정은, 『우리의 사회과학은 온 사회의 김일성-김정일주의화위업수행에 적극 이바지하여야 한다』 (평양: 조선로동당출판사, 2012), p. 5.

37) 김정일 사후 두 달 만인 2012년 2월 북한 외국문출판사가 발간한 『위인 김정일』 말미에 당시 김정은의 활약상을 간략히 서술한 부분이 있다. 이 부분을 읽다 보면 김정은이 4·6담화에서 천명한 '온 사회의 김일성-김정일주의화'가 이 책이 발간된 2012년 2월 이전에 이미 조선노동당 사상사업의 목표로 제시되었음을 알 수 있다. "수령의 영생은 사상의 영생이라는것을 철리로 간직하신 경애하는 김정은동지께서는 위대한 주체사상, 선군혁명사상을 높이 받들고 김정일동지께서 내놓으신 독창적인 사상과 리론들을 새로운 원리와 내용들로 끊임없이 발전풍부화시켜나가고계신다. 경애하는 김정은동지께서는 위대한 김정일동지의 혁명사상으로 온 사회를 철저히 일색화하여 우리 당과 국가, 군대의 영원한 지도적지침으로 빛을 뿌리도록 하시며 장군님께서 고귀한 생의 마지막순간까지 다 바치시며 이룩하여놓으신 불멸의 혁명업적을 천추만대에 길이 빛내이기 위한 사업을 힘있게 밀고나가고계신다(강조는 글쓴이)." 외국문출판사, 『위인 김정일』, p. 356.

38) 김정은, 『위대한 김정일동지를 우리 당의 영원한 총비서로 높이 모시고 주체혁명위업을 빛나게 완성해나가자』, p. 7.

39) 외국문출판사, 『위인 김정일』, p. 356.

40) 정성장, "김정은 시대 북한의 지도이념과 파워 엘리트 변동," 현대북한연구회 월례세미나 (2013.9.11) 발표문.

41) "〈北매체에 일제히 등장하는 '김정일애국주의'〉," 「연합뉴스」(온라인), 2012년 5월22일; http://www.yonhapnews.co.kr/politics/2012/05/22/0511000000AKR20120522059900014.HTML.

42) 김정은, 『김정일애국주의를 구현하여 부강조국건설을 다그치자』 (평양: 조선로동당출판사, 2013).

43) 김정은, 위의 책, p. 1.

44) 김정은, 위의 책, pp. 8~10. 김정은은 이 담화에서 김정일의 "숭고한 후대관"을 집약하고 있는 구호로 ≪오늘을 위한 오늘에 살지 말고 래일을 위한 오늘에 살자!≫를 꼽았다. 김정일의 후대관은 아래 글 참조. 김정일, "오늘을 위한 오늘에 살지 말고 래일을 위한 오늘에 살자(1996.1.14)," 『김정일 선집 14』 (평양: 조선로동당출판사, 2000).

45) 한성훈은 사회주의적 애국주의를 사회주의적 이해(계급)와 민족적 이해(국가)

를 일치시키려는 자구책으로 평가한다. 한성훈, "북한 민족주의 형성과 反美
애국주의 교양: 사회주의적 애국주의와 '국가적 위기'의 결합,"『한국근현대사
연구』, 제56집 (2011), pp. 162~166.

46) 김일성, "사회주의진영의 통일과 국제공산주의운동의 새로운 단계(1957.12.5),"
『김일성 저작집 11』(평양: 조선로동당출판사, 1990), pp. 410~411.

47) 엄춘봉, "애국주의와 사회주의의 호상관계에 관한 선행리론과 그 제한성,"『철
학연구』, 제132호 (2013), pp. 41~42.

48) 엄춘봉, 위의 글, p. 42; 김인철, "김정일애국주의는 수령중심의 조국관에 기초
한 애국주의,"『철학연구』, 제132호 (2013), pp. 8~9.

49) 김정은,『김정일애국주의를 구현하여 부강조국건설을 다그치자』, p. 9. 2012년
2월 발간된 김정일 전기에 따르면 김정일은 이러한 독창적 조국관을 1983년
1월 14일에 정식화해서 내놓았다고 한다. "그러시면서 경애하는 장군님께서는
≪우리 인민에게 있어서 조국은 수령님이시며 수령님은 곧 조국입니다.≫라
고 조국에 대한 전혀 새로운 정식화를 하여주시였다. 조국을 조상대대로 살아
온 땅이라는 력사적개념이나 령토적개념이 아니라 조상대대로 살아오는 그
땅의 주인인 인민의 보람찬 삶과 후손만대의 행복이 담보되는 요람으로 규정
하시고 그러한 요람을 마련하여주신 수령님은 참다운 의미에서의 조국이라는
그이의 독창적인 견해가 집약된 귀중한 말씀이였다." 외국문출판사,『위인 김
정일』, p. 283. 그런데 김정은은 이 책이 발간된 지 5개월 뒤인 7월 26일 담화
에서 김정일이 이미 10살 때-조선노동당은 아래 인용문에 나오는 ≪조국의
품≫이라는 가요를 김정일이 1952년 8월 창작했다고 주장한다-독창적 조국
관을 내놓았다며 창시 시기를 앞당기고 있다. "장군님께서는 일찌기 고전적명
작 ≪조국의 품≫에서 해빛처럼 밝고밝은 조국의 품은 아버지장군님의 품이
라고 노래하시여 우리 인민에게 있어서 조국은 곧 수령이며 조국의 품은 수령
의 품이라는 심오한 사상을 밝혀주시였다." 김정은,『김정일애국주의를 구현
하여 부강조국건설을 다그치자』, p. 9.

50) 김정은, 위의 책, p. 9; 엄춘봉, "애국주의와 사회주의의 호상관계에 관한 선행
리론과 그 제한성," p. 42; 김인철, "김정일애국주의는 수령중심의 조국관에 기
초한 애국주의," p. 9; 리원철, "김정일애국주의는 부강조국건설의 힘있는 원동
력,"『철학연구』, 제133호 (2013), p. 5.

51) 김정은,『김정일애국주의를 구현하여 부강조국건설을 다그치자』(평양: 조선
로동당출판사, 2013); 리원철, "김정일애국주의는 부강조국건설의 힘있는 원동
력,"『철학연구』, 제133호 (2013); 허성숙, "김정일애국주의를 구현하는것은 사
회주의강성국가건설위업을 실현해나가기 위한 매우 중요한 요구,"『철학연구』,
제133호 (2013).

52) "민심을 떠난 일심단결이란 없습니다. 당조직들은 군중의 목소리를 귀담아듣
고 군중속에서 제기되는 문제들을 제때에 풀어주어야 하며 민심을 소홀히 하

거나 외면하는 현상들과 강한 투쟁을 벌려야 합니다." 김정은,『위대한 김정일 동지를 우리 당의 영원한 총비서로 높이 모시고 주체혁명위업을 빛나게 완성해나가자』, p. 14. "내가 얼마전에 인민들이 언제 어디서나 로동당만세를 부를 수 있게 하여야 한다고 말하였는데 그 말에는 군중대회 같은데서만이 아니라 홀로 외진 섬이나 깊은 산골에 들어가있을 때에도 스스로 로동당만세를 부르게 하여야 한다는 의미가 담겨져있습니다. 인민을 위하여 복무하는 우리 일군들이 애국의 구슬땀을 흘리며 발이 닳도록 뛰고 또 뛰어 내 나라, 내 조국을 부강하게 하고 인민들에게 유족한 생활조건을 마련해주면 그들이 언제 어디서나 심장으로부터 우러나오는 로동당만세를 부르게 될것입니다. 우리 당은 온 나라에 김정일애국주의 열풍을 세차게 일으켜 앙양된 애국의 힘, 일심단결의 위력으로 사회주의강성국가건설의 최후승리를 앞당겨나갈것을 요구하고 있습니다. (…) 오늘 우리 당은 김정일애국주의를 불씨로 애국의 불길을 세차게 일으켜 사회주의강성국가건설의 새로운 전환적국면을 열어나가려고 합니다. 이것이 우리 당의 확고한 의지이고 결심입니다." 김정은,『김정일애국주의를 구현하여 부강조국건설을 다그치자』, p. 18~19.

53) 김정일, "혁명과 건설에서 주체성과 민족성을 고수할데 대하여(1997.6.19)," 『김정일 선집 14』(평양: 조선로동당출판사, 2000), p. 306, p. 312.

54) 외국문출판사,『위인 김정일』, p. 140.

55) 이 명제는 김정일이 2010년 4월 14일 준공된 김일성종합대학 전자도서관에 보낸 친필명제의 첫 대목이다. 위 도서관 2층 내부에 있는 친필명제의 전문은 아래와 같다. "자기 땅에 발을 붙이고 눈은 세계를 보라! 숭고한 정신과 풍부한 지식을 겸비한 선군혁명의 믿음직한 골간이 되라! 분발하고 또 분발하여 위대한 당, 김일성조선을 세계가 우러러 보게 하라! 2009.12.19 김정일"

56) 이 표현이 사용된 문단의 전문은 아래와 같다. "우리는 자기 땅에 발을 붙이고 눈은 세계를 볼데 대한 장군님의 뜻대로 높은 목표와 리상을 가지고 투쟁하며 모든 면에서 세계를 디디고 올라서야 합니다." 김정은,『위대한 김정일동지를 우리 당의 영원한 총비서로 높이 모시고 주체혁명위업을 빛나게 완성해나가자』, p. 21.

57) 로현석, "자기 땅에 발을 붙일데 대한 사상의 본질,"『철학연구』, 제134호 (2013), p. 25.

58) "모든 일군들과 당원들과 근로자들은 자기 땅에 발을 붙일데 대한 위대한 장군님의 사상과 의도를 잘 알고 사업과 생활에 철저히 구현해나감으로써 사회주의강성국가건설에서 주체성을 고수하고 민족성을 적극 살려나가야 할것이다." 로현석, 위의 글, p. 26.

59) 외국문출판사,『위인 김정일』, pp. 184~185; 김정은,『위대한 김정일동지를 우리 당의 영원한 총비서로 높이 모시고 주체혁명위업을 빛나게 완성해나가자』, p. 6.

60) 조선노동당이 2006년 발간한 선군정치 공식 해설서에는 1998년 9월 개헌안 마련 과정에서 김정일이 "선군원칙을 구현한 강위력한 국가기구체계" 확립을 위해 주도적 역할을 하는 모습, 선군정치와 새로운 국가기구체계의 관계 등이 상세히 서술되어 있다. 조선로동당출판사, 『우리 당의 선군정치(증보판)』, pp. 89~92. 국방위원장과 국방위원회 중심의 국가기구체계는 2009년 4월 헌법 개정을 통해 북한체제에 완전히 정착됐다.

■ 제3장_ 장성택 숙청 이후 북한 권력구도 변화

* 본고는 『국방연구』 제57권 제1호 (2014)에 게재된 논문을 보완해 작성한 것임.

1) 「로동신문」, 2013.12.09.
2) 「로동신문」, 2013.12.13. 2009년 화폐개혁을 주도했던 박남기 전 당중앙위원회 계획재정부장도 국가안전부 특별군사재판소에서 사형 판결을 받았다. 정창현, 『장성택 사건 숨겨진 이야기』 서울: 선인, 2014), p. 55.
3) 「헤럴드경제」, 2013.12.13 사설.
4) 강철환, "장성택 사태의 본질, 그는 왜 잔혹하게 처형당했나," 『북한』, 2014년 1월호, p. 30.
5) 오경섭, "장성택 숙청 이후 김정은 정권의 불안정성," 『정세와 정책』, 2014년 2월호 (성남: 세종연구소), p. 11.
6) 최선영, "北 김정은, 장성택 처형 '신속 처리'…왜," 「연합뉴스」, 2013.12.13.
7) 북한 사전에 의하면 '겉으로는 지지하고 받드는 체하면서 속으로는 반대하고 뒤로 돌아서서 딴 짓을 하는 것'을 의미한다. 사회과학출판사, 『조선말대사전 (2)』 (평양: 사회과학출판사, 1992), p. 1409.
8) 「로동신문」, 2013.12.09.
9) 고영환, 『(북한외교관 고영환이 밝히는) 평양 25시』 (서울: 고려원, 1992), pp. 11~154.
10) 「조선일보」, 2003.07.05.
11) 정성장, 『현대 북한의 정치: 역사·이념·권력체계』 (서울: 한울아카데미, 2011), p. 138.
12) 현성일, "북한노동당의 조직구조와 사회통제체계에 관한 연구," 한국외대 정책과학대학원 석사학위논문 (1999), p. 43; 「연합뉴스」, 2003.07.27.
13) 김정은의 모친 이름은 오랫동안 잘못 알려진 것처럼 '고영희'가 아니라 '고용희'이다. 정성장, "['김정일의 요리사' 후지모토 겐지의 재방북 후 첫 인터뷰] 김정은의 어머니 이름은 고영희 아닌 '고용희' 확인," 『월간중앙』, 2013년 8월호, pp. 80~84; 「로동신문」, 1972.12.31; 고경택, "복받은 우리 가정," 『조선』, 1973년

4월호, pp. 30~31.

14) 정성장, 『현대 북한의 정치: 역사·이념·권력체계』, pp. 138~139.

15) 정성장, 『현대 북한의 정치』, p. 139.

16) 「연합뉴스」, 2003.07.27, 2004.07.11, 2004.11.26; 「조선일보」, 2004.07.12, 2004.11.25.

17) 정성장, 『현대 북한의 정치』, pp. 139~140.

18) 정성장, 『현대 북한의 정치』, p. 140.

19) 최선영, "北 김정은, 장성택 처형 '신속 처리'…왜."

20) 정성장, "[북한 인물 탐구] 장성택 당중앙위원회 행정부장②: 김정은의 부상과 장성택 승진 간의 함수관계," 『NKvision』, 2013년 3월호, p. 48.

21) 「연합뉴스」, 2012.11.02.

22) 김정은, 『혁명발전의 요구에 맞게 당의 유일적 령도체계를 더욱 철저히 세울데 대하여 (당, 국가, 군대, 근로단체, 출판보도부문 책임일군들 앞에서 한 연설, 주체102(2013)년 6월 19일)』(평양: 조선로동당출판사, 2013), p. 18.

23) 「로동신문」, 2013.12.09.

24) 「로동신문」, 2013.12.09.

25) 「프레시안」, 2013.12.03.

26) 「데일리NK」, 2013.12.03.

27) 정성장, "장성택 숙청과 북한 권력구도 변화 전망," 『세종논평』, No. 279 (2013.12.9.).

28) 「로동신문」, 2013.11.21, 2013.11.27, 2013.11.30.

29) 「로동신문」, 2013.11.21.

30) 「로동신문」, 2013.11.30.

31) 「연합뉴스」, 2009.03.15, 2010.09.30, 2012.04.12; 「로동신문」, 2012.04.12 참조. 김원홍은 2009년 4월 14일의 군 인사에서 유일하게 대장으로 승진했는데, 이는 그가 동년 2월 보위사령관에서 총정치국 조직부국장으로 승진한 것을 반영하는 것이었다. 일부 언론에서는 김원홍이 2010년 2월에 총정치국 조직부국장직에 임명된 것으로 보도하고 있는데 이는 부정확한 것이다. 총정치국 조직부국장 직은 인민군 총정치국에서 군부 엘리트에 대한 조직 및 인사 사업을 전반적으로 관장하는 핵심 요직이다. 김원홍의 최근 경력에 대해서는 정성장, 『북한군 총정치국의 위상 및 역할과 권력승계 문제』(성남: 세종연구소, 2013), pp. 39~41.

32) 리영길과 장정남은 2014년 4월 8일 개최된 당중앙위원회 정치국 회의에서 정치국 후보위원이나 위원에 선출되었을 것으로 추정된다.

33) 정창현은 장성택 숙청 후 각 도·시·군 당위원회의 행정부에 모든 업무를 중단하라는 지시가 내려간 것으로 전해지고 있다고 주장한다. 그리고 장성택 숙청으로 지방당 행정부가 그 동안 맡아왔던 사업들은 지방당 조직부로 이관된

것으로 보인다고 분석했다. 정창현,『장성택 사건 숨겨진 이야기』, p. 34.

34) 김시학 당중앙위원회 행정부장은 1980년대 말 사법·검찰 부문에 대한 검열과 정에서 당중앙위원회 행정부와 조직지도부 사이에 발생한 마찰 때문에 근신 처벌을 받았다. 이후 당중앙위원회 행정부가 조직지도부에 편입되면서 조직 지도부 행정 담당(사법·검찰부문 등 담당) 제1부부장에 기용되었다가 1990년 대 후반에는 개성시당 책임비서직을 맡게 되었다. 현성일,『북한의 국가전략과 파워엘리트』(서울: 선인, 2007), p. 235. 김시학의 뒤를 이어 1995년 11월경 당중 앙위원회 조직지도부 행정 담당 제1부부장 직에 임명된 인물이 장성택이다.

35) 북한은 2013년 12월 12일 장성택 사형 판결문에서 "놈[장성택]은 위대한 장군 님[김정일]께서 최고인민회의 제10기 제1차 회의에서 세워주신 새로운 국가기 구체계를 무시하고 내각 소속 검열감독기관들을 제 놈 밑에 소속시키였으며 위원회, 성, 중앙기관과 도, 시, 군급 기관을 내오거나 없애는 문제, 무역 및 외화벌이단위와 재외기구를 조직하는 문제, 생활비 적용문제를 비롯하여 내 각에서 맡아하던 일체 기구사업과 관련한 모든 문제를 손안에 걷어쥐고 제 마 음대로 좌지우지함으로써 내각이 경제사령부로서의 기능과 역할을 제대로 할 수 없게 하였다."라고 장성택을 비난했다. 『조선중앙통신』, 2013.12.13 참조.

36) 김성윤·조민호, "조선노동당," 채경석·김성윤·강신창 외,『북한학개론 [증보판]』 (서울: 법문사, 1996), pp. 100~103.

37) 김정일, "당사업에서 낡은 틀을 마스고 새로운 전환을 일으킬데 대하여 (조선 로동당 중앙위원회 조직지도부, 선전선동부일군들앞에서 한 연설, 1974년 2월 28일)," 『김정일 선집 4』(평양: 조선로동당출판사, 1994), p. 94.

38) 최룡해 총정치국장에 대한 상세한 분석은 정성장, "[김정은의 두 남자] 최룡해 는 '장성택의 아바타'가 아니다," 『월간중앙』, 2013년 7월호, pp. 50~56; 정성 장, "[북한 인물 탐구] 최현 전 인민무력부장과 최룡해 총정치국장," 『Kvision』, 2013년 8월호, pp. 40~43.

39) 정창현,『장성택 사건 숨겨진 이야기』, pp. 152~154.

40) 「연합뉴스」, 2013.12.11.

41) 「연합뉴스」, 2013.12.15.

42) 한기범, "북한 정책결정과정의 조직행태와 관료정치: 경제개혁 확대 및 후퇴를 중심으로(2000~09)" (경남대학교 대학원 박사학위논문, 2009), p. 197; 「연합뉴스」, 2002.10.24.

43) 「연합뉴스」, 2013.06.21; 통일부 북한자료센터 홈페이지:http://library.unikorea. go.kr/search/DetailView.ax?sid=1&cid=75043(검색일: 2014.02.01); 한기범, "북한 정책결정과정의 조직행태와 관료정치," p. 162. 한기범은 박봉주를 소재로 한 영화의 이름이 '군당 책임비서'라고 주장하고 있는데, 박봉주는 '군당 책임비 서'를 맡은 적이 없을 뿐 아니라 '군당 책임비서'라는 영화의 내용도 박봉주의

경력과는 무관한 것이다.

44)「연합뉴스」, 2002.10.24;「한겨레」, 2002.11.05;「서울신문」, 2002.11.06.

45) 한기범, "북한 정책결정과정의 조직행태와 관료정치," p. 162.

46) 정창현,『장성택 사건 숨겨진 이야기』, p. 138.

47) 정성장,『현대 북한의 정치』, p. 358.

48)「조선중앙통신」, 2004.03.25.

49) 한기범, "북한 정책결정과정의 조직행태와 관료정치," pp. 160~198.

50) 정창현,『장성택 사건 숨겨진 이야기』, p. 145;「로동신문」, 2013.04.02.

51) 북한의 경제개발구법에 대한 상세한 분석은 유욱, "북한 경제개발구법의 평가
와 전망 -개성공업지구법 및 라선경제무역지대법과 비교를 중심으로-," 북한법
연구회 월례발표회 발표 논문 (2013년 10월 31일) 참조.

52)「로동신문」, 2013.12.14.

53)「조선중앙통신」, 2013.12.16.

54)「로동신문」, 2013.12.17.

55)「로동신문」, 2013.12.09.

56)「로동신문」, 2013.12.14, 2013.12.15.

57) 김경옥이 당중앙위원회 군사부장에 임명되고, 황병서가 김경옥이 맡고 있었
던 당중앙위원회 조직지도부의 군사 담당 제1부부장에 임명되었다는 분석도
있다.

58) 이영재, "탈북자 62%, '김정은 주민지지율 50% 이상' 답변,"「연합뉴스」, 2013.08.29.

제2부 경제와 노동

▌제4장_ 김정은 시대 북한 경제정책의 변화와 전망

* 이 장의 글은『수은북한경제』2014년 봄호에 게재되는 글을 일부 수정한 것임.

1) 1998년부터 시작된 북한의 '과학기술 5개년 계획'은 현재 제4차 5개년 계획 단
계에 있으며, 향후 제5차 단계가 종료되는 2022년까지 진행할 예정으로 있다.
이는 북한이 1993년 제3차 7개년 경제계획의 실패 선언 이후, 장기 경제개발
계획을 수립하지 못하는 현황 속에서 예외적인 현상이라 할 수 있다.

2) 2001년 북한의 홍성남 내각 총리는 제10기 최고인민회의 제4차 회의에 참석해
"현재의 경제적 토대를 정비하고 그 가동률을 높이는 것이 최대의 과제"라고
하며 각 공장·기업소의 기술개건에 사력을 다할 것이라고 보고하였는데, 이
당시 내각의 국가계획위원회는 각 성, 중앙기관이 제출한 자료를 근거로 '기술

개건사업계획'을 수립하였다고 한다. 『2002 북한연감』(2002), 연합뉴스, p. 509. 세부적인 기술개건 대상 분류는 「조선신보」2002년 1월 14일.

3) 양문수 외, 『2000년대 북한경제 종합평가』, 산업연구원(2012), p. 275.

4) 이 분류는 북한이 문헌에서 밝힌 내용을 토대로 임의로 분류한 것임.

5) 『김일성종합대학 학보』(2008년 제4호)에 따르면 기술개건은 당장 실리가 나는 것, 빨리 은(성과)을 낼 수 있는 것, 현존 경제적 토대를 효과적으로 이용하면서 당장 절실한 분야부터 기술개건을 해야 한다고 언급하고 있다.

6) 양문수 외, 『2000년대 북한경제 종합평가』, 산업연구원(2012), p.284.

7) 김일성은 "인민경제부문들 앞에 나서고 있는 가장 선차적인 과업은 모든 힘을 다하여 국방건설을 지원하는 것이다"라고 언급했다. 조선로동당출판사, 『김일성저작집』 22권, 평양(1983), p. 282.

8) 조선로동당출판사, 『우리 당의 선군정치』, 평양(2006), pp. 105~110. 참조.

9) "김정은 당중앙위원회 2013년 3월 전원회의 보고 전문", 「조선중앙통신」, 2013년 4월 2일.

10) "우리 당의 경제건설과 핵무력건설의 병진로선은 항구적인 로선이다.", 「로동신문」, 2013년 5월 3일.

11) 김정은 제1위원장의 2013년 4월 6일 당중앙위원회 책임 일꾼들과의 담화.

12) 2013년 3월 31일 김정은 당중앙전원회의 보고, 「조선중앙통신」, 2013년 4월 2일.

13) 북한의 관계자들은 핵무력 건설이 항구적인 혁명전략이고, 핵무력을 중추로 하는 국방건설전략이 절대로 핵무기를 포기하지 않는다는 것을 전세계에 선포한 것이라고 강조하고 있다. 「조선중앙통신」, 2013년 4월 30일.

14) 북한은 병진로선에서 핵무력의 질량적 확대 강화와 핵무력의 경상적인 전투준비태세의 완비를 강조하고 있는데, 이는 핵탄두의 소형화 · 다종화 · 다양화와 함께 핵무기의 전술적 배비 · 운용도 의미하는 것으로서 각종 첨단기술과 부품, 소재들의 개발을 필수화한다. 따라서 한 연구는 북한의 이 주장에 따라 경제적 가치를 계산해보면, 정확히 산정하기 어렵고 무엇을 어느 정도 확대 · 심화시키느냐에 따라 다르지만 향후 대략 연평균 10억 달러 전후의 추가 비용이 소요될 것으로 추산하고 있다(성채기, "북한의 경제-핵 병진노선 평가: 의도와 지속 가능성", 국방연구원 동북아 안보정세 분석 보고서(2013.8.20). 이는 2013년 기준 북한 재정규모(약 65억 달러)의 약 15% 비중으로서 인민경제비 지출의 제약을 전제할 수밖에 없다.

15) "우리 당의 경제건설과 핵무력건설의 병진로선은 항구적인 로선이다.", 「로동신문」, 2013년 5월 3일.

16) 류운출, "사회주의사회의 과도적 성격을 반영한 경제범주, 공간리용에서 지켜야 할 원칙적 요구", 『경제연구』 2005년 제2호(평양; 사회과학출판사, 2005), pp.18~20.

17) 2000년대 이후 북한에 있어서 계획과 시장간의 조화, 자립과 개방간의 조화 문제는 늘 논쟁적 화두였다. 정창현은 이에 대해 7.1조치를 주도한 '박봉주 노선'과 화폐개혁을 주도한 '박남기 노선'간의 논쟁이 있었고, 2007년 박봉주 내각 총리의 실각과 2009년 김정일 국방위원장의 이른바 '6.25 담화'(자력갱생 간고 분투와 계획경제의 정상화를 언급)로 2000년대 하반기에 '박남기 노선'이 채택되었다고 본다. 그러나 화폐개혁 이후의 부작용으로 결국 2010년 이후 '박봉주 노선'으로의 복귀 움직임이 일어나기 시작했고(2010년 8월 노동당 경공업부 제1부부장으로 복귀), 그 결과로 김정은 제1위원장이 김정일 국방위원장의 장례식 후 바로 2012년 1월 초 노동당 간부 및 내각 일꾼들에게 '새로운 경제관리방법'의 모색·연구를 주문했다는 것이다.   정창현, "김정은시대의 변화를 준비해 놓은 김정일 위원장: 정창현의 김정은시대 북한 읽기(2)", 「통일뉴스」, 2013년 5월 13일 ; "사회주의 경제관리 개혁의 기본방향: 정창현의 김정은시대 북한 읽기(10), 「통일뉴스」, 2013년 7월 8일.

18) 이 과정에 대한 자세한 내용은 한기범, 『북한의 경제개혁과 조직·관료정치』, 경남대학교 박사학위 논문(2009.12) 참조.

19) 「조선신보」, "평양 326전선공장에서 보는 경제관리의 새 시도", 2013년 5월 10일.

20) 김석진, "북한의 '경제관리방법' 개혁 동향과 전망", 통일경제 2013 겨울호(2013), p. 22.

21) 무산광산, 김책제철연합기업소, 성진제강소 노동자들에게 기존 3,000~4,000원 월급에서 100배 인상한 30만원이 지급되고, 평양피복공장, 평양제사공장, 평양공작기계공장 등 근로자들도 이와 비슷한 수준의 월급이 인상되었다고 한다. 「데일리NK」, 2013년 11월 6일, 2013년 11월 30일.

22) 정창현, "북한 노동자들의 월급이 100배 인상됐다는데...: 정창현의 김정은 시대 북한 읽기(31)", 「통일뉴스」, 2013년 12월 2일.

23) "북 특권층 농장 농업개혁 대상 아니다", 「자유아시아방송」, 2013년 1월 14일.

24) 박형중, "북한의 새로운 경제관리체계(6.28방침)의 내용과 실행 실태", 『KDI 북한경제 리뷰』 제15권 제10호(2013.10), p. 16.

25) 작업분조가 3~5명으로 축소됨으로써 가족 단위의 분조활동이 가능해졌다는 우리 언론보도와 달리, 현장에서는 가족을 각 분조에 분산시켜 놓고 있다고 한다.(2013. 8.31 연변대 H교수)

26) 「노컷뉴스」, 2013년 7월 10일.

27) 박형중, 위의 글, pp. 25~29.

28) 4개의 꼭지점은 북동지역의 나진·선봉 경제특구, 남동지역의 금강산 관광특구, 북서지역의 신의주 행정특구, 북남지역의 개성공업지구 등이다. 그러나 신의주 행정특구 개설 계획은 중국의 비협조로 시도조차 되지 못하고, 결국 2011년 6월 중국과 북중 접경지역 특구 공동개발에 들어가면서 황금평·위화

도 특구가 북서지역 변경의 특구자리에 위치하게 된다.

29) 김정은 국방위원장이 "자립적 민족경제를 건설한다는 것은 결코 문을 닫고 경제를 건설하는 것을 의미하지 않는다"(「노동신문」, 2001년 2월 8일)라고 말하며, "우리에게 없는 것, 우리가 잘 만들지 못하는 것까지 자체로 만들려하기보다는 외국에서 사다 써서 노력과 자재의 낭비를 없애야 한다"(『김일성대학보』, 2006년 겨울호)라고 언급했었다.

30) 이 계획은 내각결정에 따라 발표된 것으로서, 김책공업제련단지 등 4개의 공업단지 건설과 철도·고속도로·공항·전력 등 인프라 조성, 축산업·종합농기계·농약공장 등 농업부문 프로젝트 건설, 국가개발은행 건설 등의 내용을 담고 있으며, 총 1천억 달러의 외자유치를 목표로 삼고 있다. 「조선중앙통신」, 2011년 1월 16일.

31) 이영훈, "최근 북한의 경제개발구 정책과 우리의 대응",『최근 북한의 새로운 경제개발구 지정과 우리의 대응』, 제2회 한반도개발연구소 연구포럼 자료집(2013.12.7), p. 5.

32) 유욱, "북한의 새로운 '경제개발구법'의 분석과 평가", 북한법연구회 월례발표 자료(2013.10.31), p. 10.

33) 김정은 정권이 개설하려는 경제특구 수에 대해서는 중국이나 일부 대북정보 단체지, 대북경협 관계자 등을 통해 단편적으로 전해짐으로써 혼란이 있는 것 같은데, 일단은 중앙급 경제특구 14개(기존 개 포함), 지방급 특구 13개로 정리될 수 있을 것 같다. 즉 중앙급 경제특구로 평성 IT개발단지, 신의주 특구, 나진선봉 특구, 황금평 특구, 해주 특구, 강령군 녹색경제특구, 원산 관광특구, 칠보산 관광특구, 백두산 관광특구, 금강산 관광특구, 개성공업지구, 개성 고도과학기술개발구, 온성 경제특구, 청진 자원개발 특구 등이다.(「통일뉴스」, 2013년 10월 28일) 북한은 이 중 황해남도 강령군 녹색경제특구, 원산관광특구 개발계획도를 해외언론을 통해 발표한 바 있으며(이에 대해서는 「통일뉴스」 참조), 싱가포르·홍콩·중동기업들이 참여한 국제 컨소시엄이 개성첨단기술개발구 착공식을 가졌다고 보도한 바 있다.(「조선중앙통신, 2013년 11월 13일.)

34) BOT란 Build-Own·Operate-Transfer의 약자로서, 국가가 도로·항만·철도 등 인프라 개발을 위한 자본이 없을 경우 시공사가 자본을 조달해 개발을 하고 일정기간 동안 이를 운영해 투자자금을 회수한 다음 발주처인 국가 혹은 지방자치단체에 넘겨주는(기부채납) 방식을 말한다. 이는 주로 필리핀, 베트남 등 개발도상국들에서 외자유치를 통한 인프라 조성방식으로 시행되고 있다.

35) 이영훈, "최근 북한의 정치·경제 현황과 전망", 여의도연구원 정책세미나 자료집(2013.12.13), p. 37 ; 배종렬, "북한의 특수경제지대 추가지정과 남북경제협력",『수은북한경제』, 2013 겨울호, pp. 8~9.

36) 실제로 압록강·두만강 지역의 지방경제개발구들, 즉 자강도 만포의 벌등도 개발구, 함경북도의 온성섬 개발구(중국 도문시와 북한 온성군간에 2012.5월

MOU체결, 「연합뉴스」, 2013년 7월 18일), 함경북도 어랑 농업개발구, 평안북도 압록강 경제개발구 등은 그동안 북중간에 논의되어 왔던 지방급 공동개발구들로서 이번에 모두 포함되었다. 그래서 안병민은 북한의 경제개발구가 북중 지방정부간의 협력모델로서의 개발구일 뿐이라고 평가하고 있다. 안병민, "북한 경제개발구 추진과 남북교류협력 전망," 제2회 남북경협포럼 발제문 (2013.12.13.)

■ 제5장_ 북한 시장에도 인플레이션이 있을까

1) 김일한, "북한의 시장가격 결정요인 분석,"『북한연구학회보』15권 2호, 2011.
2) 금융위기에 따른 국제적인 외화확보와 유동성 범람에 따른 원자재 가격의 급등현상.
3) 논문의 시기구분은 2008년 미국발 금융위기를 기점으로 삼는 것이 합리적이라고 판단하고 있지만, 북한적 특수성을 고려해서 2009년 북한의 화폐개혁이전과 이후로 나누어 북한의 인플레이션 현상을 분석하고자 한다.
4) "종합시장설치지시시문", 〈내각지시 제24호〉(2003.5.5) ; "시장관리규정", 〈내각결정 제27호〉(2003.5.5) ; "생산자 위주의 가격 조정"『조선신보』, 2002년 8월 2일 ; 김용술, 〈7·1조치 설명회 자료〉, 원문은 KDI, 『북한경제리뷰』2002년 10월호, pp. 44~45. 참조. ; 가격정책의 또 다른 축은 기초가격으로 쌀 가격이 활용된다는 점이다. 따라서 본 발표문은 북한 시장 쌀 가격과 국제시장가격은 태국시장을 기준으로 분석한다 ; 태국 쌀시장과 북한과의 관계는 태국이 1991년~1993년까지 매년 50만 톤의 쌀을 수출해야하는 의무조약 체결하면서부터 시작되었다. 알렉산더 포포프, "북한의 경제침체와 대외경제관계: 1970년대 후반~1990년대,"『북한사회주의 경제의 침체와 대응』(서울: 경남대학교 출판부, 1995), p. 149.

주요 쌀 생산 및 수출국가

백만 톤, 정곡기준	2010/2011		2011/2012		2012/2013*	
	생산량	수출량	생산량	수출량	생산량	수출량
태국	20.26	10.50	20.46	6.95	20.20	8.00
인도	95.98	2.80	105.31	10.38	101.00	8.10
베트남	26.30	7.00	27.15	7.72	27.65	7.40
중국	137.00	0.50	140.70	0.44	143.00	0.30
미국	7.59	3.49	5.87	3.22	6.36	3.44

출처: USDA. * 2013.4월 전망치 ; 최근 인도와 베트남의 쌀 수출량이 급증하고 있지만 국제시장에서 태국은 주도적인 지위를 유지하고 있다.

5) 중국의 개혁개방시기 국가행정지도가격인 '한도가격'과 유사한 역할을 가지고 있다.

6) 2004년 8월 평양통일거리시장에 개시된 시장 최고한도가격 상품의 종류는 쌀, 옥수수, 대두유, 조미료 등 26개 품목, "평양 통일거리시장 상품가격,"『수은북한경제』, 2004년 가을호, pp. 122~123.

7) "시장관리규정,"〈내각결정 제27호〉(2003.5.5) 12조. ; 시장관리소는 열흘에 한 번씩 쌀과 기름을 비롯한 중요 상품의 최고한도가격을 설정해 시장 입구 게시판에 고시한다. 물론 수요와 공급에 따른 시장가격을 일정하게 반영한다. 정창현, "북한 주민들의 생활 속에 자리잡은 시장(市場)," 『민족21』, 2008년 6월호.

8) 2005년과 2007년 이후의 시장단속 시점은 북한 시장 가격이 급등했던 시기이다. 한도가격을 어기고 시장에서 상행위를 하는 판매자에 대한 제재로 가해졌다. "평양 통일거리시장 상품가격," 『수은북한경제』, 2004년 가을호, pp. 122~123.

9) 2002~2008년까지 북한 시장의 한도가격 변화는 김일한, 2011, pp. 91~92. ; 한도가격과 관련된 논의는 양문수,「북한의 종합시장: 실태, 파급효과, 성격과 의미」,『KDI 북한경제리뷰』 2005년 2월호, p. 8. ; 임강택,『북한경제의 시장화 실태에 관한 연구』(서울: 통일연구원, 2009), pp. 117~118.

10) 최경희, "소비상품가격제정의 출발점과 기준,"『경제연구』 2006년 1월호, p. 32.

11) 2009년말 화폐개혁 이후, 2010년 2월을 전후로 다시 개장한 시장에 한도가격이 고시된 것으로 알려진다.

12) 현금이 유통되는 경우는 세 가지이다. 임금, 상품(서비스)구입, 주민들 사이의 현금거래. 이중에서 가장 문제가 되는 것은 주민들 사이의 현금거래이다.

13) 리원경, "현시기 나라의 통화조절분야에서 제기되는 몇가지 원칙적문제에 대하여,"『경제연구』 2006년 2호, p. 37. ; 김용현, "주민유휴화폐자금의 본질적특성에 맞게 통계의 역할을 높이는 것은 주민유휴화폐동원사업개선의 중요방도,"『경제연구』 2007년 3호, pp. 21~23. ; '은행 예금 '애국헌납' 호소' 좋은벗들, 〈오늘의 북한소식〉 2006년 5월호. ; 돈주들 중에는 국가로부터 안전성을 보장받기 위해 막대한 양의 공채를 사거나 헌금을 하기도 한다. 공채를 800~900만원 어치 산 돈주도 있고 아무런 대가없이 많은 돈을 국가에 헌납하는 돈주도 있다. 국가로부터 감사장이나 표창을 받으면 위법행위가 적발되더라도 안전할 수 있기 때문에 기부금 경쟁이 붙기도 한다. 좋은벗들, '2004년 북한의 돈주', 〈오늘의 북한소식〉 2006년 3호. ; 재정검열과 관련해서는 리성남, "현시기 재정통제를 더욱 강화하는 것은 사회주의경제건설에 필요한 자금을 원만히 보장하기 위한 중요담보,"『경제연구』, 2008년 2호, pp. 34~37.

14) "통일거리 종업원들의 탐구와 모색,"「조선신보」, 2004년 9월 7일. 통일거리 시장에서는 36명의 종업원이 일하는데 그 중 8명이 도매반의 운영에 종사하고 취급물품은 치약, 기름, 사탕, 소금 등 대중소비품이 기본이다. ; 홍익표 외, 『최근 북한의 가격·유통체제 변화 및 향후 개혁과제-중국과의 비교 연구』(서

울: KIEP, 2004), p. 136. ; 그러나 이러한 문제의식은 현실에서 전국적으로 확대하기에는 역부족이었던 것으로 보인다.

15) 양문수, 『북한경제의 시장화』(서울: 한울, 2010), pp. 153~156.

16) '상점화'는 시장가격 안정을 위한 적극적인 조치인 (국영, 계획)'상점화'로 보아야 한다.

17) 주현, "올해 인민생활향상에서 결정적인 전환을 가져오는 것은 선군시대의 필수적요구,"『경제연구』 2005년 4호, pp. 7~8.

18) 그러나 양곡전매제는 시행 초기 일부 지방에서 시행되었지만 평양을 제외하고는 무의미해져 갔다. 한기범, 「북한 정책결정과정의 조직행태와 관료정치」, 경남대 박사논문, 2009, pp.200~203. 참조. ; 2007년 하반기부터 곡물가격이 상승하면서 북한 당국은 2008년 또 다시 수매량 확대를 위한 조치를 취했다. 지정희, "수매량정사업을 개선하는 것은 인민들의 식량문제, 먹는 문제해결의 중요방도,"『경제연구』 2008년 4호, p. 35.

19) 시장단속이 집중된 2007년은 국제곡물가격이 급등하기 시작한 시점이다. 또한 북한 당국은 2005년에도 시장 쌀 가격이 위험 수위를 넘나들자 시장을 단속했다. 더불어 2008년과 2009년 북한의 시장단속과 관련해서는 좋은벗들, 〈오늘의 북한소식〉 2009년 300호.

20) 조선로동당 중앙위원회 군중강연자료, "시장에 대한 올바른 인식을 가지고 인민의 리익을 침해하는 비사회주의적인 행위를 하지 말자"(2007·10) ;「産經新聞」, 2007년 11월 13일 ; 한기범, 2009, pp. 206~212.

21) 필자는 2장의 논의를 통해 북한 시장가격과 국제시장 가격 사이의 강한 상관관계를 설명했다. 종속변수인 북한 시장 쌀 가격과 독립변수인 국제시장가격과 원/달러 환율사이의 회귀분석 결과는 김일한, 2011, pp. 82~87.

22) 두광익, "가격조절의 경제적 내용과 그 실현에서 나서는 몇 가지 문제,"『경제연구 2013년 3호, pp. 34~36. ; 가격편차수입은 북한의『재정금융사전』(1995), 『경제사전』(1985)에서 '가격편차수입' '가격편차금'은 설명하고 있지만, '가격조절자금'이라는 용어는 발견되지 않는다.

23) 강철수, "우리 당의 인민생활전략을 실현하기 위한 재정적방도,"『김일성종합대학학보-철학경제학』 2012년 1호, p. 84.

24) "北 '한도가격' 고시"「연합뉴스」, 2010년 2월 5일 ;「VOA」, 2010년 8월 4일.

25) 강경희, "화폐의 구매력에 영향을 주는 요인,"『경제연구』 2008년 4호, p. 50.

26) 화폐개혁과 관련된 논의와 평가는 이정철, "대북 제재와 북한의 개혁 퇴행, 인과관계의 검증,"『북한연구학회보』 제16권 제1호, 2012. pp. 61~87.

27) 양문수, "2011년 북한경제 평가 및 2012년 전망: 시장동향 및 평가,"『KDI 북한경제 리뷰』, 2011년 12월호, pp. 53~54.

28) 권영경, "북한의 개혁·개방 추진 실태: 현황과 쟁점,"『김정은 체제의 개혁·

개방 가능성의 평가와 전망』, 한국수출입은행 · 통일연구원 · 서울경제신문 공동 주최, 2012 북한 개혁 · 개방 국제공동학술회의, 2012년 8월. p. 25.

29) 이영훈, "북한의 하이퍼인플레이션과 개혁개방 전망,"『북한연구학회보』제 16권 제2호, 2012. pp. 57~59.

30) "신흥국 경기침체 속 인플레…'제3의 폭탄' 되나," 「한겨레」, 2011년 9월 5일.

31) 리경영, "최근시기 원유가격이 오르는 원인과 후과,"『경제연구』2008년 4호, p. 56.

32) "北, '달러 · 위안화 내화로 바꿔라' 지시…외화확보 의도," 「데일리NK」, 2014년 1월 17일.

33) 장형수, "북한의 2000년대 외화수급 추정," 「비교경제연구」, 제16권 2호, 2009, p. 40. 2000년대 북한 외화수급을 추정한 연구 결과에 따르면, 적게는 7천 700만 달러(2006년)에서 많게는 4억 3천 2백만 달러(2007년)의 외화수지 흑자를 기록하고 있다.

34) 최원철, "합영, 합작을 잘하는것은 대외경제관계발전의 중요요구,"『경제연구』1993년 4호, p. 20. ; 조강일, "무역제일주의방침은 사회주의경제건설에서 일대 양양을 일으키게 하는 혁명적 방침,"『경제연구』1994년 2호, p. 12. ; 최경희, "현시기 대외시장을 개척하기 위한 방도,"『경제연구』1995년 2호, p. 52.

35) 김성철, "국제금융시장에 적극 진출하는데서 나서는 몇가지 문제,"『경제연구』2013년 2호, p. 52.

36) 한성룡, "현시기 경공업생산구조를 개선하는것은 인민생활을 결정적으로 높이기 위한 중요한 요구,"『경제연구』2008년 1호, pp. 20~21.

37) 김준철, "금융교환거래와 그 종류,"『경제연구』2013년 3호, pp. 54~55.

38) 오승일, "현시기 대외무역에서 가치법칙리용의 몇가지 문제,"『경제연구』2010년 3호, p. 48. ; 외국인 '투자규모에서 가장 큰 단위는 자원개발을 목적으로 하는 채취공업부문 기업소들과의 합영, 합작단위이며, 경공업 및 기타 부문의 투자규모는 일반적 수준이며, 외국기업들의 투자는 채취공업과 경공업부문에 집중되고 있다.' 손홍도, "우리나라에서 외국인투자활동에 대한 일반적분석,"『경제연구』2013년 3호, pp. 49~50.

39) 이정철 · 최진욱은 '북한경제 성장률은 교역증가율과 정(+)의 관계, 즉 교역이 증가할수록 성장률 증대'로 이어진다는 연구결과를 발표했다. 이정철 · 최진욱 외, "북한의 변화를 위한 공진화 방안: 네트워크 접근법," 「북한의 변화와 한국 정치의 과제」, 2012 한국정치학회 춘계학술회의 (2012년 3월 9일), pp. 15~17. 일반적으로 경제성장이 물가상승을 동반하면서 경제성장효과를 반감시키는 역할을 하기도 하지만, 북한의 경우 교역증가율과 함께 무역수지 개선율이 동시에 증가하고 있다면 북한의 국내 경제성장효과는 높다고 봐야 할 것이다.

40) 2009년 55.7%의 기록적인 무역적자 현상은 국제 원자재 가격폭등 때문일 가능성이 매우 높다.

41) KOTRA, 『2012년도 북한의 대외무역동향』, 2012.

42) "북중 작년 교역액 65억 달러... 사상 최대," 「연합뉴스」, 2014년 2월 1일.

43) 서비스수지, 소득수지와 함께 중요한 외화수입 창구는 해외에서 북한으로 송금되는 외화수입인 경상이전수지가 있으며, 주로 조총련, 조선족, 탈북자들이 가족들에게 송금한다. 경상이전수지에는 국제사회의 무상원조도 포함된다. 서비스수지에는 관광수입 뿐만 아니라, 용선수입 및 운송료 수입, 북한영공통과수입 등이 포함된다.

44) 「VOA」, 2011년 8월 10일.

45) 북·중 간 육로관광 현황은 "중국의 북한 관광산업 현황"
KOTRA & globalwindow.org(2013.01.31) 참조.

46) "김정은 집권 1년새, 北 외화벌이 노동자 1만 명 급증," 「조선일보」, 2013년 7월 9일.

47) "지난해 북한인 중국 방문 18만명, 사상 최대," 「VOA」, 2013년 8월 13일.

48) "이슈&한반도, 달러 기근 北, 뭐든지 판다," 「KBS 남북의 창」, 2013년 8월 10일.

49) "北 김정숙군-中 장백현 자매결연," 「연합뉴스」, 2012년 9월 29일.

50) 2013년 3월 7,000원선이었던 시장 쌀 가격이 12월에는 4,000원선으로 하락했다. 「데일리NK」'北장마당동향'(2014.2.5 검색)

■ 제6장_ 김정은 시대 북한 주민의 일과 의식

* 2011년 정부재원(교육과학기술부)으로 한국연구재단의 지원을 받아 연구된 "북한주민의 일자리유형 연구"(북한연구학회보, 2012. 제 17권 2호에 게재)를 보완하여 풀어 쓴 것이다(NRF-2011-354-B00042).

1) '직(職)'은 직분을 맡아 행한다는 사회적 의미를 '업(業)'은 생계유지와 자기능력발휘라는 두 가지 의미를 지닌다. 복합어로서 직업은 직무성, 생계유지와 과업수행을 위한 노동행위의 이중적 의미가 있다고 보았다. 그런데, 무보수의 행위는 직업이라고는 할 수 없다. 이무근. 『직업교육학 원론』(교육과학사, 1993), pp. 20-22.

2) 김수암·김국신·김영윤·임순희·박영자·정은미 외, 『북한주민의 삶의 질: 실태와 인식』, (통일연구원, 2011)

3) 양문수, "북한에서의 시장의 형성과 발전: 생산물시장을 중심으로." 『비교경제연구』 제12권 2호(2005); 이석·김창욱·양문수·이석기·김은영. 『북한 계획경제의 변화와 시장화』. 경제인문사회연구회 협동연구총서(통일연구원, 2009); 임강택·이석기·이영훈·임을출. 『2009년 북한경제 종합평가 및 2010년 전망』(통일연구원, 2009).

4) 노귀남. "북한 여성의 의식 변화와 평화소통의 길,"『2010년 만해축전 학술심 포지엄 자료집』. 2010년 8월 12일. 동북아미시사회연구소.

5) 이승훈·홍두승,『북한의 사회경제적 변화』, (서울대학교 출판부, 2007)

6) 최근 북한의 시장연구의 성과를 대표하는 연구물은 다음과 같다.
양문수, 2005; 2007, 2010; 이영훈, 2005; 차문석, 2007; 조정아 외, 2008; 최진욱 외, 2008; 김병연, 2009; 박영자, 2009; 2010; 이석 외, 2009; 임강택 외, 2009; 박 형중 외, 2009; 정은이, 2010; 임수호, 2010; 권영경, 2010;이정철, 2010; 김병 연·양문수, 2012.

7) International Labor Officer(2003), Seventeenth International Conference of Labor Statisticians Report of the Conference (Geneva, 11. 24). 이 같은 북한 직업사회 의 실태를 분석하기 위해 "비공식/공식일자리(formal/informal employment)"의 개념적 틀(conceptual Framework of Informal Employment)을 사용한다. 이 '비 공식일자리(informal employment)'는 세계적으로 광범위하게 확산되고 있는 주 변노동시장 상황을 분석하는데 널리 사용되고 있는 개념으로 북한의 노동 상 황을 설명한다.

8) "유형화"는 그 간명성(simplicity)과 유용성으로 인해 여성이나 근로빈곤층과 같 은 특정집단의 직업상황을 연구할 때 쓰여온 방식으로 어떤 사물에 이질적 요 소가 혼합되어 있어 편차가 클 때, 이러한 문제를 해결하기 위해 동질적 요소 를 모아서 몇 개로 분류한 후, 분류한 각 집단의 특성을 살피는 방법으로 사물 의 구조에 대한 인식에 도달할 수 있다. 장지연, "중고령자의 근로생애유형: 사건계열분석기법을 이용한 취업력 분석."『중고령자 근로생애 연구』, (한국노 동연구원. 2009).

9) 그림을 보면 세 종류의 색깔이 있다. 하얀 색과 연한 회색, 진한 회색이다. 하 얀색(1, 2, 3, 4, 5, 6 그리고 8, 9, 10)은 비공식 일자리의 여러 가지 형태를 나 타낸다. 그 중에서도 연한 회색(13, 14, 7)은 공식적인 직업을 나타낸다. 짙은 회색(11,12,15)은 생산단위의 형태로 존재하지 않고 일자리로만 존재한다.
• 셀 1 과 5: 가족 종사자는 고용의 계약이 없고, 직업을 수행하는 데 발생하 는 문제에 대해 법적인 근거나 사회적 보호가 없다. 이러한 직업의 비공식적 인 본질은 직접적으로 고용의 지위에 의해서 따른 것이다.
• 셀 2, 6, 10: 공식 영역의 기업에서(셀 2) 일을 하던, 비공식 영역의 기업(셀 6) 에서 일을 하던, 가족 내에서 근로자(셀 10)이든 고용인은 비공식적인 일을 하 고 있다.
• 셀 3, 4: 자기계정의 근로자(셀 3)와 고용주(셀 4)는 그들의 비공식 영역 기 업에 고용되었고, 그들 직업의 비공식적인 본질은 그들이 소유한 기업의 특징 에 의한 것이다.
• 셀 7: 고용인은 비공식 영역 기업에서 공식적인 일을 하고 있다.
• 셀 8: 비공식 생산자의 협력자는 그들이 일원으로 있는 생산자의 기업의 특

징 때문에 그들의 비공식적 본질을 가지게 된다.
- 셀 9: 자기 계정근로자는 자신의 가족에 의해 최종적으로 사용되는 것을 제외하고 상품의 생산에 관련되어지는 것이다.

10) 이번 조사에 의하면 교사들의 주 소득원은 세 가지이다. 시장활동으로 소득을 올리는 경우, 교사직을 활용하여 부수입을 올리는 경우, 타 가구원의 소득에 의존하는 경우이다. 교사들은 학부모로부터 돈을 받으면 교권이 떨어지고 안 받자니 생계유지의 압박으로 정신적 갈등이 크다. 교권의 하락을 감수하고서라도 생계가 절실한 경우에는 돈을 택하지만(사례 34), 미혼인 경우 다른 가족의 수입에 의존하기도 한다(교사 2).

11) 일반적으로 북한주민의 소득원은 크게 다섯 가지로 분류된다는 전제하에 다섯 가지 소득원을 조사하였다. 첫 번째는 직장에서 지급하는 월급이나 현물(국가에서 주는 공급물자)이다. 두 번째는 소토지에서 본인과 가족들이 경작해서 얻는 수확물이다. 세 번째로는 시장활동에서 발생하는 수입, 네 번째는 해외친척의 지원, 다섯 번째는 직업직위로 인해 생기는 부수입이다.

12) 교사라는 직업도 일자리 유형에 따라 분류하면 일자리 13, 일자리 13+3 등으로 다양하게 분류할 수 있다. 학교의 경우, 교사에 대한 배급량은 고난의 행군 시기보다는 좀 나아졌다고 하지만 교사에게 주는 배급으로 생계를 유지하기에는 요원한 형편이다. 아침 8시에 시작하여 오후 6시까지 교사들이 해야 하는 업무량은 상당히 많은 편이고 출퇴근도 정상적으로 이루어진다. 사례 1(교사)은 통강냉이로 50kg 정도를 국가로부터 공급받았는데, 통강냉이는 알곡으로 만들면 15 kg정도로 줄어든다. 이는 한 달 내지 두 달분의 식량이다. 사례 2, 사례 3, 사례 34의 배급량도 모두 비슷한 수준이었다. 교사들은 생계유지를 위해 다양한 방법으로 대처한다. 자신의 특기를 살려 제련, 사진찍기, 과외활동 등으로 시장활동에 참여하는 교사가 있는가 하면, 학부모들의 후원금에 의존하기도 한다.

13) 교육이나 직장을 배치할 수 있는 권한을 가진 간부들에게는 부수입을 올릴 수 있는 기회가 생기지만, 부수입이 생기지 않는 직위도 많다.

14) 군부대 명칭 달고 외화벌이 세력이 많이 생겼어요. 그래서 너무 무질서하다고 다 정리해버린 거죠. 실례를 들면, 청진에서 2008년도에는 100개의 외화벌이를 10개로 만들어버렸거든요. 그런 식으로 정리한 거예요(사례 14).

15) 이는 북한사회 자체가 비공식일자리 고용주의 존재를 허용하지 않기 때문인지 본 연구에 참가한 사례에 없는 것인지는 분명치 않다.

16) 북한 사회주의 노동법 제 18조. "근로자들은 사회주의 로동규률과 로동시간을 엄격히 지켜야 하며 제정된 절차를 밟지 않고, 마음대로 직장을 리탈할 수 없다."고 규정하고 있다. 8.3 노동자가 되면 상급자에게 일정한 돈을 내지 않는 한 매일 출근해야 한다

17) 사례 11이 음식점을 해서 7년간 번 돈은 약 3-4천만 원(북한 돈)이다.

제3부 사회와 문화

■ 제7장_ 김정은 시대의 애도와 구원의 코드

* 이 글은 "김정은시대의 애도와 구원의 코드"(『어문논집』 69호, 민족어문학회, 2013)를 이 단행본에 맞게 수정한 것이다.

1) 지그문트 프로이트, "슬픔과 우울증",『정신분석학의 근본 개념』(윤희기 역, 서울: 열린책들, 2006), p.244. 슬픔으로 번역한 독일어 Trauer는 영어로 mouring이고, 우울증으로 번역한 Trauer는 "애도 콤플렉스"로도 번역된다고 밝힌 것으로 미루어 문맥에 따라 슬픔대신 '애도'로 대체할 수 있다. 우울증으로 번역된 Melancholie 또한 영어로 melancholia이다. 이 글에서는 우울증 대신 멜랑콜리로 대체한다. 멜랑콜리는 좀 더 포괄적으로 우울감, 상념, 비애감 등을 뜻하기 때문이다.

2) 김일성 사후 추모문학 및 유훈통치 시기의 수령영생문학에 대해서는 김성수의『통일의 문학 비평의 논리』(서울: 책세상, 2001), pp.293-297.

3) 대북소식통과 탈북자들은 김정일 사망 보도 직후 함경북도 회령, 양강도 혜산 등에 거주하는 북한 주민들과 전화통화를 해본 결과 김정일 사망소식을 접한 주민들의 반응이 매우 차분했다고 전했다. 대북소식통은 "1994년 김일성 주석의 사망보도가 나온 직후에는 온 나라(북한)가 울음바다가 됐다"며 "하지만 이번에 김정일 사망소식을 듣고 눈물을 흘리는 사람은 그렇게 많지 않은 것 같다"고 말했다. "北내부 분위기 김일성 사망때와 달라", 「연합뉴스」(온라인), 2011년 12월 19일; ⟨http://www.yonhapnews.co.kr/bulletin/2011/12/19/0200000000 AKR20111219160400014.HTML⟩.

4) 리일섭 편, "머리글",『장군님세월은 영원하리라』(평양: 문학예술출판사, 2012), p. 6.

5) 김은일·문상봉·고윤호 편, "머리글",『선군태양은 영원하다』(평양: 문학예술출판사, 2012), p. 6.

6) 리남혁 편, "머리글",『아, 우리 장군님』(평양: 금성청년출판사, 2012), p. 2.

7) 박춘선 편, "머리글",『영원히 함께 계셔요』(평양: 금성청년출판사, 2012), p. 2.

8) 박춘선 편, "머리글",『영원한 우리 아버지』(평양: 금성청년출판사, 2012), p. 1.

9) 리남혁 편, "머리글",『아, 우리 장군님』, p. 2.

10) 박춘선 편, "머리글",『영원히 함께 계셔요』, p. 1.

11) 박춘선 편, "머리글",『영원한 우리 아버지』, p. 1.

12) "전체 당원들과 인민군장병들과 인민들에게 고함".「조선중앙통신」, 2011년 12월 19일.

13) 이 시는『조선문학』2012년 1호에 먼저 발표되었지만,『장군님세월은 영원하
　　리라』첫 페이지에도 실려있다.

14) 슬라보예 지젝, "우울증과 행동", 한보희 역,『전체주의가 어쨌다구』(서울: 새
　　물결, 2008), pp. 221-222.

15) 오카 마리, 김병구 역,『기억 서사』(서울: 소명출판, 2004), p. 39.

16) 폴 리쾨르, 김한식 역,『시간과 이야기 2』(서울: 문학과지성사, 2000), p. 160.
　　리쾨르는 시간은 이야기 양태를 통해 분절되는 한에서 인간적인 시간이 되며,
　　이야기는 시간적 실존의 조건이 될 때 그 충분한 의미를 획득한다고 본다.

17) 폴 리쾨르,『시간과 이야기 2』, p. 186.

18) 플라톤은『국가』에서 인간행위를 재현하는 방식을 디에게시스(diegesis)와 미
　　메시스(mimesis)로 구분한다. 디에게시스가 '말하기'라면 미메시스는 '보여주
　　기'에 속한다. 즉 디에게시스는 시인이 권위를 지닌 발언자로서 사물이나 사
　　건을 직접 설명하고 말하여 서사를 통제한다면, 미메시스는 시인이 아니라 등
　　장인물의 행동과 대사를 통해 사물이나 사건을 간접적으로 보여준다.

19) 제라르 즈네뜨, 권택영 역,『서사담론』(서울: 교보문고, 1992), pp. 86-88. 요약
　　(summary)은 대체로 시간을 통제하고 스토리의 진행을 신속히 하기 위해 소설
　　내의 시간을 압축하여 설명하는 방식이다. 서정시에도 이야기가 들어있다고
　　할 때, 여러 사건을 압축하여 제시하는 방식은 서사의 요약과 유사한 방법으
　　로 볼 수 있다.

20) 폴 리쾨르, 김한식 역,『시간과 이야기 3』(서울: 문학과지성사, 2004), pp. 315-316.

21) 알라이다 아스만, 변학수 · 채연숙 역,『기억의 공간』(서울: 그린비, 2012), p. 24.

22) 알라이다 아스만,『기억의 공간』, p. 34.

23) 김련옥 편, "량강도솜장화",『위인일화 3 : 헌신』(평양: 평양출판사, 2011), pp. 35-43.

24) 오카 마리,『기억 서사』, p. 25.

25) 슬라보예 지젝, "우울증과 행동", p. 218.

26) 이상적 대상이나 사랑하는 사람의 상실에서 비롯된 고통이라는 점에서 애도
　　와 멜랑콜리는 유사한 감정적 상태를 보여준다. 그러나 원인과 작용방식에서
　　애도와 멜랑콜리는 근본적인 차이가 있다. 애도는 정상적인 주체가 느끼는 감
　　정으로 시간이 경과되면서 점진적으로 해소되는 삶의 일상적 양상이다. 반면
　　에 멜랑콜리는 주체가 감당하기 힘든 병리적 상태를 보여준다. 지그문트 프로
　　이트, "슬픔과 우울증", p. 245.

27) 지그문트 프로이트, "슬픔과 우울증", p. 250.

■ 제8장_ 김정은의 '열린 음악정치'

* 이 글은 강동완·박정란, "김정은 시대 북한사회 변화와 전망: 모란봉악단 공연
분석을 중심으로," 『정책연구』, 2014 봄호 통권 180호(2014)에 게재된 논문을 수
정, 보완한 것임을 밝힙니다.

1) 조선중앙방송 보도에 따르면 "모란봉악단의 명성은 김정은 국방위원장의 각
별한 관심과 지도에 따른 것이라며 그가 악단 이름을 직접 짓고 시연회와 공
연을 수십 차례 직접 지도했다"고 한다. 「조선중앙방송」, 2013년 8월 9일.

2) 「로동신문」, 2013년 7월 9일. "강성국가건설의 대진군을 선도해나가는 제일나
팔수,"

3) 모란봉악단의 공연은 조선중앙방송을 통해 녹화중계 되었다. 본 글에서 제시
한 공연제목은 녹화중계방송의 첫 화면에 자막으로 나온 공연제목을 그대로
표기한 것이다.

4) 「로동신문」, 2012년 7월 9일.

5) 「로동신문」, 2012년 7월 29일.

6) 「로동신문」, 2013년 1월 1일.

7) 정창현, "여기는 평양: 모란봉악단 시범공연," 『민족 21』 2012년 8월호, p. 27.

8) 「로동신문」, 2013년 7월 9일.

9) 「로동신문」, 2013년 10월 22일.

10) 「로동신문」, 2013년 12월 9일.

11) 이 제목은 2013년 1월 1일 노동신문, "당의 문예정책관철에서 선봉적 역할을
훌륭히 수행한 모란봉악단의 창작가, 예술인들에게 보내는 감사문"에서 언급
한 표현 중 일부이다.

12) 「로동신문」, 2013년 7월 9일.

13) 전영선, 『북한의 대중문화』 (서울: 글누림, 2007), p. 182.

14) 강동완, "모란봉악단과 새세계의 요구," 『북한』 2012.7월호.

15) 북한에서의 한류현상에의 대한 상세한 논의는 강동완·박정란, 『한류, 통일의
바람』 (서울: 명인문화사, 2012); 강동완·박정란, 『한류, 북한을 흔들다』 (서
울: 늘품플러스, 2011) 참조.

16) 박정란, "모란봉악단 공연과 김정은식 사회주의 통제," 『북한』 2012.8월호. p. 28.

17) 김진환, "조선노동당의 집단주의 생활문화 정착 시도," 『문화분단』 (서울: 선인,
2012), pp. 238-239.

18) 2013년 7월 6일자 노동신문은 "음악예술을 사람들의 건전한 사상의식을 좀먹
고 마비시키는 도구로 전락시켜 이색적이며 부르죠아적인 사상문화를 우리
내부에 퍼뜨리려는 제국주의자들의 비렬한 책동에 맞서 백두산대국의 존엄과

위용을 과시하며 공훈국가합창단과 모란봉악단, 은하수관현악단을 비롯한 혁명적인 예술단체들의 장엄한 음악포성이 천지를 진감시키고 있다."고 보도하고 있다.

19) 김영희, "대집단체제와 예술공연: 〈아리랑〉에 나타난 정책적 함의"『한국예술연구』제5호(2012), p. 152.

20) 면접대상자들에 대한 자세한 인구사회적 변인은 신변보호의 밝히지 않는다. 이로 인해 면접자의 지역, 계층, 세대, 성별 등 세부요인에 따른 분석이 이루어지지 못한 점은 이 연구의 한계로 남겨둔다.

21) 최근 북한은 김정은 국방위원회 제1위원장의 젊은 나이를 청춘으로 미화하며 과거 김일성의 항일무장투쟁 당시 20대의 '청년장군'이었다는 사실과 비교하며 정당성을 강조하고 있다. 특히, 20-30대의 역할을 부각시키며, 젊은 나이에 대한 선전선동을 강화하고 있다. 이에 대한 근거는 "청춘조국송가", 「로동신문」, 2014년 1월 3일.

22) 「로동신문」, 10월 22일.

23) 곽승지, "김정은 시대 북한의 국가전략: 변화양상과 전략적 함의,"『한반도 미래비전과 동북아평화구축』한반도미래전략연구원 주최, 제3차 전문가정책포럼 주제발표문, 2013.10.26.), p. 25

24) ≪조선로동당 만세≫, ≪당의 기치따라≫와 같은 우리 당의 위대성을 격찬한 송가들과 ≪어머니당의 품≫, ≪밤하늘에 내리는 눈송이야≫와 같이 당을 따르는 인민의 순결한 마음이 비낀 노래들, ≪당중앙을 목숨으로 사수하자≫, ≪당의 령도를 충성으로 받들리≫처럼 당과 함께 운명을 같이할 철석의 신념이 굽이치는 노래들이 하나의 완결된 음악세계를 이룬 경음악과 노래 ≪10월입니다≫는 공연의 사상과 의도를 총괄적으로 펼쳐 보여 주었다. 「로동신문」, 2013년 10월 22일.

25) 2013년 1월 1일 당 중앙위원회, 당 중앙군사위원회, 국방위원회 명의로 당의 문예정책관철에서 선봉적 역할을 훌륭히 수행한 모란봉악단의 창작가, 예술인들에게 보내는 감사문.

26) 「로동신문」, 2012년 7월 9일.

▌ 제9장_ 북한 김정은 시대 청년동맹 연구

* 이 글은 "북한 김정은 시대 청년동맹 연구",『통일정책연구』제22권 2호(통일연구원, 2013)를 일부 수정·보완하여 재수록한 것이다.

1) 김정일, "인민대중중심의 우리식 사회주의는 필승불패이다,"『김정일선집 11』(평양: 조선로동당출판사, 1997), p. 58.

2) "청년들은 당의 혁명위업 수행에서 선군청년전위의 영예를 떨치자," 『로동신문』, 2011년 8월 28일.

3) 박형중 외, 『독재정권의 성격과 정치변동: 북한 관련 시사점』 (서울: 통일연구원, 2012), p. 235.

4) 이종석, "김일성사회주의청년동맹 연구," 이종석 편, 『북한의 근로단체 연구』 (성남: 세종연구소, 1998), p. 18.

5) 김종수, 『북한 청년동맹 연구』 (서울: 한울, 2008), pp. 32~33 내용을 수정·보완하였음.

6) 박정렬, 『조선사회주의로동청년동맹 규약해설』 (평양: 금성청년출판사, 1994), p. 7.

7) 김종수, 『북한 청년동맹 연구』, p. 35.

8) 조선소년단에 대한 자세한 내용은 김종수, 위의 책, pp. 72~95.

9) "선군령장의 발걸음따라 청년들 앞으로," 『로동신문』, 2012년 1월 17일.

10) 사회과학원, 『정치용어사전』 (평양: 사회과학출판사, 1970), p. 75.

11) 박정렬, 『조선사회주의로동청년동맹 규약해설』, p. 8.

12) 이온죽·이인정, 『김일성사회주의청년동맹과 조선민주녀성동맹』 (서울: 서울대학교 출판문화원, 2010), p. 88.

13) 북한 정권초기 청년조직의 명칭, 즉 민청 혹은 공청에 대한 논의는 김종수, 『북한 청년동맹 연구』, pp. 98~116.

14) 김종수, 『북한청년동맹 연구』, pp. 363~368.

15) 『로동신문』, 1996년 1월 1일.

16) "위대한 수령님의 청년조직으로," 『로동신문』, 2007년 1월 17일.

17) "조선로동당 제4차 대표자회 진행," 『조선신보』, 2012년 4월 12일.

18) "김일성사회주의청년동맹 대표자회," 『조선중앙통신』, 2012년 7월 12일.

19) 정영태 외, 『북한의 부문별 조직 실태 및 조직문화 변화 종합연구』 (서울: 통일연구원, 2011), pp. 220~221.

20) 김근식, "김정은 시대 북한의 정치: 지속과 변화," 『평화학연구』 제14권 3호 (한국평화연구학회, 2013), p. 121.

21) 이교덕 외, 『김정은체제의 권력엘리트 연구』, p. 261.

22) 정승욱, 『김정일 그 후』 (서울: 지상사, 2011), p. 85.

23) 정창현, "지식경제시대에 맞는 3-4세대 간부로 세대교체," 『통일뉴스』, 2013년 9월 2일.

24) "北 김정은 수행 새 인물 '최휘 당 제1부부장' 주목," 『매일경제』, 2013년 5월 9일.

25) 북 리일환 평양시당 비서, 당 중앙위 부장에 임명", 연합뉴스, 2012년 4월 11일.

26) 통일부 정세분석총괄과, 『2011 신진연구 논문집』(서울: 통일부, 2011), p. 254 내용을 최근 상황에 맞게 수정·보완하였음.

27) 배정호 외, 『리더십교체기의 동북아 4국의 국내정치 및 대외정책 변화와 한국의 통일외교 전략』(서울: 통일연구원, 2012), p. 62.

28) 박종철 외, 『재스민 혁명의 분석과 북한에 대한 시사점』(서울: 통일연구원, 2011), p. 96.

29) "수령결사옹위를 제일생명으로," 『로동신문』, 2012년 8월 30일.

30) 박종철 외, 위의 책, p. 19.

31) "자주시대의 전진운동은 청년들에게 달려있다," 『로동신문』, 2012년 6월 24일.

32) "절세의 위인들과 청년운동의 새 역사," 『로동신문』, 2012년 8월 31일.

33) "1970년대의 시대정신이 온 나라에 차넘치게 하자," 『로동신문』, 2012년 10월 25일.

34) "당의 품속에서 자라나는 새 세대들의 고결한 충정," 『로동신문』, 2012년 7월 11일.

35) "우리 당의 청년중시사상의 위대한 생활력," 『로동신문』, 2012년 9월 20일.

36) "그 이름 빛나는 척후대," 『로동신문』, 2012년 8월 30일.

37) "열혈청춘들이 창조하는 새 세기의 영웅서사시," 『로동신문』, 2012년 8월 23일.

38) "북부철길개건보수에서 청춘의 슬기와 용맹을 떨치자," 『로동신문』, 2011년 9월 1일.

39) "선군청년전위의 용맹을 떨치도록 고무추동," 『로동신문』, 2012년 12월 11일.

40) "축하문 청년절 경축대회 참가자들과 온 나라 청년들에게," 『로동신문』, 2012년 8월 28일.

41) "태양의 존함을 빛내여가는 청년전위들," 『로동신문』, 2012년 8월 20일.

42) "눈보라를 뚫고 산악같이 떨쳐나," 『로동신문』, 2012년 2월 25일.

43) "청춘의 기개와 용맹을 떨치며 계속 전진," 『로동신문』, 2013년 8월 30일.

44) "당의 결심은 곧 실천이라는 것을 다시 한 번 온 세계 앞에 보여주자," 『로동신문』, 2013년 6월 8일.

45) "천만군민의 치솟는 분노의 폭발·만고역적의 단호한 처단, 천하의 만고역적 장성택에 대한 조선민주주의인민공화국 국가안전보위부 특별군사재판 진행", 『조선중앙통신』, 2013년 12월 13일.

46) "'장성택 판결문'을 어떻게 읽을 것인가?", 『민족 21』, 2013년 12월호, p. 49.

47) 이교덕 외, 『김정은체제의 권력엘리트 연구』(서울: 통일연구원, 2012), p. 116.

48) "청년들은 선군조선의 승리의 역사를 끝없이 빛내여나가자," 『로동신문』, 2013년

8월 28일.

49) "청년들은 당의 혁명위업 수행에서 선군청년전위의 영예를 떨치자,"『로동신문』, 2011년 8월 28일.

50) 조정아 외,『북한 주민의 의식과 정체성: 자아의 독립, 국가의 그늘, 욕망의 부상』(서울: 통일연구원, 2010), p. 40.

51) "어버이 사랑속에 자라난 강철의 대오,"『로동신문』, 2012년 8월 31일.

제4부 핵문제와 대외정책

▌ 제10장_. 오래된 위기, 새로운 근심? 북핵문제와 국제정치

1) 박인휘, "북핵 20년과 한미동맹: '주어진' 분단vs. '선택적' 분단," ≪국제정치논총≫ 제53집 3호(2013), pp. 181-208.

2) 정영철, "20년의 위기: 북미 대결과 한반도 평화체제," ≪경제와사회≫ 가을호 (2013), pp. 63-91; 조성렬, ≪뉴한반도비전: 비핵 평화와 통일의 길≫ (서울: 백산서당, 2013); 박인휘, "북핵문제의 복합성, 미국의 딜레마, 그리고 동북아안보의 변화," ≪한국정치외교사논총≫ 28집 2호 (2007).

3) Bruce Russett, Harvey Starr, and David Kinsella, World Politics: The Menu for Choice, 7th ed. (Belmont, CA: Wadsworth/Thomson Learning, 2004), p. 239.

4) International Institute for Security Studies, Military Balance 2013.

5) Carl Sagan, "Nuclear War and Climatic Catastrophe: Some Policy Implications," Foreign Affairs 62 (Winter 1983/84): 256-92; Stanley Thompson and Stephen Schneider, "Nuclear Winter Reappraised," Foreign Affairs 64 (Summer 1986): 981-1005.

6) Hans M. Kristensen and Robert S. Norris, "Global Nuclear Weapons Inventories, 1945-2013," Bulletin of the Atomic Scientists 69-5 (2013): 75-81.

7) Hans M. Kristensen and Robert S. Norris, "Russian Nuclear Forces, 2014," Bulletin of the Atomic Scientists 70-2 (2014), 75-85.

8) R. Harrison Wagner, "Theory of Games and the Balance of Power," World Politics 38 (July 1986); Glenn H. Snyder, "Balance of Power in the Missile Age," Journal of International Affairs 14 (1960).

9) Charles P. Kindleberger, Power and Money: The Politics of International Economics and the Economics of International Politics (New York: Basic Books, 1970), p. 56.

10) David A. Baldwin, "Power Analysis and World Politics: New Trends Versus Old

Tendencies," World Politics 24-2 (January 1979).

11) Peter Liberman, "The Rise and Fall of the South African Bomb," International Security 26-2 (2001).

12) 한인택, "북한 핵무기의 위협과 대처방안: 핵억지, 선제공격, 비핵화, 비핵지대," 『JPI 정책포럼』(2013).

13) Kenneth N. Waltz, "More May Be Better," in Scott D. Sagan and Kenneth N. Watlz, The Spread of Nuclear Weapons: A Debate Needed (New York: W.W. Norton & Company, 2003), pp. 3-45. 핵무기의 수직적 확산은 핵무기 보유 국가의 수가 증가하는 것(proliferation of nuclear weapons)을 의미하고, 핵무기의 수평적 확산은 핵무기가 배치되는 국가의 수가 증가하는 것(spread of nuclear weapons)을 의미한다.

14) Scott Sagan, "More Will Be Worse," in Scott D. Sagan and Kenneth N. Watlz, The Spread of Nuclear Weapons: A Debate Needed (New York: W.W. Norton & Company, 2003), pp. 46-87.

15) 「조선중앙통신」, 2013년 4월 12일.

16) 「조선중앙통신」, 2012년 5월 20일.

17) 「조선중앙통신」, 2012년 9월 14일.

18) 「조선중앙통신」, 2013년 3월 7일.

19) 「조선중앙통신」, 2013년 3월 31일.

20) 「조선중앙통신」, 2013년 3월 14일.

21) 「조선중앙통신」, 2012년 7월 29일.

22) 「조선중앙통신」, 2012년 7월 20일.

23) 「조선중앙통신」, 2013년 2월 12일.

24) 「조선중앙통신」, 2013년 4월 16일.

25) 「조선중앙통신」, 2013년 3월 31일.

26) 서보혁, "3차 핵실험과 김정은 정권의 대외정책," 2013년도 한국정치학회 춘계 학술회의 발표문 (2013년 4월 24일, 고려대학교), p. 6.

27) 「조선중앙통신」, 2012년 8월 31일.

28) 「한국일보」 "라이스, 북핵외교는 과학아닌 예술," 2006년 12월 21일.

29) 조성렬, 『뉴한반도비전: 비핵 평화와 통일의 길』(서울: 백산서당, 2013).

30) 「조선중앙통신」, 2013년 3월 31일.

31) 「조선중앙통신」, 2013년 4월 18일.

32) 「조선중앙통신」, 2013년 10월 12일.

■ 제11장_ 김정은 정권의 대외정책: 갈등과 협력의 조화 혹은 엇박자

1) 북한의 수교국은 2012년 12월 현재 162개국(남한의 수교국은 189개국)으로 북한 단독 수교국은 쿠바, 시리아, 마케도니아 등 3개국이다. 『2013 외교백서』(서울: 외교부, 2013), p. 358.

2) 본문 안의 ( )는 조선중앙통신의 보도 일자이다.

3) US Department of Defense, US 2012 Defense Strategy Review: Sustaining US Global Leadership—Priorities for 21st Century Defense (January 2012)

4) 김재호, 『김정일 강성대국 건설전략』(평양: 평양출판사, 2000).

5) 김인옥, 『김정일장군 선군정치리론』(평양: 평양출판사, 2003); 김철우, 『김정일장군의 선군정치』(평양: 평양출판사, 2000).

6) 이때 '핵문제'란 북한의 핵개발과 미국의 대북 핵공격독트린을 포함한다.

7) 위 국방위 대변인은 한반도 비핵화를 "우리의 비핵화는 남조선을 포함한 조선반도전역의 비핵화이며 우리에 대한 미국의 핵위협을 완전히 종식시킬 것을 목표로 내세운 가장 철저한 비핵화"라고 정의했다.

8) 북한은 미국의 적대시정책 청산의 징표로 △북한에 대한 자주권 존중, △북미평화협정 체결, △유엔사령부 철폐, △대북 제재와 군사적 도발 중단을 들고 있다. 2013년 7월 2일 인도네시아 브루네이에서 열린 아세안지역포럼에서 한박의춘 외무상의 연설과 2013년 10월 1일 유엔 총회 제68차 전원회의에서의 박길연 외무성 부상의 연설.(2013.7.3; 10.3)

9) 그러나 킹 특사의 방북은 이루어지지 못했는데, 북한측은 그 이유를 "미국은 우리의 아량과 인내성 있는 노력에 화답은 못할망정 연속적으로 B-52H 전략폭격기가 한반도 상공에서 핵폭격훈련을 벌이는 군사적 도발을 감행하였다"는 것에 돌렸다.(2013.8.31) 미국은 이후에도 킹 특사의 방북을 북한과 타진해 왔다.

10) 『조선신보』, 2013년 12월 24일.

11) 『2013 북한이해』(서울: 통일교육원, 2013), p. 81.

12) 북한의 방중 특사일행에는 리영길 조선인민군 상장, 김성남 조선로동당 중앙위원회 부부장, 김형준 외무성 부상, 김수길 조선인민군 중장과 관계자들이 포함되었다.(2013.5.22)

13) 『경향신문』, 2013년 5월 24일.

14) 김계관 일행은 양제츠(국무위원), 왕이(외교부장), 장예쑤이(외교부 상무부부장), 우다웨이(한반도사무 특별대표) 등과 만났다.

15) 서보혁, "끝나는 정전 60주년, 새로 시작할 평화 프로세스," 「코리아연구원 현안진단」, 246호(2013.12.9).

16) 서보혁, "북한의 평화 제안 추이와 그 특징," 『북한연구학회보』, 제13권 1호

(2009 여름), pp. 76-79.

17) 북한은 종래 정전관리기구가 유명무실하게 된 경위로 군사정전위원회 유엔군 측 수석대표직을 미군 장성에서 남한군 장성이 맡고 있고, 군사정전위에서 중 국인민지원군 대표단이 철수하고 북한측에서는 조선인민군 판문점대표부가 군정위를 대신해 나오고, 중립국감독위원회 일부 국가가 철수한 점 등을 거론 하고 있다.

18) 『연합뉴스』, 2013년 7월 21일.

19) 북한은 2009년말까지 지구상에서는 총 2,054차례의 핵시험이 진행되었고 그 중 99.99%는 유엔 안보리 상임이사국들이 진행한 핵시험이라고 평가한다. (2012.9.14)

20) 예를 들어 2013년 3월 31일 열린 당중앙위원회 전원회의에서 병진노선을 관철 시키기 위한 12개 과업이 제시되었는데 거기에는 "핵보유를 법적으로 고착시 키"는 문제도 포함되어 있다. 또 이어 열린 최고인민회의 제12기 제7차 회의에 서 당중앙위원회 전원회의 결정을 실행하기 위한 의제들이 논의되었는데, 그 안에 법령 "자위적 핵보유국의 지위를 더욱 공고히 할 데 대하여"와 우주개발 법 채택이 포함되어 있다.(2013.3.31; 4.1)

▌ 결론: 김정은 정권은 북한 변화를 통제할 수 있을까?

1) 서보혁,『북한 정체성의 두 얼굴』(서울: 책세상, 2003).

2) 이 작업은 현대북한연구회의 연구총서 제7권인『오래된 미래?: 1970년대 북한 의 재조명』(근간, 선인)에서 본격적으로 다룰 것이다.

참고문헌

1. 남한문헌

강동완. "2013년 북한주민의 미디어 수용실태와 과제."『사회주의 체제전환과 미
　　디어의 역할』. 북한전략센터 학술세미나 발표논문, 2013.10.22.

강동완. "모란봉악단과 새세기의 요구."『북한』, 2012. 7월호.

강동완. "모란봉악단, 김정은 시대를 말하다."『북한』, 2013. 2월호.

강동완·박정란. "김정은의 문화정치: 모란봉악단, 김정은을 말하다." 북한연구학
　　회 춘계학술회의 발표논문, 2013.4.25.

강동완·박정란.『한류, 북한을 흔들다』. 서울: 늘품플러스, 2011.

강동완·박정란.『한류, 통일의 바람』. 서울: 명인문화사, 2012.

강철환. "장성택 사태의 본질, 그는 왜 잔혹하게 처형당했나,"『북한』, 2004. 1월호.

고영환.『평양 25시』. 서울: 고려원, 1992.

곽승지. "개혁·개방 관련 '북한적 현상'에 대한 이해," 현대북한연구회 엮음,『김
　　정일의 북한, 어디로 가는가?』. 파주: 한울, 2009.

곽승지. "김정은 시대 북한의 국가전략: 변화양상과 전략적 함의."『한반도 미래
　　비전과 동북아평화구축』. 한반도미래전략연구원 주최, 제3차 전문가정책
　　포럼 발표논문, 2013.10.26.

곽승지. "안보전략," 정성장 외,『북한의 국가전략』. 파주: 한울, 2003.

곽인수. "조선로동당의 당적 지도에 관한 연구," 경남대학교 석사학위논문(2004).

권영경. "북한의 개혁·개방 추진 실태: 현황과 쟁점," 한국수출입은행·통일연구
　　원·서울경제신문 공동 주최.『김정은 체제의 개혁·개방 가능성의 평가와

전망』. 2012 북한 개혁·개방 국제공동학술회의 발표논문, 2012년 8월.

권영경. "'2012년 체제' 구축전략과 북한경제의 변화."『KDI 북한경제리뷰』, 2010.
    3월호.

김근식. "김정은 시대 북한의 정치: 지속과 변화."『평화학연구』, 제14권 3호 (2013).

김병연. "북한경제의 시장화." 윤영관·양운철 편. 한반도평화연구원총서 2, 『7·1
    경제관리개선조치 이후 북한 경제와 사회』. 파주: 한울, 2009.

김병연·양문수. 『북한경제의 시장과 정부』. 서울: 서울대학교 출판부, 2012.

김석진. "북한의 '경제관리방법' 개혁 동향과 전망."『통일경제』, 2013년 겨울호.

김성수. 『통일의 문학 비평의 논리』. 서울: 책세상, 2001.

김성윤·조민호. "조선노동당," 채경석 외, 『북한학개론 [증보판]』. 서울: 법문사,
    1996.

김수민·한승호. "2013년 모란봉악단 신년음악회의 의미와 정치적 의도."『평화학
    연구』, 제14권 4호 (2013).

김수암 외. 『북한주민의 삶의 질: 실태와 인식』. 서울: 통일연구원, 2011.

김영희. "대집단체제와 예술공연: 〈아리랑〉에 나타난 정책적 함의."『한국예술연
    구』, 제5호 (2012).

김용술. "7·1조치 설명회 자료."『KDI 북한경제리뷰』. 2002. 10월호.

김일한. "북한의 시장가격 결정요인 분석."『북한연구학회보』, 제15권 2호 (2011).

김일한. "식량안보와 남북한 협력." 서보혁 편. 『인간안보와 남북한 협력』. 서울:
    아카넷, 2013.

김종수. 『북한 청년동맹 연구』. 파주: 한울, 2008.

김종수. "북한 체제 변화와 '청년동맹': 동유럽 사례와 비교."『평화학연구』, 제11권
    1호 (2010).

김진하. 『북한 3대 세습 후계구도 분석 및 정책변화 전망』. 서울: 통일연구원, 2010.

김진환. 『북한위기론: 신화와 냉소를 넘어』. 서울: 선인, 2010.

김진환. "북한 지배이데올로기의 형성과 내면화." 강정구 외. 『시련과 발돋움의
    남북현대사』. 서울: 선인, 2008.

김진환. "조선로동당의 선군정치 서술." 정영철 외. 『조선로동당의 역사학: 조선
    로동당사 비교연구』. 서울: 선인, 2008.

김진환. "조선노동당의 집단주의 생활문화 정착 시도."『문화분단』. 서울: 선인, 2012.

김형기. 『남북관계변천사』. 서울: 연세대학교 출판부, 2010.

김화순. "북한이탈주민의 직업변동." 박성재 외. 『북한이탈주민의 직업변동과 취업지원제도 평가』. 서울: 한국노동연구원, 2011.

김화순. "북한주민의 일자리유형 연구." 『북한연구학회보』, 제17권 2호 (2012).

김화순. "북한주민의 직업실태와 의식." SSK토론회, 2013a.

김화순. "시장화시기 북한주민의 일유형 결정요인." 『통일정책연구』, 제22권 1호 (2013b).

노귀남. "북한 여성의 의식 변화와 평화소통의 길." 『2010년 만해축전 학술심포지엄 자료집』. 서울: 동북아미시사회연구소, 2010.8.12.

박영자. "2003년 〈종합시장제〉이후 북한의 주변노동과 노동시장." 『한국정치학회보』, 제43집 3호 (2009).

박영자. "북한 경제시스템의 복잡계 현상: 시장의 자기조직화 경로를 중심으로." 『한국정치연구』, 제19권 3호 (2010).

박영자. "북한의 근대화과정과 여성의 역할(1945-80년대); 공장과 가정의 정치사회와 여성노동을 중심으로." 성균관대학교 박사학위논문 (2003).

박정란. "모란봉악단 공연과 김정은식 사회주의 통제." 『북한』, 2012. 8월호.

박종철 외. 『재스민 혁명의 분석과 북한에 대한 시사점』. 서울: 통일연구원, 2011.

박형중. "북한의 새로운 경제관리체계(6.28방침)의 내용과 실행 실태." 『KDI 북한경제리뷰』, 2013. 10월호.

박형중 외. 『독재정권의 성격과 정치변동: 북한 관련 시사점』. 서울: 통일연구원, 2012.

박형중 · 조한범 · 장용석. 『북한 '변화'의 재평가와 대북정책 방향』. 서울: 통일연구원, 2009.

반정호. "한국은퇴세대의 근로생애와 경제적 복지수준의 관계." 숭실대학교 박사학위논문 (2010).

배정호 외. 『리더십교체기의 동북아 4국의 국내정치 및 대외정책 변화와 한국의 통일외교 전략』. 서울: 통일연구원, 2012.

배종렬, "북한의 특수경제지대 추가지정과 남북경제협력." 『수은북한경제』, 2013년 겨울호.

서보혁. "3차 핵실험과 김정은 정권의 대외정책." 2013년도 한국정치학회 춘계학술회의 발표논문, 2013.4.24.

서보혁. "끝나는 정전 60주년, 새로 시작할 평화 프로세스." 『코리아연구원 현안 진단』, 제246호 (2013).

서보혁. "북한의 평화 제안 추이와 그 특징," 『북한연구학회보』, 제13권 1호 (2009).

서보혁. 『북한 정체성의 두 얼굴』. 서울: 책세상, 2003.

성재민 · 이시균. "한국노동시장의 비공식일자리." 『산업노동연구』, 제13권 2호 (2007).

성채기. "북한의 경제-핵 병진노선 평가: 의도와 지속 가능성." 국방연구원 동북아 안보정세 분석 보고서, 2013.8.20.

슬라보예 지젝. 『전체주의가 어쨌다구』. 한보희 역. 서울: 새물결, 2008.

안병민. "북한 경제개발구 추진과 남북교류협력 전망." 제2회 남북경협포럼 발표논문, 2013.12.13.

알라이다 아스만. 『기억의 공간』. 변학수 · 채연숙 역. 서울: 그린비, 2012.

양문수 외. 『2000년대 북한경제 종합평가』. 서울: 산업연구원, 2012.

양문수. "2011년 북한경제 평가 및 2012년 전망: 시장동향 및 평가." 『KDI 북한경제리뷰』, 2011. 12월호.

양문수. "북한에서의 시장의 형성과 발전: 생산물시장을 중심으로." 『비교경제연구』, 제12권 2호 (2005).

양문수. "북한의 종합시장: 실태, 파급효과, 성격과 의미." 『KDI 북한경제리뷰』, 2005. 2월호.

양문수. 『북한경제의 시장화』. 파주: 한울, 2010.

연합뉴스. 『2002 북한연감』. 서울: 연합뉴스, 2002.

오경섭. "장성택 숙청 이후 김정은 정권의 불안정성," 『정세와 정책』. 2014. 2월호.

오카 마리. 『기억 서사』. 김병구 역. 서울: 소명출판, 2004.

외교부. 『2013 외교백서』. 서울: 외교부, 2013.

요제프 스탈린. 『레닌주의의 기초 · 레닌주의의 제 문제』. 윤시인 역. 서울: 두레, 1990.

유욱. "북한의 새로운 '경제개발구법'의 분석과 평가." 북한법연구회 월례 발표논문, 2013.10.31.

이교덕 외. 『김정은체제의 권력엘리트 연구』. 서울: 통일연구원, 2012.

이무근. 『직업교육학 원론』. 서울: 교육과학사, 1993.

이석·김창욱·양문수·이석기·김은영.『북한 계획경제의 변화와 시장화』. 서울: 통일연구원, 2009.

이승훈·홍두승.『북한의 사회경제적 변화』. 서울: 서울대학교 출판부, 2007.

이영종.『후계자 김정은』. 서울: 늘품, 2010.

이영훈. "농민시장." 세종연구소 북한연구센터 엮음.『북한의 경제』. 파주: 한울, 2005.

이영훈. "북한의 하이퍼인플레이션과 개혁개방 전망."『북한연구학회보』, 제16권 2호 (2012).

이영훈. "최근 북한의 경제개발구 정책과 우리의 대응."『최근 북한의 새로운 경제개발구 지정과 우리의 대응』. 제2회 한반도개발연구소 연구포럼 자료집, 2013.12.7.

이영훈. "최근 북한의 정치·경제 현황과 전망." 여의도연구원 정책세미나 자료집, 2013.12.13.

이온죽·이인정.『김일성사회주의청년동맹과 조선민주녀성동맹』. 서울: 서울대학교 출판문화원, 2010.

이정철. "대북 제재와 북한의 개혁 퇴행, 인과관계의 검증."『북한연구학회보』, 제16권 1호 (2012).

이정철. "북한의 경제법제와 거시경제정책의 이중성: 중국과 베트남 경제법과의 비교를 중심으로."『한국정치연구』, 제19권 1호 (2010).

이정철·최진욱 외. "북한의 변화를 위한 공진화 방안: 네트워크 접근법."『북한의 변화와 한국정치의 과제』. 2012년 한국정치학회 춘계학술회의 자료집, 2012.3.9.

이종석. "김일성사회주의청년동맹 연구." 이종석 편.『북한의 근로단체 연구』. 서울: 세종연구소, 1998.

임강택.『북한경제의 시장화 실태에 관한 연구』. 서울: 통일연구원, 2009.

임수호. "화폐개혁 이후 북한의 대내경제전략."『KDI 북한경제리뷰』, 2010. 3월호.

임순희.『식량난과 북한여성의 역할과 의식변화』. 서울: 통일연구원, 2004.

장지연. "중고령자의 근로생애유형: 사건계열분석기법을 이용한 취업력 분석." 신경아 외.『중고령자 근로생애사 연구』. 서울: 한국노동연구원, 2009.

장형수. "북한의 2000년대 외화수급 추정."『비교경제연구』, 제16권 2호 (2009).

전미영. "김정일 시대의 정치언어: 상징과 담론을 통해 본 김정은의 정치."『북한

연구학회보』, 제17권 제1집 (2013).

전영선.『북한의 대중문화』. 서울: 글누림, 2007.

전영선. "김정은 시대 문화예술의 변화."『KDI 북한경제리뷰』, 2012. 10월호.

정건화. "북한노동자의 존재양식: 탈북노동자 설문조사 결과를 중심으로." 양문수 외.『북한의 노동』. 파주: 한울, 2007.

정성장.『현대 북한의 정치: 역사·이념·권력체계』. 파주: 한울, 2011.

정성장.『북한군 총정치국의 위상 및 역할과 권력승계 문제』. 성남: 세종연구소, 2013.

정성장. "김정은의 부상과 장성택 승진 간의 함수관계,"『NKvision』, 2013. 3월호.

정성장. "[김정은의 두 남자] 최룡해는 '장성택의 아바타'가 아니다,"『월간중앙』, 2013. 7월호.

정성장. "김정은의 어머니 이름은 고영희 아닌 '고용희' 확인,"『월간중앙』, 2013. 8월호.

정성장. "[북한 인물 탐귀 최현 전 인민무력부장과 최룡해 총정치국장,"『NKvision』, 2013. 8월호.

정성장. "장성택 숙청과 북한 권력구도 변화 전망,"『세종논평』. No. 279 (2013.12.9).

정성장. "김정은 시대 북한의 지도이념과 파워 엘리트 변동." 현대북한연구회 월례세미나 발표논문, 2013.9.11.

정성장 외.『북한의 국가전략』. 파주: 한울, 2003.

정승욱.『김정일 그 후』. 서울: 지상사, 2011.

정영태 외.『북한의 부문별 조직 실태 및 조직문화 변화 종합연구』. 서울: 통일연구원, 2011.

정창현.『장성택 사건 숨겨진 이야기』. 서울: 선인, 2014.

정창현. "북한 주민들의 생활속에 자리잡은 시장(市場)."『민족21』, 2008. 6월호.

정창현. "여기는 평양: 모란봉악단 시범공연."『민족 21』, 2012. 8월호.

정창현. "김정은 시대의 변화를 준비해 놓은 김정일 위원장: 정창현의 김정은 시대 북한 읽기(2)."「통일뉴스」, 2013.5.13.

정창현. "북한 노동자들의 월급이 100배 인상됐다는데…: 정창현의 김정은시대 북한 읽기(31)."「통일뉴스」, 2013.12.2.

정창현. "사회주의 경제관리 개혁의 기본방향: 정창현의 김정은시대 북한 읽기

(10)." 「통일뉴스」, 2013.7.8.

정창현. "지식경제시대에 맞는 3-4세대 간부로 세대교체." 「통일뉴스」. 2013.9.2.

제닝스 브라이언트 · 수잔 톰슨. 『미디어 효과의 기초』. 배현석 역. 파주: 한울, 2006.

제라르 즈네프. 『서사담론』. 권택영 역. 서울: 교보문고, 1992.

조성렬. 『뉴한반도비전: 비핵 평화와 통일의 길』. 서울: 백산서당, 2013.

조정아. "북한의 작업장 문화와 노동자 정체성: 노동통제와 작업동의를 중심으로." 양문수 외. 『북한의 노동』. 파주: 한울, 2007.

조정아 외. 『북한 주민의 의식과 정체성: 자아의 독립. 국가의 그늘. 욕망의 부상』. 서울: 통일연구원, 2010.

존 스토리. 『대중문화와 문화연구』. 박만준 역. 서울: 경문사, 2002

지그문트 프로이트. 『정신분석학의 근본 개념』. 윤희기 역. 서울: 열린책들, 2006.

진희관. "북한에서 '선군'의 등장과 선군사상이 갖는 함의." 『국제정치논총』, 제48집 1호 (2008).

최대석 · 김종수. "북한 권력승계 시기 '조선사회주의로동청년동맹'의 변화 연구." 『현대북한연구』, 제9권 1호 (2006).

차문석. "북한의 시장과 시장경제." 『담론201』, 제10권 2호 (2007).

통일교육원. 『2013 북한이해』. 서울: 통일부, 2013.

통일부. 『북한 주요인사 인물정보 2013』. 서울: 통일부, 2013.

통일부 정세분석총괄과. 『2011 신진연구 논문집』. 서울: 통일부, 2011.

폴 리쾨르. 『시간과 이야기 2』. 김한식 역. 서울: 문학과지성사, 2000.

폴 리쾨르. 『시간과 이야기 3』. 김한식 역. 서울: 문학과지성사, 2004.

한기범. "북한 정책결정과정의 조직행태와 관료정치: 경제개혁 확대 및 후퇴를 중심으로(2000~09)," 경남대학교 박사학위논문 (2009).

한성훈. "북한 민족주의 형성과 反美 애국주의 교양: 사회주의적 애국주의와 '국가적 위기'의 결합." 『한국근현대사연구』, 제56집 (2011).

한승호. "북한 은하수관현악단의 2010년 〈설명절 음악회〉 공연 연구." 『북한학연구』, 제6권 1호 (2010).

한인택. "북한 핵무기의 위협과 대처방안: 핵억지, 선제공격, 비핵화, 비핵지대." 『JPI 정책포럼』, 제117권 (2013).

현성일. "북한노동당의 조직구조와 사회통제체계에 관한 연구," 한국외국어대학교 석사학위논문 (1999).

현성일. 『북한의 국가전략과 파워엘리트』. 서울: 선인, 2007.

홍익표 외. 『최근 북한의 가격·유통체제 변화 및 향후 개혁과제-중국과의 비교 연구』. 서울: KIEP, 2004.

A. Tashakkori · C. Teddlie. 『통합연구방법론: 질적·양적 접근방법의 통합』. 염시창 역. 서울: 학지사, 2001.

2. 북한문헌

고경택. "복받은 우리 가정," 『조선』, 1973. 4월호.

김련옥 편. 『위인일화 3 : 헌신』. 평양: 평양출판사, 2011.

김용현. "주민유휴화폐자금의 본질적특성에 맞게 통계의 역할을 높이는 것은 주민유휴화폐동원사업개선의 중요방도." 『경제연구』, 제3호 (2007).

김은일 · 문상봉 · 고윤호 편. 『선군태양은 영원하다』. 평양: 문학예술출판사, 2012.

김인옥. 『김정일장군 선군정치리론』. 평양: 평양출판사, 2003.

김인철. "김정일애국주의는 수령중심의 조국관에 기초한 애국주의." 『철학연구』, 제132호 (2013).

김일성. "사회주의진영의 통일과 국제공산주의운동의 새로운 단계(1957.12.5)." 『김일성 저작집 11』. 평양: 조선로동당출판사, 1990.

김재천. 『후계자문제의 이론과 실천』. 발행처불명, 1989.

김재호. 『김정일 강성대국 건설전략』. 평양: 평양출판사, 2000.

김정은. 『혁명발전의 요구에 맞게 당의 유일적 령도체계를 더욱 철저히 세울데 대하여』. 평양: 조선로동당출판사, 2013.

김정은. 『우리의 사회과학은 온 사회의 김일성-김정일주의화위업수행에 적극 이바지하여야 한다』. 평양: 조선로동당출판사, 2012.

김정은. 『위대한 김정일동지를 우리 당의 영원한 총비서로 높이 모시고 주체혁명위업을 빛나게 완성해나가자』. 평양: 조선로동당출판사, 2013.

김정은. 『김정일애국주의를 구현하여 부강조국건설을 다그치자』. 평양: 조선로동당출판사, 2013.

김정일. "사상사업을 앞세우는 것은 사회주의위업수행의 필수적 요구이다(1995.6.18.)"

『김정일 선집 14』. 평양: 조선로동당출판사, 2000.

김정일. "선군혁명로선은 우리 시대의 위대한 혁명로선이며 우리 혁명의 백전백승의 기치이다(2003.1.29)."『김정일 선집 15』. 평양: 조선로동당출판사, 2005.

김정일. "오늘을 위한 오늘에 살지 말고 래일을 위한 오늘에 살자(1996.1.14)."『김정일 선집 14』. 평양: 조선로동당출판사, 2000.

김정일. "당사업에서 낡은 틀을 마스고 새로운 전환을 일으킬데 대하여"『김정일 선집 4』. 평양: 조선로동당출판사, 1994.

김정일. "온 사회를 김일성주의화하기 위한 당사상사업의 당면한 몇가지 과업에 대하여(1974.2.19)."『김정일 선집 4』. 평양: 조선로동당출판사, 1994.

김정일. "인민대중중심의 우리식 사회주의는 필승불패이다."『김정일선집 11』. 평양: 조선로동당출판사. 1997.

김정일. "일군들속에서 혁명적수령관을 튼튼히 세울데 대하여."『김정일선집 9』. 평양: 조선로동당출판사. 1997.

김정일. "주체사상교양에서 제기되는 몇가지 문제에 대하여(1986.7.15)."『김정일 선집 8』. 평양: 조선로동당출판사, 1998.

김정일. "주체사상에 대하여(1982.3.31)."『주체철학에 대하여』. 평양: 조선로동당출판사, 2002.

김정일. "주체사상은 인류의 진보적사상을 계승하고 발전시킨 사상이다(1986.6.27)."『김정일 선집 8』. 평양: 조선로동당출판사, 1998.

김정일. "주체의 혁명관을 튼튼히 세울데 대하여(1987.10.10)."『김정일 선집 9』. 평양: 조선로동당출판사, 1997.

김정일. "주체철학의 리해에서 제기되는 몇가지 문제에 대하여(1974.4.2)."『주체철학에 대하여』. 평양: 조선로동당출판사, 2002.

김정일. "혁명과 건설에서 주체성과 민족성을 고수할데 대하여(1997.6.19)."『김정일 선집 14』. 평양: 조선로동당출판사, 2000.

김철우.『김정일장군의 선군정치』. 평양: 평양출판사, 2000.

당력사연구소.『김정일동지략전(제2판)』. 평양: 조선로동당출판사, 1999.

당력사연구소.『조선로동당력사』. 평양: 조선로동당출판사, 2004.

당력사연구소.『조선로동당력사』. 평양: 조선로동당출판사, 2006.

로현석. "자기 땅에 발을 붙일데 대한 사상의 본질."『철학연구』, 제134호 (2013).

류운출. "사회주의사회의 과도적 성격을 반영한 경제범주, 공간리용에서 지켜야 할 원칙적 요구." 『경제연구』, 제2호 (2005).

리남혁 편. 『아, 우리 장군님』. 평양: 금성청년출판사, 2012.

리성남. "현시기 재정통제를 더욱 강화하는 것은 사회주의경제건설에 필요한 자금을 원만히 보장하기 위한 중요담보." 『경제연구』, 제2호 (2008).

리일섭 편. 『장군님세월은 영원하리라』. 평양: 문학예술출판사, 2012.

리원경. "현시기 나라의 통화조절분야에서 제기되는 몇가지 원칙적문제에 대하여." 『경제연구』, 제2호 (2006).

리원철. "김정일애국주의는 부강조국건설의 힘있는 원동력." 『철학연구』, 제133호 (2013).

박성보 편. 『강산이 운다』. 평양: 금성청년출판사, 2012.

박정렬. 『조선사회주의로동청년동맹 규약해설』. 평양: 금성청년출판사, 1994.

박춘선 편. 『영원히 함께 계셔요』. 평양: 금성청년출판사, 2012.

박춘선 편. 『영원한 우리 아버지』. 평양: 금성청년출판사, 2012.

사회과학원. 『정치용어사전』. 평양: 사회과학출판사, 1970.

사회과학출판사, 『조선말대사전 (2)』. 평양: 사회과학출판사, 1992.

사회과학출판사 편. 『주체사상 총서 2-주체사상의 사회력사원리』. 서울: 백산서당, 1989.

엄춘봉. "애국주의와 사회주의의 호상관계에 관한 선행리론과 그 제한성." 『철학연구』, 제132호 (2013).

외국문출판사. 『위인 김정일』. 평양: 외국문출판사, 2012.

유작촌. 『정통과 계승: 위대한 인간, 새로운 문명을 위하여』. 평양: 평양출판사, 1995.

조선로동당출판사. 『김일성저작집 22』. 평양:조선로동당출판사, 1983.

조선로동당출판사. 『우리 당의 선군정치(증보판)』. 평양: 조선로동당출판사, 2006.

주현. "올해 인민생활향상에서 결정적인 전환을 가져오는 것은 선군시대의 필수적요구." 『경제연구』, 제4호 (2005).

지정희. "수매량정사업을 개선하는 것은 인민들의 식량문제, 먹는 문제해결의 중요방도." 『경제연구』, 제4호 (2008).

최경희. "소비상품가격제정의 출발점과 기준." 『경제연구』, 제1호(2006).

탁성일 편. 『선군-김정일정치』. 평양: 외국문출판사, 2012.

편집부. 『선군태양 김정일장군 3』. 평양: 평양출판사, 2006.

함치영. 『계속혁명에 관한 주체적리해』. 평양: 사회과학출판사, 1992.

허성숙. "김정일애국주의를 구현하는것은 사회주의강성국가건설위업을 실현해나
가기 위한 매우 중요한 요구." 『철학연구』, 제133호 (2013).

3. 해외문헌

Bruce Russett, Harvey Starr, and David Kinsella, *World Politics: The Menu for Choice*, 7th ed. (Belmont, CA: Wadsworth/Thomson Learning, 2004)

Carl Sagan, "Nuclear War and Climatic Catastrophe: Some Policy Implications," *Foreign Affairs* 62 (Winter 1983/84).

Charles P. Kindleberger, Power and Money: *The Politics of International Economics and the Economics of International Politics* (New York: Basic Books, 1970).

David A. Baldwin, "Power Analysis and World Politics: New Trends Versus Old Tendencies," *World Politics* 24-2 (January 1979).

Hans M. Kristensen and Robert S. Norris, "Global Nuclear Weapons Inventories, 1945-2013," *Bulletin of the Atomic Scientists* 69-5 (2013).

Hans M. Kristensen and Robert S. Norris, "Russian Nuclear Forces, 2014," *Bulletin of the Atomic Scientists* 70-2 (2014).

International Institute for Security Studies, *Military Balance* 2013.

International Labor Officer(2003). "*Guidelines concening a statical definition of informal employment.*" endored by the seventeenth International Conference of Labour Statiscians (November-December 2003) in: Seventeenth International Conference of Labour Statisticans Report of the Conference (Geneva, 11. 24)

Kenneth N. Waltz, "More May Be Better," in Scott D. Sagan and Kenneth N. Watlz, *The Spread of Nuclear Weapons: A Debate Needed* (New York: W.W. Norton & Company, 2003).

Peter Liberman, "The Rise and Fall of the South African Bomb," *International Security* 26-2 (2001).

R. Harrison Wagner, "Theory of Games and the Balance of Power," *World Politics*

38 (July 1986)

Glenn H. Snyder, "Balance of Power in the Missile Age," *Journal of International Affairs* 14 (1960).

Scott Sagan, "More Will Be Worse," in Scott D. Sagan and Kenneth N. Watlz, *The Spread of Nuclear Weapons: A Debate Needed* (New York: W.W. Norton & Company, 2003).

Stanley Thompson and Stephen Schneider, "Nuclear Winter Reappraised," *Foreign Affairs* 64 (Summer 1986).

US Department of Defense, US 2012 Defense Strategy Review: Sustaining US Global Leadership—Priorities for 21st Century Defense (January 2012)

필자소개

■ **서보혁** suhbh21@gmail.com

성균관대학교와 한국외국어대학교에서 정치학을 공부하였다. 국가인권위원회 전문위원, 이화여대 평화학연구소 연구교수를 거쳐 현재 서울대학교 통일평화연구원 인문한국(HK) 연구교수로 있고 한국국제정치학회, 북한연구학회 이사로 활동하고 있다. 주요 저서로『유럽의 평화와 헬싱키 프로세스』,『유엔의 평화정책과 안전보장이사회』,『북한 인권』,『코리아 인권』,『탈냉전기 북미관계사』,『북한 정체성의 두 얼굴』,『남북한 관계와 국제정치 이론』(공편),『헬싱키 프로세스와 동북아 안보협력』(공편), *Understanding North Korea*(공저) 등이 있고 40여 편의 등재(후보)지 및 SSCI 논문을 발표하였다.

■ **김일한** earthkm16@gmail.com

동국대학교에서 북한학을 공부하였다. 북한의 시장작동 메커니즘과 가격결정요인을 계량 분석한 논문으로 박사 학위를 받았다. 동국대학교에서 북한경제 과목을 강의를 하고 있다. 그동안 북한의 시장을 비롯한 경제 운용 메커니즘을 연구해왔고, 남북 교류협력의 분야별 제도화, 북한체제 분석을 위한 방법론에 많은 관심을 두고 있다. 주요 논문과 저서로는「북한의 시장가격 결정요인 분석」,「북한의 경제개혁 논쟁: 가치법칙의 재해석 -중국과의 비교」,「남북한 관계의 형성과 기원-1970년대 적대적 상호의존관계 형성을 중심으로」,「종교분야에서 남북 교류협력의 성과와 과제: 중요도-성취도(IPA)분석」 등과『인간안보와 남북한 협력』(공저)이 있다.

■ **곽승지** kwaksj1225@gmail.com

동국대학교에서 정치학을 공부하고 북한의 민족이론과 우리식사회주의의 체제
적 성격을 분석한 논문으로 석사 및 박사 학위를 받았다. 내외통신과 연합뉴스
에서 근무하며 북한 문제를 다루었으며 서경대학교에서 겸임교수를 역임했다.
현재는 중국 연길에 있는 연변과학기술대학 교수로 재직하고 있다. 그동안 북한
체제의 통치구조 및 변화양상, 남북관계 실태 등에 대해 연구해 왔으며 최근엔
북중 접경지역을 통해 북한사회 내부 변화를 살펴보는 미시적 접근방법에 주목
하고 있다. 또한 21세기의 새로운 역사적 트랜드 속에서 한반도를 포함한 동북
아시아의 항구적인 평화와 번영을 위해 동북아시아공동체 형성 가능성에 주목
하며 이를 위한 한민족의 역할에도 많은 관심을 기울이고 있다. 주요 저서로
『북한사회의 이해』,『북한의 국가전략』,『현대 북한연구의 쟁점2』,『김정일의 북
한, 어디로 가는가?』(이상 공저),『동북아시아시대의 연변과 조선족: 현실진단과
미래가치 평가』,『조선족, 그들은 누구인가: 중국 정착과정의 슬픈 역사』등이
있다.

■ **김진환** reuni21@naver.com

국민대학교에서 법학을, 동국대학교에서 사회학을 공부하고 건국대학교 통일인
문학연구단 HK연구교수로 재직 중이다. 북한의 정치, 경제, 이데올로기, 외교를
포괄하는 '북한체제론'이 전공이며, 최근에는 '제도의 통일'과 '사람의 통일'을 어
떻게 함께 이루어나갈 수 있을지 고민 중이다. 조계종 민족공동체추진본부, 경
실련 통일협회, 민족화해협력범국민협의회, 우리겨레하나되기운동본부 같은 통
일 관련 단체에서도 활동하고 있다. 주요 저서로는『평화와 통일의 사건사』
(2014, 공저),『동북아시아 열국지 2: 팍스 아메리카나의 뒤안길』(2013),『동북아
시아 열국지 1: 북·미 핵공방의 기원과 전개』(2012),『구술사로 읽는 한국전쟁』
(2011, 공저),『북한위기론: 신화와 냉소를 넘어』(2010) 등이 있다.

■ **정성장** softpower@sejong.org

경희대학교 정치외교학과를 졸업하고 프랑스 파리 10대학교에서 정치학 석사
및 박사 학위를 취득했다. 현재 세종연구소 통일전략연구실 수석연구위원으로
재직하고 있으며, 통일부와 합동참모본부 정책자문위원, 북한대학원대학교 겸임
교수를 맡고 있다. 주요 저서로는『현대 북한의 정치: 역사·이념·권력체계』가

있고, 모노그래프로는『중국과 북한의 당중앙군사위원회 비교 연구』,『북한·중국 군사교류협력의 지속과 변화』,『북한군 총정치국의 위상 및 역할과 권력승계 문제』,『김정은 시대 북한 최고인민회의 상임위원회의 위상과 역할』등이 있다. 주요 논문으로는 "김정은 체제의 경제 개혁·개방 전망과 과제", "남북연합 형성 전략", "남북연합의 제도적 장치 및 운영 방안" 등이 있다.

■ 권영경 kwonyk@unikorea.go.kr

연세대학교에서 경제사상 및 정치경제학 분야로 박사학위를 받고 연세대, 한양대 등에서 경제학 및 북한경제를 강의하였다. 통일교육원 교수로 재직 중이며 북한경제와 남북경협분야 연구와 대국민 통일이슈에 대한 공감대 형성에 매진하고 있다. 개성공업지구지원재단 자문위원, 한반도개발협력네트 연구위원장, 민족화해협력위원회 정책위원, 대한불교조계종 민족공동체추진본부 기획위원, 경기도 연천군 남북교류협력위원회 자문위원, 한국동북아경제학회 통일경제분과위원장, 북한연구학회 부회장 등을 맡고 있다. 주요 저서로는『북한 이해』(공저),『김정일의 북한 어디로 가는가』(공저),『지속가능한 한반도 평화번영과 북한개발협력』(공저) 외에 「2012년 체제 구축전략과 북한경제의 변화」, 「기존 통일비용담론의 문제점과 새로운 시각」, 「신북중경협시대의 도래와 우리의 대응과제」, 「북한시장의 구조화과정과 김정은 정권의 경제개혁 가능성 분석」 등 다수의 논문이 있다.

■ 김화순 odry2003@naver.com

한국기술교육대학교 인력개발대학원에서 고용문제(employment)를 공부하였으며, '북한이탈주민의 고용에 미치는 요인 연구'로 박사학위를 받았다. 2011년에 한국연구재단 학문후속세대로 선정된 이후 시장화시기 북한 노동세계의 변화와 북한이탈주민 고용연구를 연계하여 남북 노동통합 문제를 연구해오고 있다. 주요 논문으로 「북한주민의 일자리 유형연구」, 「시장화시기 북한주민의 일 유형(work type) 결정요인」, 「북한 노동유형이 남한에서 북한이탈주민의 고용에 미치는 영향」, 「북한주민의 계층분화 결정요인」 등을 출간, 북한 노동연구에 새로이 고용연구방법을 접목하고자 시도했다. 이화여대 통일학연구원 박사후연구원을 거쳐 현재 한양대학교 글로벌다문화연구원 연구위원으로 있으며, 현재는 일터에서 분단극복을 위한 남북 노동자 연구를 진행 중이다.

■ 이지순 akasha002@naver.com

현대시에 관심을 가지고 국문학 공부를 해오던 중 북한문학에 입문하게 되었다. 북한의 이데올로기적 외연과 담론이 어떻게 북한 시에 내재화되는지 살피는 논문으로 단국대학교에서 박사학위를 받았다. 현재 북한대학원대학교에서 연구교수로 있으며, 20세기 북한 문화예술사전 사업에 참여중이다. 그동안 북한문학의 현재진행형을 연구해왔으나, 최근에는 북한문학의 기원과 형성 문제에도 관심을 기울이고 있다. 주요 논문과 저서는 「북한 서정시의 서사지향성 연구」, 「북한 서사시에 나타난 지배담론 형성 연구」, 「북한 시문학의 이데올로기적 담론구조 연구」, 「북한 서사시의 김정은 후계 선전 양상」, 「김정은 시대 북한 시의 이미지 양상」, 「김정은 시대의 애도와 구원의 코드」, 『예술과 정치』(공저) 등이 있다.

■ 강동완 simple1@hanmail.net

성균관대학교 대학원에서 정치학을 공부하였다. 통일연구원(KINU)에서 연구원으로 10년간 근무하고 현재는 동아대학교 정치외교학과 교수로 재직하고 있다. 학생들에게 어떤 전공이던 통일 시대를 염두에 둔 미래 설계가 필요하다고 역설하며 북한관련 과목을 가르친다. 2011년도에는 동아대학교 '최우수강의' 교수로 선정되기도 했다. 사)통일문화연구원 연구기획실장, 통일부 통일교육위원, 국무조정실 국정과제평가위원으로 활동하고 있다. '문화로 여는 통일이야기'라는 주제에 관심을 갖고 남북한 문화, 사회통합, 탈북민, 북한 미디어 연구 등을 진행하고 있다. 주요 저서는 『대북지원정책 거버넌스』, 『한류, 북한을 흔들다』(공저), 『한류, 통일의 바람』(공저, 2012년 문광부 선정 우수교양도서), 『북한개발지원 추진방안』(공저) 등이 있다.

■ 박정란 jrp89@naver.com

이화여대 대학원에서 북한학으로 첫 번째 박사학위를 받았다. 서울대학교 통일평화연구원에서 선임연구원으로 근무했고, 현재 카자흐스탄 유라시아국립대학교 한국학과 교수로 재직하며 연구와 강의에 전념하고 있다. 통일과 북한을 소재로 한 연극 〈아랫동네 날라리〉, 〈스타트 스타-T〉의 작가이자 연출가로서 대중문화를 통한 통일운동에 관심이 있다. 『한류, 북한을 흔들다』(공저), 『한류, 통일의 바람』(공저, 2012년 문광부 선정 우수교양도서), 『북한이탈주민 일자리 현황 및 지원 방안』, 『취업장려금 3년 수급 북한이탈주민의 근속경험 분석』, 『2009-2011년

통일의식조사』 등이 있다.

■ 김종수 jslobo@naver.com
동국대학교 대학원 북한학과에서 북한정치를 공부하였으며, '북한 청년동맹의 정치적 역할에 관한 연구'라는 논문으로 정치학 박사학위를 받았다. KYC(한국청년연합) 평화통일센터 사무국장, 친일반민족행위진상규명위원회 조사관, 한반도전략연구원 연구원 등을 거쳐 현재 민주당 정책위원회 통일전문위원으로 있다. 또한 현재 동국대학교 강사, 인제대학교 통일학연구소 연구위원, 통일연구원 자문위원, 도산통일연구소 연구위원, 민족화해협력범국민협의회 정책위원 등으로 활동하고 있다. 북한 청년동맹과 근로단체, 남북관계, 통일정책 등을 관심을 갖고 연구하고 있다. 주요 논문과 저서는 「북한 김정은 시대 청년동맹 연구」, 「통일을 향한 남북청년 협력방안 연구」, 「민주평화통일자문회의 발전방향 연구」, 『북한청년동맹 연구』 등이 있다.

■ 송영훈 younghoon.song@gmail.com
서울대학교에서 교육학을 수학하고, 미국 사우스캐롤라이나대학에서 정치학 박사학위를 받았다. 현재 서울대학교 통일평화연구원 인문한국(HK) 연구교수로 재직 중이다. 일반적인 연구관심 주제는 국제정치와 연구방법론에 있으며, 구체적으로 국제분쟁과 난민, 국제정치이론, 국제 인도주의 및 개발협력, 평화학, 동북아시아 안보질서와 관련된 연구들을 진행하고 있다. 주요 논문과 저서로는 "테러리즘과 난민문제의 안보화: 케냐의 난민정책을 중심으로", "한국의 대아프리카 원조정책에 관한 비판적 고찰", "Conflict, International Response, and Forced Migration in Sub-Saharan Africa, 1980-2007", "대북정책에 대한 개인선호 결정요인: 노무현 정부와 이명박 정부 비교", 『노스코리안 디아스포라』(공저), 『인간안보와 남북한 협력』(공저), 『유엔 인권매커니즘과 북한인권』(공저), 『독재정권의 성격과 사회변동』(공저) 등이 있다.

찾아보기